Hans-Heino Ewers, Jana Mikota,
Jürgen Reulecke, Jürgen Zinnecker (Hrsg.)
Erinnerungen an Kriegskindheiten

Geli

Kinder des Weltkrieges

Hrsg. von der Studiengruppe Kinder des Weltkrieges am Kulturwissenschaftlichen Institut des Wissenschaftszentrums Nordrhein-Westfalen (kwi-nrw)

Hans-Heino Ewers (Frankfurt), Insa Fooken (Siegen), Gereon Heuft (Münster), Jana Mikota (Essen), Hartmut Radebold (Kassel), Jürgen Reulecke (Gießen) und Jürgen Zinnecker (Essen/Siegen)

Hans-Heino Ewers, Jana Mikota,
Jürgen Reulecke, Jürgen Zinnecker (Hrsg.)

Erinnerungen an Kriegskindheiten

Erfahrungsräume, Erinnerungskultur und Geschichtspolitik unter sozial- und kulturwissenschaftlicher Perspektive

Juventa Verlag Weinheim und München 2006

Die Herausgabe dieser Publikation wurde durch die Gerda Henkel Stiftung (Düsseldorf) gefördert.
Lektorat und Satz:
Vera Kalusche, Literaturbüro Schreibschlüssel (www.schreibschluessel.de)

Bibliografische Information der Deutschen Nationalbibliothek

Die Deutsche Nationalbibliothek verzeichnet diese Publikation in der Deutschen Nationalbibliografie; detaillierte bibliografische Daten sind im Internet über http://dnb.d-nb.de abrufbar.

Umschlaggestaltung: Atelier Warminski, 63654 Büdingen
Umschlagfoto: Uschi Dresing, Bielefeld
Druck nach Typoskript
Printed in Germany

ISBN-13: 978-3-7799-1729-8
ISBN-10: 3-7799-1729-7

Inhalt

Einleitung

Welche Erinnerungen an Bombenkrieg, Kinderlandverschickung, Arbeitslager und Zwangsarbeit in der Fremde, an ihre Trümmerkindheit haben viele derjenigen, die in den 1940er Jahren Kinder waren? Welche Bildtraditionen haben sich in den Nachkriegsjahren entwickelt, um die Not von Flüchtlingskindern wirkungsvoll zu symbolisieren und Hilfsmaßnahmen anzuregen? Wie setzt sich die heutige Enkelgeneration mit ihren Kriegs-Großeltern auseinander? Wie wurde und wie wird Kriegskindheit in Schulgeschichtsbüchern in Ost und West dargestellt? Wie stellen Autobiographen ihre Kindheit in Nationalsozialismus und Weltkrieg dar? Das sind einige der zahlreichen Fragen und Analyserichtungen, die in diesem Buch thematisiert werden.

Der Band eröffnet zusammen mit einem parallel erscheinenden[1] eine Publikationsreihe, in der die Arbeitsergebnisse einer Forschergruppe zur Kindheit im Zweiten Weltkrieg einer erweiterten fachlichen Öffentlichkeit vorgestellt werden. Die Herausgeber der beiden Eröffnungsbände sind mit einer transdisziplinären Forscher- oder Studiengruppe identisch, die im Oktober 2004 am Kulturwissenschaftlichen Institut in Essen (NRW) unter dem Etikett „Kinder des Weltkrieges" eingerichtet worden ist. Ihr gehören an: Hans-Heino Ewers, Insa Fooken, Gereon Heuft, Jana Mikota, Hartmut Radebold, Jürgen Reulecke, Jürgen Zinnecker. Letzterer koordinierte und leitete die Forschergruppe.

Die internationale Tagung, deren Ergebnisse hier vorgestellt werden, fand vom 14. bis 16. April an der Johann Wolfgang Goethe-Universität Frankfurt am Main statt und trug den Titel „Die Generation der Kriegskinder und ihre Botschaft für Europa 60 Jahre nach Kriegsende: Unsere Kinder und Enkel sollen in Frieden zusammenleben". Tagungsort war der Campus Westend der Universität (Casino Gebäude). Als Veranstalter vor Ort fungierten das Institut für Jugendbuchforschung der Universität Frankfurt am Main und das Sigmund-Freud-Institut (SFI). An der Finanzierung waren beteiligt: die Deutsche Forschungsgemeinschaft (DFG Bonn), das Bundesministerium für Familie, Senioren, Frauen und Jugend (BMFSFJ Berlin), die Gerade Henkel Stiftung und das Kulturwissenschaftliche Institut (kwi-nrw Essen). Die Tagung fand großen Zuspruch unter den Besuchern und ein beachtliches Medienecho. Rund 500 Teilnehmerinnen und Teilnehmer besuchten die verschiedenen

1 H. Radebold, G. Heuft, I. Fooken (Hg.) (2006): Kindheiten im Zweiten Weltkrieg. Kriegserfahrungen und deren Folgen aus psychohistorischer Perspektive. (Kinder des Weltkrieges, hg. v. d. Studiengruppe Kinder des Weltkrieges am kwi-nrw), Weinheim/München (Juventa).

Plenarveranstaltungen, Workshops und Lesungen, wobei zahlreiche Anfragen auf Teilnahme abschlägig beschieden werden mussten.

Zu den Zielsetzungen der Tagung heißt es im Programmheft:

Wenn sich im Mai des Jahres 2005 das Ende des Zweiten Weltkriegs in Deutschland zum 60. Mal jähren wird, bedeutet dies für viele vom Krieg betroffene Menschen nicht schon einen dauerhaften inneren Frieden. Dies dürfte in besonderer Weise für die zwischen 1930 und 1945 Geborenen gelten, die heute zwischen 60 und 75 Jahre alt sind. Diese Jahrgänge haben ihre Kindheit, teils auch ihre ersten Jugendjahre während des Krieges und in den ersten Nachkriegsjahren verbracht und großenteils sehr belastende Erfahrungen machen müssen. Unter diesen ragen der Verlust zentraler Bezugspersonen (insbesondere des Vaters), der Verlust von Heimat, Sicherheit und Geborgenheit, aber auch vielfältige Erfahrungen von Gewalt heraus. Diese Erfahrungen konnten im weiteren Lebensverlauf oft nicht abgeschüttelt werden; sie bedrängen und ängstigen viele Angehörige dieser Jahrgänge bis heute. Oft brechen nach dem Ausscheiden aus dem Beruf manche schmerzhafte Kindheits- und Jugenderinnerungen mit ganzer Heftigkeit wieder hervor und beeinträchtigen Gesundheit und Wohlbefinden teilweise schwerwiegend.

Die heutigen politischen, wirtschaftlichen und kulturellen Eliten bestehen zu einem beträchtlichen Anteil aus Angehörigen dieser Jahrgänge. Diese Altersgruppen haben mit bedrückenden kindlichen Kriegserfahrungen in ihrem geistigen Gepäck die Geschichte der letzten drei bis vier Jahrzehnte maßgeblich geprägt. Deren generationenspezifische Erfahrungshintergründe auszuleuchten, stellt deshalb einen wichtigen Beitrag zum Verständnis der aktuellen gesellschaftlichen und politischen Situation dar.

In der exemplarischen Konzentration auf die zwischen 1930 und 1945 Geborenen und deren kriegsbedingten, oft lebenslang wirksamen psychischen, sozialen und körperlichen Belastungen möchte der Kongress auf die Spätfolgen aufmerksam machen, die Kriege jeglicher Art für die Zivilbevölkerung besitzen. Auch wenn die Waffen schweigen, reichen die Schatten von Kriegen weit in das Leben der Menschen hinein. Dies bedrückt umso mehr, als die Schädigung von Kindern durch Konflikte, Kriege, Geiselnahmen etc. weltweit kein Ende zu nehmen scheint.

Auf dem ersten internationalen Kongress zum Thema Kriegskindheit und deren Langzeitfolgen werden Referentinnen und Referenten aus den Bereichen Zeitgeschichte, Geschichtsdidaktik, Psychologie, Psychoanalyse, Psychosomatik sowie Psychiatrie, Gerontologie, Soziologie, Kindheitsforschung, Kultur- und Literaturwissenschaft und Literaturkritik auftreten. Außerdem wird eine größere Zahl von Schriftstellerinnen und Schriftstellern mitwirken.

Der Kongress soll

- *die Kriegsgeschichte(n) des Zweiten Weltkriegs in Europa aus der Perspektive der damaligen Kinder vergegenwärtigen, ihnen eine Sprache geben und nach den kindlichen Angst-, Verlust- und Bewältigungserfahrungen fragen;*
- *die Geschichtspolitik und Erinnerungskultur von den 1950er Jahren bis heute beleuchten, welche die tatsächlichen Kriegserfahrungen dieser Jahrgänge überlagert, teils auch beiseite geschoben haben;*
- *die literarischen und medialen Kriegsdarstellungen und -deutungen untersuchen, welche die persönlichen Kriegserfahrungen dieser Jahrgänge aus- und umgestaltet haben;*
- *die von diesen Jahrgängen im fortgeschrittenen Alter mit oder ohne Erfolg unternommenen Versuche beleuchten, rückblickend die in der Kindheit gemachten Kriegs- und Verlusterfahrungen in die eigene Lebensgeschichte zu integrieren;*
- *aus psychotherapeutischer, psychosomatischer und psychiatrischer Sicht die aktuelle psychische Verfassung, das subjektive Befinden und bis heute anhaltende Störungen dieser Kriegskindergeneration verdeutlichen und in Beziehung setzen zu den biographischen Erfahrungen, insbesondere zu belastenden und traumatisierenden Erfahrungen während des Zweiten Weltkriegs;*
- *die unternommenen und unterbliebenen Anstrengungen der Kriegskindergeneration in den Blick nehmen, mit den nachfolgenden Generationen über die eigenen Kriegs- und Nachkriegserfahrungen zu sprechen.*

Während der parallel im Juventa Verlag erscheinende Band der Herausgeber Hartmut Radebold, Insa Fooken und Gereon Heuft die Beiträge der psychosozialen Wissenschaftsrichtungen und die Plenarvorträge zusammenfasst, kommen in der hier vorliegenden Publikation die Fachvertreter kulturwissenschaftlicher Disziplinen zu Wort, d. h. insbesondere historische, literaturwissenschaftliche, erziehungswissenschaftliche und didaktische Autoren. Die kulturwissenschaftliche Analyse der Kriegskindheit teilt sich in drei Abteilungen. In Teil I geht es darum, die Kriegszeit des Zweiten Weltkrieges als einen Erfahrungsraum von Kindern, als eine historische Lebenswelt moderner Kindheit zu erschließen. In Teil II werden Nationalsozialismus und Weltkrieg in der literarischen und nichtliterarischen Erinnerungskultur thematisiert. Dabei geht es insbesondere um die Weitergabe dieser kollektiven Erinnerung an die zweite und dritte Generation nach dem Weltkrieg. Die Autoren des dritten Teiles nähern sich den Kriegskindheiten unter der Perspektive von Geschichtspolitik und – schulischer – Erinnerungskultur.

Die ursprüngliche freie Rede bzw. die Redemanuskripte wurden sorgfältig in ein schriftliches Textformat übertragen und nach entsprechenden Grundsätzen redigiert. An dieser Transformationsarbeit war insbesondere auch Frau Vera Kalusche, Literaturbüro Schreibschlüssel (www.schreibschluessel.de) beteiligt, der an dieser Stelle herzlich gedankt sei. Der gleiche Dank gilt auch der Gerda Henkel Stiftung, die zur Finanzierung der Herstellung dieses Bandes maßgeblich beitrug.

Essen, Juni 2006 *Die Herausgeber*

Technische Hinweise

Im Dienste der Leserfreundlichkeit wurde bei den Texten dieses Bandes auf die Nennung beider Geschlechtsformen zugunsten der jeweils kürzeren Form verzichtet. Selbstverständlich sind immer beide Geschlechtsformen gemeint. „Herausgeber" ist beispielsweise als Abkürzung für die korrekte Form „Herausgeberin und Herausgeber" zu verstehen, nicht als rein männliche Form.

In den Texten enthaltene Kurzverweise auf „Beiträge" finden sich unter dem angegebenen Autorennamen im vorliegenden Band.

Alle Internetadressen, auf die verwiesen wird, waren bei Redaktionsschluss am 1. Juni 2006 gültig.

Zur Einführung in Teil I:

Erfahrungsräume von Kriegskindheiten

Der erste Teil des Buches ist den Erfahrungsräumen der Kriegskindheiten gewidmet. Es geht also darum zu klären, in welchen Handlungs- und Erlebnisfeldern Kinder während des sechsjährigen Krieges 1939 bis 1945 und in den darauf folgenden Nachkriegsjahren 1946 bis etwa 1949 gelebt haben. Eine solche historische Rekonstruktion ist unverzichtbar, wenn wir die Besonderheiten des Aufwachsens in jenen Jahren angemessen verstehen wollen. Gleichzeitig muss gesagt werden, dass es sich um eine nicht leicht lösbare Aufgabe handelt. Der Zweite Weltkrieg ist militärgeschichtlich und mittlerweile auch als Alltagsgeschichte der Zivilbevölkerung sehr gut erforscht. Da es sich bei Kriegen im Kern um eine kollektive Tätigkeit erwachsener Männer an der Front und erwachsener Frauen an der „Heimatfront" handelt, kommen Kinder eher als Randfiguren in dieser Geschichte vor (vgl. allerdings neuerdings Janfelt 2003; Buddrus 2003; Sherrow 2000; Dahlmann 2000; Keim 1995).

Was das Frontgeschehen anlangt, so finden Kinder als jüngste Kombattanten eine gewisse Beachtung. Je länger der Weltkrieg dauerte, umso stärker griffen die kriegführenden Parteien auf minderjährige Adoleszente als eine Art Notreserve zurück – wir würden heute von „Kindersoldaten" sprechen. So gab es jugendliche Schüler als Flakhelfer und zuletzt als Teil eines Volkssturms im Deutschen Reich (Schmeling 1997; Nicolaisen 1985, Schörken 1984; 2004); Jugendliche als Nachwuchs von Partisanengruppen in manchen besetzten Ländern Osteuropas, jugendliche Kamikazeflieger in Japan (Scherer 2001) und ähnliche soldatische Rollen für Minderjährige unter 18 Jahren.

Jüngere Kinder rückten lange Jahre über nur als Opfer des Weltkrieges ins Zentrum medialer und wissenschaftlicher Öffentlichkeit. Das geschah einerseits in wohlmeinender Absicht, nämlich um auf die Notlage von Kriegskindern während und vor allem auch nach dem Weltkrieg aufmerksam zu machen und Hilfsbereitschaft zu mobilisieren. In der zweiten Hälfte des 20. Jahrhunderts avancierte das Bild des Kriegs- und Flüchtlingskindes geradezu zur kollektiven – friedenspolitisch ausgerichteten – Ikone, um die Opfer zu symbolisieren, die moderne Kriege für die Zivilbevölkerung bedeuten. Der Opferblick auf Weltkriegskinder wurde während und unmittelbar nach dem Krieg allerdings auch politisch-propagandistisch instrumentalisiert, um auf Kriegsverbrechen der Gegenseite aufmerksam zu machen und von eigenen abzulenken (zur Ikonografie des Kriegskindes vgl. die Beiträge Stambolis/Pfau; Handro).

Seit den 60er Jahren des vergangenen Jahrhunderts änderte sich der politische, pädagogische und wissenschaftliche Blick auf Kindheit erheblich (Honig 1999). Kinder wurden als Akteure eigenen Rechts „entdeckt", die am Zusammenleben in Familie, Schule und in der Öffentlichkeit eigenständig partizipieren. Damit wurde der ausschließliche Opferblick auf Kinder und Kriegskinder obsolet. Man suchte nach dem Eigenwillen, den Optionen und Wünschen der „jungen Bürger" bei der Gestaltung des Lebens und der Nahwelt. Auch wenn Kinder zu den „stummen Zeugen" des Kriegsalltags gehören, so sind sie doch nachdenkende und mithandelnde Zeugen, die schon als Kinder und Jugendliche entsprechend ihren Möglichkeiten dem Geschehen einen Sinn abzugewinnen und den Krieg für sich zu bewältigen suchen. Historiker begannen, Kinder als Ko-Konstrukteure von Alltagsgeschichte ernst zu nehmen und die geschichtlichen Quellen neu zu lesen bzw. neue Quellen zu lesen. Das Bild der Kinder des Weltkrieges ist entsprechend vielfältig zu entwerfen. Es könnte beispielsweise folgende Handlungsrollen und Szenarien enthalten: Das Kriegskind als Held (Partisan – Resistance); Aktivist (Sammeln – Marschieren); junger Soldat (Flakhelfer – Volkssturm – Tross); Täter (Denunziant); Krimineller (Plünderer); Illegaler (Versteck – Straßenvagabund); Migrant (Flucht – Vertreibung – Exil); Arbeiter (Zwangsarbeit – Familienarbeit); Eltern (Ersatzeltern – „Parentifizierung"); Helfer (Lazarett).

Zu analysieren sind hier nicht nur die Kriegsrisiken, sondern auch die spezifischen Opportunitäts- und Gelegenheitsstrukturen, die sich in Kriegszeiten bieten. Die sind für Kinder andere als für Erwachsene. In jedem Fall sind sie aber auch andere als für Kinder in Friedenszeiten. Wir können dahingehend zusammenfassen, dass Kriegskinder in einer doppelten Rolle am Weltkrieg teilnehmen. Sie gehören in die erste Reihe der verletzbaren Opfergruppen, deren Chancen aufs seelische und physische Überleben besonders gering sind, besonders wenn es sich um Babys und Kleinkinder handelt. Sie partizipieren im Vorschul- und Schulalter aber auch bereits aktiv an den Kriegsereignissen, insbesondere in den verschiedenen Handlungs-Szenarien der Heimatfront.

Auch wenn Kinder an vielen Handlungssituationen im Krieg kopartizipieren und aktive Rollen belegen, so erleben sie doch viele Situationen des Krieges ganz anders als Erwachsene. Die Perspektiven der Kinder verändern sich zudem in rascher Abfolge, je nach Lebens- und Entwicklungsabschnitt der Kindheit. Das fiel bereits den Psychologen und Therapeuten der ersten Stunde auf, die Gelegenheit hatten, Kriegskinder aus der Nähe zu beobachten (Freud und Burlingham 1949–1951). Die Jüngeren unter den Kindern sind weniger politisch vorbelastet, verstehen manche Feindschaften der „Großen" noch nicht. Sie finden daher, anders als Erwachsene, wenig dabei, mit fremden und feindlichen Soldaten zu „fraternisieren“, auch mit denen der Roten Armee oder befremdlichen Schwarzen aus Afrika oder den USA. Manches nehmen Kinder viel ernster als Erwachsene, beispielsweise die Trennung von geliebten Menschen in der Familie. Andere Bedrohungen nehmen sie lange Zeit eher als Abenteuer wahr und entsprechend auf die leichte Schulter, so die schaurig-schönen nächtlichen Erlebnisse des Bombenkrieges. Bombensplitter zu sammeln gehört zu den Lieblingsspielen von Kriegskindern in den großen Städten. Was Angst, Verletzung, Verlust und Tod bedeuten, lernen sie oftmals erst sozial vermittelt kennen, indem sie die Erwachsenen aus ihrer Umgebung beobachten und sich deren Gefühls- und Sprachwelt mimetisch zu eigen machen.

Wie lassen sich diese besonderen „Erfahrungsräume von Kriegskindheit“ angemessen rekonstruieren? Es liegt auf der Hand, dass als authentische Quellen zunächst diejenigen zu gelten haben, die in unmittelbarer zeitlicher Nähe zum Kriegsereignis von Kindern selbst produziert worden sind. Glücklicherweise gibt es einige solcher Quellen, vor allem von Schulkindern. Kinder schrieben Feldpostbriefe an ihre Väter und Brüder (Burkard/Valet 2000; Beitrag Latzel) oder private Briefe aus der Kinderlandverschickung an ihre ferne Familie zu Hause (Krüger/Sippel 2001; Liedtke 1999, Gehrken 1997; Gröper 1996). Kinder führten auch eigene „Kriegstagebücher“ (Breloer 1984; Holliday 1995) und hielten Gesehenes in Zeichnung und Malerei fest (Chaimowitz 1988; Geve 1997; Renold 2001; Weisserovà 2001). Schließlich gaben manche Schulmänner ihren Kindern Gelegenheit, während und nach dem Krieg ihre Eindrücke und Erlebnisse des Krieges in Schulheften festzuhalten. Da es sich hier um schulisch zensierte Ausdrucksformen handelt, sind natürlich besonders die freien Aufsätze von Interesse, die unmittelbar nach Kriegsende von Schulkindern geschrieben wurden und in denen sich die besonderen Perspektiven der Kriegskinder eher widerspiegeln können (Heinritz 2001; Prenzlauer Berg 2001; Heer 1980). In einer länderübergreifenden Recherche hat Emmy Werner (2003) die Möglichkeiten veranschaulicht, mit solchen zeitnahen kindlichen Quellen ein Bild der Lage von Kindern des Zweiten Weltkrieges in Europa und der Welt (Japan) zu zeichnen. Liegen unterschiedliche Ego-Dokumente zu einem kindlichen Lebenslauf vor, so lässt sich vom Historiker eine Fallvignette „nach Aktenlage“ erstellen. Häufig beziehen sich solche eindrucksvollen Rekonstruktionen auf die kurzen Lebensläufe von verfolgten und getöteten Kinder (vgl. z. B. Aly 2004; Baumann et al. 2003; Rühlig/Stehen 1986).

Die schriftliche Fixierung kindlicher Erfahrungen von Krieg durch die Kinder selbst stößt leicht an sprachliche, kognitive und emotionale Grenzen. Es fällt beispielsweise vielen Kindern schwer, Gefühle sprachlich zu formulieren und im schriftkulturellen System auszudrücken. Wir sind daher in hohem Maße auf die Erinnerungen und Erzählungen von Erwachsenen angewiesen, die über die Gabe verfügen, sich in die eigene Kindheit und die ihrer Gleichaltrigen imaginativ rückzuversetzen – ein autobiographisches

„Betriebskapital" beispielsweise mancher Schriftsteller, aber auch von psychologisch und pädagogisch einschlägig Vorgebildeten. Die Jahrgänge der damaligen Kriegskindheit sind mittlerweile zwischen 60 und 80 Jahre alt. Deren Vertreter formulieren gegenwärtig in großer Zahl ihre Lebenserinnerungen, die sich vielfach auf Kindheit und Jugend im Krieg beziehen. Bald wird es sich bei dieser Generation um die „letzten Zeugen" (Alexijewitsch 2005) dieser säkularen Katastrophe des 20. Jahrhunderts handeln. Die Abhängigkeit der erfahrungsgeschichtlichen Rekonstruktion von Kriegskindheit von den Lebenserinnerungen heutiger Senioren hat aber auch ihre Tücken. Den heute Schreibenden und sich Erinnernden stehen die gegenwärtigen Erinnerungsdiskurse um den Weltkrieg möglicherweise viel präsenter vor Augen als die ursprünglichen Erfahrungen ihrer Kindheit. Daher müssen wir uns als methodische Gefahr vor Augen halten, dass das Kollektiv der Senioren, das sich gegenwärtig öffentlich und mit einer gewissen Autorität erinnert, uns den Blick auf die Kriegskinder, die sie selbst einmal waren, manchmal eher verstellt als eröffnet.

Die „Kinder des Weltkrieges" sind auf sehr unterschiedliche Weise von Kriegsereignissen und Kriegsverläufen betroffen – je nachdem, in welchem Lebensalter sie in das Zeitfenster Krieg eintreten, in welchem Land, in welcher Region, in welcher Stadt sie leben, ob es sich um ein okkupiertes, ein umkämpftes oder um ein Land wie die USA handelt, das nur „home front children" (Tuttle 1993) jenseits der eigentlichen Kriegsfront kennt. Ferner spielen Migrationsbewegungen eine entscheidende Rolle, wohin Kriegskinder evakuiert, transportiert, verschleppt bzw. wieder zurücktransportiert werden. Schließlich will die soziale Ungleichheit bedacht sein, also die Frage, in welchem Milieu das Elternhaus angesiedelt ist. (Väter aus der Unterschicht sterben bekanntlich häufiger an der Front; bürgerliche Väter werden häufiger als unabkömmlich freigestellt.) Ungeachtet der Tatsache, dass es sich beim Weltkrieg II um einen ausgesprochen „entgrenzten" Krieg handelt, mit der Maßgabe, kein Territorium, kein Hinterland, keine Gruppe der Zivilbevölkerung von einer Teilnahme zu dispensieren, bleiben gleichwohl die Kriegserfahrungen der Kinder stark segmentiert – bis hin zum Fall von Geschwistern innerhalb derselben Familie, deren Kriegserfahrungen sehr unterschiedlich verlaufen können.

Grobe Schätzungen für das erweiterte Gebiet des Deutschen Reiches laufen auf eine Dreiteilung der Generation der (deutschen) Kriegskinder hinaus. Während ein Drittel der Kinder direkt und nachhaltig vom Krieg betroffen ist, als belastet bis traumatisiert gelten kann, macht ein zweites Drittel eher indirekte Erfahrung mit dem Kriegsgeschehen (etwa durch Einquartierung Fremder oder durch Hungerphasen im Nachkrieg). Ein letztes Drittel der Kinder schließlich bleibt praktisch ohne einschlägige Kriegserfahrung, lebt mitten im Weltkrieg sozusagen „wie im Frieden". Die zeitlich sequenzierten Verlagerungen und Ausweitungen des Kriegsgeschehens führen ferner dazu, dass auch die Kinder zu sehr unterschiedlichen Zeitpunkten zu Mitakteuren und Opfern gemacht werden. Für manche Kinder wird erst das Kriegsende, das beispielsweise Flucht/Vertreibung und Hungerphasen nach sich zieht, zu einem kritischen Lebensabschnitt. Andere Kinderpopulationen, beispielsweise viele polnische Kinder, sind von Beginn an in das Kriegsgeschehen involviert. Viele kindliche Lebensläufe im Krieg sind durch abrupte Wechsel in der Qualität der persönlichen Umwelten oder durch eine Kumulation von kritischen Lebensereignissen innerhalb kürzester Zeit gekennzeichnet. Ausbombung, Evakuierung/Vertreibung, Tod von Eltern oder Geschwistern ziehen jeweils eine Fülle von weiteren kritischen Folgeereignissen nach sich.

Vier zentrale Erfahrungsfelder von Kriegskindheit werden in Teil I des Buches, keinesfalls erschöpfend, thematisiert. Zunächst geht es unter den Stichworten „Bunkerkinder“, „Trümmerkinder“, „evakuierte Kinder“ um die Verwicklungen von Kindern in den Luftkrieg, am Beispiel Deutschlands. Es war ein Krieg gegen Zivilisten, gegen die „Heimatfront“, und damit auch gegen Kinder als Teil dieser „Heimatfront“. Mathilde Jamin stellt sehr persönliche kindliche Erinnerungsstücke an den Bombenkrieg vor, die im Zusammenhang eines Museumsprojektes gesammelt und von den Besitzern kommentiert wurden. Gerhard Sollbach gibt einen Überblick über Institution und Geschichte der Kinderlandverschickung aus den bombardierten Gebieten und lässt ehemalige verschickte Schüler über die abenteuerlichen und schwierigen Rückwege bei Kriegsende in die Elternhäuser im Westen erzählen. Sabine Bode wertet lebensgeschichtliche Interviews aus, die sie mit „Trümmerkindern“ der Nachkriegsjahre in den zuvor bombardierten Städten gemacht hat, und lässt diese Erfahrung vor dem Hintergrund der weiteren Lebensgeschichte bewerten.

In einem zweiten Zugriff wenden wir uns verfolgten Kindern zu und wählten hierzu die Stichworte ‚Lagerkinder’, ‚versteckte Kinder’, ‚Zwangsarbeit als Kind’ gewählt. Die Perspektive richtet sich insbesondere auf Kinder des Holocausts wie auf Kindheiten im besetzten Polen. Hans-Christian Harten gibt einen Überblick über die destruierende Schulpolitik des nationalsozialistischen Deutschlands im besetzten Polen und die Folgen für die davon betroffenen Kinderpopulationen. Annegret Ehmann schildert anhand einer Website für Jugendliche fünf exemplarische Biographien verfolgter und getöteter Kindergruppen, vom jüdisch-französischen über das Roma-Kind bis hin zum behinderten deutschen Kind. Helmuth Bauer berichtet von einem bewegenden Filmprojekt mit einer Gruppe früherer polnischer Zwangsarbeiterinnen, die als junge Mädchen in einem Daimler-Benz-Werk für die Rüstungsproduktion arbeiten mussten.

Gegen Ende des Krieges gerieten manche Kinder und Jugendliche immer stärker in die Rolle von Kombattanten. Front und Heimatfront schoben sich mancherorts ineinander und machten schutzwürdige Kinder unter der Hand zu Soldaten. „Kindersoldaten“ würden wir heute sagen. Am Beispiel der eigenen Geschichte als Flakhelfer erzählt und reflektiert Rolf Schörken diese tendenzielle Transformation von Kindern in Soldaten.

Der Zweite Weltkrieg und die unmittelbaren Jahre danach gingen in die europäische Geschichte als eine Epoche der Massenmigration ein. Kinder waren Flüchtlinge, Vertriebene, Umsiedler und Neusiedler (Ackermann 2004). Barbara Stambolis und Dieter Pfau gehen in zwei Beiträgen (vgl. auch Teil II in diesem Band) der Frage nach, welche ikonografischen Bildmuster in den Jahren nach dem Krieg entwickelt wurden, um Kriegskinder und Flüchtlingskindheiten zu repräsentieren.

Jürgen Zinnecker

Literatur

Ackermann, V. (2004): Das Schweigen der Flüchtlingskinder – Psychische Folgen von Krieg, Flucht und Vertreibung bei den Deutschen nach 1945. In: Geschichte und Gesellschaft, 30 (3): 434–464.

Aly, G. (2004): Im Tunnel. Das kurze Leben der Marion Samuel 1931–1943. (Die Zeit des Nationalsozialismus. Eine Buchreihe). Frankfurt a. M. (Fischer Taschenbuch Verlag).

Alexijewitsch, S. (2005): Die letzten Zeugen. Kinder im Zweiten Weltkrieg. [Russisches Original: 2004], Berlin (Aufbau).

Baumann, G., Bönnemann, O., Möven, W. (2003): Die Tragödie von Aachen. Die Hinrichtung von zwei Kindern. Erlangen (Verlag D+C).

Breloer, H. (1984): Mein Tagebuch. Geschichten vom Überleben 1939–1947. Köln (Verlagsgesellschaft Schulfernsehen).

Buddrus, M. (2003): Totale Erziehung für den totalen Krieg. Hitlerjugend und nationalsozialistische Jugendpolitik. 2 Bde., (Texte und Materialien zur Zeitgeschichte), München (K. G. Sauer Verlag).

Burkard, B., Valet, F. (2000): Abends wenn wir essen fehlt uns immer einer. Kinder schreiben an die Väter 1939-1945. Heidelberg (Umschau).

Chaimowitz (1988): „Lieber Papa!". Ein Kind sieht den 2. Weltkrieg und schickt dem Vater Karten ins Gefängnis; Lebensspur. Der Weg ins Weiß; Eine Ausstellung in zwei Teilen. Wien (Eigenverlag).

Dahlmann, D. (2000): Kinder und Jugendliche in Krieg und Revolution. Vom Dreißigjährigen Krieg bis zu den Kindersoldaten Afrikas. (Krieg in der Geschichte [Hg. v. S. Förster, B. R. Kroener, B. Wegner]; 7). Paderborn/München/Wien/Zürich (Schöningh).

Freud, A., Burlingham, D., Mitarbeiter (1982): Heimatlose Kinder. (Fischer Wissenschaft; 7314) [Früher als: Conditio Humana]. Frankfurt a. M. (Fischer Taschenbuch Verlag).

Gehrken, E. (1997): Nationalsozialistische Erziehung in den Lagern der Erweiterten Kinderlandverschickung 1940 bis 1945. (Steinhorster Schriften und Materialien zur regionalen Schulgeschichte und Schulentwicklung [Hg. v. K. Neumann und H. Semmel]). Braunschweig/Gifhorn (Eigenverlag).

Geve, T. (1997): Es gibt hier keine Kinder. Auschwitz. Zeichnungen eines kindlichen Historikers. Göttingen (Wallstein-Verlag).
Gröper, R. (1996): Erhoffter Jubel über den Endsieg. Tagebuch eines Hitlerjungen 1943–1945. Sigmaringen (Jan Thorbecke).
Heer, H. (1980): Als ich 9 Jahre alt war, kam der Krieg. Schüleraufsätze 1946. Ein Lesebuch gegen den Krieg. (Geschichte Unten [Hg. v. H. Heer, V. Ullrich]) Köln (Prometh Verlag).
Heinritz, Ch. (2001): „Schüleraufsätze". In: Behnken, I., Zinnecker J. (Hg.): Kinder. Kindheit. Lebensgeschichte. Ein Handbuch. Seelze-Velber (Kallmeyer), S. 102–114.
Holliday, L. (1995): Children in the Holocaust and World War II. Their Secret Diaries. New York u. a. (Pocket Books).
Honig, M.-S. (1999): Entwurf einer Theorie der Kindheit. Frankfurt a. M. (Suhrkamp).
Janfelt, M. (2003): War in the Twentieth Century. In: Fass, P. S. (Hg.): Encyclopedia of Children and Childhood In History and Society. New York u. a. (Macmillan, Thomson), S. 875–881.
Keim, W. (1995): Erziehung unter der Nazi-Diktatur. Darmstadt (Wissenschaftliche Buchgesellschaft).
Krüger, H., Sippel, E. (Hg.) (2001): Die KLV – ein unvergessliches Erlebnis. Schülerinnen der Luisenschule in Essen erleben die Kinderlandverschickung. Essen (Eigenverlag).
Liedtke, M. (1999): Für Hitler erzogen? Briefe und Notizen des Edgar Winzen aus der Kinderlandverschickung Leutenberg in Thüringen 1944/45. München/Münster (Waxmann).
Nicolaisen, H.-D. (1985): Die Flakhelfer. Luftwaffenhelfer und Marinehelfer im Zweiten Weltkrieg. (Zeitgeschichte). Frankfurt a. M.; Berlin; Wien (Ullstein).
Prenzlauer Berg Museum, Gröschner, A. (Hg.) (2001): „Ich schlug meiner Mutter die brennenden Funken ab". Berliner Schulaufsätze aus dem Jahr 1946. [1. Aufl. 1996], Reinbek b. H. (Rowohlt Taschenbuch Verlag).
Renold, A. (2001): KinderBilderWelten. Zeichnungen von Flüchtlingskindern 1945. Zürich (Pendo).
Rühlig, C., Stehen, J. (1986): Walter. *1926 † 1945 an der Ostfront. Leben und Lebensbedingungen eines Frankfurter Jungen im III. Reich. Frankfurt a. M. (Eigenverlag Historisches Museum der Stadt Frankfurt a. M.)
Scherer, K. (2001): Kamikaze. Todesbefehl für Japans Jugend. München (Iudicium).
Schmeling, F.-J. (1997): Vom Krieg ein Leben lang geprägt. Ehemalige Luftwaffen- und Marinehelfer antworten 50 Jahre danach. Osnabrück (Eigenverlag).
Schörken, R. (2004): Die Niederlage als Generationserfahrung. (Materialien zur Historischen Jugendforschung [Hg. v. U. Herrmann]). Weinheim/München (Juventa).
Schörken, R. (1984): Luftwaffenhelfer und Drittes Reich. Stuttgart (Klett-Cotta).
Sherrow, V. (2000): Encyclopedia of Youth and War. Phoenix, Arizona (Oryx Press).
Tuttle, W. M. Jr. (1993): „Daddy's Gone to War". The Second World War in the Lives of America's Children. Oxford (Oxford University Press).
Weissová, H. (2001): Zeichne, was Du siehst. Zeichnungen eines Kindes aus Theresienstadt. [1. Aufl. 1998], Frankfurt a. M. (Insel).
Werner, E. E. (2001): Unschuldige Zeugen. Hamburg/Wien (Europa Verlag).

Mathilde Jamin

Kindheitserinnerungen an den Bombenkrieg

Interviews im Rahmen der Ausstellung „Maikäfer flieg …“ des Ruhrlandmuseums Essen

Der folgende Einblick in Erfahrungen von Kindern im Bombenkrieg beruht auf Gesprächen, die ich vom Herbst 1999 bis zum Sommer 2000 für die Ausstellung „Maikäfer flieg … Kindheitserfahrungen 1940–1960“ des Ruhrlandmuseums Essen geführt habe.[1] Das Projekt ging von der Idee aus, den bemerkenswerten Wandel der Kindheit deutlich zu machen, der in der Bundesrepublik in den 1960er und 70er Jahren stattfand – hinsichtlich der materiellen Bedingungen, unter denen Kinder aufwachsen, hinsichtlich des Erziehungsstils sowie der kulturellen Normen und Werte, die Erziehung zu vermitteln sucht. In einem über Presse und Rundfunk in Nordrhein-Westfalen verbreiteten Sammlungsaufruf baten wir im Oktober 1999 die ehemaligen Nachkriegskinder, deren Kindheit in die Jahre 1945 bis 1960 fiel, uns Objekte zur Verfügung zu stellen, die in ihrer Kindheit wichtig waren, zusammen mit den dazugehörigen Erinnerungen. Dabei fragten wir insbesondere nach kulturellen und Erziehungsnormen, aber auch nach den Spuren und Folgewirkungen von Krieg und Nationalsozialismus in der Nachkriegszeit sowie nach eventuell noch vorhandenen eigenen Erinnerungen an den Krieg.

Die Resonanz war mit mehr als 250 Antworten insgesamt und rund 200 ausführlichen Erinnerungsberichten überwältigend und es meldeten sich zu mehr als zwei Dritteln ehemalige Kriegskinder, die eindringlich über ihre Erlebnisse während des Krieges sprachen. Wir erweiterten daraufhin unsere Zielgruppe auf zwei Alterskohorten – die Kriegs- und die Nachkriegskinder der Geburtsjahrgänge 1933 bis 1953. Eine Fokussierung auf die Kriegserlebnisse deutscher Kriegskinder lag also nicht in der ursprünglichen Absicht des Museums,[2] sondern war eine Antwort auf das eindrucksvolle Ge-

1 Die Ausstellung wurde von November 2001 bis Januar 2002 gezeigt. Der Katalog (Jamin/Kerner 2001) ist vergriffen, kann aber über die Fernleihe bei Stadt- und Universitätsbibliotheken ausgeliehen werden.

2 Eine Ausstellung über das Alltagsleben während des Zweiten Weltkriegs im Ruhrgebiet, die nicht speziell auf Kinder bezogen war, hatte das Ruhrlandmuseum bereits 1989 zum 50. Jahrestag des Kriegsbeginns gezeigt. Ihr zentrales Gestaltungsprinzip

sprächsbedürfnis derer, die sich auf unseren Sammlungsaufruf gemeldet hatten. Das Museum ergriff damit die Chance, ein bis dahin offensichtlich noch wenig beleuchtetes Thema der Erfahrungsgeschichte des 20. Jahrhunderts öffentlich zur Diskussion zu stellen. Zum Zeitpunkt der Interviews und der Ausstellung waren die Kriegskinder in der wissenschaftlichen Literatur – mit Ausnahme einiger Pionierveröffentlichungen (Lessing 1984; Heinl 1994; Radebold 2000) – noch kaum ein Thema. Die Welle der Publikationen von Zeitzeugen hatte gerade erst begonnen; auch das spektakuläre Buch von Jörg Friedrich (2002) über den Bombenkrieg war noch nicht erschienen. Den Interviewpartnern waren also kaum publizierte Erzählmuster vorgegeben. Viele bedankten sich für das Gespräch und sagten, dass sie zum ersten Mal über die von ihnen berichteten Erlebnisse gesprochen hätten.[3]

Die Interviews konnten im Rahmen einer Ausstellungsvorbereitung nicht nach den aufwändigen Methoden der Oral History durchgeführt werden, und sie sind nicht statistisch repräsentativ.[4] Wie in der Oral History generell ging es aber auch hier nicht um „objektive" Fakten der Ereignisgeschichte und auch nicht um eine exakte Quantifizierung von Einstellungen, sondern darum, Einblick in ein möglichst vielfältiges Spektrum unterschiedlicher Kindheitserfahrungen im Spiegel der heutigen Deutungen der Zeitzeugen zu gewinnen. Die meisten Interviewpartner leben heute im Ruhrgebiet, ihre Kindheit hatten manche aber beispielsweise auch in Berlin, Süddeutschland oder den ehemaligen deutschen Ostgebieten verbracht. Frauen waren mit einem Anteil von 70 Prozent überrepräsentiert. Das Thema ‚Bombenkrieg' machte nur einen von zwölf Themenbereichen der Ausstellung aus. 48 Interviewpartner äußerten sich aus eigener Erinnerung zum Bombenkrieg – 37 Frauen und 11 Männer; der Männeranteil war hier also noch etwas niedriger als in der Gesamtheit aller Beteiligten.

---

war es, einem eventuellen Selbstmitleid der deutschen Besucher dadurch entgegenzuwirken, dass zu jedem Einzelthema auf die ungleich schwerere Lage von Juden, Zwangsarbeitern und der Bevölkerung in den besetzten Gebieten hingewiesen wurde (Borsdorf/Jamin 1989).

3 Diese Entstehungsgeschichte der Ausstellung spricht gegen die Argumentation Harald Welzers. Welzer ging in dem von ihm moderierten Workshop des Frankfurter Kriegskinder-Kongresses sowie in *Nervtötende Erzählungen*, in der Beilage der *Frankfurter Rundschau* zum 60. Jahrestag von Kriegsende und Befreiung vom 7. Mai 2005 davon aus, dass erst revisionistische Geschichtspublikationen, die eine deutsche Opferrolle an die Stelle des bis dahin dominierenden Diskurses über die NS-Verbrechen setzten, auch die Kriegskindheit als Modethema kreiert und den ehemaligen Kriegskindern das Bedürfnis eingeredet hätten, ihre Kriegserfahrungen öffentlich zu bearbeiten und zu diskutieren.

4 Die (vorwiegend telefonischen) Gespräche zum Thema ‚Kindheit', die meist ein bis zwei Stunden dauerten, wurden mitgeschrieben und protokolliert. Auf eine akustische Aufnahme (die vermutlich das Misstrauen der Gesprächspartner erregt hätte) und damit auch auf eine spätere Transkription (die zudem von der personellen und finanziellen Kapazität her nicht zu leisten gewesen wäre) musste verzichtet werden.

Die meisten Gesprächspartner stellten auch Objekte zur Verfügung – Alltagsgegenstände, die sie fast 60 Jahre lang aufbewahrt und zumeist liebevoll gepflegt hatten. Von den Männern kamen eher bombenkriegstypische Objekte: der Bunkerkoffer der Familie, eine Bunker-Taschenlampe, Bombensplitter, der Kanister einer Brandbombe, ein Schraubenschlüssel aus einem abgestürzten Bomber – also rollenspezifisch eher funktionale Gegenstände oder Trophäen. Die Exponate der Leihgeber*innen* waren bis auf Ausnahmen nicht bombenkriegstypisch, sondern Liebesobjekte wie Puppen und Stofftiere, Andenken und magische Bewältigungsobjekte – Gegenstände, die sie selbst aufgrund der damit verbundenen Erfahrungen mit Bedeutung aufgeladen hatten. Ebenso wie die verbalen Äußerungen sind diese Objektbezüge als Erinnerungsspuren und Bewältigungsstrategien zu lesen.

Was erlebten Kinder im Bombenkrieg und wie erlebten sie es?

Je nach Wohnort und Region waren die Bombenkriegserfahrungen in Deutschland sehr unterschiedlich. Ländliche Regionen, insbesondere in Süd- und Ostdeutschland, waren zum Teil gar nicht betroffen, viele kleinere deutsche Städte erst gegen Kriegsende, dann aber oft mit schrecklichen Zerstörungen. Großstädte und industrielle Ballungsgebiete im von England aus leicht erreichbaren Norden und Westen Deutschlands wurden dagegen bereits früh, lang anhaltend und sehr heftig bombardiert. Köln erlebte z. B. 262, Essen 242 Angriffe und jeweils ein Mehrfaches an Bombenalarmen, die der Bevölkerung in den letzten Kriegsjahren kaum noch Nachtruhe ließen. Das Ruhrgebiet, wo die Mehrzahl unserer Interviewpartner bis zu ihrer Evakuierung lebte, war zeitweise das wichtigste Ziel des englischen und amerikanischen Bombenkriegs.[5]

Unsere Gesprächspartner erlebten häufige Bombenangriffe in unzureichend schützenden Kellern und engen, überfüllten Bunkern, zu denen man bei nächtlichem Alarm rannte, nachdem man zuvor oft schon im Trainingsanzug und mit dem Rucksack neben dem Bett geschlafen hatte. Das Sausen der Luftminen und das laute Einschlagen der Bomben waren zu hören, bei Treffern in der Nähe bebte das Haus, Menschen schrieen und beteten laut, draußen brannten ganze Straßenzüge. Manche Kinder sahen nach Angriffen

5 Einen umfassenden Überblick über die militär-, politik- und sozialhistorischen Aspekte des Bombenkriegs bieten die Beiträge von Horst Boog (1990; 2001) und Ralf Blank (2004) in dem mehrbändigen Standardwerk *Das Deutsche Reich und der Zweite Weltkrieg*, hg. vom Militärgeschichtlichen Forschungsamt. Die beiden Beiträge von Boog erschienen vor dem Buch von Friedrich und beschreiben deutlich, allerdings ohne polemische Anklage, die angeblich von der Forschung tabuisierte britische Bombenkriegsstrategie gegen zivile Ziele. Zu den Zahlen siehe für Köln: Rusinek (1989, S. 95); für Essen: Schmidt 2003, S. 375). Die Zahl der Alarme betrug in Essen 1162.

Tote auf den Straßen, Todesnachrichten in der Umgebung waren häufig. Einige Interviewpartner wurden im Luftschutzkeller verschüttet, viele erlebten die Zerstörung der elterlichen Wohnung und den Verlust der Habe. Für Kinder bedeutete es insbesondere den Verlust ihres Spielzeugs. Einige, vor allem älteste Geschwister, übernahmen ganz unkindgemäße Verantwortung als Stütze der Mutter und in der Fürsorge für jüngere Geschwister, z. B. bei den „Bunkerläufen". *Wie* die Interviewpartner dies erlebten, das beschrieben sie höchst unterschiedlich: Es gab auf der einen Seite Berichte, die den Schrecken explizit machten, auf der andere Seite die Aussage: „Ich hatte keine Angst", und einen eher kindlich-spielerischen Umgang mit dem Bombenalltag; die Mehrzahl berichtete jedoch kurz und nüchtern über zum Teil schreckliche Erfahrungen.

„Es war schrecklich"

Sieben von acht Gesprächspartnern, die dies formulierten, sind Frauen, sieben von acht wurden 1933 bis 1936 geboren und gehören damit zu den ältesten der von uns Interviewten. In der Zeit des schlimmsten Bombenkrieges, also 1943 bis 1945, waren sie sieben bis zwölf Jahre alt – und damit alt genug, um die Gefahr zu begreifen.

Eine Interviewpartnerin, Jahrgang 1933, erlebte die beiden schweren Bombenangriffe vom März 1943 in Essen. Danach verbrachte die Familie die wenigen Nächte bis zur Evakuierung nur noch im Bunker. „Die Angriffe waren so furchtbar, das kann man gar nicht beschreiben [...] Das Häuschen hat geschaukelt, wenn die Bomben fielen." Einmal gingen die Erwachsenen nach oben, um zu löschen; die drei Kinder blieben allein im Keller, schrieen aus Angst um die Mutter – „das war das Schlimmste". Die drei Schwestern (sie selbst zehn, die beiden jüngeren acht und fünf Jahre alt) liefen nachts nur noch mit geschlossenen Augen an der Hand der Mutter zum Bunker, so unheimlich war ihnen die nächtliche Trümmerlandschaft, wo überall in den Hausruinen noch die Keller brannten. „Wir machten die Augen zu, das wollten wir nicht sehen." In den Bunkern und Kellern erlebten sie Todesangst: „Das wussten wir alle, dass es ums Leben ging. Dieses Schutzlossein, dieses Ausgeliefertsein, ganz schrecklich. – Kinder sollten doch eigentlich behütet sein."

Die Leihgeberin einer kleinen Hängevase war als Sechsjährige dabei, als ihre Mutter in den letzten Kriegstagen ein zerbombtes Haus in dem Glauben durchsuchte, ihre Schwester sei dort bei einem Bombenangriff getötet worden. Als Andenken an die Schwester nahm die Mutter ein Hängeväschen aus den Trümmern mit. Erst später erfuhr sie, dass die Schwester sich rechtzeitig vor dem Angriff hatte retten können. Mit fünf Jahren lief die Tochter bei Alarm mit der Tasche allein vor zum Bunker, weil ihre Mutter mit dem kleineren Bruder nicht so schnell sein konnte. Einmal war sie allein auf der Straße, als um sie herum bereits die Bomben fielen. Als sie zum

Bunker kam, wurde sie von drei Männern, die Gasmasken trugen, hineingeholt. Sie schrie vor Angst – mehr wegen der Gasmasken als wegen der Bomben – und wollte zur Mutter. Dieses Bild hat sie noch heute vor Augen: Sie allein auf der Straße, während die Bomben fallen, und drei Männer mit Gasmasken, die sie packen.

„Es war nicht so schlimm"

Sieben von elf derjenigen, die ihre Bombenkriegserfahrung ausdrücklich als nicht traumatisierend bezeichneten oder über einen eher spielerischen Umgang damit berichteten, wurden 1939 bis 1941 geboren, erlebten die Angriffe 1943 bis 1945 also im Alter von zwei bis sechs Jahren. Todesgefahr war für sie kaum real. Entscheidend war das Verhalten der Erwachsenen: Mehrere Interviewpartner betonten, dass sie sich von diesen behütet fühlten und dass diese emotionale Sicherheit einer Traumatisierung entgegen wirkte. Viel realer als die Bombengefahr war für diese Kinder dann, dass in der Hektik eines Alarms die Puppe zerbrach, oder der Kummer über die Trennung vom geliebten Vater, der Soldat war. Umgekehrt berichteten einige Gesprächspartner, die Angst hatten, dass diese Angst durch das Schreien und laute Beten der Erwachsenen im Bunker erst ausgelöst oder verstärkt wurde. In allen Gruppen, auch bei denen, die über schreckliche Erfahrungen berichteten, kamen kindlich-spielerische Umgangsweisen mit dem Bombenalltag vor, wie das Sammeln von Bombensplittern und Glasstücken oder das „Trichter-Schauen". Eher als Hilfe und Ablenkung, aber auch mit Stolz empfanden die damals bereits älteren Kinder ihre verantwortungsvolle Rolle. Eine derer, die „nichts Schreckliches erlebt" hatten, hat „nach Kriegsende allerdings schon mal von Tieffliegerbeschuss geträumt". Auch die anderen Fallbeispiele für diese Gruppe sind nicht ganz frei von Ambivalenzen; so im Falle einer Berlinerin, Jahrgang 1939, die meinte: „Für mich war das nicht beängstigend." Sie fand die „Christbäume"[6] „wunderschön". Ihre Mutter habe „ihre eigene Angst im Griff gehabt" und das Kriegsgeschehen für das Kind „als Spiel gestaltet". Als sie selbst eine erwachsene junge Frau und Mutter von Anfang 20 war, hatte sie aber einen Nervenzusammenbruch, den sie schon damals als Reaktion auf unbewusste Kriegserfahrungen deutete. Sie sah im Wartezimmer des Nervenarztes lauter junge Leute ihrer Generation und fragte den Arzt danach. Der sagte, das sei durchaus typisch, die Kriegskinder-Generation hätte zu wenig Schlaf bekommen – so viel zur psychologischen Sensibilität der deutschen Gesellschaft in den 1960er Jahren.

Die Leihgeberin eines Bilderbuchs sagte, der Bombenkrieg sei für sie keine traumatische Erfahrung gewesen, obwohl „hautnah miterlebt". Eine Nachbar-

---

6 „Christbäume" oder „Tannenbäume" wurden die Markierungen der Bombenziele durch Leuchtspurmunition genannt, die den Bombenabwürfen vorausgingen.

familie wurde bei einem Bombenangriff getötet; am nächsten Morgen sah sie die blutigen Türen des zerstörten Hauses auf der Straße. Im Unterschied zu ihrem fünf Jahre älteren Bruder, „der schon Bescheid wusste", nahm sie, bei Kriegsende sechs Jahre alt, alles mehr kindlich-spielerisch wahr. Die vor Bombenangriffen abgeworfenen Stanniolstreifen erinnerten sie an Weihnachten und das Christkind. Ihr Bruder dagegen „zuckt heute noch zusammen, wenn er eine Sirene hört". Ihre Mutter „hat viel geleistet, um keine Unruhe aufkommen zu lassen" und schaffte es, ihre eigene Angst vor den Kindern zu verbergen. Ein Nachbarkind las seinen kleinen Geschwistern und ihr im Bunker aus einem Kinderbuch vor – „da konnte man doch keine Angst haben". Einen real fassbaren Kummer bereitete der Drei- bis Sechsjährigen dagegen die Trennung vom geliebten Vater, der Soldat war.

Ein Foto von 1944 zeigt einen Leihgeber im Alter von fünf Jahren mit seinem Vater, der eine Funktion im Luftschutz hatte und den Sohn bei seinen Einsätzen, auch während der Bombenangriffe, mitnahm, damit der Junge nicht „bei den Weibern im Bunker" blieb. Der Sohn war stolz darauf, den Vater zu begleiten. „An Angstgefühle kann ich mich nicht erinnern. Es war spannend." Es gab „schaurig-schöne Bilder" zu sehen; die großen Scheinwerfer, die den Himmel absuchten, wirkten wie „lange silberne Lichtfinger". Wenn sie ein Flugzeug gefunden hatten, sah das Flakfeuer aus „wie glühende Ziegelsteine". – Vielleicht empfand der Junge mit fünf Jahren wirklich keine Angst vor den Bomben. Aber wie hätte dieser harte Vater, der auch nach dem Krieg noch ein überzeugter Nationalsozialist war, auf Angstgefühle des Sohnes reagiert, falls der welche gezeigt hätte? Seine Furchtlosigkeit war nicht nur geschlechtsrollenspezifisch, sondern auch politisch erwünscht. Hatte der Sohn eine andere Chance, als tapfer zu sein?

Nüchterne Berichte über den Schrecken

Den größten Teil der Interviews machen kurze, nüchterne Berichte über zum Teil schreckliche Erfahrungen aus. Ein Interviewpartner wohnte in einem Außenbezirk von Dresden und erlebte dort den Angriff vom 13. Februar 1945 mit. Bei der Flucht durch die brennenden Straßen zur Elbe liefen sie „lange über Leichen". Trotz dieser Erfahrungen fühlt er sich nicht traumatisiert. Als „kleiner Held" war er, der Älteste, im Alter von zehn Jahren, auch bei Bombenangriffen, die Stütze der Mutter und Vaterersatz für die drei kleinen Geschwister. Nach dem Krieg wurde er dann wieder von der Mutter verdroschen, „wie sich das für einen 11 bis 13-Jährigen gehört". „Was man da so alles weggesteckt hat …"

Eine Leihgeberin stellte uns drei von ihrer Mutter gebastelte und bemalte Holzfiguren zur Verfügung – ihr einziges Spielzeug in der Evakuierung. Sie war sechs Jahre alt, als sie in Krefeld ausgebombt wurden. Durch mehrere Kellerdurchbrüche hindurch gelangte sie an der Hand der Mutter nach draußen, zuletzt über eine brennende Holztreppe nach oben. Mit nassen Decken, die sie in einer bereitstehenden Wanne mit Wasser getränkt hatten, schützten sie sich auch draußen vor dem Funkenregen. Sie standen vor dampfendem Schutt, der ihr Haus gewesen war. Sie sagt, sie „nahm das aber nicht so tragisch“: „Ich hatte ja meine Mutter, die mich beschützt hat.“ Ungefähr zur gleichen Zeit starb ihr Vater als Soldat.

Eine Frau aus Hagen, Jahrgang 1939, berichtete, dass sie bei Bombenalarm ihr Puppenbett und ihr Bunkerköfferchen nahm und schon in den Keller lief, die Mutter kam nach. Wenn sie in den Bunker gingen, blieb die Bunkertür offen, „bis es ganz akut wurde“. Sie erinnert sich, wie das Haus gegenüber getroffen wurde – der Boden hob sich und fiel wieder herunter. Die Häuser brannten; Leichen lagen herum. „Damals hat einer dem anderen geholfen.“ Auf den Tieffliegerbeschuss führt sie es zurück, dass sie heute Angst vor Flugzeugen hat.

Objekte und ihre Bedeutungen

Die Bombenkriegserfahrungen verdichten sich manchmal in einem besonders engen emotionalen Bezug der Leihgeber zu ihren Objekten. Gleichartige Gegenstände konnten dabei mit höchst unterschiedlichen Bedeutungen aufgeladen sein.

1944, mit neun Jahren, erhielt eine Leihgeberin von ihrem Vater aus Dänemark „eine so schöne und glanzvolle Weihnachtskarte“, wie sie sie „noch nie gesehen, geschweige denn als persönlichen Gruß auf dem Postwege erhalten“ hatte. „Sie war (und ist vielleicht noch heute) für mich der Inbegriff eines strahlenden Weihnachtsfestes.“ Sie erinnert sich an viele Bombenalarme in Köln, durch die sie nachts aus dem Schlaf gerissen wurden; mürrisch gingen sie in den Keller. Am Evakuierungsort ging ihre Mutter gegen Kriegsende mit den zwei Kindern wegen der Tagesangriffe auf „Tagesflucht“ in ein nahes Dorf. Sie durften nur ganz wenig mitnehmen, „woran unser Herz hing“. Sie entschied sich für die Weihnachtskarte. Das Haus, in dem sie wohnten, wurde ausgebombt; ihre gesamte Habe verbrannte. „Ich erinnere mich noch heute an den Feuerschein am Himmel.“ Die Weihnachtskarte war „das einzige, was von meiner kindlichen Welt bis März 1945 übrig geblieben war“.

Eine 1936 geborene Frau aus dem Ruhrgebiet stellte uns eine Puppe mit abgetrennten Armen zur Verfügung. Während des Bombenkrieges brachten ihre Eltern sie zunächst in einem Waisenhaus in Herford unter, wo es schrecklich für sie war, dann bei einer Tante im Sauerland. Dort fand sie es schön, weil die Tante auch Kinder hatte. 1944 holten ihre Eltern sie zurück: „Wenn wir sterben, dann alle zusammen!“ Als Achtjährige erlebte sie viele Bombenangriffe. Sie lief mit der Mutter in den Bunker; die Puppe war immer dabei. Unterwegs sagte die Mutter, weil sie mit der Puppe nicht so schnell laufen konnte: „Lass doch die Puppe fallen!“ Das fand sie entsetzlich, lieblos – und findet es heute noch, eine traumatische Erfahrung. Sie fühlte sich mehrfach im Stich gelassen von einem nicht fürsorglichen Elternhaus, auch zum Zeitpunkt des Interviews empfand sie sich oft noch als hilflos ausgeliefert. Die Puppe nannte sie „ein Symbol für meine kaputte Kindheit“.

Eine entgegengesetzte Bedeutung bei teilweise ähnlichen Erfahrungen verbindet eine Frau aus Hannover, Jahrgang 1934, mit ihrer Puppe. Wie ein Kind eingewickelt und in Decken verpackt, wurde diese bei Alarm auch mit in den Bunker geschleppt. Einmal waren sie sehr spät dran, die „Tannenbäume“ waren schon gesetzt, und ihre Mutter sagte immer wieder: „Wirf doch die Puppe weg!“, weil die Tochter mit der großen Puppe nicht so schnell laufen konnte. Sie kamen zu spät, die Bunkertür war schon geschlossen. Als die Luftschutzwartin sie sah, sagte sie zu ihren Kollegen: „Hier ist noch ’ne Mutter mit zwei Kindern und ’nem Säugling!“ Der „Säugling“ war die in Decken gewickelte große Puppe. Die Bunkertür wurde wieder geöffnet und sie kamen in letzter Minute hinein. Sie wurde ohnmächtig. Als sie herauskamen, brannte das gesamte Viertel – draußen hätten sie den Angriff wahrscheinlich nicht überlebt. Sie spürt heute noch die Todesangst und die Hitze, als sie den Bunker wieder verließen. Sie sagte aber, sie sei „gut drüber weggekommen“. „Ich konnte mich an meine Eltern kuscheln.“ 1944 ging die Familie aufs Land, dort haben sie „den Krieg sehr schön überlebt“. In einem zweiten Gespräch erzählte sie: Sie hatte nie über dieses Erlebnis gesprochen – mehr als 55 Jahre lang nicht, erst als sie sich telefonisch auf den Sammlungsaufruf des Museums meldete. Danach hörte sie einen Vortrag über Traumatisierung und Verdrängung und da wurde ihr plötzlich klar: Die Erinnerung war zwar in ihrem Bewusstsein vorhanden gewesen, aber sie hatte nicht darüber sprechen können. Erst da wurde ihr bewusst, dass der Bombenangriff für sie „wirklich schrecklich“ war.

Eine dritte Puppe schließlich, die zum familiären Symbol für die Kriegserfahrung wurde, stellte eine 1939 geborene Leihgeberin zur Verfügung. Gegen Kriegsende lagen sie und eine Schwester mit Diphtherie in Wiesbaden im Krankenhaus. Sie war so krank, dass sie bei Bombenalarm nicht mehr in den Keller gebracht wurde – mit Ausnahme der Nacht, in der das Krankenhaus von Bomben zerstört wurde. Sie hat heute noch das „überwältigende“ Bild vom brennenden Wiesbaden vor Augen, als sie aus dem Keller kamen. Die Mutter ging nach dem Angriff zum Krankenhaus, um die beiden Töchter zu suchen. Auf dem Weg fand sie eine beschädigte Puppe, die einer ihrer beiden Töchter gehörte. Das ließ sie glauben, dass zumindest diese Tochter nicht mehr lebte. Überglücklich fand sie schließlich die beiden Kinder und nahm sie mit nach Hause. Die Puppe war seitdem etwas Besonderes in der Familie; ihr verlorenes Auge wollten sie lange Zeit nicht reparieren lassen; erst Anfang der 90er Jahre geschah das. „Wir waren beschädigt, die Puppe war auch beschädigt.“

Verarbeitung

Die hier wiedergegebenen Berichte sprechen dafür, dass eine große Zahl ehemaliger Kriegskinder in den bombardierten Gebieten Erfahrungen machte, die heute zum sofortigen Verdacht auf Traumatisierung und zu einer entsprechenden psychologischen Betreuung führen würden. Der Bombenkrieg spielte in vielen Erinnerungen eine zentrale Rolle; in anderen standen die Trennung vom Vater, die Evakuierung oder die Flucht bei Kriegsende im Mittelpunkt. Eindrucksvoll sind die oft beiläufig erwähnten, bis heute vorhandenen Nachwirkungen: Träume von Flugzeugen und Tieffliegerbeschuss; Angst vor engen Räumen, Kellern oder Tunnels; bei Feuerwerk heute noch eine Faust im Magen; sofortiges Abschalten des Fernsehers bei bestimmten Geräuschen wie Maschinengewehrfeuer; Angst, wenn der Staubsauger ausgeschaltet wurde; Angst bis hin zur Panik bei Sirenengeheul – das betraf sogar einige Nachkriegskinder, denen dieses Gefühl von der Mutter vermittelt worden war.

Mehrere Interviewpartner sagten, dass sie nach dem Krieg über ihre Erlebnisse mit niemandem sprechen konnten und eine Verarbeitung bis heute nicht möglich war. Aus den Interviews ergeben sich Anhaltspunkte zu verschiedenen Gründen hierfür: Unmittelbar nach dem Krieg waren die Erwachsenen mit dem Wiederaufbau beschäftigt, wollten leben und vergessen. Kindern wurde kein eigenes Erleben der Kriegsschrecken zugestanden. Möglicherweise benötigen auch die ehemaligen Kriegskinder eine Latenzphase, bevor sie zur Verarbeitung in der Lage sind: Eine Interviewpartnerin erinnerte sich erst als Erwachsene plötzlich, bei Kerzenlicht, an eine Situation, die sie mit ca. acht Jahren im Bunker erlebt hatte: Die Luft wurde dünner; die Kerzen gingen aus; ihre Mutter warf sich auf sie; sie erlebte Panik und Todesangst.

Für die *öffentliche* Erörterung der Leiden von deutschen Kriegskindern trat schließlich ein weiterer Grund hinzu. Die Debatte über die Kriegs- und NS-Zeit war seit den 1960er Jahren zunehmend und bis in die 90er Jahre hinein völlig mit der schrittweisen und oft schockartigen Wahrnehmung der deutschen Verbrechen beschäftigt. Über die Leiden von Deutschen im Krieg redeten vor allem diejenigen, die ein Interesse daran hatten, die deutschen Verbrechen zu verkleinern. Diesen Zusammenhang reflektierte eine Interviewpartnerin, die als Fünfjährige schreckliche Erlebnisse im Bombenkrieg hatte und erst seit kurzem mit Freundinnen und mit ihren Kindern darüber reden kann: „Die Urängste sind immer noch da. Da konnte man nie drüber reden, das ist nie aufgearbeitet worden. Man konnte darüber nach dem Krieg ja kaum reden; das mit den Juden war ja viel schlimmer." Die Vermutung liegt nahe, dass gerade moralisch sensible ehemalige Kriegskinder sich selbst ein Verbot auferlegten, ihre Leiden im Krieg zu betrauern. Im Falle dieser Gesprächspartnerin hatte ich den Eindruck, dass sie nicht lediglich einem gesellschaftlichen Druck, sondern ihrer persönlichen Überzeugung folgte. Für ein solches Verhalten gab es gute Gründe, so lange die Generation, die das NS-Regime zu einem großen Teil getragen hatte, im öffentlichen Leben der Bundesrepublik noch einflussreich war und solange der heute fast unbestrittene gesellschaftliche Konsens über den verbrecherischen Charakter dieses Regimes erst noch erarbeitet werden musste. Heute, nach einigen Jahrzehnten des Generationswechsels und der Aufklärung in den Medien, sind es nicht mehr verstockte Täter und Mitläufer, die von ihren Kriegserfahrungen eingeholt werden, sondern damalige Kinder, die zweifellos frei von jeder Schuld sind.

Unsere Interviews mit den ehemaligen Kriegskindern weisen in eine ganz andere Richtung als die heftige moralische Anklage, die Jörg Friedrich gegen den Bombenkrieg der Alliierten richtet. Keiner unserer Interviewpartner vertrat eine Position, wie Friedrich sie zwei Jahre später formulierte. Unsere Gesprächspartner berichteten zumeist sachlich, nicht dramatisierend, ohne Selbstmitleid und ohne Vorwurfshaltung über ihre oft schrecklichen persönlichen Erlebnisse – in der Ich-Form der individuellen Trauer und Verarbeitung, nicht in der Wir-Form eines nationalen Kollektivs, das eine schrille Anklage gegen „die anderen" erhebt. Sie nutzten die Gespräche, die Ausstellung und ihre Begleitveranstaltungen für sich in einer geradezu therapeutischen Weise; manche begannen, ihre Erlebnisse intensiv zu bearbeiten. Dabei half ihnen die Ausstellung, indem sie ihre private Erinnerung öffentlich machte: Sie bot ein Gesprächsforum und einen Akt der gesellschaftlichen Anerkennung und vermittelte ihnen die befreiende Erkenntnis, dass das, was sie jahrelang für ihre individuellen „Macken" gehalten hatten, ein historisch bedingtes Gruppenschicksal ist, wenn auch keineswegs alle Angehörigen ihrer Altersgruppe gleichermaßen davon betroffen sind.

Vor diesem Hintergrund scheint mir, dass eine Verarbeitung ihrer Kriegserfahrungen nicht nur den ehemaligen Kriegskindern gut tun würde, sondern auch der politischen Kultur der Bundesrepublik. Sie enthält eine Chance, die bisherige Kluft zwischen der „gefühlten Geschichte"[7] der privaten Erinnerungen an den Krieg und den wissenschaftlichen Forschungsergebnissen über die NS-Zeit zu schließen, indem eine demokratische Öffentlichkeit diese beiden Ebenen miteinander vermittelt. Wachsamkeit gegenüber aus der NS-Zeit stammenden Deutungsmustern, die manchmal zusammen mit den berichteten Erfahrungen unkritisch tradiert werden, ist selbstverständlich geboten. Aber nicht ein politisch korrektes Lippenbekenntnis, das Tatsachen ausblendet, Erfahrungen verdrängt und Gefühle verleugnet, sondern die Integration der Erfahrungsgeschichte in den Rahmen des gesamten historischen Wissens über den Nationalsozialismus wäre – auch diesem Thema – angemessen.

7 so abwertend Harald Welzer 2004, S. 43

Literatur

Blank, R. (2004): Kriegsalltag und Luftkrieg an der Heimatfront. In: Das Deutsche Reich und der Zweite Weltkrieg. Hg. vom Militärgeschichtlichen Forschungsamt, Bd. 9: Die deutsche Kriegsgesellschaft 1939–1945, Teil 1: Politisierung, Vernichtung, Überleben. München (Deutsche Verlags-Anstalt), S. 357–461.

Boog, H. (1990): Der anglo-amerikanische strategische Luftkrieg über Europa und die deutsche Luftverteidigung. In: Das Deutsche Reich und der Zweite Weltkrieg. Hg. vom Militärgeschichtlichen Forschungsamt, Bd. 6: Der globale Krieg. Die Ausweitung zum Weltkrieg und der Wechsel der Initiative 1941–1943. Stuttgart u. a. (Deutsche Verlags-Anstalt), S. 429–565.

Boog, H. (2001): Strategischer Luftkrieg in Europa und Reichsluftverteidigung 1943–1944. In: Das Deutsche Reich und der Zweite Weltkrieg. Hg. vom Militärgeschichtlichen Forschungsamt, Bd. 7: Das Deutsche Reich in der Defensive. Strategischer Luftkrieg in Europa, Krieg im Westen und in Ostasien 1943–1944/45. Stuttgart u. a. (Deutsche Verlags-Anstalt), S. 3–415.

Borsdorf, U., Jamin, M. (Hg.) (1989): Über Leben im Krieg. Kriegserfahrungen in einer Industrieregion 1939–1945. [Katalogbuch zur Ausstellung „Über Leben im Krieg. Kriegserfahrungen im Ruhrgebiet 1939–1945“, Ruhrlandmuseum Essen], Reinbek b. H. (Rowohlt).

Friedrich, J. (2002): Der Brand. Deutschland im Bombenkrieg 1940–1945. 3. Aufl., München (Propyläen).

Heinl, P. (1994): „Maikäfer flieg, dein Vater ist im Krieg ...“ Seelische Wunden aus der Kriegskindheit. München (Kösel).

Jamin, M., Kerner, F. (2001): Maikäfer flieg ... Kindheitserfahrungen 1940–1960. [Ausstellungskatalog Ruhrlandmuseum Essen], Bottrop-Essen (Pomp).

Lessing, H. (Hg.) (1984): Kriegskinder. Frankfurt a. M. (Extrabuch).

Radebold, H. (2000): Abwesende Väter. Folgen der Kriegskindheit in Psychoanalysen. Göttingen (Vandenhoeck & Ruprecht).

Rusinek, B.-A. (1989): Gesellschaft in der Katastrophe. Terror, Illegalität, Widerstand – Köln 1944/45. Essen (Klartext).

Schmidt, E. (2003): Lichter in der Finsternis. Gegner und Verfolgte des Nationalsozialismus in Essen. Essen (Klartext).

Welzer, H. (2004): Im Gedächtniswohnzimmer. Zeit-Gespräch, Zeitliteratur März 2004: 43–46.

Gerhard E. Sollbach

Die (erweiterte) Kinderlandverschickung (KLV) im Zweiten Weltkrieg

Persönliche Anordnung Hitlers

Durch einen am 27. September 1940 bekannt gegebenen „Führerbefehl" Adolf Hitlers[1] wurde die „Landverschickung" von Kindern und Jugendlichen aus luftkriegsgefährdeten Städten in andere, „sichere", d. h. meist ländliche Gegenden angeordnet. Tatsächlich ist die massenweise Evakuierung von Kindern (wie auch anderer Zivilpersonen) aus den luftkriegsgefährdeten Städten aufs Land erstmals im Zweiten Weltkrieg praktiziert worden und stellt eine eigentümliche Erscheinung des modernen, durch den ausgedehnten Einsatz der Luftwaffe gegen zivile Ziele gekennzeichneten Kriegs dar. Anders als nämlich noch im Ersten Weltkrieg, als sich das eigentliche Kriegsgeschehen auf eine mehr oder weniger breite Frontlinie beschränkte, wurde im Zweiten Weltkrieg die zivile Bevölkerung in Deutschland vor allem und besonders lang anhaltend infolge des strategischen Bombenkriegs der Alliierten direkt und in einem bisher nie da gewesenen Ausmaß von den Kampfhandlungen betroffen (Beer 1990, S. 9).

Spätestens Anfang September 1938 waren von der deutschen Reichsregierung für den Kriegsfall aber schon konkrete Pläne für eine Evakuierung der Schuljugend bis etwa zum 15. Lebensjahr aufs Land als vorsorgliche Schutzmaßnahme gegen feindliche Luftangriffe entwickelt worden.[2]

Aber auch in Großbritannien hat man damals seitens der Regierung die Evakuierung der Zivilbevölkerung und insbesondere der Kinder als Schutzmaßnahme für den Fall feindlicher Luftangriffe praktiziert. Derartige Planungen reichen hier bis in das Jahr 1934 zurück. Eine erste Evakuierungsphase setzte in Großbritannien bereits unmittelbar nach Kriegsausbruch, Anfang September 1939, ein. Ein zweiter staatlich organisierter Exodus aus den britischen Städten begann im August 1940 mit dem Einsetzen der „Luftschlacht

1 abgedruckt in Dabel 1981, S. 7
2 Vermerk vom 13. September 1939 über ein zwischen dem Reichsministerium der Luftfahrt und Oberbefehlshaber der Luftwaffe und dem Ministerialdirektor Dr. Krümmel vom Reichsministerium für Wissenschaft, Erziehung und Volksbildung geführtes Gespräch – Bundesarchiv Berlin (BAB), Akte NS 18/500

über England“ und erreichte seinen Höhepunkt im Herbst des Jahres, in der schlimmsten Phase des so genannten „Blitz“. Die dritte – und letzte – von der britischen Regierung durchgeführte Massenevakuierung im Zweiten Weltkrieg erfolgte im Sommer/Herbst 1944. Sie wurde durch den Einsatz der so genannten deutschen „Vergeltungswaffen“, der unbemannten Flugkörper mit Strahlenantrieb (V1) und der Raketen (V2), gegen England ausgelöst und umfasste die Evakuierung von Personen vor allem aus dem Großraum London. Daneben gab es auch noch eine umfangreiche private Evakuierung. Allerdings hat die staatliche wie auch die private Evakuierung in Großbritannien während des Zweiten Weltkriegs in keiner Weise den Umfang gehabt wie die damals in Deutschland erfolgte „vorsorgliche Umquartierung“[3]. Das liegt wesentlich darin begründet, dass die Bombardierung britischer Städte durch die deutsche Luftwaffe im Verlauf des Kriegs auch nicht annähernd das Ausmaß und die Intensität der Angriffe britischer und später auch US-amerikanischer Luftflotten auf deutsche Städte erreicht hat. Es waren eben nicht die britischen Städte, die von der deutschen Luftwaffe „ausradiert“ wurden, wie Hitler am 4. September 1940 in einer Rede im überfüllten Berliner Sportpalast versichert hatte, sondern die deutschen Städte, vor allem im Westen des Reichs, denen die britischen bzw. alliierten Bomberverbände dieses Schicksal bereiteten.

Die durch „Führerbefehl“ angeordnete „Landverschickung“ der Großstadtkinder im Deutschen Reich ist seinerzeit aber nicht in erster Linie aus einer Schutzabsicht des NS-Regimes heraus erfolgt. Zu diesem Zeitpunkt ahnte noch niemand und konnte auch niemand ahnen, welch ungeheures Ausmaß und welche fürchterliche Vernichtungskraft der strategische Luftkrieg gegen Deutschland im Verlauf des Kriegs annehmen würde. Die Verschickungsmaßnahme war seinerzeit vornehmlich aus psychologischen Gründen befohlen worden und sollte zur Beruhigung der durch die ersten Bombenabwürfe auf deutsche Städte aufgeschreckten Zivilbevölkerung dienen. Die zu einem „erheblichen Teil“ mit zu verschickenden Lehrkräfte der Heimatschulen sollten an dem neuen Unterbringungsort für die Erteilung des Schulunterrichts in „ausreichendem Maße“ sorgen.[4] Die geplante Aktion sollte je-

---

3 Zur vorsorglichen Evakuierung der Kinder auf das Land in Großbritannien während des Zweiten Weltkriegs s. Inglis 1989, bes. S. 1–16, 69–88, 134–146; Kressel 1996. Die Teilnahme an der Evakuierung war in Großbritannien wie in Deutschland freiwillig, doch im Unterschied zu Deutschland für die Evakuierten in Großbritannien nicht kostenlos.

4 Wie Baldur von Schirach 1946 vor dem Internationalen Militärgerichtshof in Nürnberg erklärte, sollten nach der ihm gegenüber als „Beauftragtem des Führers für die KLV“ gemachten Äußerung Hitlers die schulischen und Bildungsinteressen bei dieser Aktion aber nur eine untergeordnete Rolle gegenüber der vorrangigen Notwendigkeit des physischen Schutzes und der psychischen Gesunderhaltung der Kinder und Jugendlichen spielen. – Prozessprotokoll vom 23. Mai 1946, abgedr. in: Der Prozeß gegen die Hauptkriegsverbrecher vor dem Internationalen Militärgerichtshof Nürnberg 14. November 1945 – 1. Oktober 1946. Bd. XIV. Amtlicher Text in deut-

doch auf der Grundlage der Freiwilligkeit durchgeführt werden. Auf Anordnung Hitlers durfte im Zusammenhang mit der ganzen Aktion aber nicht von einer „Evakuierung“, sondern lediglich von einer „Landverschickung der Großstadtjugend“ gesprochen werden. Sie erhielt dann die amtliche, ebenso verniedlichende wie beschönigende Bezeichnung „erweiterte Kinderlandverschickung“, kurz KLV genannt. *Erweiterte* Kinderlandverschickung hieß diese Aktion, weil es auch schon vorher eine Landverschickung von Großstadtkindern zu Erholungszwecken während der Sommermonate gegeben hatte, deren Anfänge bis in das späte 19. Jahrhundert zurückreichen.

Die nunmehr angeordnete, erweiterte KLV war eine Maßnahme der NSDAP bzw. sollte es zumindest nach dem Willen der obersten Partei- und Staatsführung sein.[5] Ihre Durchführung übernahmen vor allem die NSV (Nationalsozialistische Volkswohlfahrt), die HJ (Hitler Jugend) und der NS-Lehrerbund. Die Kosten trug zum Teil die NSDAP, zum Teil das Reich. Für die Kinder bzw. deren Eltern war sie kostenlos. Bei den von der KLV erfassten Personen unterschied man aber von Anfang an drei Gruppen: 1. Mütter mit Kleinkindern, die vornehmlich auf dem Land bei Familien Unterkunft fanden; 2. Kinder bis zu zehn Jahren, die ausschließlich in so genannte Pflegefamilien gegeben wurden und die Schule am Aufnahmeort besuchten; und 3. Jugendliche ab zehn Jahren bis zum jeweiligen Schulabschluss, die grundsätzlich in KLV-Lagern untergebracht und dort auch von den mit verschickten Lehrkräften ihrer Heimatschule bzw. ihres Heimatortes unterrichtet werden sollten. Für den Transport aller drei KLV-Gruppen sowie außerdem für die Unterbringung der vorschulpflichtigen Kinder und der Kinder der ersten vier Schuljahre in den Pflege- bzw. Gastfamilien war die NSV zuständig. Um die Unterbringung der Kinder vom fünften Schuljahr an kümmerte sich dagegen die HJ (Dabel 1981, S. 6–17).[6]

---

scher Sprache. Verhandlungsniederschriften 16. Mai 1946 – 28. Mai 1946. Nürnberg 1948, S. 454.

5 So notierte z. B. der Staatssekretär Zschinitzsch im Reichserziehungsministerium über ein Telefongespräch am 27. September 1940 mit Reichsleiter Martin Bormann, dass die Vorbereitung und Durchführung der geplanten Evakuierungsmaßnahme nicht als staatliche Aktion, sondern durch Parteistellen erfolgen sollten. – BAB, Akte R 4901/12768, Bl. 155; s. auch Kock 1997, S. 77 und den Abdruck der Telefonnotiz ebd., S. 352. Das Telefongespräch wurde am selben Tag geführt, an dem durch ein Rundschreiben von Bormann die Durchführung der erweiterten KLV angeordnet wurde.

6 Allerdings war es nicht überall und sofort möglich, als KLV-Lager geeignete Räumlichkeiten zu beschaffen. Daher mussten auch über zehn Jahre alte Schulkinder bei Familien untergebracht werden. Diese Regelung wurde durch eine am 4. Juni 1943 von Baldur von Schirach in seiner Eigenschaft als „Beauftragter des Führers für die KLV“ erlassenen Verfügung ausdrücklich gebilligt – Exemplar im Stadtarchiv Bochum, Akte BO 40/41 (1–2). Die Beschaffung von Familienpflegestellen für diese Kinder war Sache der NSV. Nachdem ab dem Sommer 1943 im Rahmen der Räumung luftkriegsbedrohter Städte die Verlegung ganzer Schulsysteme erfolgte, war angesichts der gewaltigen Zahlen zu verschickender Kinder eine vollständige lager-

Zwei bis sechs Millionen „Verschickte“

Die KLV stellt im Rahmen des Weltkriegsgeschehens allerdings nur eine Fußnote dar. Auch im Jahr 2005 ist sie für die deutsche Geschichtswissenschaft noch ein weißer Fleck. So kommt z. B. im von Rolf-Dieter Müller verfassten, 2004 erschienenen Band 21 („Der Zweite Weltkrieg: 1939–1945“) des *Handbuchs der deutschen Geschichte*[7], die KLV nicht vor – nicht einmal als Begriff, ebenso wenig wie die Evakuierung. Doch für die von der Verschickungsaktion unmittelbar Betroffenen – und das war eine ganze Kinder- und Jugendlichen-Generation – ist die KLV-Erfahrung *das* Kriegserlebnis gewesen, das viele in ihr ganzes weiteres Leben mitgenommen haben.

Über den zahlenmäßigen Umfang der im Rahmen der (erweiterten) Kinderlandverschickung während des Zweiten Weltkriegs evakuierten Kinder gibt es jedoch keine gesicherten Angaben.[8] Nach den Schätzungen des letzten Leiters der Reichsstelle-KLV, Gerhard Dabel, sollen im Deutschen Reich bis Kriegsende rund 2,8 Millionen Mädchen und Jungen im Alter von 10 bis 18 Jahren in bis zu 9000 KLV-Lager verschickt worden sein. Dazu kämen schätzungsweise noch drei Millionen im Rahmen der KLV verschickte sechs- bis zehnjährige Kinder, Kleinkinder und Mütter (Dabel 1981, S. 24). Eine jüngste Studie nimmt eine niedrigere Gesamtzahl der KLV-Evakuierten an. Doch auch nach dieser Schätzung soll im Verlauf des Zweiten Weltkriegs die immer noch gewaltige Zahl von über zwei Millionen Kinder im Rahmen der (erweiterten) Kinderlandverschickung „umquartiert“ worden sein, wie es amtlich damals hieß (Kock 1997, S. 143). Die von dem NS-Regime als kurzfristige Maßnahme angeordnete Verschickungsaktion – man rechnete auf deutscher Seite seinerzeit mit keiner langen Kriegsdauer – ist im Verlauf des Zweiten Weltkriegs aber zur bisher größten Binnenwanderung in der Geschichte geworden.

Verlegung ganzer Schulen

Ab dem Frühjahr/Frühsommer 1943 begann als Reaktion auf die immer häufiger und schwerer werdenden alliierten Bombenangriffe auf (west-)

---

mäßige Unterbringung endgültig illusorisch geworden So erklärte z. B. der Redner auf einer am 6. Juli 1943 zur Vorbereitung der Schulverlegung in Hagen abgehaltenen Versammlung der Eltern der höheren Schulen Hagens, dass die Unterbringung „im allgemeinen“ in Privathaushalten erfolgen werde, „weil so viele Läger, wie nötig wären, nicht vorhanden sind“ – Bericht, Archiv des Diakonischen Werkes der Evangelischen Kirche von Westfalen, Akte 45.

7 Dieses Handbuch, auch (nach seinem ersten Bearbeiter) der „Gebhardt“ genannt, ist ein in zehnter Auflage völlig neu bearbeitetes Standard-Nachschlagewerk für Historiker, Studierende und historisch Interessierte.

8 Zur Problematik der Ermittlung von Gesamtzahlen der Evakuierten im Zweiten Weltkrieg: Krause 1997, S. 66f., 182f.

deutsche Städte – im März des Jahres hatte die vier Monate andauernde (erste) Luftschlacht der Alliierten gegen das Ruhrgebiet eingesetzt[9] – eine zweite Phase der KLV. In besonders luftkriegsgefährdeten Städten wurden jetzt auf Anordnung des zuständigen Gauleiters in seiner Eigenschaft als Reichsverteidigungskommissar sämtliche allgemein bildenden Schulen geschlossen und in den zugewiesenen Aufnahmegau verlegt. Die Rechtsgrundlage für eine derartige Verlegung ganzer Schulsysteme im Rahmen der KLV bildete ein vom 4. Juni 1943 datierendes Rundschreiben Baldur von Schirachs als „Beauftragter des Führers für die KLV"[10]. Die Freiwilligkeit der Teilnahme an der KLV-Aktion war in diesen Fällen aber weitgehend theoretischer Natur. Abgesehen von dem für die Meldung der Kinder zur KLV auf die Eltern ausgeübten, vielfältigen, direkten und indirekten massiven Druck durch Behörden und Parteidienststellen hatten diese auch kaum eine echte Wahl. Wer keine Möglichkeit besaß, seine Kinder auswärts bei Verwandten oder Bekannten in einer nicht luftkriegsgefährdeten Gegend unterzubringen, musste sie, wenn er sich nicht des Verstoßes gegen die nach wie vor bestehende gesetzliche Schulpflicht schuldig machen oder seinen Kindern die Fortsetzung ihrer Schulbildung verwehren wollte, zwangsläufig mit ihrer Schule in die KLV fahren lassen. Man sprach daher seinerzeit in der Bevölkerung sarkastisch auch von einer „freiwilligen Zwangsverschickung" bzw. von der „Kinderlandverschleppung". Auch die Unterbringung der über zehn Jahre alten Kinder in geschlossenen Lagern an den Verschickungsorten erwies sich bei diesen Massen als undurchführbar. Daher musste auch diese Gruppe zunehmend in Privatquartieren bei Pflegefamilien in so genannten „offenen" KLV-Lagern untergebracht werden.

Elternwiderstand

Tatsächlich ist die („erweiterte") Kinderlandverschickung im Zweiten Weltkrieg bis Kriegsende eine bei der Bevölkerung im Ruhrgebiet wie auch allgemein unpopuläre Maßnahme geblieben. Das ergaben meine Untersuchungen in den Ruhrgebietsstädten. Während die Evakuierung von Kleinkindern mit ihren Müttern und auch diejenige der bis zu zehn Jahre alten Kinder aus den luftkriegsbedrohten Städten weitgehend doch als sinnvoll angesehen und akzeptiert wurde, gab es allerorts einen zum Teil sehr starken Widerstand der Eltern gegen eine KLV-Lagerverschickung der Kinder und insbesondere gegen die (Zwangs-)Verschickung im Rahmen der allgemeinen Schulverlegung. Dieser Elternwiderstand hatte verschiedene Gründe: weltanschauliche Abneigung gegen Maßnahmen des NS-Regimes

9 Die von den Alliierten als „Battle of the Ruhr" bezeichnete (erste) Luftoffensive des Britischen Bomber Command gegen das Ruhrgebiet wurde mit einem schweren Angriff auf Essen in der Nacht des 5./6. März 1943 eröffnet (Krüger 1989, S. 88–100; Webster/Frankland 1961, S. 108); zum Luftkrieg gegen Deutschland insgesamt: Webster/Frankland 1993; Groehler 1990.

10 Exemplar im Stadtarchiv Bochum, Akte 40/41 (1–2)

insgesamt, Besorgnisse wegen der ordnungsgemäßen Fortführung des Schulunterrichts bzw. der Schulausbildung im KLV-Lager und nicht zuletzt die enge gefühlsmäßige Bindung vor allem der mit ihren Kindern allein gelassenen Mütter, deren Ehemänner zu dieser Zeit ja meistens eingezogen waren. Bedenken gegen eine KLV-Lagerverschickung herrschten insbesondere aber in den religiös eingestellten, und hier vor allem in den katholischen Kreisen. Diese Eltern befürchteten, dass ihre Kinder in den KLV-Lagern, in denen sie von dem regulierenden Einfluss durch das Elternhaus, Verwandte, Nachbarn und kirchliche Amtsträger abgeschnitten waren, ungehindert im Sinne der NS-Ideologie beeinflusst und a- bzw. anti-religiös erzogen würden. In ihrer ablehnenden Haltung gegenüber der KLV wurden die Eltern aber auch durch die katholische Amtskirche unterstützt. Tatsächlich hat die katholische Amtskirche seit 1941, unter anderem der damalige Bischof von Münster, Clemens August von Galen, und der Erzbischof von Paderborn, Lorenz Jäger, öffentlich Bedenken gegen die KLV geltend gemacht und die Gläubigen mehr oder weniger direkt aufgefordert, sich dieser Maßnahme zu widersetzen.[11]

Im gesamten Gau Westfalen-Nord, der unter anderem den nordöstlichen Teil des Ruhrgebiets umfasste, so klagte Ende 1943 der zuständige Gauleiter und westfälische Oberpräsident Dr. Alfred Meyer, ständen viele Eltern der KLV ausgesprochen feindlich gegenüber. Die Zurückbehaltung von der KLV – wie auch die unerlaubte Heimholung der verschickten Kinder durch die Eltern, die auf die Freiwilligkeit der Verschickungsmaßnahme pochten – muss damals im Gau Westfalen-Nord ein derartiges Ausmaß angenommen haben, dass der Zweck der gesamten Verschickungsmaßnahme ernsthaft in Frage gestellt war. Daher veranlasste Gauleiter Dr. Meyer energische Maßnahmen, um durch behördlichen und psychologischen Druck die Masse der widerspenstigen Eltern zum Nachgeben zu zwingen. Jeder Schulleiter und jede einzelne Lehrkraft in den luftkriegsgefährdeten Städten des Gaus wurde beauftragt, persönlich bei den Eltern für die Teilnahme der Kinder an der KLV zu werben. Dabei sollte den Eltern „das Unverantwortliche“ ihrer „sträflichen“ Verweigerungshaltung nachdrücklich klar gemacht werden. Diejenigen Eltern, die dann immer noch eine Teilnahme ihrer Kinder an der KLV-Evakuierung ablehnten, hatten eine Erklärung zu unterschreiben. In dieser bestätigten sie durch ihre Unterschrift, dass sie sich geweigert hätten, die von Partei und Staat gebotene Hilfe zum Schutz ihrer Kinder an-

11 Siehe z. B. den Hirtenbrief von Galens, der am Sonntag, dem 2. November 1941, in den hl. Messen in allen Kirchen der Diözese Münster verlesen wurde – abgedr. in: von Galen 1988, S. 937f. – sowie den Kanzelaufruf des Erzbischofs L. Jäger vom Dezember 1943, in dem die katholischen Eltern ersucht wurden, ihre Kinder „unter keinen Umständen“ in ein KLV-Lager zu schicken – zit. nach Kock 1997, S. 282f.

zunehmen und die volle Verantwortung dafür übernähmen, wenn infolgedessen ihre Kinder Schaden an Leben und Gesundheit erlitten.[12]

Die KLV – ein fürsorglicher Akt?

Obwohl die Schutzfunktion der KLV erst im Verlauf des Zweiten Weltkriegs als Folge des sich immer verheerender auswirkenden alliierten Bombenkriegs in den Vordergrund getreten ist, war das unmittelbare Ergebnis der KLV-Maßnahme, dass mehrere Hunderttausend Kinder und Jugendliche aus den von Luftalarm und Bombenangriffen betroffenen (Groß-) Städten herausgebracht wurden. In ihrer neuen „Kriegsheimat" haben die KLV-Kinder vielfach bis gegen Ende des Kriegs verhältnismäßig ruhig und sicher leben können und sind so vor noch größeren psychischen und physischen Schäden bewahrt worden. Doch als Ende 1944/Anfang 1945 der Sturm der feindlichen Armeen an den und über die Reichsgrenzen begann, zählte auch dieser Personenkreis zu den Leidtragenden einer ebenso unrealistischen wie unerbittlichen Durchhaltepolitik und Endsiegverheißung der NS-Führung. Das bekamen die in KLV-Lager in den deutschen Ostprovinzen Verschickten besonders bitter zu spüren. Hitler selbst hatte planmäßige Vorbereitungen für eine Evakuierung der Zivilbevölkerung aus den Grenzgebieten des Deutschen Reichs generell abgelehnt. Stattdessen forderte er einen fanatischen „Volkskrieg", durch den ein eindringender Feind aufgehalten werden sollte. Den Gauleitern als Reichsverteidigungskommissaren oblag es hier, die Bevölkerung zum Dableiben und zur Verteidigung am Ort zu zwingen (Müller/Ueberschär 1995, S. 59). So erhielt der Leiter der aus Hagen-Haspe nach Bütow in Pommern evakuierten Oberschule für Jungen auf seine im Spätsommer 1944 an die Gauleitung von Westfalen-Süd gerichtete Anfrage wegen einer „geordneten Rückführung" seiner Schule zur Antwort, dass eine „vorzeitige Rückholung" der Schulen „nicht einmal diskutiert" werden könne. Der Schulleiter wurde überdies in recht barschem Ton belehrt, dass es seine Pflicht als Schulleiter sei, alles zu tun, um einer „Rückkehr-Psychose" energisch entgegenzutreten und von ihm erwartet werde, dass er dort seine Pflicht tue, wohin der Befehl ihn gestellt habe.[13] Vom Gauleiter von Westfalen-Süd wurde Anfang Dezember 1944 jegliche „Rückführung" von Schulen in ihre Heimat sogar ausdrücklich un-

12 Rundschreiben vom 10. Dezember 1943 von Dr. A. Meyer an die Regierungspräsidenten in Münster und Minden – Exemplar im Stadtarchiv Gladbeck, Akte C 557; in der Akte befindet sich auch ein Exemplar des von den widerspenstigen Eltern zu unterschreibenden Formulars.

13 Schreiben vom 1. Oktober 1944 des Sonderbeauftragten des Gauleiters von Westfalen-Süd für Umquartierung und Folgemaßnahmen an StD E. Wulf in Bütow – Abschrift: Stadtarchiv Hagen, Akte 10127

tersagt.[14] Zahlreiche Schulen aus diesem Gau waren aber seinerzeit nach Pommern evakuiert worden. Die sich später als notwendig erweisende, unorganisierte, spontane Flucht der KLV-Lager nach Westen wurde dann meist erst in letzter Minute angetreten, wodurch die Flüchtenden aber in den Strudel der unorganisierten Fluchtbewegung jener vier bis fünf Millionen Menschen gerieten, die seit dem Beginn der sowjetischen Winteroffensive zu Jahresbeginn 1945 nach Westen strebten. Andere, die zu lange zögerten oder auf die von der NS-Propaganda großspurig angekündigten „Gegenoffensiven" vertrauten, wurden von der Front eingeholt und mussten die von einer rachedurstigen und verwilderten sowjetischen Soldateska an der deutschen Zivilbevölkerung verübten Gräueltaten erleben bzw. am eigenen Leib erleiden. Auch die im so genannten Alt-Reich untergebrachten KLV-Lager sahen sich bei Kriegsende und dem damit einhergehenden Zusammenbruch der bisherigen Verwaltungsstrukturen auf sich allein gestellt. Dies hatte dramatische Folgen vor allem für die Versorgung mit Nahrungsmitteln. Nicht wenige KLV-Kinder haben daraus die Konsequenz gezogen und sich, von Hunger und Heimweh getrieben, sobald als möglich auf eigene Faust durch das Chaos des Nachkriegs-Deutschlands auf den Weg nach Hause gemacht.

Das Ende – im Osten im Stich gelassen

So wie sie begonnen hatte, diese größte Evakuierungsaktion der Geschichte, so ging sie auch zu Ende – als eine überdimensionale Improvisation. Dass sie nicht zu einer Katastrophe für die gegen Kriegsende in den KLV-Lagern innerhalb wie außerhalb der Reichsgrenzen von 1933 noch untergebrachten Hunderttausende von Kindern wurde, ist neben einer großen Portion Glück vor allem dem verantwortungsbewussten und mutigen Einsatz der meisten sie betreuenden Lehrkräfte zu verdanken. Während die Verlegung der KLV-Lager aus dem Westen nach der Landung der Alliierten in der Normandie ebenso wie die „Rückführung" der KLV-Lager aus dem östlichen Ausland seit Mitte 1944 relativ zügig und zumeist auch organisiert verlief und viele dieser KLV-Lager in Österreich wie auch im „Altreich" teilweise über das Kriegsende hinaus bestanden, bis die Evakuierten schließlich nach Hause zurückkehren konnten, sah die Sache in den deutschen Ostprovinzen ganz anders aus. In die vom Luftkrieg weitgehend verschonten Ostgebiete, die im Volksmund deshalb auch der „Reichsluftschutzkeller" hießen, waren aus eben diesem Grund bevorzugt KLV-Verschickungen erfolgt. Daher gab es hier gegen Kriegsende besonders viele KLV-Lager und KLV-Verschickte (Dabel 1981, S. 254). Diese Lager sind jedoch beim Näherrücken der Front und als die Notwendigkeit einer

14 Rundschreiben vom 1. Dezember 1944 des persönlichen Referenten des Gauleiters von Westfalen-Süd an alle Kreisleiter des Gaus – Abschrift: Stadtarchiv Witten, Best. 140 Nr. 10

„Rückverlegung“ immer dringlicher wurde von den zuständigen Stellen häufig im Stich gelassen worden. Viele gerade auch der in Pommern eingerichteten KLV-Lager haben dann auf eigene Faust und häufig sogar gegen den Willen und ausdrücklichen Befehl der zuständigen Dienststellen unter hohem persönlichen Risiko der verantwortlichen Lehrpersonen die Rückkehr oder vielmehr die Flucht in Richtung Heimat antreten müssen. Schuld daran waren neben der ideologischen Verblendung durch Endsieg- und Durchhalteparolen sowie der Scheu bzw. Angst der zuständigen lokalen und regionalen Stellen, nicht von höherer Stelle gedeckte „Rückführungsbefehle“ zu erteilen,[15] aber auch das sich ausbreitende allgemeine Chaos in dem Anfang 1945 immer schneller zusammenbrechenden Reich.[16] Die Folgen des Hinauszögerns oder gar des Verweigerns einer ordnungsgemäßen und rechtzeitigen „Rückführung“ der KLV-Lager haben die dorthin evakuierten Kinder und mitverschickten Eltern sowie auch die Lehrpersonen am eigenen Leib erleben oder vielmehr erleiden müssen. Das bezeugt exemplarisch das nachfolgend geschilderte Heimkehrschicksal eines KLV-Schullagers eindrucksvoll.

Abenteuerlich und zum Teil dramatisch verlief nämlich die Rückkehr der im Rahmen der Räumung der Stadt Bochum im Juli 1943 in ein „offenes“ KLV-Lager in der Kreisstadt Belgard (im preußischen Regierungsbezirk Köslin in Pommern) verschickten Freiherr-vom-Stein-Oberschule für Mädchen.

Nachdem sich der Schul- und Lagerleiter gegen den Widerspruch der örtlichen Dienststellen der Partei und der HJ endlich die Erlaubnis zur Auflösung des Lagers und zur Rückführung der Schule erzwungen hatte, fanden sich am 2. März 1945 ungefähr 200 verbliebene Schülerinnen, Lehrpersonen und Mütter mit Kindern zur Abfahrt auf dem Bahnhof von Belgard ein. Als Ziel war der Schule Stettin angewiesen worden, wo sie in einem KLV-Lager untergebracht werden sollte. Doch bereits nach einer Stunde wurde der Zug auf offener Strecke angehalten, da inzwischen vorgeschobene sowjetische Panzerspitzen in der Gegend aufgetaucht waren. Nachdem der Zug die ganze Nacht und den folgenden Tag vergeblich auf die Erlaubnis zur Weiterfahrt gewartet hatte, erfolgte die Anordnung, nach Belgard zurückzufahren. Am 3. März wurde dann beschlossen, auf der Strecke über Kolberg entlang der Ostseeküste Stettin zu erreichen. Doch kurz vor der Einfahrt in

---

15 Nach einem Befehl Hitlers durften „Räumungen“ und „Rückführungen“ generell nur nach vorheriger ausdrücklicher Genehmigung durch die Parteikanzlei vorgenommen werden.

16 So fuhr Gerhard Dabel, der am 10. Januar 1945 mit der Leitung der Reichsstelle KLV beauftragt worden war, im März 1945 von Berlin nach Wien, um sich bei Baldur von Schirach Weisungen bezüglich der „Rückverlegung“ der KLV-Lager zu holen. Doch nach Aussage von Dabel weigerte sich von Schirach, eine Generalvollmacht für die notwendigen Rückführungen zu geben. Dabel wurde mit der Bemerkung abgespeist, er (von Schirach) hoffe, dass Dabel das „Richtige“ tun werde (Dabel 1981, S. 276).

den Bahnhof von Kolberg stand der Zug erneut still. Wieder waren es sowjetische Panzer, die eine Weiterfahrt gefährdeten und deren Niederkämpfung erst abgewartet werden musste. Der Zug fuhr daher in eine Deckung bietende Mulde zurück. Als nach zwei Tagen und zwei Nächten (4. und 5. März) des Ausharrens im eiskalten Zug klar wurde, dass eine Einfahrt nach Kolberg nicht möglich sein würde, verließen die Schülerinnen und ihre Angehörigen mit den Lehrpersonen um 3.00 Uhr nachts (am Morgen des 6. März) so lautlos wie möglich und unter Zurücklassung allen Gepäcks mit Ausnahme dessen, was sie auf dem Rücken tragen konnten, den Zug und schlichen sich in Richtung auf den Kolberger Hafen davon. Man wollte jetzt versuchen, in einem Schiff über die Ostsee nach Westen zu entkommen. Zu diesem Zeitpunkt war Kolberg aber eine bereits aufgegebene und weitgehend geräumte Stadt. Die am anderen Tag unternommenen Bemühungen des Schulleiters, alle zusammen auf einem Schiff unterzubringen und aus Kolberg herauszuschaffen, scheiterten jedoch. Angesichts der Gefahr, von den sowjetischen Truppen in Kolberg eingeschlossen zu werden, blieb nichts anderes übrig, als den Schulverband in einzelne Klassengemeinschaften aufzulösen. Das geschah genau an dem Tag (7. März), an dem Kolberg auf der Landseite tatsächlich von sowjetischen Truppen eingeschlossen wurde. Die Mütter nahmen ihre Kinder zu sich, und um jede der Klassengemeinschaften kümmerten sich die jeweiligen Klassenlehrer. Jeder Trupp musste sich nun selbst eine Fluchtmöglichkeit organisieren. Einer Gruppe gelang es, auf einem Minensuchboot Platz zu finden, das sie auf die hohe See hinausbrachte. Hier wurden sie bei starkem Seegang auf einen lettischen Kohlefrachter umgeladen, der sie nach zwei Tagen Fahrt ohne jegliche Verpflegung schließlich in Swinemünde anlandete. Eine aus 19 Schülerinnen bestehende andere Gruppe gelangte auf einer Kampffähre, die Verwundete transportierte, am 8. März ebenfalls nach Swinemünde. Von Swinemünde fuhren die Gruppen getrennt in Richtung Heimat weiter. Eine Gruppe der Schule hatte sich von Kolberg aus zu Fuß entlang der Küste nach Westen aufgemacht. Sie fand erschöpft Unterkunft in einer leerstehenden Kaserne am Wasser-Fliegerhorst Kolberger Deep. Vor dort wurden sie mit hier stationierten Maschinen gruppenweise nach Greifswald ausgeflogen. Andere gelangten von Kolberg mit der Bahn über Wolgaster Fähre ebenfalls nach Greifswald. Eine andere Gruppe brachte ein Minensuchboot direkt nach Swinemünde. Eine weitere Schülerinnengruppe nahm schließlich noch am 14. März in Kolberg ein Kriegsschiff auf und schaffte sie nach Ückermünde am Stettiner Haff. Es grenzt fast an ein Wunder, dass tatsächlich alle Schülerinnen mitsamt ihren Angehörigen und den sie begleitenden Lehrpersonen, wenn auch manchmal nach langen Irrfahrten und einige auch erst nach Ende der Kampfhandlungen, wohlbehalten in die Heimat zurückgekehrt sind.[17]

---

17 Kemna 1965, S. 40f. – Luise Kemna hatte als Lehrerin der Schule die Evakuierung nach Pommern miterlebt.

Lageralltag und KLV-Erfahrung

Abenteuerlust und Abschiedsschmerz

Die KLV hat es nicht gegeben, und so gab es auch nicht *das* KLV-Lager oder *die* KLV-Erfahrung. Das haben mir meine Befragungen zahlreicher ehemaliger KLV-Kinder im Ruhrgebiet recht deutlich gezeigt. Aufgrund der großen Verschiedenartigkeit der äußeren Lagerumstände sowie der Persönlichkeit der beteiligten Personen herrschte hinsichtlich der Lagerwirklichkeit und der individuellen KLV-Erfahrung eine große Bandbreite. Einzelerlebnisse dürfen hier nicht verallgemeinert werden. Es gab in den KLV-Lagern offenbar die unterschiedlichsten Lehrpersonen: indoktrinierende Nazis ebenso wie väterlich bzw. mütterlich besorgte, unpolitische Lehrer und Lehrerinnen; tyrannische Lagermannschaftsführer bzw. Lagermädelführerinnen ebenso wie solche, die sich kameradschaftlich den ihnen unterstellten Jungen und Mädchen gegenüber verhielten; ein von Brutalisierung und roher Gewalt beherrschtes Gruppenleben gab es ebenso wie ein solches, in dem Kameradschaft und menschliches Verständnis herrschten. Allerdings scheinen die „schlimmen" KLV-Lager nach den von mir im Ruhrgebiet gesammelten Erinnerungen zu urteilen, nicht die Regel gewesen zu sein. Die meisten, die sich geäußert haben, machten unter Berücksichtigung der damals herrschenden Umstände nach ihrem eigenen Bekunden doch überwiegend positive Erfahrungen. Sie beurteilen den Aufenthalt in der KLV zumindest im Rückblick daher als eine trotz allem „schöne Zeit"; für nicht wenige ist sie sogar die „schönste Zeit" ihres Lebens gewesen.

Die Verschiedenheit der KLV-Erfahrungen gründet auch in der individuellen Psyche der einzelnen KLV-Kinder. Viele Kinder und Jugendliche – vor allem in der ersten Phase freiwilliger Meldung – sind jedoch ausgesprochen gerne in die KLV gefahren. Eine zwölfjährige Herner Volksschülerin z. B. meldete sich Anfang 1942 trotz eindringlicher Warnungen ihrer Mutter für eine Verschickung an den Tegernsee an. Ihr Motiv war, dass sie einfach mal „weg von zu Hause" wollte. Zudem reizten sie der Tegernsee, die Berge und Bayern – Namen, die sie bisher nur vom Hörensagen kannte.[18] Nur wenige Familien konnten sich damals eine Urlaubsreise leisten und kaum ein Kind war daher jemals weit bzw. überhaupt gereist. Viele freuten sich deshalb auf die Fahrt in die Ferne und waren gespannt darauf, was sie am Zielort vorfinden würden. Neben der Aussicht auf Abwechslung und Abenteuer war die Teilnahme an einer KLV-Aktion vor allem für viele der älteren Kinder auch wegen der Möglichkeit verlockend, sich für einige Zeit der elterlichen Kontrolle entziehen zu können (z. B. Lang 1996, S. 159). Dazu kam die im Verlauf des sich verschärfenden Bombenkriegs zunehmend an Bedeutung gewinnende Chance, auf diese Weise den physischen

18 Bericht vom März 2000 von Helene Papendorf, Herne, an den Verfasser

und psychischen Belastungen des Luftkriegs zu entkommen. So erinnerte sich ein damals zwölfjähriger Schüler der Bismarck-Oberschule für Jungen in Bochum, der im Rahmen der allgemeinen Schulverlegung im Sommer 1943 nach Friedeberg in der Neumark (Pommern) kam, dass seine Reisefreude und die seines vier Jahre älteren Bruders außer durch Abenteuerlust auch durch die Erleichterung bestimmt war, endlich aus dem Bombenhagel herauszukommen.[19] Auch eine elfjährige Schülerin aus Dortmund, die im Sommer 1942 in ein KLV-Lager in Münchshofen in Niederbayern fuhr, war „begeistert, von zu Hause fortzukommen“, da die Fliegeralarme und Luftangriffe in Dortmund ständig zunahmen und sie inzwischen manche Nacht im Keller verbringen musste.[20] Anderen KLV-Kindern und Jugendlichen, vor allem unter denjenigen, die an der praktisch unfreiwilligen Schulverlegung teilnahmen, ist der Abschied von zu Hause schwer gefallen und viele von ihnen haben das Herausgerissenwerden aus ihrer vertrauten, heimatlichen Umgebung als ausgesprochen schmerzhaft empfunden. Als eine damals 14-jährige Mittelschülerin in Hagen Ende Juli 1943 mit ihrer Schule in die KLV nach Pommern fuhr, war ihr „jämmerlich“ zumute. Folglich litt sie am Evakuierungsort Rügenwalde auch ständig an großem Heimweh.[21] Der elfjährige Mittelschüler, der mit seiner Schule im Sommer 1943 aus Hagen ebenfalls nach Pommern verschickt wurde, wusste noch fast ein halbes Jahrhundert später, dass er am Morgen nach seiner Ankunft in der „Kriegsheimat“ „Rotz und Wasser“ geheult hatte, weil er sich „so verlassen und allein gelassen“ fühlte und durch nichts zu beruhigen war, sondern nur jammerte, dass er zurück wollte.[22]

Erfahrung mit „Pflegeeltern“

Wie Kinder die KLV erlebten oder erlitten, hing in den so genannten offenen KLV-Lagern vor allem auch von der Art der Aufnahme in der Pflegefamilie und dem Verhalten der Pflegeeltern ab. Eine ausgesprochen schöne KLV erlebte daher nach eigenem Bekunden ein damals 13 Jahre alter Volksschüler aus Hagen in Westfalen, der aufgrund einer freiwilligen Meldung im Sommer 1942 für sechs Monate in ein offenes KLV-Lager in Ungarn fuhr. Seine volksdeutschen Pflegeeltern erwiesen sich nämlich als „herzensgute Menschen“, die er bald nur noch „Onkel“ und „Tante“ nannte.[23]

---

19 Bericht vom 5. Januar 1997 von Hans Joachim Kreppke an den Verfasser – Überdies lebte die schon seit einigen Monaten ausgebombte Familie seinerzeit mehr schlecht als recht in einer einfachen Unterkunft.

20 Bericht vom 15. März 997 von Brigitte Kaiser, Dortmund, an den Verfasser – abgedr. in: Sollbach 2001, S. 63f.

21 Bericht vom 6. März 1997 Christel Thomsen, Hagen, an den Verfasser – abgedr. in: Sollbach 1998, S. 151f.

22 Bericht vom 24. Februar 1997 von Günter Kühnholz, Hagen, an den Verfasser – abgedr. in: Sollbach 1998, S. 145–147

23 Bericht vom 30. Juni 1997 von Günther Engelmann-Götting, Hagen, an den Verfasser – abgedr. in: Sollbach 1998, S. 138–140

Auch eine damals siebenjährige Volksschülerin aus Hagen fand Aufnahme bei Pflegeeltern, die sie wie eine „eigene Tochter" behandelten und sich liebevoll-fürsorglich um sie kümmerten. Auch für sie war es bis zu den schrecklichen Ereignissen am und nach Kriegsende eine „herrliche Zeit", die sie „nie vergessen" kann.[24] Eine ganz gegenteilige Erfahrung musste ein Oberschüler aus Dortmund machen, der als Zehnjähriger mit seiner Schule nach Freiburg im Breisgau verschickt wurde und dort Ende 1943 zu einer Pflegefamilie kam. Hier war der Aufenthalt bzw. das Leben für ihn eine „seelische Tortur". Die Pflegemutter, eine ebenso bigotte wie fanatische Katholikin, ließ den – protestantischen – Jungen durch ständige „verbale Attacken" wissen, dass er eigentlich ein Heide sei und selbst bei einem gottgefälligen Leben nur eine äußerst geringe Chance habe, in den Himmel zu kommen. Überdies wurde er von ihr gegenüber ihren beiden eigenen Kindern immerzu demonstrativ zurückgesetzt. Der Junge flüchtete sich daraufhin in eine „innere Emigration.[25]

Doch haben sich – so das Ergebnis meiner Umfrage in Ruhrgebietsstädten – die Pflegeeltern in den meisten Fällen fürsorglich und zum Teil sogar ausgesprochen liebevoll um ihre Pflegekinder gekümmert.

Tyrannei und Fürsorge im Lager

In den geschlossenen KLV-Lagern spielte für die KLV-Erfahrung der hier untergebrachten Kinder und Jugendlichen – neben den äußeren Verhältnissen wie Qualität der Unterbringung, der Verpflegung und der Freizeitmöglichkeiten – die Persönlichkeit bzw. das Verhalten der Lehrpersonen sowie der für die Freizeit und weltanschauliche Erziehung im Sinne des Nationalsozialismus zuständigen Lagermannschaftsführer bzw. Lagermädelführerinnen eine entscheidende Rolle. So erlebte ein seinerzeit 13 Jahre alter Oberschüler aus Dortmund, der im Mai 1943 mit seiner Schule in ein geschlossenes KLV-Lager in der Slowakei fuhr, einen fanatischen Nationalsozialisten als Lehrer-Lagerleiter. Dessen Unterrichtsstunden waren nach Aussagen des Zeitzeugen „gespickt" mit Hetztiraden gegen das Christentum, das Judentum, gegen „minderwertige Rassen" usw. Unter diesem Lehrer hatte der Junge arg zu leiden. Während der Deutschstunden pflegte diese Lehrperson nämlich aus von ihm geöffneten Briefen zu zitieren, die der Junge von seinen beiden als Ordensschwestern in Afrika tätigen Tanten bekam. Die Briefstellen religiösen Inhalts wurden dabei vor der ganzen Klasse „in übelster Weise" kommentiert. Auf den zaghaften Hinweis des Jungen, dass man doch eigentlich eine Deutschstunde und nicht Religion habe, hagelten „wüste Beschimpfungen" auf ihn herab und es erfolgte zur Strafe sein wiederholter Einsatz als „Straßenfeger" vor dem Lager. Im

---

24 Bericht vom 5. März 1997 von Hannelore Zamel, Hagen, an den Verfasser – abgedr. in: Sollbach 1998, S. 149–151

25 Bericht vom 18. Januar 2005 von Jürgen Unshelm, München, an den Verfasser

Übrigen hat sich dieser Mann aber wenig um seine Zöglinge gekümmert.[26] Negative Erfahrungen, nicht zuletzt hinsichtlich des Lehrer-Lagerleiters, machte ein Volksschüler, der aufgrund einer freiwilligen Meldung im Frühjahr 1943 ebenfalls aus Dortmund in ein geschlossenes KLV-Lager in der Oberpfalz gekommener war. Unter anderem erhielt er öfters wegen einer Kleinigkeit vom Lagerleiter Schläge in die Kniekehle. Vor Wut, nicht vor Schmerz, habe er dann geheult. Für ihn war die KLV „eine schlimme Zeit".[27]

Andererseits gibt es aber zahlreiche Beispiele dafür, dass sich die Lehrpersonen in den KLV-Lagern korrekt und verantwortungsvoll-fürsorgend um die ihnen anvertrauten Kinder und Jugendlichen gekümmert haben. Ein damaliger Volksschüler in Herne, der sich Anfang 1941 für einen KLV-Lageraufenthalt im Schwarzwald gemeldet hatte, wusste über den Lehrer-Lagerleiter, der stets für „seine" Jungen ansprechbar war, „nur Gutes" zu sagen.[28] Eine Quintanerin der im Frühsommer 1943 nach Oberammergau verschickten Goethe-Oberschule für Mädchen in Dortmund berichtete, dass ihre Lagerleiterin und Klassenlehrerin „jederzeit fürsorglich" um ihre Schülerinnen „besorgt" gewesen und für sie in ihren „kleineren und größeren Nöten" stets zu sprechen gewesen sei.[29]

Ähnlich unterschiedliche Erfahrung haben die Zeitzeugen auch mit den Lagermannschaftsführern und Lagermädelführerinnen gemacht. Eine Volksschülerin aus Gevelsberg erlebte im KLV-Lager in Tatra-Lomnitz (Slowakei), wohin ihre Schule im Sommer 1943 umquartiert worden war, zweimal neue Lagermädelführerinnen, die aber nach ihrer Aussage alle „sehr nett" waren.[30] Der bereits erwähnte Volksschüler aus Herne bekam in seinem KLV-Lager im Schwarzwald 1941 ebenfalls mehrere Lagermannschaftsführer, deren Verhalten gegenüber den Jungen er rückblickend als „allgemein sehr kumpelhaft" charakterisiert.[31]

Aber es gibt auch ganz gegenteilige Erfahrungen. Bekanntschaft mit einer „harten" Lagermädelführerin machte eine Sextanerin der Oberschule für Mädchen in Hagen, die mit ihrer Schule im Sommer 1943 nach Trentschin-Teplitz in der Slowakei verschickt worden war. Diese junge BDM-Führerin bediente sich gegenüber den Mädchen allgemein eines barschen Kommandotons. Auch bei der Stubenkontrolle führte sie sich recht diktatorisch auf.

---

26 Bericht vom 26. März 1999 von Adolf Tölle, Dortmund, an den Verfasser – abgedr. in: Sollbach 2001, S. 117–126

27 Bericht vom 17. Februar 1997 von Bernhard Heidtmann an den Verfasser – abgedr. in: Sollbach 2001, S. 81f.

28 Bericht vom 13. März 2000 von Rudolf Eistermann, Herne, an den Verfasser – abgedr. in: Sollbach 2002, S. 128f.

29 Bericht vom März 1998 und 26. Mai 1998 von Irene Geschke, Meerbusch, an den Verfasser – abgedr. in: Sollbach 2001, S. 75–80

30 Bericht vom 10. November 1997 von Hildegard Schlienbecker, Gevelsberg, an den Verfasser – abgedr. in: Sollbach 1998, S. 159f.

31 Bericht vom 13. März 2000 an den Verfasser – abgedr. in: Sollbach 2002, S. 128f.

Waren die Wäschestücke und sonstigen Utensilien der Mädchen nicht ganz exakt gestapelt und eingeräumt, riss sie die Sachen aus dem Spind, warf sie auf den Boden und befahl im Kasernenton, unverzüglich die „richtige Ordnung" herzustellen.[32]

Einen übel schikanierenden Lagermannschaftsführer hatten die Jungen der bereits genannten Mittelschule in Gelsenkirchen-Buer in ihrem KLV-Lager in Bresnitz (Südböhmen) zu erdulden. Als z. B. eines Abends im November oder Dezember auch nach der angeordneten Lagerruhe in einer der Stube keine völlige Ruhe eintreten wollte, erschien plötzlich der Lagermannschaftsführer in der Tür, gab Alarm und befahl unverzügliches Antreten des gesamten Lagers vor dem Gebäude. Während die nur mit dem Schlafanzug oder Nachthemd bekleideten Jungen vor Kälte zitternd in der Dunkelheit draußen auf das Erscheinen des Lagermannschaftsführers warteten, der sich absichtlich viel Zeit ließ, ging oben in der Wohnung des Lehrer-Lagerleiters plötzlich ein Fenster auf und dieser brüllte herunter: „Was soll der Unfug! Sofort in die Betten, aber dalli!" Damit nahm diese als Disziplinierungsmaßnahme gedachte Schikane des Lagermannschaftsführers zur Freude der Jungen ein abruptes Ende.[33]

Ein Lagermannschaftsführer der „übelsten Sorte" führte im KLV-Lager der Unterstufe der damaligen Franz Dinnendahl Knaben-Mittelschule in Bochum-Langendreer während des Lageraufenthalts vom Juli 1942 bis zum Februar 1943 das Kommando. Er war nach der Aussage eines Schülers ein „wahrer Tyrann", der nichts ausließ, um die Jungen zu schleifen und zu schikanieren. Von ihm wurde das Lager praktisch geleitet, denn die Lehrer hielten lediglich ihre vormittäglichen Unterrichtsstunden ab und kümmerten sich nach Aussage eines Betroffenen ansonsten „so gut wie gar nicht" um die ihnen anvertrauten Kinder bzw. um das Lagergeschehen.[34] Allerdings scheinen die extremen Erscheinungen unter den Lehrpersonen wie auch den HJ-Führern und BDM-Führerinnen doch die Ausnahme gewesen zu sein.

Verantwortungsvolle Lehrpersonen

Eine ganz entscheidende Rolle hat bei den doch überwiegend positiven KLV-Erfahrungen das – von einigen Ausnahmen abgesehen – pädagogisch verantwortungsvolle Handeln der Lehrpersonen in den KLV-Lagern gespielt. Diesen Lehrern ist es überdies zu verdanken, dass insbesondere auch

---

32 Bericht vom 25. Mai 1997 von Rita Reinhardt, Hagen – abgedr. in: Sollbach 1998, S. 173–176

33 Bericht von Adolf Tenhaaf in: *Die Zeit der Kinderlandverschickung von 1943 bis 1945* [Erinnerungen von Schülern der damaligen Knaben-Mittelschule Gelsenkirchen-Buer, gesammelt und vervielfältigt von Heinz-Otto Gremme, Gelsenkirchen-Buer, ca. 2002], o. S., Exemplar im Besitz des Verfassers

34 Bericht vom Februar und August 1999 von Siegfried Dreyer, Overath, an den Verfasser – abgedr. in: Sollbach 2002, S. 168–171

die (beabsichtigte) totale NS-ideologische Vereinnahmung der Kinder in der KLV verhindert werden konnte. Denn die Schutzabsicht und die Schutzwirkung der KLV rückte erst im Verlauf des Kriegs und als Folge des immer verheerender werdenden strategischen Luftkriegs der Alliierten gegen das Deutsche Reich in den Vordergrund. Ursprünglich und vorrangig war sie als politisches Instrument des Regimes zur gezielten ideologischen Indoktrination und totalen politischen Vereinnahmung der Heranwachsenden gedacht.

Literatur

Beer W. (1990): Kriegsalltag an der Heimatfront. Alliierter Luftkrieg und deutsche Gegenmaßnahmen zur Abwehr und Schadensbegrenzung, dargestellt für den Raum Münster. Bremen (Hauschild)

Kressel, C. (1996): Evakuierungen und erweiterte Kinderlandverschickung. Das Beispiel der Städte Liverpool und Hamburg. Frankfurt a. M. (Lang)

Dabel, G. (1981): KLV. Die erweiterte Kinder-Land-Verschickung. KLV-Lager 1940–1945. Freiburg i. Br. (Schillinger)

Groehler, O. (1990): Bombenkrieg gegen Deutschland. Berlin (Ost) (Akademie-Verlag).

Hastings, M. (1993): Bomber Command. (Erstausgabe: 1979), London (Papermac).

Inglis, R. (1989): The Children's War. Evacuation 1939–1945. London (Collins).

Kemna, L. (1965): Bericht über die Evakuierung der Freiherr-vom-Stein-Schule vom Juli 1943 bis 2. März 1945 nach Belgard in Pommern. In: Festschrift der Freiherr-vom-Stein-Schule zur Hundertjahrfeier 1865–1965.

Kock, G. (1997): „Der Führer sorgt für unsere Kinder ...". Die Kinderlandverschickung im Zweiten Weltkrieg. Paderborn u. a. (Schöningh).

Krause M. (1997): Flucht vor dem Bombenkrieg. „Umquartierungen" im Zweiten Weltkrieg und die Wiedereingliederung der Evakuierten in Deutschland 1943–1963. Düsseldorf (Droste).

Krüger, N. (1989): Die Bombenangriffe auf das Ruhrgebiet im Frühjahr 1943. In: Borsdorf, U., Jamin, J. (Hg.): Über Leben im Krieg. Kriegserfahrungen in einer Industrieregion 1939–1945. Hamburg 1989, S. 88–100 (Rowolt).

Lang, G. (1996): Kinderlandverschickung klingt so nett. Die Schülerinnen der Maria-Wächtler-Schule in den Kriegsjahren 1941–1945. In: Mädchenbildung in Deutschland. Die Maria-Wächtler-Schule in Essen 1896–1996. Hg. v. Wilfried Breyvogel. Essen (Klartext).

Müller, R.-D., Ueberschär, G. R. (1994): Kriegsende 1945 – Die Zerstörung des Deutschen Reiches. Frankfurt a. M. (Fischer Taschenbuch-Verlag).

Sollbach, G. E.: (1998): Heimat ade! Kinderlandverschickung in Hagen 1941–1945. Hg. v. Museen für Stadt- und Heimatgeschichte und Stadtarchiv Hagen, (Hagener Stadtgeschichte[n]; 7), Hagen (Lesezeichen-Verlag).

Sollbach, G. E. (2001): „Der Luftterror geht weiter – Mütter schafft eure Kinder fort!" Erweiterte Kinderlandverschickung und Schulevakuierung in der Stadt Dortmund während des Zweiten Weltkriegs. Bochum (projekt verlag).

Sollbach, G., E. (2002): Flucht vor Bomben. Kinderlandverschickung aus dem östlichen Ruhrgebiet im 2. Weltkrieg. Hagen (Lesezeichenverlag Dierk Hobein).
von Galen, Clemens August (1988): Akten, Briefe und Predigten: 1933–1946. Bearb. v. P. Löffler. Bd. II. [2., erw. Aufl. Paderborn u. a. 1996 (Schöningh)], Mainz (Matthias-Grünewald-Verlag).
Webster, Ch., Frankland, N. (1961): The Strategic Air Offensive against Germany. London (Her Majesty's Stationary Office).

Sabine Bode

Trümmerkinder – erwachsene Kinder

Wann beginnt die Trümmerkindheit?

Als ich 1995 begann, mich für die Welt der Kriegskinder zu interessieren, stellte ich mir vor allem die Frage: Wie geht es dieser Generation heute? Wie hat sie die frühen Schrecken verkraftet? Was belastete Menschen ein Leben lang? In meinem Beitrag möchte ich mich in etwa auf die Erfahrungen zwischen 1943 und 1953 konzentrieren. Ich stütze mich dabei im Wesentlichen auf meine journalistischen Recherchen.

Wann beginnt die Trümmerkindheit? Für den 72-jährigen Peter Busmann aus Kiel ist es ein Datum im Jahr 1943. Am Tag zuvor hatte er sich auf dem Schulhof mit einem anderen Jungen geprügelt. Dabei gingen Fensterscheiben zu Bruch. Und dann kam, was kommen musste: Der Lehrer nahm ihn mit ins Klassenzimmer und holte aus dem Schrank einen Rohrstock. Aber der Lehrer wollte die Qual verlängern, darum sagte er zu Peter, während er mit dem Daumen fast liebevoll über den Rohrstock strich: „Morgen, Freundchen …“ In der Nacht erlebte Kiel einen heftigen Luftangriff. Aber, natürlich, am nächsten Morgen ging der Alltag weiter. Bleischweren Herzens machte sich der Junge auf den Weg zur Schule. Und dann traute er seinen Augen nicht: Die Schule war weg! Anstelle des Backsteinbaus nur ein Haufen rauchender Trümmer. Nie wieder in seinem Leben hatte Peter Busmann ein solches Glücksgefühl.

Wann beginnt die Trümmerkindheit? Ingrid Flemming erinnert sich genau. Ein Tag im Frühjahr, als sie drei Jahre alt war. Ein Bombenangriff hatte die Innenstadt fast vollständig zerstört. Wie durch ein Wunder war die Straße, in der die Flemmings lebten, heil geblieben. Ingrids Mutter spürte nur noch Panik. Sie hastete mit ihren Kindern zum Bahnhof. Als sich der mit Evakuierten überfüllte Zug in Bewegung setzte, stellte die Mutter fest: Ingrid, die Kleinste, war nicht dabei. Man hatte die Dreijährige schlichtweg in der Wohnung vergessen. Ingrid erinnert sich noch gut an die lange Nacht und an ihren Durst, und dass sie einen Stuhl zur Spüle schob, um den Wasserhahn zu erreichen. Eine Nachbarin entdeckte sie erst am darauf folgenden Nachmittag.

Für Helmut Rivelsky begann die Trümmerkindheit, als er verschüttet wurde. Der Junge erwachte aus seiner Bewusstlosigkeit, als jemand versuchte, ihm seinen silbernen Ring vom Finger zu ziehen. Helmut wurde aus dem Schutt befreit. Was er allerdings eingebüßt hatte war seine Gesundheit. Seine Beine gehorchten ihm nicht mehr. Er konnte sich zeitlebens nur noch auf Krücken fortbewegen.

Für Magda Schneider (Name geändert) begann die Trümmerkindheit tatsächlich erst nach dem Krieg. Fast zwei Jahre war sie mit ihrer Familie evakuiert gewesen. Dann waren sie – Mutter, Bruder, Großeltern – von Thüringen zu Fuß nach Köln zurückgegangen. Der Vater war vermisst. Nach Kriegsende waren sie bettelarm. Magda bekam einen Mantel, der einmal eine Wolldecke gewesen war. Sie zog Unterhosen aus „Zuckersackwolle" an. Eine einzige frische Erdbeere aufs Brot geschnitten – was für eine Köstlichkeit! Die Mutter tauschte ihre Lockenwickler gegen Kartoffeln und wickelte ihre Haarsträhnen auf Zeitungspapier. Dreimal ausgebombt, da bleibt nicht viel Besitz. Sie wohnten in den Ruinen in einem Keller. Mit zwölf Jahren war Magdas Kindheit vorbei. Vormittags nahm sie am Unterricht in einer Aufbauschule teil; für den Rest des Tages dachte und handelte sie wie eine Erwachsene. Dann bekam sie Typhus und musste neun Monate im Krankenhaus bleiben. Sie fand, dass sie noch Glück hatte, denn die Klinik befand sich in ihrer Heimatstadt, und die Mutter kam fast täglich. Andere kranke Kinder wurden weit fortgeschickt. Besuch der Eltern war unter solchen Umständen selten und meistens auch nicht erwünscht. Begründung von Ärzten und Schwestern: „Das macht die Kinder nur unruhig". Die an Typhus erkrankte Magda war in einer Baracke untergebracht, vor den Fenstern befand sich ein Graben. Wenn ihre Mutter sie besuchte, musste sie hinter dem Graben stehen. Es handelte sich um eine schwere Epidemie mit Toten. Magda Schneider erinnert sich: „Abends waren wir zu elft im Zimmer, am nächsten Tag waren es nur noch neun". Aber am meisten quälte sie, dass sie ihrer Mutter, die immer noch auf die Heimkehr des Vaters hoffte, nicht beistehen konnte.

Nachdem sie auskuriert war, stellte sich heraus, dass sie in der Aufbauschule nicht mehr mitkam. Sie musste zurück auf die Volksschule, was bedeutete: Sie besuchte nur sechs Jahre lang eine Schule. Magda tat das, was für viele Mädchen die einzige Chance war, um das Familieneinkommen aufzubessern: Sie „ging in Stellung", wie man es damals nannte, sie arbeitete als Haushaltshilfe. Die Abenteuer einer Nachkriegsjugend, Stehlen und Schwarzmarktgeschäfte in den Ruinen, das war den Jungen vorbehalten. Auch kamen sie weit häufiger als ihre Schwestern in den Genuss einer guten Ausbildung. Überspitzt gesagt: Jungen gingen aufs Gymnasium – Mädchen gingen putzen. Dann machte Magda etwas, was nicht korrekt, aber zukunftsträchtig war: Durch kluges Taktieren erreichte sie, dass bei einem Bewerbungsgespräch ihre Schulunterlagen nicht kontrolliert wurden. So kam sie unberechtigterweise zu einer Lehrstelle in einem Bekleidungsgeschäft.

Von Freiheit und Krankheit

Trümmerkinder waren erwachsene Kinder, denn in einer zerstörten Welt wird keine Rücksicht auf Kinder genommen. Sie werden nicht beachtet, aber auch nicht mehr gegängelt. Aus der deutschen Nachkriegsliteratur erfährt man nur wenig über ihre Situation vor 60 Jahren. 1946 erschien Hans Falladas letztes Buch. Es heißt *Der Alpdruck* und beschreibt die Lebensumstände unmittelbar nach Kriegsende. Fallada starb 1947. Der Roman beginnt mit der Schilderung einer zerstörten Kleinstadt. Es ist der Augenblick, in dem die Rote Armee einmarschiert. Die Bewohner haben sich furchtsam zurückgezogen. Nur eine Horde Kinder ist auf der Straße.

> „Vor dem größten Hotel des Städtchens hatte sich eine Gruppe von etwa einem Dutzend Kindern versammelt, zehn- bis zwölfjährige Jungen und Mädchen. Sie sahen dem Fahren der Panzer zu, schrien und lachten, während die russischen Soldaten sie überhaupt nicht zu sehen schienen. Die fast wild ausgelassene Stimmung dieser sonst ländlich stillen Kinder erklärte sich durch die Weinflaschen, die sie in ihren Händen hielten [...] Ein Junge schlüpfte aus dem Tor des Hotels, die Hände voll neuer Flaschen. Die Kinder auf der Straße begrüßten ihren Kameraden mit einem Jubelgeschrei das fast dem Aufheulen eines jungen Wolfsrudels glich." (Fallada 1979)

Es ist die einzige Szene im Buch, in der Kinder vorkommen, was sonderbar erscheint, denn über die Hauptfigur wird gesagt, sie habe viele Kinder. Ganz anders Dieter Fortes Roman *In der Erinnerung*, der 1998 erschien. Er schrieb ihn aus der Sicht eines Düsseldorfer Jungen, der bei Kriegsende zehn Jahre alt ist. Seine Eltern und Großeltern – das sind nun Bettler und Zerlumpte. Man wohnt zwischen ausgebrannten Mauern, ohne Dach.

> „Auch die Familie erwachte jeden Morgen von den Toten, stellte fest, dass sie noch lebte, dass sie in der Eiseskälte der ungeheizten Wohnung nicht erstarrt war, dass der Körper sich meldete, sie zwang aufzustehen, sich aus den alten Mänteln und Militärdecken, unter denen sie auf dem Boden oder in den beiden anderen Bettgestellen abwechselnd lagen, herauszuwinden, unansehnliche Lebewesen, die aus unansehnlichen Kokons krochen, erst auf allen Vieren, dann stöhnend und sich ins Kreuz fassend, gebeugt, sich mit einer Hand an der Wand abstützend, dann aufrecht in ihren Kleidern, die sie immer anhatten, Gewohnheit aus Mangel und Fluchtinstinkt." (Forte 1998, S. 60)

Kann es sein, dass es den Kindern besser ging als den Erwachsenen? Man hört immer wieder, dass Männer regelrecht begeistert von ihrer unbeaufsichtigten Kindheit und dem Spielen in den Ruinen erzählen. Auch bei Dieter Forte lesen wir das.

„Kein Mensch schrie wie früher, laß das sein, das ist verboten, komm da runter, tu dies nicht, tu das nicht. Oder noch schlimmer, das tut man nicht, warum hast du das trotzdem getan, sag die Wahrheit. Die Erwachsenen hatten anderes im Sinn, und die Eltern waren froh, wenn sie phantasiereiche Kinder hatten, die immer wieder etwas Eßbares anschleppten, ob sie dabei gelogen hatten, ob sie dabei gestohlen hatten, wollte wirklich keiner wissen, und die Wahrheit war etwas, was es nicht mehr gab." (Forte 1998, S. 99)

Aber der Junge in den Düsseldorfer Ruinen ist kein gesundes Kind, sondern körperlich sehr schwach. Er kann seine Freiheit nicht genießen, er kann nur anderen dabei zuschauen. Fasziniert beobachtet er das Treiben einer Kinderräuberbande.

„Blieb einer von ihnen tot liegen, weil ihn die Tuberkulose besiegt hatte oder weil er unter eine einstürzende Trümmerwand geraten oder auf eine noch nicht entschärfte Bombe getreten war, so übernahm ein anderer den Spitznamen des Toten, und damit auch seine Aufgabe in der Gruppe, bis er sich durch eine besondere Tat einen eigenen Spitznamen erwarb. Wenn von dem Toten noch ein ganzer Körper vorhanden war, legte man ihn vor eine Kaserne mit einem Zettel in der Hand, auf dem sein Name stand, sonst begrub man seine Reste im Park und setzte ihm aus Ästen ein Kreuz, weil man das so bei den Erwachsenen gesehen hatte.

Das Essen wurde geraubt, verteilt und auf der Straße im Laufen verschlungen. Ihr Territorium lag hinter dem Bahnhof, in der Nähe der Bahndämme, wenn es ihnen schlecht ging, wenn sie Hunger hatten, nahmen sie den Reisenden schnell und geübt Koffer, Taschen, Rucksäcke weg, ein kreischender Kreisel, der sich um den Überfallenen drehte, ihm ins Gesicht lachte, weil das natürlich auch Spaß machte, im Grunde ein Spiel war, keiner sah darin Unrecht, sie verstanden das Gezeter und Gejammer der Erwachsenen nicht, die auch alle klauten und ihnen nur nichts abgeben wollten. Und dann spielten sie vor seinem Fenster wieder Fußball. Eine Horde unterernährter, bleichgesichtiger Zwerge, Jungen und Mädchen, die ständig irgendwo herumkrabbelten, immer in Bewegung waren und unberechenbar wie ein Wolfsrudel herumjagten. Sie waren alle in seinem Alter, zehn, zwölf Jahre alt, die freiesten und lebendigsten Menschen, an die er sich erinnern konnte. Sie waren es, die diese Totenwelt wieder ins Leben zurückschrien." (Forte 1998, S. 100)

Was weiß man eigentlich über die kranken Trümmerkinder? Nicht viel. Für besonders Bedürftige gab es Erholungskuren. Sie wurden zum Beispiel nach Langeoog geschickt, wo von 1946 bis 1950 insgesamt 12.500 Kinder untersucht wurden. So entstand die so genannte „Langeoog-Studie" (Lippert/Keppel 1950), in der die erschütternde körperliche und auch seelische Verfassung vor allem in den Jahren 1946 bis 1948 dokumentiert ist. Ab

1949 ging es den Kindern dann schon wesentlich besser; interessanterweise war es eine sprunghafte und keine langsame Veränderung.

Die Grundvoraussetzung dafür, dass Traumatisierte sich erholen können, sind normalisierte Verhältnisse. Die Gefahr ist vorbei. Die Menschen haben ein Dach über dem Kopf. Es gibt genug zu Essen. Die Versorgung ist zuverlässig. Kinder übernehmen die Signale von Entwarnung und Entspannung von den Erwachsenen. Die Währungsreform 1948 war ein solches Hoffnungssignal, das die Eltern beruhigt hat. Wenn die Erwachsenen wieder Hoffnung und Mut schöpfen, erholen sich die Kinder in der Regel verblüffend schnell. So schnell, dass heute manchmal der Eindruck entsteht, als hätte das Leben in den Trümmern nicht Elend bedeutet, sondern Abenteuer. Das soll hier nicht kritisiert werden. Sich an guten Erinnerungen festzuhalten ist allemal besser, als sich den Schrecken der Vergangenheit ausgeliefert zu fühlen. Solche Schilderungen erwecken allerdings häufig bei Nachgeborenen Unbehagen, weil sie spüren, dass nur die eine Hälfte erzählt wird. Bekannt ist auch, dass viele Säuglinge und Kleinkinder in den ersten Jahren nach Kriegsende an Epidemien starben. Aber es gibt keine verlässlichen Angaben über die zivilen Toten. Es wurden praktisch nur Militärstatistiken geführt.

Emotionale Vaterlosigkeit

30 Prozent aller Deutschen, die zwischen 1933 und 1945 geboren wurden, wuchsen kriegsbedingt ohne Vater auf. Zum Thema ‚Vaterlosigkeit' bzw. ‚emotionale Vaterlosigkeit', die für die Kriegskindergeneration so folgenreich war, beginne ich mit einigen Zahlen: Eine Statistik von 1950 verzeichnet: drei Millionen Gefallene, zwei Millionen Vermisste, zwei Millionen Kriegsversehrte, davon über 500.000 Schweramputierte und zwei Millionen Heimkehrer aus der Kriegsgefangenschaft.

Oft habe ich gehört oder gelesen, dass Menschen, die ohne Väter aufwuchsen, sich geradezu vom Schicksal begünstigt sahen, wenn sie ihre Situation mit denen der Freundinnen oder Freunde in intakten Familien verglichen, wo Väter entweder herumbrüllten oder ihre dumpfen Tage auf dem Küchensofa verschliefen.

In seinem Buch *Ich wusste nie, was mit Vater ist* fragte sich der Psychoanalytiker Wolfgang Schmidbauer (1998), geboren 1941, ob die „Verrohung" der Kriegsheimkehrer, von der so viel die Rede war, tatsächlich die dominierende Folge eines Massentraumas war. Andere Störungsbilder, meinte der Psychoanalytiker, könnten bedeutsamer sein.

> „In diesen Fällen ist die Spur, die ein Traumatisierter in der Familie hinterläßt nur durch Erlebnisse herauszufinden, dass etwas fehlt. Die faßbaren Störungen scheinen eher in der Unzufriedenheit, Klagsamkeit, Erbitterung und Überforderung der Mutter auf. Sie hat in diesen Familien die

> überbelastete Omnipotenz. Der Vater ist nur ruhebedürftig, ihm ist alles zuviel, er liegt auf dem Sofa, ist krank, reagiert nicht, spritzt sich Opiate, trinkt, nimmt Schlafmittel. Er hat keine Meinung, keinen beruflichen Ehrgeiz, kann mit Mühe oder gar keinen Arbeitsplatz behalten. Wenn er einmal etwas sagt oder sich in irgendeiner Weise auf das Kind bezieht, ist dieses verblüfft, als sei es in ein Sterntaler-Märchen geraten." (Schmidbauer 1998, S. 19f.)

Viele Heimkehrer waren gezeichnet von Hunger, Krankheiten und häufig auch von sonderbaren Verhaltensweisen, die sie offenbar nicht steuern konnten. In meiner Kindheit in den 50er Jahren wären meinen Freundinnen und mir mühelos ein halbes Dutzend Männer, darunter auch Lehrer, eingefallen, die ihre Umgebung durch cholerische Ausbrüche tyrannisierten. Stichworte zur Erklärung lauteten: Krieg, Gefangenschaft, Hirnverletzung. Ihre Toberei hatte man hinzunehmen wie ein Unwetter im Sommer – man musste eben gucken, dass man sich rechtzeitig in Sicherheit brachte.

Das gestörte Verhältnis zwischen vielen Vätern und ihren Kindern nannte der Psychotherapeut Peter Heinl „emotionale Vaterlosigkeit". Nicht wenige Heimkehrer haben Spuren in den Akten der psychiatrischen Kliniken hinterlassen. Hierbei muss man allerdings wissen: Bis in die 60er Jahre hinein war es für die Mediziner kaum denkbar, dass der Auslöser für eine psychische Erkrankung etwas anderes sein konnte als eine schwere organische – und damit messbare – Schädigung. Im Klartext hieß das: Ein gesunder Körper verursacht keine seelischen Störungen, da mussten dann andere Faktoren ausschlaggebend sein, vererbte Belastungen oder eine grundsätzlich labile Befindlichkeit.

Nun war aber die Zahl der Patienten, die unter den Folgen von Krieg und Gefangenschaft litten, so groß, dass sie die Proportionen dessen sprengte, was man guten Gewissens als „anlagebedingt" in den Krankenakten festhalten konnte. Zur Lösung des Problems ließen sich die sichtlich überforderten deutschen Nachkriegspsychiater ein spezielles Krankheitsbild einfallen, die *Dystrophie*. Der Begriff umschrieb ein ganzes Feld an physischen Schädigungen und psychischen Beeinträchtigungen, die man auf schwere Mangelernährung zurückführte. Heute ist leicht zu erkennen, dass es sich dabei um eine aus der Not geborene Erfindung handelte. Dystrophie-Patienten litten unter anderem an Depressionen, Konzentrationsschwäche, an Wutausbrüchen oder sie fühlten sich permanent verfolgt, von Feinden umzingelt. Man könnte auch sagen: Für viele Männer ging nach der Heimkehr der Krieg immer weiter.

Die Diagnose ‚Dystrophie' gab es, soweit ich weiß, für Kinder nicht. Aber grundsätzlich waren Behandlungsangebote für traumatisierte Menschen so selten, dass sie kaum irgendwo dokumentiert sind. Das galt für die Erwachsenen wie für die Kinder.

Hunger

Trümmerkindheiten waren sehr unterschiedlich und keineswegs nur Großstadtkindern vorbehalten. Auch in kleinen Städten von Wilhelmshaven bis Friedrichshafen kam es zur Vernichtung von Wohnraum. Am stärksten unterschieden sich die Erfahrungen in den Trümmern durch das jeweilige Alter der Kinder. Waren sie alt genug, um sich am Überlebenskampf zu beteiligen, dann taten sie das und erzählten später selbstbewusst davon.

Die zwölfjährige Magda Schneider kaufte in Köln auf Pump eine große Zahl Kartoffelmesserchen und machte damit in der Eifel gute Geschäfte. Während sie von Hof zu Hof zog, füllte sich ihre riesige Einkaufstasche mit Kartoffeln, Eiern und manchmal auch Speck. Schwer beladen kehrte sie zur Bahnstrecke zurück, und da sie sich mit dem Lokomotivführer angefreundet hatte, der sich gegenüber dem blonden couragierten Mädchen gern hilfsbereit zeigte, wurde ihre pralle Tasche während der Fahrt vorn in der Lokomotive verstaut, so dass ihr kostbares Erhamstertes nicht unterwegs geklaut wurde. Magda verdiente gut mit ihrer Geschäftsidee, den Kartoffelmesserchen.

Peter Busmann legte eine Kartoffelmiete an. Wie das ging, hatte er einem Gärtnerhandbuch entnommen. Aber ob es auch funktionierte? In den Nächten ließen ihn die Sorgen nicht mehr los. Hatte er auch alles richtig gemacht? Als 13-Jähriger war er verantwortlich dafür, dass die Familie genug zu essen hatte.

In meinen Gesprächen mit Angehörigen der 30er Jahrgänge war Hunger fast immer ein zentrales Thema. Die Schulspeisung verhalf vielen Kindern zum Überleben, wirklich satt machen konnte sie nicht. Die Kinder waren, wie die Erwachsenen, extrem unterernährt. Wenn ich allerdings Menschen, die kurz vor Kriegsende geboren wurden, nach dem Hunger in ihren Familien fragte, erhielt ich fast immer die Antwort: Mutter hat gesagt, dass es bei uns zu Hause noch genug zu Essen gab. Offensichtlich ist es für Eltern unerträglich, zugeben zu müssen, dass ihre kleinen Kinder hungerten.

Der Journalist Isaac Deutscher schrieb am 29. September 1945 in *The Economist* über seine Eindrücke in Berlin:

> „Blickt man von den Kleidern auf die Gesichter, so wird deutlich, was es heißt, halb verhungert zu sein. Was auffällt, ist nicht die Magerkeit, nicht einmal die allgemeine Müdigkeit, sondern die Gesichtsfarbe. Die Gesichter der Babys in den Kinderwagen sind leichenfahl; das Fleisch hat ein wächsernes oder seifenartiges Aussehen. Kleine Kinder sind gelb, aber die Zwölfjährigen weisen die Blässe der Erwachsenen auf, außer, wenn sie offenbar durch Gelbsucht gefärbt sind."

Der Hunger beherrschte die westdeutschen Städter noch bis zur Jahreswende 1947/48; in der DDR gab es Regionen, deren Bewohner bis Anfang der fünfziger Jahre unterernährt waren. *Die Neue Zeitung* vom 30. April 1952 beklagt, dass es „einwandfreie Statistiken über den Gesundheitszustand der Kinder“ nicht gebe, dass aber nach Berichten der Ärzteschaft die TBC-Durchseuchung erheblich höher sei als 1939. Der Artikel informiert darüber, dass das Kieler Gesundheitsamt die Ernährungs- und Wirtschaftslage der dortigen Schuljugend untersucht habe. Über die Hälfte der Zehn- bis Elfjährigen, hieß es, bekomme nicht einmal regelmäßig Milch, ein Fünftel werde eintönig ernährt.

1952 erschien eine soziologische Studie über die deutsche Nachkriegsjugend in Darmstadt. Die Wahl des Ortes machte Vergleiche möglich: Darmstadt wurde zu 50 Prozent zerstört; die Situation dort war also der anderer deutscher Städte sehr ähnlich. Laut der Studie besaß ein Viertel aller 14-Jährigen kein eigenes Bett. In der *Frankfurter Allgemeinen Zeitung* wurden die Untersuchungsergebnisse ausführlich kommentiert: „Eine andere Gefahrenquelle bilden die Veränderungen des familiären Rhythmus, der sich durch berufliche Überbelastung, Nervosität und Ungeduld äußert.“ Vor allem auf die Gefährdungen der Kinder aus Scheidungsfamilien („In Darmstadt wurden im Jahr 1950 229 Ehen geschieden, gegenüber 92 im Jahr 1934“) wurde hingewiesen. Und schließlich ein Satz, der eine Entwarnung, aber auch eine gewisse Sorge enthielt: „Während in keinem Falle nachhaltige Schäden von der Bombenkatastrophe her nachgewiesen werden konnten, macht die Anpassung von Flüchtlings- oder Evakuiertenkindern an die neue Umgebung oft Schwierigkeiten.“ Hier zeigt sich gleichzeitig: unter den Trümmerkinder war eine große Zahl von Flüchtlingskindern. Das widerspricht der weit verbreiteten Vorstellung, die Flüchtlinge seien mehr oder weniger alle in unzerstörter ländlicher Idylle aufgenommen worden.

In welchem Ausmaß und über welchen Zeitraum die deutschen Kinder die seelischen Trümmer des Krieges mit sich herumschleppten, ist unbekannt. Gelegentlich weckten sie noch das Interesse der medizinsch-psychologischen Forschung. Aber die Ergebnisse sind aus heutiger Sicht enttäuschend, weil die Einstellung vorherrschte: was man nicht messen kann, das existiert auch nicht – wobei das Maßnehmen ganz konkret gemeint war.

Das beste Beispiel dafür ist die Untersuchung *Deutsche Nachkriegskinder*, 1955 herausgegeben von den drei Professoren Coerper, Hagen und Thomae. Zum ersten Mal nach dem Krieg – zum ersten Mal in Deutschland überhaupt – hatte eine Gruppe von Ärzten und Psychologen bei Kindern umfangreiche Untersuchungen angestellt, und zwar bei den Jahrgängen 37/38 und 45/46. Dass man sich dabei auch für die Spuren eventueller Kriegsfolgen interessiert hätte ist in der langatmigen Einleitung mit keinem Wort erwähnt.

In dem Projekt, finanziert aus dem Marshall-Plan, wurden die Daten von 4400 Schülern ausgewertet. Aber welche Daten? Am auffälligsten sind endlose Tabellen mit Zahlen, die Auskunft über die Durchschnittswerte von kindlichen Körperteilen geben. Aus heutiger Sicht erscheint es fast wie eine Besessenheit, wie die Kinderleiber bis ins kleinste Detail vermessen und die

Ergebnisse penibel aufgelistet wurden, um sie mit der Kretschmerschen Typenlehre in Einklang zu bringen und um diesen Typen wiederum die diversen Krankheiten zuzuordnen.

Und hier die wenigen, heute noch aussagekräftigen Ergebnisse:

- Jedes vierte Nachkriegskind hat kein eigenes Bett.
- 36 Prozent haben ein gesundes Gebiss, das heißt, bei zwei Drittel ist das nicht der Fall.
- Ein Kind aus ärmlichen Verhältnissen, was überwiegend auf die Flüchtlinge zutrifft, bringt deutlich die besseren Schulnoten nach Hause – schneidet aber dann schlechter ab, wenn mit Fleiß allein nichts mehr auszurichten ist.

Was vom Krieg übrig blieb

Kommen wir am Schluss noch einmal auf Hans Falladas Roman *Der Alpdruck* zurück. Es ist ein Buch, in dem die Menschen unentwegt klagen. Alle sind Opfer. Niemand will ein Nazi gewesen sein, was Fallada erbitterte. Wie ich schon sagte, wurde darin – was typisch war für diese Zeit – die Seelenlage der Kinder nicht beachtet. Aber erstaunlicherweise die eines traumatisierten Hundes.

> „Es ist ein sehr seltsamer Laut, den er da hört, er klingt halb wie das Gurren einer Taube, halb wie das Flöten einer – nicht ganz rein singenden – Amsel. Dieser [...] Laut wird von einem großen Hund hervorgebracht, halb Dobermann, halb Schäferhund, ein Tier, das von der Schießerei und den Flammen und dem irren Tumult bei der Eroberung Berlins wohl geisteskrank geworden ist, [...] die Nacht über bewacht das Tier dann Elsastraße 10, und wehe dem Fremden, der es wagen würde, über den Zaun zu steigen. Der Hund würde ihn ohne weiteres zerfleischen, es ist ein wahnsinniger Hund, nichts könnte ihn zurückhalten [...] Es ist seltsam, dass dieser Hund, der aus seinen glücklicheren Tagen den nicht mehr zu ihm passenden Namen ‚Mucki' führt, dass dieser Hund in der Nacht bellen kann, während er am Tage, an der Kette nur wie ein Vogel flötet und gurrt. Nun, er hat den Krieg eben nicht gut überstanden, er ist innerlich verletzt, er klagt und ist zum Morden fähig, nützlich ist er nicht mehr." (Fallada 1979)

Wie ging es später im Leben weiter mit den anfangs vorgestellten Trümmerkindern, mit Peter, Ingrid, Helmut und Magda?

Peter Busmann, der beim Anblick seiner zerstörten Schule jubelte, wurde ein erfolgreicher Architekt.

Ingrid Flemming besuchte acht Jahre die Volksschule und arbeitete geistig völlig unterfordert als Bürokraft. Berufsbegleitend erwarb sie die Hochschulreife und schloss ein Studium ab. Sie wurde Psychotherapeutin. Über ihre Trümmerkindheit sagt sie:

> „Wir sind nebenher mitgelaufen, wir sind im Stich gelassen worden bei allen traumatischen Dingen, die wir zu verarbeiten hatten. Also sowas wie Trost entsinne ich mich nicht, dass es das in meiner Kindheit gab. Das war gar nicht möglich. Es war immer gut, dass man es überhaupt überstanden hatte. Wir haben es überstanden, ja, aber dieses Leben nie entfaltet, nie Lebensfreude, sondern eigentlich *Über*leben."

Helmut Rivelsky war trotz zahlreicher Operationen Zeit seines Lebens auf Krücken und Rollstuhl angewiesen. Er blieb ein Einzelgänger und Einzelkämpfer. Der Krieg ließ ihn nicht mehr los, was sich auch in seiner Arbeit als Fernsehjournalist zeigte. Seine Hauptinteressen galten den Weltraumwaffensystemen der Amerikaner. Mit Anfang 60 ging er in den Vorruhestand. Einige Jahre später hat er sich erschossen.

Magda Schneider fand in dem Bekleidungshaus, in dem sie ihre Lehre machte, ihren Ehemann – den Sohn des Inhabers. Sie heiratete jung, bekam zwei Kinder. Worunter sie ihr Leben lang litt, war ihre schlechte Bildung. Sie sagt dazu: „Ich wäre nicht so dumm geblieben, wenn der Krieg nicht gewesen wäre." Ihr Geschäftsinn aber, der sich schon früh gezeigt hatte, führte in ein erfolgreiches Berufsleben. Magda und ihr Mann arbeiteten viel und verdienten viel. Sie führten eine gute Ehe. Mit 60 Jahren wurde Magda Schneider Witwe. Der Tod ihres Mannes, um den sie lange trauerte, hatte zur Folge, dass auch der große Kummer über den verschollenen Vaters sie noch einmal einholte. Im Jahr 1995 – die Mutter war schon tot – erhielt Magda einen Brief der Kriegsgräberfürsorge. Darin stand, dass Ulrich Schneider Anfang der fünfziger Jahre in einem russischen Lager verstorben war.

Literatur

Bode, S. (2004): Die vergessene Generation – Die Kriegskinder brechen ihr Schweigen. Stuttgart (Klett-Cotta).

Coerper, C.,Hagen, W.,Thomae, H. (Hg.) (1955): Deutsche Nachkriegskinder. Methoden und erste Ergebnisse der deutschen Längsschnittuntersuchungen über die körperliche und seelische Entwicklung im Schulkindalter. Stuttgart (Thieme).

Fallada, H. (1979): Der Alpdruck. Reinbek b. H. (Rowohlt).

Forte, D. (1998): In der Erinnerung. Frankfurt a. M. (Fischer).

Lippert, E., Keppel, C. (1950): Deutsche Kinder in den Jahren 1947–1950. Schweizerische Zeitschrift für Psychologie IX. Zitiert nach: Radebold, H. (2005): Die dunklen Schatten unserer Vergangenheit. Stuttgart (Klett-Cotta).

Schmidbauer, W. (1998): „Ich wusste nie, was mit Vater ist". Das Trauma des Krieges. Reinbek b. H. (Rowohlt).

Hans-Christian Harten

Kindheit und nationalsozialistische Schulpolitik im besetzten Polen

Das Leben der Kinder während des Krieges in Polen war bestimmt durch eine Politik des deutschen Besatzungsregimes, die auf den systematischen Abbau von Bildungsrechten im Rahmen rassisch-ethnischer Absonderungen und Selektionen abzielte. Diese Politik fiel im westlichen und zentralen Teil Polens jeweils unterschiedlich aus. Der westliche Teil wurde unmittelbar dem Reich angegliedert; polnische Bürger mit deutscher Abstammung und „germanischem Blut" sollten assimiliert werden, die übrigen Bevölkerungsteile wurden nur vorübergehend geduldet und sollten langfristig ins Generalgouvernement, nach Zentralpolen deportiert werden. Für eine Übergangszeit wurden ein System der Sonderrechte und eine Politik der rassisch-ethnischen Trennung etabliert, für die hier nur einige Beispiele genannt seien:

- Die polnische Bevölkerung wurde unter Sonderarbeitsrecht gestellt und von selbständiger wirtschaftlicher Betätigung ausgeschlossen; für Jugendliche von 12 bis 18 Jahren wurde eine allgemeine Arbeitspflicht eingeführt, die deutschen Jugendarbeitsschutzgesetze galten nicht für polnische Jugendliche.
- Im Zuge einer Politik der Geburtenverhinderung wurde das Heiratsalter heraufgesetzt und die Abtreibung gefördert.
- Die Mobilität der polnischen Bevölkerung wurde drastisch eingeschränkt.
- Polnische Kindergärten wurden geschlossen, polnische Kinder durften nicht mehr mit deutschen Kindern gemeinsam die Schule oder die Badeanstalt besuchen, selbst deutsche Märchenfilme wurden polnischen Kindern untersagt.

Um eine solche Politik umzusetzen, mussten klare ethnische bzw. „rassische" Zuordnungen und Trennungen vorgenommen werden. Dies war die Aufgabe der „Deutschen Volksliste" (DVL), in die aufgenommen wurde, wer als deutschstämmig oder eindeutschungsfähig galt. Bei unklaren Abstammungsverhältnissen wurden rassenanthropologische Überprüfungen durch Mitarbeiter des Rasse- und Siedlungshauptamtes der SS durchgeführt. Im besetzten Polen wurde ein ethnisch-rassisches Klassifizierungssystem etabliert, das unterschiedliche staatsbürgerliche Rechte beinhaltete, aus denen zugleich auch unterschiedliche Bildungsrechte für Kinder und Jugendliche folgten. Die Bevölkerung wurde in folgende Kategorien eingeteilt:

1. Kategorie: Deutsche Reichsbürger und Staatsangehörige
In diese Abteilung wurden Volksdeutsche aufgenommen, die sich aktiv im Volkstumskampf eingesetzt hatten (Bewährung im Kampf); nur sie durften in die Partei aufgenommen werden.

2. Kategorie: Deutsche Staatsangehörige
Hiezu gehörten Volksdeutsche, die ihr Deutschtum bewahrt hatten.

3. Kategorie: Deutsche Staatsangehörigkeit auf Widerruf (a)
Die Staatsbürgerschaft wurde für zehn Jahre nur zur „Bewährung" verliehen. Wer in diese Gruppe eingestuft wurde, konnte nicht in die Partei, sondern nur in deren Gliederungen aufgenommen werden und keinen Beamtenstatus erwerben. In diese Gruppe fielen vor allem „ins Polentum abgeglittene Volksdeutsche" („passiv verpolt"), unter bestimmten Bedingungen auch Mischlinge, die als rück- bzw. eindeutschungsfähig" angesehen wurden. Während für die Angehörigen der Kategorien 1 und 2 alle Bildungsrechte galten, berechtigte die Einstufung in die Kategorie 3 nur zum Besuch von Berufs-, Fach- und höheren Schulen, die Zulassung zum Hochschul- oder höheren Fachschulstudium war jedoch an eine Genehmigung durch die SS gebunden; auf den Zeugnissen wurde „Staatsangehörigkeit auf Widerruf" vermerkt.

4. Kategorie: Deutsche Staatsangehörigkeit auf Widerruf (b)
Angehörige dieser Gruppe durften anders als die der Kategorie 3 nicht in Gliederungen der Partei, sondern nur in die Deutsche Arbeitsfront aufgenommen werden; Kinder wurden aber in der HJ erfasst. In diese Abteilung wurden „Renegaten" eingestuft – „aktiv verpolte" Deutschstämmige – sowie Mischlinge. Kinder und Jugendliche wurden zur Lehre und Gesellenprüfung zugelassen, zur Meisterprüfung aber erst nach besonderer Bewährung. Von höheren Schulen waren sie ausgeschlossen. Im Idealfall sollten die Kinder zur Umerziehung eine Deutsche Heimschule, d. h. ein Internat unter Aufsicht der SS im Altreich besuchen; danach sollten sie dann auch zum Besuch höherer Schulen zugelassen werden.

5. Kategorie: „Schutzangehörige"
Wer nicht in die Kategorien 1 bis 4, d. h. die Deutsche Volksliste, aufgenommen wurde, der große, nicht „eindeutschungsfähige" polnische Bevölkerungsteil, erhielt den Status eines „Schutzangehörigen". Für die polnischen Kinder wurde ein Schulwesen auf elementarisiertem Niveau errichtet, das im Wesentlichen zwei Funktionen erfüllen sollte: die Kinder von der Straße zu holen und dem Einfluss von Untergrundschulen und Partisanen zu

entziehen; und sie für die spätere Verwendung als Zwangsarbeiter geeignet zu machen.

6. Kategorie: Juden und Zigeuner
Hier Zugeordnete waren schutz- und rechtlos der Willkür von SS und lokalen Besatzungsverwaltungen ausgeliefert.

Hinsichtlich des Bildungsrechts widerfuhr polnischen Kindern und Jugendlichen (der 5. Kategorie) in den unterschiedlichen Territorien eine unterschiedliche Behandlung. In den eingegliederten westpolnischen Gebieten wurde das gesamte höhere Schulwesen beseitigt, es blieb nur ein Grundschulwesen auf vorbürgerlichem Niveau zurück. Das waren Schulen, in denen die Kinder Lesen, Schreiben und Rechnen lernen sollten – so viel, dass sie später deutsche Arbeitsanweisungen verstehen würden, aber nicht genug, um sich an die deutsche Kultur assimilieren zu können. Der Schulunterricht wurde entnationalisiert: Unterricht in polnischer Sprache und über die polnische Kultur sollte es nicht mehr geben, der Unterricht sollte grundsätzlich in Deutsch gehalten werden, doch sollten die Kinder nur ein vereinfachtes Deutsch, ein Deutsch ohne Grammatik lernen – der eigenen Kultur sollten sie entfremdet werden, zugleich aber nur ein Deutsch für Untermenschen erlernen. So hatte es Goebbels formuliert: „Über die Schule sollte letztlich abgesichert werden, dass das Bild von den Polen als Bild von minderwertigen Menschen, von Untermenschen, zur Realität gebracht würde". „Auch der deutschsprechende Pole", hieß es in einem SD-Bericht von 1943, „muß in der Zukunft stets an seiner fehlerhaften Ausdrucksweise und Aussprache kenntlich bleiben." (Zit. n. Klattenhoff 1992, S. 41; Boberach 1984, S. 5470f.) Für einen derart reduzierten Unterricht brauchte man keine ausgebildeten Lehrer mehr; die polnischen Lehrer wurden teils entlassen, teils umgebracht und durch Hilfskräfte aus der volksdeutschen Bevölkerung ersetzt. Die Schulpflicht dauerte lediglich vom 9. bis zum 14. Lebensjahr, konnte aber gegebenenfalls auf drei Jahre reduziert werden; zwei bis zweieinhalb Unterrichtsstunden täglich sollten genügen. Alle höheren Schulen, Hochschulen und Universitäten wurden geschlossen.

In den eingegliederten Gebieten sollte die Bevölkerung teils eingedeutscht, teils abgeschoben werden. Das Generalgouvernement war dagegen vorläufig als Abschiebeterritorium und Reservoir für Arbeitskräfte bzw. Arbeitssklaven gedacht und wurde deshalb eher wie eine Kolonie behandelt. Hier wurde den Polen auch ein Mindestmaß an Kultur zugestanden. Während z. B. die Kirchen in den eingegliederten Gebieten geschlossen wurden, bestanden sie hier weiter und es gab weiterhin Religionsunterricht und Priesterseminare. Eine Politik der Entnationalisierung und der „Rassentrennung" wurde auch hier betrieben, polnische Volks- und Nationallieder z. B. wurden verboten, Straßennamen wurden vielfach eingedeutscht, Konzerte mit klassischer Musik waren den Deutschen vorbehalten etc. Für die wirtschaftliche Ausbeutung der Kolonie benötigte man aber qualifizierte Arbeitskräfte und so wurden, anders als in den eingegliederten Gebieten, auch Formen der beruflichen Bildung aufrechterhalten. Entsprechend umfasste die allgemeine Schulpflicht sieben Jahre in polnischsprachigen Schulen; ab dem 16. Lebensjahr bestand für polnische Jugendliche Arbeitspflicht. Institutionen der höheren Bildung wurden auch hier abgeschafft, wie auch die politische und kulturelle Elite beseitigt wurde, aber da man wirtschaftlich auf eine polnische Facharbeiterschaft und ein „polnisches Unterführertum" angewiesen war, bestand im Generalgouvernement weiterhin ein Berufs- und Fachschulsystem, verbunden mit einer dreijährigen Berufsschulpflicht.

Das kulturelle Niveau des Unterrichts wurde gleichwohl eng begrenzt. So durften z. B. die Lehrer der aufgelösten höheren Schulen nicht an Volksschulen unterrichten. Der Unterricht wurde entnationalisiert und fand ohne Geschichte, Geographie und Literatur statt – die polnische Nationalität und der polnische Staatsgedanke sollten ein für allemal ausgelöscht werden. Unterrichtssprache war, anders als in den eingegliederten Gebieten, Polnisch. An den Berufsschulen wurden auch Deutsch-Kurse erteilt. Wie überall in den besetzten Gebieten mangelte es auch hier an Lehrern und Gebäuden – viele Schulgebäude wurden von Wehrmacht, Waffen-SS und deutschen Verwaltungen beschlagnahmt. Um polnische Lehrer als Träger der nationalen Kultur entlassen zu können, wurden Klassen zusammengelegt; die Klassenfrequenz sollte bei 80 Schülern liegen. Dies und die allgemeinen Kriegsumstände führten dazu, dass ein großer Teil der Kinder und Jugendlichen ohne Beschulung blieb. In Warschau z. B. meldeten sich im Herbst 1942 nur ca. 20 Prozent der schulpflichtigen Kinder; viele gingen stattdessen zu Untergrundschulen.

Gymnasien wurden nur für die ukrainische Minderheit zugelassen, mit Unterricht in Deutsch und Ukrainisch, orientiert am deutschen Schulwesen. Entsprechend bestand auch eine ukrainische Lehrerbildungsanstalt. In Lemberg existierte eine Hochschule, die dem Status einer Universität nahe kam und an der ukrainische Studenten in technischen, landwirtschaftlichen und medizinischen Berufen ausgebildet wurden. Vor allem in medizinischen Berufen herrschte ein eklatanter Ärztemangel, nachdem etwa 1200 jüdische Ärzte „ausgeschaltet" worden waren. Weil sich der Mangel an akademisch gebildetem Nachwuchs immer mehr bemerkbar machte, wurde 1944 auch die Wiedereröffnung polnischer Gymnasien und eine „fremdvölkische Beamtenlaufbahn" geplant, zur Realisierung kam es aber nicht mehr.

Bereits im Sommer 1941, mit dem Überfall auf die Sowjetunion, begann sich ein Perspektivenwandel für das Generalgouvernement abzuzeichnen. In den Plänen Himmlers wurde jetzt langfristig auch für Zentralpolen eine Germanisierung angestrebt. Erste deutsche Volkstumsinseln sollten im Distrikt Lublin, insbesondere im Raum Zamosc entstehen. Von dort waren mit SS- und Polizeiführern besetzte Stützpunkte als volkstumspolitische Brückenköpfe bis zum Baltikum, zur Krim und anderen Gebieten geplant.

Insgesamt sollten rund 31 Millionen Menschen weiter nach Osten verschoben werden, einige Millionen Deutsche, Deutschstämmige und „Germanen“ sollten angesiedelt werden, Teile der ansässigen Bevölkerung (14 Mio.) waren als Arbeitssklaven vor Ort vorgesehen. Die Deportation der fünf bis sechs Millionen Juden war in diesen Plänen bereits vorausgesetzt. Die slawische Bevölkerung würde durch Zwangsarbeit und Entstädterung verringert werden. Da man einen Mangel an Siedlern voraussah, sollten Möglichkeiten der Eindeutschung nach rassischen Kriterien geschaffen werden, für die die Arbeit des Rasse- und Siedlungshauptamtes im Zusammenhang mit der Deutschen Volksliste einen wichtigen Erfahrungsvorlauf bildete. Ein Modellversuch wurde in der Region Lublin/Raum Zamosc gestartet. Hier verlief die Rassen- und Volkstumspolitik jetzt umgekehrt: waren zuvor Volksdeutsche und „Gutrassische“ aus dem Generalgouvernement nach Westen, in die eingegliederten Gebiete umgesiedelt und deren frei werdende Höfe mit vertriebenen polnischen Bauern aus dem Warthegau besetzt, so wurden in diesem Raum jetzt polnische Bauern vertrieben, um hier Volksdeutsche anzusiedeln. Man errichtete „Wehrbauernhöfe“, die von SS-Führern und -Bauern bewirtschaftet wurden, denen Lehrgüter zur Ausbildung volksdeutscher Siedler und Jungbauern angegliedert waren und SS- und Polizeikräfte zum Schutz vor Partisanen zugewiesen wurden.

Insgesamt wurden im Raum Zamosc etwa 21.000 bis 24.000 Volksdeutsche angesiedelt. Sie erfuhren eine intensive pädagogische Betreuung. Man bildete „Einsatzgruppen“ aus jeweils einem Volksdeutschen, der als Schulhelfer eingesetzt wurde, und einem Dolmetscher sowie zwei reichsdeutschen BDM-Führerinnen als Dorfhelferinnen, die für die Betreuung in den Dörfern zuständig waren. Zu ihren Aufgaben gehörte die Einrichtung von Schulen und Kindergärten, die Organisation von Dorfabenden und -festen, Näh- und Flickstuben, Mütterschulung, Säuglingsfürsorge etc. BDM-Mädchen wurden Familien zugeordnet, über deren Verhalten sie für die SS Buch führten. 1943 wurde eine Schule für Dorfberaterinnen in Zamosc eingerichtet.

Zuvor waren die Juden deportiert und anschließend etwa 100.000 Polen ausgesiedelt worden; ganze Dörfer wurden komplett geräumt: hier sollten nur noch Deutschstämmige und „Gutrassische“ leben. Die Aktion war verbunden mit einer intensivierten Fahndung nach „deutschem und rassisch wertvollem Blut“ in der Region, d. h. nach Polen mit deutschen Vorfahren und „nordisch-germanischen Blutsanteilen“, begleitet von entsprechenden „rassenanthropologischen“ Untersuchungen und Selektionen. Die Kriterien der Deutschen Volksliste wurden gegenüber der Praxis in den eingegliederten Gebieten etwas gelockert: 25prozentige, bei Kindern sogar 12,5prozentige Deutschstämmigkeit genügte für die Aufnahme ins „Rückdeutschungsverfahren“. Das Rasse- und Siedlungshauptamt bildete vier Wertungsgruppen: Die Gruppen I und II wurden in der zentralen Außenstelle des Amtes in Litzmannstadt (Lodz) genauer gemustert. Wer endgültig aufgenommen wurde, durfte die Aufnahme nicht verweigern: „Eine Weigerung gibt es nicht. Der Träger kann sein deutsches Blut nicht als Privateigentum betrachten“, erklärte der für die ganze Aktion zuständige Höhere SS- und Polizeiführer von Lublin, Odilo Globocnik. Wer in die Wertungsgruppe III eingestuft wurde, kam zum Arbeitseinsatz im Altreich, Angehörige der Gruppe IV ins Arbeitslager Auschwitz. Die nicht arbeitsfähigen Kranken, Alten und alle Kinder der Wertungsgruppen III und IV wurden ausgesondert und, weil auch die Lagerleitung in Auschwitz nur arbeitsfähige Polen aufnehmen wollte, in „Rentendörfer“ deportiert: Dörfer, die zuvor von Juden bewohnt und jetzt verlassen waren, um sie dort dem Hungertod preiszugeben; Säuglinge bis zu einem halben Jahr kamen zusammen mit ihren Müttern in diese Rentendörfer. Ein Teil der Kinder kam vermutlich auch ins KZ Majdanek, wo eine Kinderabteilung für sowjetische und jüdische Kinder bestand. Himmler ordnete auch hier noch rassische Überprüfungen an: „Rassisch wertlose“ Kinder sollten den Wirtschaftsbetrieben des KZ als „Lehrlinge“ zugewiesen werden. In Majdanek und Lublin waren zudem „Kinder- und Halbwüchsigen-Sammellager“ für „Bandenkinder“ aus Polen und der Sowjetunion geplant. Insgesamt etwa 4500 Kinder wurden zur Germanisierung nach Deutschland verschleppt, vor allem „gutrassige Bandenkinder“, Kinder, deren Eltern in Majdanek inhaftiert wurden oder Zwangsarbeit leisten mussten.

Himmler hatte die Wahnvorstellung, dass Partisanen und Widerstandskämpfer aufgrund ihrer Führungsfähigkeiten womöglich Träger nordisch-germanischen Bluts waren und betrachtete ihre Kinder deshalb als potentielle biologische Beute, sah in ihnen aber auch die Gefahr künftiger Rächer auf der Seite des Gegners. Seine Devise war: „Alles germanische Blut zu uns – oder vernichten.“ Denn: „Alles gute Blut auf der Welt, alles germanische Blut, was nicht auf deutscher Seite ist, kann einmal unser Verderben sein. Es ist deswegen jeder Germane mit bestem Blut, den wir nach Deutschland holen und zu einem Deutsch-Bewussten Germanen machen, ein Kämpfer für uns, und auf der anderen Seite ist einer weniger.“ (Zit. n. Ackermann 1970, S. 207, 209) Daher wurden z. B. auch bei jenen „Renegaten“, die eine Wiedereindeutschung ablehnten, sicherheitspolizeiliche Maßnahmen ergriffen. Ihre Kinder sollten einer Sonderbehandlung unterzogen werden – dies bedeutete ihre „Germanisierung“ in Erziehungslagern, in vielen Fällen auch Wegnahme und Deportation zur Eindeutschung in Erziehungseinrichtungen oder Pflegestellen im Altreich. Die Kinder wurden von Fürsorgerinnen der Nationalsozialistischen Volkswohlfahrt (NSV) abgeholt und zunächst in deutsche Fürsorgeeinrichtungen und Umerziehungslager gesteckt. In Grodkow/Oberschlesien bestand zum Beispiel eine Landeserziehungsanstalt für durchschnittlich 600 Jugendliche, deren Eltern verhaftet, im KZ waren oder die Aufnahe in die Deutsche Volksliste abgelehnt hatten, sowie Kinder, die sich weigerten, eine deutsche Schule zu besuchen und die polnische Sprache aufzugeben. Obwohl schätzungsweise die Hälfte der Kinder die deutsche Sprache nicht beherrschten, musste im Lager deutsch gesprochen werden: „Die Verwendung der polnischen Sprache wurde mit empfindlichen Prügeln bestraft, die gewöhnlich am Samstagabend oder am Sonntagmorgen verabreicht wurden.“ (Hrabar 1981, S. 169)

Die als „rassisch wertvoll“ ausgesonderten Kinder sollten, in Deutschland erzogen, später einmal die Führungselite der eroberten Länder bilden. Diese Überlegungen bildeten zum Beispiel auch den Hintergrund dafür, dass man die Kinder der Einwohner von Lidice, die nach dem Attentat auf Heydrich umgebracht wurden, von Experten des Rasse- und Siedlungshauptamtes untersuchen ließ und, wo die Untersuchung positiv ausfiel, zur Umerziehung und Germanisierung nach Deutschland brachte. Der Leiter der Außenstelle Litzmannstadt des Rasse- und Siedlungshauptamtes, der Lehrer Walter Dongus, wählte selber sieben Kinder als „rassisch geeignet“ aus; sie kamen in ein von der SS betriebenes Kinderheim und von dort in eine deutsche Pflegefamilie. Die übrigen Kinder wurden in Chelmno ermordet.

Himmler ließ auch rassische Untersuchungen elternloser Kinder (aus Antipartisanenaktionen) in der Ukraine durchführen. In Weißrussland gab es ein eigenes Kinderheim des Lebensborn (die „SS-Heimschule“ in Bobruisk), wo ein Eignungsprüfer des Rasse- und Siedlungshauptamtes Kinder daraufhin untersuchte, ob sie rassisch für die Adoption durch deutsche Familien geeignet waren. Ähnliche Aktionen gab es auch anderswo. Anfang 1943 waren beispielsweise mindestens 860 Kinder aus Slowenien, deren Eltern als Partisanen erschossen worden waren, teils beim Lebensborn, teils in Jugendlagern der Volksdeutschen Mittelstelle untergebracht, die vom Lebensborn zur Adoption in deutsche Familien vermittelt werden sollten. Noch im Mai 1944 gab Himmler die Anweisung, „die elternlose Jugend des Balkans zu erfassen und ins Reich zu bringen“. Diese Waisenkinder wollte er nach osmanischem Vorbild „als eine Art Janitscharen“ erziehen lassen, „damit wir die Jungen und Mädchen den betreffenden Staaten, wenn wieder Ordnung und Stabilität eingekehrt sind, als anständige Menschen zurückgeben können, während das Reich in ihnen treue Anhänger des Führers und künftige Soldaten und Soldatenfrauen der alten Wehrgrenze des Reiches hat.“ Ans Rasse- und Siedlungshauptamt erging der Auftrag, diese Kinder und Jugendlichen rassisch zu untersuchen (Heinemann 2003, S. 523).

Ein besonderes Problem stellte die große Zahl heimatloser und verwahrloster Kinder und Jugendlicher dar, deren Eltern im Krieg oder bei Antipartisanenaktionen umgekommen oder zur Zwangsarbeit nach Deutschland deportiert worden waren. Für diese Kinder plante die Wehrmacht auf dem Gebiet der ehemaligen Sowjetunion unter anderem große Kinderdörfer mit bis zu 135.000 Kindern unter 14 Jahren. Aus Weißrussland kamen gegen Ende des Krieges noch zwischen 11.000 und 14.500 Kinder und Jugendliche von 10 bis 20 Jahren zur Zwangsarbeit nach Deutschland. Globocnik sagte 1943 zu, 4000 „Bandenkinder“ in Trawniki, einem Ausbildungslager der SS in der Nähe von Lublin, aufzunehmen. In den „bandenverseuchten" Gebieten Weißrusslands und der Ukraine wurden ganze Dörfer komplett geräumt und in Brand gesteckt, die Bevölkerung wurde zur Zwangsarbeit deportiert; elternlose Kinder sollten, ähnlich wie im Raum Zamosc, in „Kinderdörfer" verbracht werden, die am Rande der „toten Zonen" geplant waren, und hier für landwirtschaftliche Arbeiten eingesetzt werden.

Für die Beherrschung und Verwaltung des eroberten und noch zu erobernden Raumes im Osten würde man mit deutschen Kräften aus dem Altreich nicht auskommen. Deshalb spielte die „Fahndung nach rassisch wertvollem Blut" eine wichtige Rolle in den Planungen der SS. In diesem Zusammenhang widmete man in Polen den Kindern mit unklaren Abstammungsverhältnissen, insbesondere Waisen- und Pflegekindern, besondere Aufmerksamkeit. Die SS betrieb im Warthegau mehrere Kinderheime, in die solche Kinder zur rassischen Musterung und psychologischen Beobachtung eingewiesen wurden. Kinder, die man schließlich als „eindeutschungsfähig" ansah, erhielten neue Geburtsurkunden mit deutschen Namen und kamen in Heime des Lebensborns oder in Deutsche Heimschulen im Altreich, wo sie an deutsche Pflegeeltern weitervermittelt wurden. Das Rasse- und Siedlungshauptamt plante 1942 die Errichtung einer ganzen Reihe von Kinderheimen in den anderen besetzten polnischen Gebieten; Walter Dongus sollte als Inspekteur für all diese Heime eingesetzt werden. Darüber hinaus war geplant, Waisenkinder aus Deutschland in den Osten zu bringen, dort in Heimschulen zu erziehen und dann zu Pflegefamilien bei reichsdeutschen Ostsiedlern und volksdeutschen Umsiedlern unterzubringen.

Waisen- und Pflegekinder wurden in drei Gruppen gegliedert: erwünscht, annehmbar, unerwünscht. Ähnlich verfuhr man mit unehelichen Kindern aus deutsch-polnischen Verbindungen. Der Reichsstatthalter des Warthegaus Greiser entschied 1944: von 2000 solcher Kinder (mit deutschen Vätern und polnischen Müttern) im Warthegau sollten 400 mit eindeutschungsfähigen Müttern ins Altreich gebracht, 400 als völlig unerwünscht ausgemerzt werden, die übrigen 1200 sollten zunächst einer rassischen und psychologischen Untersuchung unterzogen werden (Harten 1996, S. 305).

Nach polnischen Schätzungen sollen insgesamt bis zu 200.000 Kinder nach Deutschland verschleppt worden sein – belegt sind bisher nur etwa 20.000 (Schätzung nach Heinemann 2003); dazu kommen mindestens 20.000 zwangsgermanisierte Kinder aus der Sowjetunion und 10.000 aus West- und Südosteuropa, insgesamt mindestens 50.000. Rechnet man die Kinder hinzu, die von polnischen Zwangsarbeiterinnen in Deutschland geboren wurden, so kommt man allerdings zu erheblich höheren Zahlen; so fanden sich allein in der britischen und amerikanischen Zone etwa 40.000 entsprechende Geburtsscheine. Über den Verbleib dieser Kinder ist nur wenig bekannt. „Rassisch wertvolle" waren in Einrichtungen der Nationalsozialistischen Volkswohlfahrt gekommen, „besonders wertvolle" Kinder hatte der

Lebensborn übernommen; bei Erwartung „schlechtrassischen" Nachwuchses wurde abgetrieben oder die Kinder kamen in „Ausländerpflegestätten" und wurden dort auf Hungerrationen gesetzt. Von nach Deutschland verschleppten polnischen Kindern „guten Blutes" sind schätzungsweise 15 bis 20 Prozent nach dem Krieg nach Polen zurückgekehrt (Heinemann 2003, S. 303).

Zu den polnischen Kindern gehörten auch die Kinder jüdischer Herkunft, sie galten aber in der rassistischen Terminologie der Nationalsozialisten nicht als polnische, sondern als jüdische Kinder und unterlagen daher auch nicht dem für die polnische Bevölkerung geschaffenen Sonderrecht, sondern der Willkürherrschaft der deutschen Verwaltungen. In den eingegliederten Gebieten lebten ungefähr 600.000 Juden, die meisten, 400.000, im Warthegau. Für sie war zunächst die Deportation ins Generalgouvernement geplant, doch wurden die Deportationen auf Intervention Görings hin abgebrochen, um ihre Arbeitskraft zu nutzen. In Lodz (Litzmannstadt) entstand daraufhin das größte Getto (mit 160.000 Einwohnern im Dezember 1941), das als Arbeitsgetto bis 1944 bestand. Es gehört zu den Paradoxien der Geschichte, dass die Deutschen hier ein Schulwesen mit höherem Unterricht (zwei Gymnasien) duldeten, das den anderen polnischen Kindern verwehrt war. Vielleicht sollte dies einen Schein der Normalität erwecken, um den Lebenswillen der Bevölkerung zu erhalten und die jüdische Arbeitskraft besser ausnutzen zu können; denn solange in einer sozialen Gemeinschaft Kinder leben, scheint es für sie auch eine Zukunft zu geben. Kinder und Jugendliche wurden in die Rüstungsproduktion einbezogen und stellten daneben auch Spielzeug für deutsche Kinder her. Erst im Verlauf des Jahres 1942 änderte sich die Lage für die Kinder dramatisch, als sich das Getto zunehmend in ein Arbeitslager verwandelte. Durch fortwährende Zuzüge wurde der Raum im Getto immer beengter – die Gymnasien waren deshalb schon Ende 1941 wieder geschlossen worden. Im September 1942 erging die Anweisung an den Judenrat, Deportationszüge aus allen nicht arbeitsfähigen Gettobewohnern zusammenzustellen; dazu gehörten auch alle Kinder unter zehn Jahren. Innerhalb einer Woche wurden 15.589 Menschen ins Vernichtungslager Chelmno verbracht. Ende 1942 wurde übrigens am Rande des Gettos das „Jugend-Verwahrlager Litzmannstadt" errichtet, das der Gestapo unterstand und als Konzentrationslager für kriminelle, verwahrloste und widerspenstige polnische Kinder und Jugendliche diente.

Im Generalgouvernement wurden im Dezember 1939 zunächst der Ausschluss aller jüdischen Kinder von öffentlichen Schulen und zugleich die Schließung der Privatschulen verfügt. Anfang 1940 erging jedoch auch hier die Anordnung, das jüdische Schulwesen als Privatschulwesen der jüdischen Selbstverwaltung wieder zu eröffnen. Höhere Schulen wurden, anders als in Lodz, nicht zugelassen. Für die Kinder galt Schulpflicht; ab zwölf Jahren unterlagen sie dem Arbeitszwang. In den Schulen durften nur jüdische Lehrer unterrichten, als Unterrichtssprache war zumeist jiddisch vorgeschrieben. Da die Schulen aber der Genehmigung durch die lokalen Behörden bedurften, hing die Realisierung und Ausgestaltung der Schulpflicht von der Willkür der deutschen Stellen ab. Während in Krakau z. B. die Schulen im September 1940 wieder öffneten, blieben sie im Warschauer Getto (unter dem Vorwand der Typhusgefahr) noch bis zum Sommer 1941 geschlossen; bis dahin bestanden hier nur Berufs- und Fachschulen. In Radom wiederum waren Berufs- und Fachschulen verboten. Im Warschauer Getto existierten während des Schuljahres 1941/42 19 allgemein bildende Schulen, die von 7000 bis 10.000 Kindern besucht wurden; einige Kinder besuchten auch Untergrundschulen, die meisten dürften aber ohne Schulbesuch geblieben sein. Insgesamt lebten im Warschauer Getto zeitweise bis zu 100.000 Kinder und Jugendliche, von denen die meisten sich selbst überlassen waren. Das Schuljahr 1941/42 schien zwar zunächst eine Phase „relativer Stabilität" zu bringen; noch im Juli 1942 gab es Pläne der Selbstverwaltung zur Errichtung eines Heimes für verwahrloste Kinder. Doch im gleichen Monat mussten auch hier die ersten Kindertransporte in die Vernichtungslager zusammengestellt werden.

Literatur

Ackermann, J. (1970): Heinrich Himmler als Ideologe. Göttingen (Musterschmidt).

Boberach, H. (Hg.) (1984): Meldungen aus dem Reich 1938–1945: die geheimen Lageberichte des Sicherheitsdienstes der SS. Bd. 14. Herrsching (Pawlak).

Harten, H.-Ch. (1996): De-Kulturation und Germanisierung. Die nationalsozialistische Rassen- und Erziehungspolitik in Polen 1939–1945. Frankfurt a. M. (Campus).

Heinemann, I. (2003): Rasse, Siedlung, deutsches Blut: das Rasse- und Siedlungshauptamt der SS und die rassenpolitische Neuordnung Europas. Göttingen (Wallstein).

Hrabar, R., Tokarz, Z., Wilczur, J. E. (1981): Kinder im Krieg – Krieg gegen Kinder. Die Geschichte der polnischen Kinder 1939–1945. Reinbek b. H. (Rowohlt).

Klattenhoff, K. (1992): Erziehung zum Untermenschen. Nationalsozialistische Schul- und Bildungspolitik für polnische Kinder im Reichsgau Wartheland 1939 bis 1945. In: Die nationalsozialistische Bildungspolitik und das geheime polnische Unterrichtswesen während der Zeit der deutschen Besetzung in Polen. Hg. v. d. Evangelischen Akademie Iserlohn.

Annegret Ehmann

Eine Website für Jugendliche

Fünf biographische Beispiele von Kindern und Jugendlichen, die Opfer der nationalsozialistischen Verbrechen wurden

Der Antihumanismus von totalitären politischen Ideologien und Diktaturen enthüllt sich an ihrem Menschenbild, vor allem aber an ihrem Umgang mit Kindern und Jugendlichen. Wenn 60 Jahre nach dem Ende des Zweiten Weltkrieges die Erfahrungen und Erinnerungen derjenigen, die diesen Krieg als Kinder und Jugendliche erlebten, gesammelt und in das kulturelle Kriegsgedächtnis integriert werden, so ist das zu begrüßen. Es ist nicht zu bestreiten, dass auch die Generation der jungen Überlebenden der „deutsch-arischen Täterseite" durch die NS-Diktatur und den von ihr verschuldeten Krieg Leid und Traumatisierung erfahren hat, dennoch bedarf der Begriff ‚Kriegskinder' insbesondere bezogen auf den Zweiten Weltkrieg der genauen Differenzierung, nicht nur hinsichtlich der Vergleiche mit Kinderschicksalen in Kriegen überall auf der Welt, sondern gerade auch in Bezug auf Kinder im Machtbereich des nationalsozialistischen Deutschland.

Die immer noch sehr gängige Formulierung ‚Kriegsausbruch' vermittelt den Eindruck, Kriege würden ähnlich wie Naturkatastrophen, ohne menschliches Zutun ausbrechen. Kriege sind gemeinhin die Fortsetzung von Politik mit militärischen Mitteln. Beim Zweiten Weltkrieg handelte es sich jedoch ganz spezifisch um einen rassistisch motivierten Angriffskrieg Deutschlands gegen seine europäischen Nachbarn, der von der NS-Führung absichtsvoll geplant wurde zur Errichtung ihres völkisch-rassistischen Herrschaftssystems in Europa. Östlich der Weichsel bis zum Ural sollte nach dem Generalplan Ost ein riesiges Kolonialreich für die Neuansiedlung „germanischer Siedler" erobert werden, wofür im Zuge der geplanten „ethnischen Flurbereinigung" die Ermordung, Vertreibung und Versklavung von 30 bis 50 Millionen Menschen – im damaligen Verwaltungsdeutsch „minderwertige Fremdvölkische" – einkalkuliert war. Innerstaatlich sollte im Zuge der ab 1933 begonnenen selektiven Bevölkerungspolitik nach den Prinzipien der „Auslese und Ausmerze" eine hierarchisch gegliederte, genetisch und ethnisch homogenisierte Gesellschaft entstehen, in der nur die Gesunden, Starken, kulturell und ethnisch Erwünschten Lebensrecht haben sollten.

Wenn mit dem Scheitern dieser nationalsozialistischen Kriegsziele spätestens nach der Niederlage von Stalingrad der Krieg mit all seiner Grausamkeit – wie der Zerstörung des zivilen Lebens durch Bombardierung der Städte, Flucht, Vertreibung, Gewaltakten der Siegermächte aus Rache – dann auch auf die deutsche Bevölkerung zurückschlug und zweifellos viele Unschuldige, insbesondere unschuldige Kinder schwer zu leiden hatten, so dürfen doch Ursachen und Folgen nicht verwischt werden.

Als viele dieser später vom Kriegsgeschehen betroffenen Kinder und Jugendlichen noch als „Garanten der Zukunft" unbeschwerte Zeiten erlebten und vom NS-System gefördert wurden, waren bereits Millionen anderer Kinder und Jugendlicher in Deutschland und ab 1939 in den eroberten Nachbarländern vor allem Osteuropas als Unerwünschte an Leib und Leben bedroht. Sie wurden wegen der politischen Aktivität ihrer Eltern, ihrer Zugehörigkeit zu einer kulturellen oder ethnischen Minderheit, wegen körperlicher oder geistiger Behinderungen oder vermeintlich „minderwertiger" Erbanlagen, als Geiseln zur Vergeltung von Widerstand zu Opfern von Diskriminierung, rechtlicher Ausgrenzung, Vertreibung, Deportation, Gettoisierung, Lagerhaft, Massakern oder systematischem Mord. Sie mussten die Zerstörung ihrer Lebensumwelt, Trennung von Eltern und Geschwistern, den Verlust ihrer Familien erleben, wurden für medizinische Experimente und als Zwangsarbeiter missbraucht.

Die Nationalsozialisten unterschieden meist nicht zwischen Minderjährigen und Erwachsenen. Die Verfolgungs- und Vernichtungspolitik traf Kinder schutzlos und in unverminderter Härte. Allein Tausende Kinder mit geistigen und körperlichen Behinderungen, eineinhalb Millionen jüdischer Kinder und Jugendlicher und Zehntausende Kinder der ethnischen Minderheit der Sinti und Roma wurden von den Nationalsozialisten und ihren Verbündeten systematisch aufgespürt und ermordet. Es ist das rassistische Konzept der NS-Politik, wonach diesen Kindern und Jugendlichen grundsätzlich das Lebensrecht abgesprochen wurde. Darin besteht der Unterschied zu den „Kriegskindern". Es geht dabei nicht um Bewertung von Leid.

Stellvertretend für Millionen verfolgte Kinder ist Anne Frank durch ihr Tagebuch, das sie zwischen 1942 und 1944 im Versteck eines Hinterhauses in Amsterdam schrieb, zur Symbol geworden, wenngleich die Realität der Konzentrationslager und der Mordmaschinerie ausgespart bleibt. Kinderschuhe, Spielzeug, Koffer oder Zeichnungen sind meist die einzigen stummen Hinterlassenschaften der ermordeten Kinder, die in den KZ-Gedenkstätten heute noch an sie erinnern. Die kurzen Lebensgeschichten dieser Kinder verschwinden in der Fülle der wissenschaftlichen Literatur und des Dokumentenmaterials über die Verbrechen des Nationalsozialismus und lassen sich nur sehr bruchstückhaft verfolgen. Für Jugendliche, die sich zum ersten Mal mit der Geschichte des Nationalsozialismus auseinandersetzen, ist der biographische Zugang erfahrungsgemäß besonders geeignet. Das zeigt das Beispiel der Geschichte der Anne Frank, die mehr als fünf Jahrzehnte lang für Jugendliche eine Identitätsfigur war und ihnen einen exemplarischen Zugang zu dem komplexen Wissensstoff ermöglichte.

Die Stiftung „Denkmal für die ermordeten Juden Europas“ gab daher auf Anregung des Beirats der Stiftung in Vorbereitung auf die Eröffnung des Mahnmals, für das man sich ja gerade auch viele Jugendliche als interessierte Besucher wünscht, die Erarbeitung einer Jugendwebsite in Auftrag. Sie soll Jugendlichen der schulischen Jahrgangsstufen 8 bis 10 die Möglichkeit geben, selbst exemplarisch an fünf Biographien von Kindern und Jugendlichen aus verschiedenen Ländern Europas unterschiedliche Verfolgungsschicksale kennen zu lernen und anhand von Überblickstexten zur Einordnung der Geschichten in den historischen Kontext beitragen. Quellenauszüge, Fotos, Hinweise auf vertiefende Literatur, Filme sowie weiterführende Websites sollen Jugendliche ermutigen selbständig zu recherchieren. Darüber hinaus sollte die Darstellung des Verfolgungsschicksals anderer Opfergruppen im Kontext der jüdischen Opfer, denen das Denkmal ausschließlich gewidmet ist, berücksichtigt werden. Kritiker hatten diese Kontextualisierung in den Debatten über die Konzeption des Denkmals immer wieder als notwendig hervorgehoben.

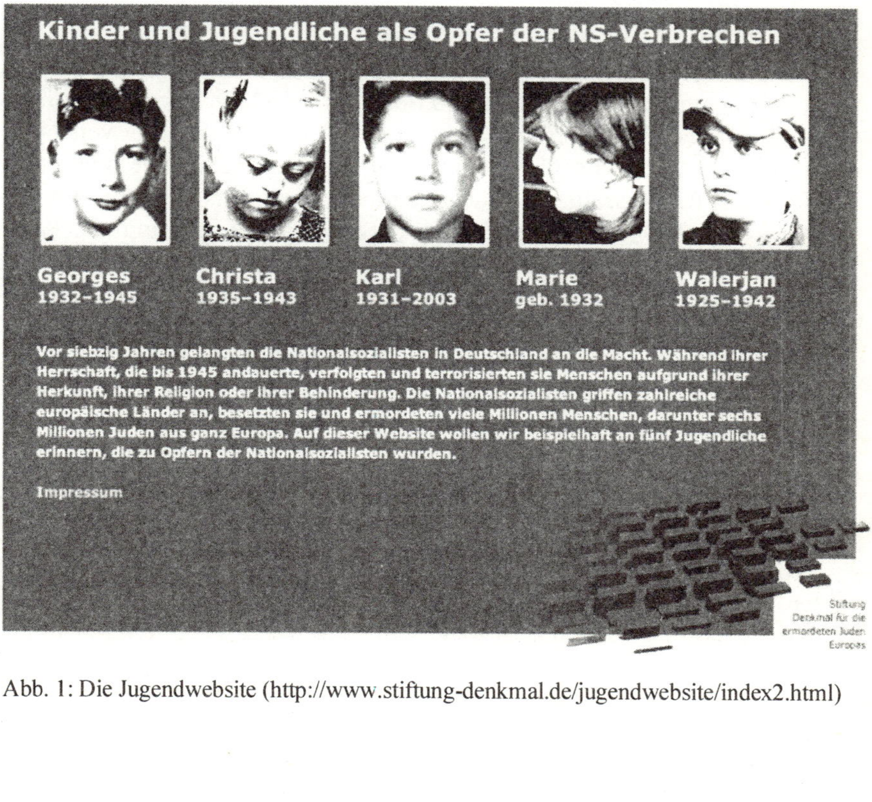

Abb. 1: Die Jugendwebsite (http://www.stiftung-denkmal.de/jugendwebsite/index2.html)

Diese Jugendwebsite dokumentiert die Lebensgeschichten von:

- *Georges-André Kohn*, Gymnasiast, geboren am 23. April 1932 in Paris als viertes Kind einer bürgerlich-jüdischen, assimilierten Familie katholischen Glaubens. Der Vater leitete als Arzt das Baron de Rothschild Hospital, das größte jüdische Krankenhaus in Paris. Nach dem Einmarsch der Deutschen in Frankreich 1940 galt die Familie Kohn als jüdisch. Am 28. Juli 1944 wurde Georges mit Eltern, Geschwistern und der Großmutter verhaftet und mit dem letzten Transport vom Sammellager Drancy nach Osten deportiert. Den zwei älteren Geschwistern gelang die Flucht aus dem Zug und sie überlebten. In Buchenwald, wo man den Vater inhaftierte, wurde die Familie getrennt. Die Mutter und eine Schwester starben in Bergen-Belsen. Für Georges und die Großmutter endete der Transport in Auschwitz, wo die Großmutter sofort in der Gaskammer ermordet wurde. Georges wurde in einer Gruppe von 20 jüdischen Kindern für medizinische Versuche des SS-Arztes Heißmeyer missbraucht. Ende November 1944 brachte man die Kinder nach Hamburg ins KZ Neuengamme, wo die Experimente fortgesetzt wurden. Zur Verwischung der Spuren des Verbrechens wurde Georges-André Kohn zusammen mit den anderen Kindern kurz vor der Befreiung durch britische Truppen am Abend des 20. April 1945 im Keller eines Schulgebäudes am Bullenhuser Damm in Hamburg erhängt. Am 23. April wäre er 13 Jahre alt geworden.
- *Christa M.*, wurde am 9. Mai 1935 in Frankfurt am Main mit Down-Syndrom geboren. Nach dem Tod der Mutter 1938 gab der Vater sie in ein Kinderheim, weil er arbeiten und noch ein weiteres Kind versorgen musste. Im Alter von fünf Jahren kam Christa in die Landesheilanstalt Scheuern bei Nassau. Der Vater kümmerte sich stets liebevoll um das Kind, schickte regelmäßig Briefe, Päckchen mit Lebensmitteln, Kleidung und Spielsachen und erkundigte sich bei den Schwestern nach Christas Wohlergehen. Nach dem Tod des Vaters 1942 wurde sie am 22. Februar 1943 in die Landesheil- und Pflegeanstalt Hadamar bei Limburg eingewiesen und noch am gleichen Tag dort ermordet. In der erhalten geblieben Krankenakte wurde zur Täuschung als Todesursache Darmkatarrh vermerkt. Christa wurde nur sieben Jahre alt.
- *Marie Šupoková*, geborene Doležalová, wurde am 22. August 1932 in dem tschechischen Dorf Lidice geboren. Sie war noch keine zehn Jahre alt, als am 10. Juni 1942 auf Befehl Hitlers alle männlichen Einwohner ab dem 15. Lebensjahr wegen des Verdachts, die Attentäter des Reichsprotektors Reinhard Heydrichs beherbergt zu haben, von einem Kommando aus SS, SD, Gestapo und Polizei zur Vergeltung erschossen wurden, darunter auch Marias Vater und andere Verwandte. Das Dorf wurde anschließend von Angehörigen des Arbeitsdienstes und deutscher Feuerwehr dem Erdboden gleichgemacht. Die Frauen aus Li-

dice wurden in Konzentrationslager verschleppt und kamen fast alle zu Tode. Die 87 Kinder deportierte man nach Lodz in ein Lager. Bis auf fünf der Kinder, zu denen auch Maria gehörte, die als „eindeutschungsfähig“ Nazifamilien zur Adoption übergeben wurden, verlieren sich die Spuren der anderen in Polen. Man nimmt an, dass die Kinder im Vernichtungslager Chelmno/Kulmhof durch Gas umgebracht wurden. Erst 1946 konnte Maria wieder gefunden und in ihre Heimat gebracht werden, wo sie ihre todkrank aus dem KZ Ravensbrück zurückgekehrte Mutter vor deren Tod wieder sehen, sich aber mit ihr nicht mehr verständigen konnte, da Maria die tschechische Sprache verlernt hatte. Sie lebt bis heute in dem neu erbauten Dorf Lidice und arbeitet als Zeitzeugin in der dortigen Gedenkstätte.

- *Karl Stojka*, wurde am 20. April 1931 in Wampersdorf im österreichischen Burgenland als Kind einer über 300 Jahre in Österreich lebenden katholischen Roma-Familie geboren, die als Pferdehändler über Land reisten. Er hatte noch fünf Geschwister. Ab 1939 durften Roma ihren Wohnort nicht mehr verlassen, weshalb die Familie nach Wien zog, wo Karl bis 1943 die Volksschule besuchte. 1941 wurde die Familie auseinander gerissen, der Vater kam ins KZ Dachau, danach ins KZ Mauthausen und wurde ermordet. Eine ältere Schwester wurde im österreichischen „Zigeunerlager“ Lackenbach inhaftiert. Karl Stojka wurde als Zwölfjähriger von der Schulbank weg verhaftet und mit Mutter und Geschwistern nach Auschwitz-Birkenau deportiert. Er überlebte Todesmärsche und verschiedene Lager. Nach seiner Befreiung 1945 baute er sich eine neue Existenz in Österreich und in den USA auf. Jahre später begann er zu malen, um seine traumatischen Erlebnisse zu verarbeiteten. Karl Stojka starb im März 2003 in Wien, wenige Monate bevor die Website mit seiner Geschichte ins Internet gestellt wurde. An der öffentlichen Präsentation der Website nahm seine Enkelin teil.
- *Walerjan Wróbel* wurde am 2. April 1925 in Falków in Polen geboren. Er erlebte am 5. September 1939 die Zerstörung seines Dorfes in den ersten Tagen des Überfalls auf Polen. Die Familie verlor dabei ihr Haus. 1941 wurde er, schmächtig und kaum 16 Jahre alt, zur Zwangsarbeit nach Deutschland verschleppt und einem Bauernhof bei Bremen als Hilfsarbeiter zugewiesen. Von Heimweh geplagt versuchte er zu fliehen. Als dies misslang, legte er ein kleines Feuer in der Scheune, damit man ihn, wie er dachte, zur Strafe nach Hause schicken würde. Obwohl kein wirklicher Schaden entstand und er selbst beim Löschen half, ließ die Bäuerin ihn jedoch von der Gestapo verhaften. Walerjan wurde für neun Monate in das KZ Neuengamme eingewiesen, wo er Schwerstarbeit verrichten musste. Trotz seiner Minderjährigkeit zur Tatzeit verurteilte ihn ein Sondergericht am 8. April 1942 als „Volksschädling“ wegen Brandstiftung zu Tode. Über Walerjan wurde auch ein Rassengutachten erstellt, dessen Befund der „rassischen Minder-

wertigkeit“ ausschlaggebend für den ablehnenden Bescheid des Gnadengesuchs war, den der berüchtigte Blutrichter Roland Freisler im Namen des Reichjustizministers unterzeichnete. Walerjan wurde am 8. Juli 1942 in Hamburg durch das Fallbeil hingerichtet. Er wurde nur 17 Jahre alt.

Diese fünf Lebensgeschichten, jede für sich einzigartig und erschütternd, haben eins gemeinsam: Den Kindern wurde auf der Grundlage einer rassistischen Ideologie vorsätzlich Leid zugefügt. Auch die zwangsweise „Germanisierung“ von Kindern wie Maria aus Lidice und von Tausenden ihren Eltern geraubter Kinder, vor allem aus Polen und der Sowjetunion, gehören in den Kontext der NS-Rassenpolitik, die nicht nur Juden betraf, sondern alle jene Kinder und Jugendlichen, die den Normvorstellungen der Nazis nicht entsprachen oder deren Familien als Feinde galten. Es wäre wünschenswert gewesen, den fünf Biographien auch noch ein Beispiel eines verfolgten Jugendlichen aus dem Widerstand hinzuzufügen, doch dahingehend ließ sich der Auftrag nicht erweitern, ebenso nicht hinsichtlich einer Weiterentwicklung durch Vertiefungen und weitere Beispiele von Verfolgungsschicksalen.

Zum Beispiel ist wenig bekannt, dass nicht allein Kinder mit körperlichen oder geistigen Behinderungen, sondern auch Kinder in Fürsorgeerziehung wegen vermeintlich erblicher „Minderwertigkeit“ bereits ab 1933 zwangssterilisiert werden konnten. Eine kleine Gruppe von Kindern und Jugendlichen mit einem afrikanischen oder asiatischen Elternteil, als „Rheinlandbastarde“ schon vor 1933 diskriminiert, wurden 1937 zwangssterilisiert. Für sie galten ebenso wie für jüdische Kinder sowie Kinder der Sinti und Roma die Nürnberger Rassengesetze. Sie durften keine Freundschaftsverhältnisse mit „Deutschblütigen“ haben, keine öffentlichen Schulen, Badeanstalten und Kinos besuchen. Schon ab 1936 wurden Sinti- und Roma-Familien in städtische „Zigeunerlager“ eingesperrt und mussten Zwangsarbeit leisten. Wenn die Eltern in Konzentrationslager eingewiesen wurden, kamen die Kinder in Fürsorgeheime und später nach Auschwitz.

Als „abartig“ und „undeutsch“ wurden Jugendliche verfolgt, die sich für Swing und Jazz-Musik, die als „degenerierte „Negermusik“ galt, begeisterten und sich nicht in der HJ oder dem BDM gleichschalten ließen. Diese Jugendlichen wurden in speziellen Jugend-Konzentrationslagern brutalen Umerziehungsmaßnahmen ausgesetzt, die oft zum Tod führten.

Nach dem Überfall auf Polen hatten polnische Kinder und Jugendliche als für „minderwertig“ erachtete Slawen unter der deutschen Besatzungspolitik zu leiden. Sie bekamen erheblich geringere Lebensmittelrationen als gleichaltrige Deutsche. Die medizinische Versorgung wurde drastisch beschränkt. Die Schule wurde auf vier Grundschulklassen begrenzt. Bei kleinsten Verstößen gegen die Anordnungen der deutschen Besatzung wurden Kinder wie erwachsene Verbrecher behandelt und körperlich misshandelt. Selbst

Kleinkinder sperrte man in das spezielle Jugendverwahrlager Litzmannstadt und zwang sie zu schweren körperlichen Arbeiten.

Vor allem jüdische Kinder waren ab Kriegsbeginn überall im besetzen Europa den schlimmsten Verfolgungen ausgesetzt. Ein Viertel der Opfer des Völkermords an den europäischen Juden waren Kinder. Trotz intensiver Dokumentation des Holocaust in den vergangenen Jahren sind viele Einzelschicksale noch unerforscht.

Wehrmachts- und SS-Einheiten nahmen keine Rücksicht auf das Leben von Kindern bei ihrem Eroberungsfeldzug in Osteuropa, wo sie zahllose Dörfer niederbrannten. Der nationalsozialistische Vernichtungskrieg gegen die Sowjetunion wurde in einem bis dahin nicht gekannten Ausmaß auch als Ernährungskrieg geführt. Radikale Plünderungen, Rationierungen der Lebensmittel und Hungerblockaden wie die von Leningrad kosteten vor allem Kindern das Leben.

Als Vergeltung für Partisanenaktionen wurden in West- und Südeuropa von SS und Wehrmachtseinheiten Massaker an Tausenden unschuldigen Zivilisten verübt, darunter vielen Kleinkindern und Jugendlichen In Frankreich zerstörte die SS-Panzerdivision „Das Reich“ am 10. Juni 1944 als Schlag gegen die Resistance den Ort Oradour-sur-Glane. Die Frauen und Kinder des Ortes sperrten sie in der Kirche ein und brannten sie nieder. Jeder Fliehende wurde erschossen. Nur ein Kind überlebte. Gleiches verübte die 16. SS-Panzergrenadierdivision im September 1944 in mehreren Orten in Oberitalien.

Es wurde eingangs schon darauf hingewiesen, dass diese Website Schülern und Schülerinnen zu eigenständigen Recherchen über weitere Schicksale verfolgter Kinder sowie zur Auseinandersetzung mit der Geschichte des Nationalsozialismus und des Zweiten Weltkrieges anregen soll. Die Webseite ist sprachlich-inhaltlich sowie didaktisch-methodisch speziell für Jugendliche konzipiert. Am 10. November 2003 stellte die Stiftung „Denkmal für die ermordeten Juden Europas“ die Jugendwebsite in Berlin der Öffentlichkeit vor.

Nachdem sie zunächst einige Monate als Projekt der Stiftung mit deren Startseite verlinkt war, wurde sie, ohne der Autorin dies mitzuteilen, unter „Links“ platziert, wo normalerweise auf Webseiten anderer Institutionen verwiesen wird. Dann wurde auch diese Zuordnung wieder geändert. Man kann die Seite nun über die Homepage der Stiftung mit zusätzlicher Eingabe des Begriffs ‚jugendwebsite‘ aufrufen, allerdings nur, wenn man weiß, dass es eine solche Website überhaupt gibt: www.stiftung-denkmal.de/jugendwebsite. Auf der Homepage der Stiftung selbst findet sich nirgends ein Hinweis darauf und auch über die Suchfunktion kommt man nicht weiter. Eine offizielle Begründung für diesen Umgang mit der Website, der auch als Distanzierung oder Desinteresse interpretiert werden kann, gab es bislang nicht.

Rolf Schörken

Ein Regime opfert seine Jugendlichen

Isolierung und Doppelbedrohung in der Schlussphase des Zweiten Weltkriegs

Mir geht es in meinem Beitrag darum, wie 15- und 16-Jährige die einschneidenden Kriegserfahrungen durchstanden und welche Haltungen daraus resultierten. Damit die Leser es nicht nur mit trockenen Abstraktionen zu tun haben, möchte ich meine persönlichen Erfahrungen einflechten. Erst am Schluss komme ich zu allgemeineren Aussagen. Ich beschränke mich auf das Ende der Luftwaffenhelferzeit mitten im Untergang des Dritten Reichs.

Mit der Verschärfung des Krieges im Jahre 1943 wurden die 16-jährigen, ab Januar 1944 die 15-jährigen höheren Schüler zu einer besonderen Form des Kriegsdienstes herangezogen, für die es Vorläufer nicht gab. Sie wurden klassenweise den Flakbatterien zugewiesen und dort so ausgebildet, dass sie die meisten soldatischen Funktionen an den Geschützen und den technischen Geräten ausüben konnten. Die Zahl der Flakhelfer wird auf 200.000 bis 300.000 geschätzt. Man konnte sich nicht freiwillig zum Luftwaffenhelferdienst melden; man blieb formell Schüler, aber die Schule hatte keine Anordnungsbefugnis mehr. Die Eltern waren ganz ausgeschaltet; Möglichkeiten der Beschwerde gab es nicht. Die Luftwaffenhelfer (LwH) unterstanden der Luftwaffe.

Das Abgeschnittenwerden von den Eltern und anderen vertrauenswürdigen Erwachsenen war die erste Stufe des Alleingelassenwerdens dieser Jugendlichen. Ich fasse das in dem Begriff der *Isolierung* zusammen: äußere Isolierung innerhalb der Flakbatterie, die man nicht ohne Befehl verlassen durfte; innere Isolierung, darin bestehend, dass man in dem schwierigen Alter der Pubertät allein gelassen wurde. Es war niemand da, an den man sich in schwierigen Situationen wenden konnte.

Die LwH sollten nur im Umkreis von 50 km um den Heimatort eingesetzt werden, um die Verbindung mit den Eltern nicht abreißen zu lassen. Im Laufe des Jahres 1944 wurde diese Bestimmung durchlöchert; der Bombenkrieg tat sein Übriges. Es wurde oft schwierig, auch bei Kurzurlaub überhaupt noch zu den Eltern durchzukommen, so dass oft eine weitere Stufe der Isolierung von den Eltern erreicht wurde.

Die größte Konzentration von Flak gab es im Ruhrgebiet, das seit 1942/43 dauernd angegriffen wurde. Nur ganz selten konnte ein Angriff abgewehrt werden. Die Munition wurde knapp; es konnte niemandem entgehen: Die Kriegslage sah düster aus.

Die bedenkliche Stimmung kulminierte in drei Bewusstseinsschüben, ausgelöst durch drei Ereignisse im Frühling und Sommer 1944, die eine neue Lageeinschätzung auch für die 16-Jährigen mit sich brachten. Das erste Ereignis war die Landung der Alliierten in der Normandie und die rasche Eroberung Frankreichs. Das zweite war die Erfolglosigkeit der so genannten Vergeltung, d. h. des V-Waffen-Einsatzes. Sie brachte keine Änderung der Kriegslage. Das dritte Ereignis war das Attentat auf Hitler und das damit einher gehende Nachdenken darüber, was denn wohl wäre, wenn Hitler tot sei – mit anderen Worten: das Denken des absolut verbotenen Gedankens, der Krieg könne nicht gewonnen werden. Das offene Sprechen darüber war gefährlich, aber die sprachlosen Prozesse in den Köpfen, wenn sie denn stattfanden, waren tief greifend. Dazu eine selbst erlebte Episode:

An einem Sonntagmorgen im Sommer 1944 bekamen die LwH unserer Batterie den Befehl, nach Dorsten zu marschieren und uns in einem großen Saalbau einzufinden. Wir rechneten mit irgendeiner Propagandaveranstaltung. Als wir den Saal betraten, sahen wir, dass die eine Hälfte der Stuhlreihen von HJ-Jungen in braunen Uniformen, die andere Hälfte von Flakhelfern in ihren blaugrauen Uniformen besetzt waren. Wir setzten uns in eine der hinteren Reihen, nicht ahnend, dass dieser Zufall vielleicht vielen von uns das Leben rettete. Die Veranstaltung erwies sich als eine Werbeveranstaltung der Waffen-SS, die dabei war, eine neue Division „Hitler-Jugend“ aufzustellen, da die ursprüngliche Division bei der Invasion fast völlig aufgerieben worden war. Dies letztere wussten wir, da die Propaganda das Heldenlied derer gesungen hatte, die bis zum Tode ausharrten und nicht zurückgingen. Wir wurden in flammenden Reden von hoch dekorierten und redegewandten SS-Offizieren aufgefordert, freiwillig in die Waffen-SS einzutreten. Wer sich meldete, konnte nach vorn zur Unterschrift kommen und durfte dann den Saal verlassen. Die übrigen, die sitzen blieben, wurden in einer Weise behandelt, die weit über alles bisher Erlebte hinausging. Das war Gehirnwäsche in äußerster Schärfe, der wir gar nicht gewachsen waren. Die SS-Offiziere gingen durch die Reihen und nahmen sich jeden einzeln vor. Die üblichen Ausreden: Krankheit, die Eltern seien nicht einverstanden, man habe sich bereits freiwillig für eine andere Waffengattung gemeldet, wurden in der Luft zerfetzt, und wer noch immer nicht weich geworden war, wurde lautstark als Feigling beschimpft, der seine Kameraden für sich sterben ließe und deshalb ein Verräter an seinen Kameraden sei – es war gar nicht auszuhalten. Die Reihen der HJ lichteten sich, die Jungs waren dem Druck einfach nicht gewachsen, die der LwH, die sich viel auf ihre Abgebrühtheit, ihre „Sturheit“, zu gute hielten, lichteten sich auch, aber nicht ganz so stark. Wir von unserer Batterie waren uns ohne viel Worte vollkommen einig, dass wir uns unter gar keinen Umständen melden wollten, aber man konnte schon absehen, dass man dem Druck nicht würde standhalten können. Wenn einer dieser schneidigen Ritterkreuzträger vor mir gestanden hätte, wäre ich vermutlich auch weich geworden und hätte unterschrieben, obwohl ich mir vollkommen bewusst war: das hätte den beinahe sicheren Tod bedeutet. Da hatte einer von uns den rettenden Gedanken: Wir verständigten uns flüsternd, standen auf und gingen zum Hinterausgang hinaus. Der war bewacht, das wussten wir, aber entscheidend war ein kluger Gedanke: Wir sagten der SS-Wache, wir hätten Befehl, um ein Uhr wieder in der Stellung zu sein, sonst sei die Großbatterie nicht feuerbereit. Das zog. Der SS-Mann drohte zwar, schrieb sich die Batterienummer auf, kündigte an, er werde das kontrollieren, aber er ließ uns ziehen. Wir hörten nie wieder etwas von ihm.

Hätten wir nicht diese Idee gehabt, würde vielleicht mancher von uns, wenn er denn mit dem Leben davon gekommen wäre, als ehemaliger SS-Mann und Nazi herumlaufen und wäre selbst als Großvater diesen Makel nicht los geworden. Mir selbst ist diese Episode immer als eine klassische Überforderungssituation für einen Halbwüchsigen im Gedächtnis geblieben.

Noch eine weitere kleine Einzelheit, scheinbar ganz ohne Gewicht: Auf einem amerikanischen Flugblatt, das wir aufgelesen hatten, waren zwei Fotos abgebildet, das eine zeigte die Augenpartie von Himmler, das andere die von Eisenhower. Kalte Augenschlitze neben warmen, sympathischen Augen. Man sollte meinen ein allzu schlichtes Beispiel von Kriegspropaganda. Aber es hatte eine eigentümliche Wirkung auf uns halbe Kinder, die wir ja doch innerlich voll Unsicherheit waren. Es wirkte Angst abbauend, etwa in der Weise: Wenn der Oberkommandierende der Alliierten so aussieht und der ohnehin gefürchtete Reichsführer der SS so, dann ist es vielleicht gar nicht so schlimm, in Gefangenschaft zu kommen.

Bei aller Primitivität setzte dieses Flugblatt im Grund gar nicht ungeschickt an. In gewisser Weise hatten wir vor den eigenen Leuten – und Himmler war ja nach Hitler der mächtigste Mann im Staat – mehr Angst als vor dem Kriegsgegner. Ich gehe so weit zu behaupten, dass diese ungeheure, aber kaum eingestandene und hauptsächlich unbewusst vorhandene Unsicherheit – Wer ist denn nun in Wahrheit unser Feind? – bei vielen von uns die erste Keimzelle eines Nachdenkens war, das vielleicht einmal bei dem enden konnte, was man später „politisches Bewusstsein" nannte. Es war schwierig, aus der durch den Krieg selbst vorgegebenen und zementierten Kategorie von Freund und Feind auszubrechen und eine quer dazu liegende Kategorisierung zu finden, die beispielsweise heißen konnte: Vielleicht sind nicht alle Feinde gleichermaßen Feinde; vielleicht ist einer etwas weniger Feind. – Das war im Stillen unsere Hoffnung. (Im Nachhinein kann man ja sagen, dass dann tatsächlich sowohl die amerikanischen wie die britischen Truppen „etwas weniger Feind" waren, verglichen mit den Russen, den

Franzosen, den östlichen Partisanen. Die Sympathien, die später in der Besatzungszeit wenigstens teilweise den Amerikanern entgegen gebracht wurden, gehen vermutlich auf dieses „Etwas-weniger-Feind-Sein“ zurück.) Im Grunde ging es über die geistige Kraft von 16-Jährigen hinaus, solche Unterscheidungen in ihrer ganzen Ernsthaftigkeit ohne die Hilfe von vertrauenswürdigen Erwachsenen zu treffen und durchzuhalten. Was wussten wir denn schon? Fast gar nichts; und da half uns auch nicht, dass wir in unserer Baracke abends regelmäßig den „Soldatensender Calais“ hörten, einen englischen Propagandasender. Da hörten wir Swing wie die Verrückten und lernten dabei nebenbei die englische Kriegspropaganda kennen. Wir kannten natürlich die deutsche, waren uns ziemlich sicher, dass beide Seiten logen und hatten auch die vage Vorstellung, dass man, um zur Wahrheit zu kommen, von beiden vermutlich etwas abziehen musste. Aber was verlässlich war, wussten wir dadurch noch lange nicht.

Die Doppelbedrohung steigerte sich im Laufe der nächsten Monate und Wochen bis ins Extreme. Ich gebe hier die einzelnen Stationen dieser Bedrohung wieder, wie meine Klassenkameraden und ich sie erlebt haben.

Die Alliierten rückten bis an die Reichsgrenze vor. Nach der Luftlandung bei Arnheim mussten wir uns einsatzbereit machen. Die LwH sollten mit in den Erdkampf und das hieß ganz klar: Die Versprechen, dass wir nur bei der Heimatflak eingesetzt würden, waren hinfällig. Wenn es zum Erdkampf kommen würde, würde der Unterschied von LwH und Soldat bedeutungslos. Was unsere Eltern also bei unserer Einberufung verbrieft und versiegelt in die Hand bekommen hatten, war null und nichtig. Wir kamen damals noch nicht zum Einsatz, aber eins wussten wir: mit der Schonung der Schülersoldaten war es nicht weit her.

Im Februar 1945 war es dann so weit. Die ganze Flakabteilung wurde an die Ostfront verlegt. Von unserer Batterie waren etwa 10 bis 15 Flakhelfer dabei. Ein Teil der LwH war vorher zum Reichsarbeitsdienst (RAD) entlassen worden. Weshalb man gerade uns 10 bis 15 Mann bei der Batterie behielt, weiß ich bis heute nicht, vielleicht hing das von unseren Funktionen an den Geschützen und Geräten ab, vielleicht vom Geburtsdatum, vielleicht von irgendwelchen unbekannten Anordnungen der Militärbürokratie. Irgendwo unterwegs bei einem der vielen Halte wegen Fliegeralarm wurden wir LwH aufgerufen und dann wurde uns mitgeteilt, wir wären ab sofort ordentliche Soldaten der Luftwaffe und nicht mehr länger LwH. Man händigte uns ein Soldbuch, die Erkennungsmedaille für den Fall des Todes und eine eiserne Ration aus. Wir waren also gegen jedes Gesetz mit 16 Jahren ganz normale Soldaten, nicht etwa Volkssturmmänner. Wir waren übrigens nicht einmal am Karabiner ausgebildet, sondern hatten nur einmal auf Schießscheibe geschossen. Irgendeine Möglichkeit, sich nach dem Warum und Wieso zu erkundigen oder sich gar zu beschweren, gab es nicht. Erst viel später glaube ich herausgefunden zu haben, weshalb man so mit uns verfuhr, aber das ist eine Vermutung: Die Russen hatten kriegsgefangene Flakhelfer verschiedentlich an die Wand gestellt, eben weil sie keine ordentlichen Soldaten waren. Damit wurden sie als bewaffnete Nichtkombattanten, sprich Partisanen, angesehen, die nicht unter Kriegsrecht fielen. Von Seiten des Kriegsgegners hätte uns als LwH selbst dann der Tod gedroht, wenn wir unverletzt in sowjetische Gefangenschaft geraten wären. In anderer Weise drohte uns auch der Tod, weil wir nicht im allergeringsten für den Erdkampf gegen Panzer und Infanterie ausgebildet waren. Wir ahnten nicht, dass noch weitere Steigerungen der Doppelbedrohung möglich waren.

Wenig später wurden wir in Görlitz ausgeladen, einer Stadt, die unzerstört von der Zivilbevölkerung geräumt war. Dort kamen wir aber nicht in den Erdeinsatz, sondern gaben unsere Geschütze an eine Heeresflakbatterie ab, die ihre eigenen Geschütze verloren hatte. Der Zug setzte sich wieder in Bewegung Richtung Westen. In Hoyerswerda, wo wir einen Halt hatten, halfen ein Kamerad und ich einigen RAD-Mädchen, Essenskübel in einen Flüchtlingszug zu tragen, da pfiff eine Lokomotive und unser Zug fuhr aus dem Bahnhof – ohne uns. Wir erkannten die Gefahr sofort, in der wir jetzt schwebten: Wir hatten einen Teil unserer Uniform in dem Güterwagen gelassen, in dem wir transportiert wurden, keine vollständigen Papiere, waren ohne Karabiner und wären eine leichte Beute für die Feldgendarmerie gewesen. Damals waren die so genannten „Kettenhunde“ wie losgelassen und Soldaten, die sich von ihrer Einheit entfernt hatten, waffenlos waren und auch keine Befehle vorweisen konnten, wurden von ihnen mit einem Schild um den Hals, „Ich bin ein Feigling“, an den nächsten Baum gehängt. Ich sah dieses Ende vor mir und der Gedanke an meine Mutter, die ja nie wieder etwas von mir gehört hätte, war unerträglich. Das meine ich, wenn ich davon spreche, dass die Bedrohung von der eigenen Seite beinahe genau so gnadenlos war wie die durch den Kriegsgegner. Wir waren jetzt sogar noch von unserer Einheit abgekoppelt und nur zu zweien. Es war buchstäblich niemand da, der einen Rat hätte geben können; man musste sich selbst helfen. Aber Paul und ich behielten die Nerven und taten nichts Falsches. Wir meldeten uns bei der Bahnhofswache, bekamen einen Marschbefehl in ein Flak-Auffanglager, von wo aus die Einheiten von so genannten Versprengten zusammengestellt wurden, die sofort an die Front transportiert wurden. Hier waren wir immerhin so gewitzt, dem dortigen Kommandanten zu erzählen, wir seien weder am Karabiner – was auch stimmte – noch an der 8.8-Kanone ausgebildet, sondern lediglich am Flug-Malsi-Gerät, einem primitiven Holztisch zur Aufzeichnung gegnerischer Flugbewegungen, mit dem man an der Front gar nichts anfangen konnte. Wir bekamen den erwünschten Marschbefehl in unsere alte Stellung bei Dorsten und waren kaltblütig genug, bei dieser Fahrt noch bei unseren Müttern ein paar Tage Station zu machen, um ihnen die größte Angst zu nehmen, bevor wir uns wieder in der Stellung meldeten.

Die dreitägige Fahrt durch Deutschland war etwas, dessen absolute Alptraumhaftigkeit mir erst viel später bewusst wurde. Eine Weltmacht brach rasch völlig zusammen; alle Städte waren zerstört; die Bevölkerung aus dem Osten floh in den Westen; über den Straßen hingen die amerikanischen Jagdbomber; der Tod war immer nur eine Straßenecke entfernt.

Als wir uns wieder in der Batterie meldeten, drohte man uns lauthals das Feldgericht an, was in der extrem erregten Situation damals möglicherweise das Todesurteil wegen unerlaubter Entfernung von der Truppe hätte bedeuten können. Aber am gleichen Tag kam der Befehl zum Stellungswechsel und wir wurden auf ein Feld bei Düsseldorf verfrachtet, wo wir als Artillerie nach Ürdingen hinein schießen mussten, um Rheinüberquerungen der Amerikaner zu verhindern. Ein erneuter Stellungswechsel brachte uns auf eine Anhöhe südlich Haltern. Die Alliierten brachen nördlich der Lippe durch, um das Ruhrgebiet einzukesseln. Wir bekamen den Befehl, die Geschütze zu sprengen und uns durch die Wälder in Richtung Recklinghausen zurückzuziehen. Als wir unser Kommandogerät in die Luft jagten, lief mein Klassenkamerad Gerd noch schnell in die Baracke und holte seine Lateinbücher, die er immer noch mitgeschleppt hatte, legte sie auf das Gerät und hatte die schöne Befriedigung, sie in die Luft fliegen zu sehen. Solche Kinder waren wir noch.

Dann ging alles sehr schnell und das will ich nur kurz berühren. Wir kamen aus dem Kessel heraus, wurden am selben Abend wieder hineingefahren und in dem Dorf Hamm-Bossendorf, das wir erobern sollten, völlig aufgerieben. Wir waren mit 60 Schuss Munition und belgischen Beutekarabinern bewaffnet. Als ich mich in einem stillen Augenblick in einem Keller etwas ausruhte, schrie einer der Feldwebel. „Wenn der Schörken hier nicht sofort erscheint, lege ich ihn auf der Stelle um." Also: von vorn das unheimliche Heulen amerikanischer Panzermotoren, über uns in Baumwipfelhöhe amerikanische Nahaufklärer, von hinten Todesdrohung durch die eigenen Unteroffiziere. Im Verlauf der Häuserkämpfe, bei denen wir übrigens keinen einzigen amerikanischen Soldaten auch nur zu sehen bekamen, wurde ich erneut von einem durchgedrehten Unteroffizier angebrüllt: „Ich leg dich jetzt um!" Die doppelte Bedrohung dauerte buchstäblich bis zum letzten Augenblick.

Ich wüsste aus der deutschen Geschichte kein Beispiel dafür zu nennen, wo die eigene Jugend in völlig hoffnungsloser Situation derart verlassen und sinnlos in einen aussichtslosen Kampf geschickt worden wäre. Es waren nicht einfach nur die Nazis, es waren genauso unzählige Offiziere, Unteroffiziere und Miniaturbefehlshaber in beinahe jedem Dorf. Es war, als ob ein ganzes Volk irgendwie tollwütig geworden wäre und sich gegen sich selbst gewandt hätte. Ich zögere nicht zu sagen: Es war ein Kapitel der Schande.

Ich breche ab. Hier wurde ich schwer verwundet, verlor das linke Bein und kam kurz darauf in amerikanische Gefangenschaft. Das rettete mir das Leben, weil die Amerikaner über medizinische Möglichkeiten und über Nahrungsmittel verfügten, von denen man in deutschen Lazaretten nur träumen konnte. Die transportfähigen Schwerverwundeten wurden nach Frankreich geschafft, wo ich dann bis zum Sommer in einem riesigen Zeltlazarett bei Le Mans lag.

Da gab es zwei wichtige Dinge, neben denen alles andere nicht zählte: Der Krieg war aus; Hitler war tot und: man hatte es überlebt. Die Bedrohung hatte aufgehört. Die Isolation erreichte freilich ihren nicht mehr zu überbietenden Höhepunkt. Meine Eltern wussten nicht, ob ich lebte und wo ich war; ich wusste nicht, ob sie noch lebten. Ich kannte niemanden von den verwundeten Kameraden im Lazarett. Ich war monatelang ans Bett gebunden; eine Zukunft war nicht erkennbar und ganz ähnlich ging es ja den meisten in diesem Lazarett.

Die Zeit der Aufarbeitung der Hitlerzeit begann erst später. Ich schiebe hier nur eine erinnerungswürdige Einzelheit ein. Eines Tages entstand am Eingang des langen Zeltes, in dem ich lag, Unruhe. Eine Zeitung wurde geschwenkt; jemand drückte sie mir in die Hand, weil ich ein paar Worte Englisch konnte. Es war die *Stars and Stripes*, die amerikanische Soldatenzeitung. Da stand in geradezu riesenhaften Blockletterm: „Hitler dead", und dann stand da noch etwas davon, dass er eine Eva Braun geheiratet haben sollte. Niemand hatte diesen Namen je gehört. Es gab keine Aufregung, keine Erschütterung, kein Erstaunen, von Trauer ganz zu schweigen; es gab keine sarkastischen Kommentare; es gab nur Achselzucken und vollständige Gleichgültigkeit. Es schien niemanden mehr zu interessieren. Helmut Schmidt[1] berichtet etwas Ähnliches. Diese Gefühle – oder besser: deren Ausbleiben – muss man nun gegenüberstellen der wahrhaft extremen Emotionalität, mit der die Menschen sich in den Jahren vorher an Hitler gebunden hatten. Es war tatsächlich so, als wäre eine riesengroße Luftblase zerplatzt, in der man bisher gelebt hatte und aus der man nicht heraus konnte. Erst Jahrzehnte später fand ich in Ian Kershaws hervorragendem Buch über den Hitlermythos (Kershaw 1980) darüber treffende Worte, die meinem eigenen Erleben entsprachen. Kershaw zeigt, dass der Mythos Hitler schon vor seinem physischen Ende tot war und dass der leibliche Tod nur noch ein kaum beachteter Schlusspunkt war. Ich finde meine kleine Erinnerung an jenen Tag im Zelt von LeMans heute auch deshalb so aufschlussreich, weil wir inzwischen ja einige weitere Erfahrungen mit dem Ende moderner Diktatoren haben, mit Stalin, mit Ceaucescu, mit Mao und vielen von kleinerem Kaliber: überall das einfache Implodieren der Systeme und das Wegwischen der Halbgötter, die von einem Tag zum andern niemanden mehr interessieren und erst nach einer Zwischenphase durch die Historie wieder belebt werden.

1 Interview vom 9. April 2005 in der *Frankfurter Allgemeinen Zeitung*

Wolfgang von Buch (1997) brachte den Begriff ‚Kindersoldaten' in die Diskussion. Das Wort stieß bei den ehemaligen Luftwaffenhelfern auf Widerstand. Ein Grund für die Ablehnung war die Assoziation marodierender Kindersoldaten, wie man sie aus Bürgerkriegen in schwarzafrikanischen Staaten kennt. Ein anderer Grund war die eigene Erinnerung. LwH taten sich etwas darauf zugute, dass sie im jungen Alter den ungewöhnlichen Anforderungen, die an sie gestellt wurden, gerecht geworden waren. Deshalb empfanden sie die Kennzeichnung ‚Kinder' als unangemessen; sie ist ja auch insofern ungenau, als 15- und 16-Jährige keine Kinder mehr sind. Ich mag den Ausdruck auch nicht besonders, meine aber, dass die politische und moralische Bewertung des Einsatzes von Jugendlichen in der mörderischen Schlussphase des Kriegs in dem Wort ‚Kindersoldaten' besser herauskommt und wichtiger ist als die militärgeschichtliche oder psychologische Frage, ob sie denn ihre Aufgaben bewältigt haben oder nicht.

Da ich mich auf eigene Erlebnisse gestützt habe, muss ich versuchen, auseinander zu halten, was davon Einzelfall und was generalisierbar ist. Generalisierbar ist der gesamte Rahmen, individuell die konkrete Füllung. Mit ‚Rahmen' meine ich: das allmähliche und immer deutlicher werdende Verlieren des Kriegs, die immer trostloser werdende militärische Lage, die völlig ungewisse Zukunft, die Angst vor dem Vernichtetwerden in letzter Minute. Das war für alle Jungen erlebbar, auch für solche, die noch länger, als das in unserer LwH-Gruppe der Fall war, an den Endsieg oder die Wunderwaffen oder das Genie des Führers glaubten. Für diese kam die Ernüchterung oft einfach nur später. Ich würde nicht zögern, die Verfolgung und Vernichtung der jüdischen Bevölkerung als stärksten Faktor der Rahmengeschehnisse aufzuführen, tue das aber deshalb nicht, weil das den meisten LwH nicht bekannt war, von wenigen und unbestimmten Gerüchten abgesehen. Dass das Regime in der Schlussphase völlig durchdrehte und sich blindwütig gegen die eigene Bevölkerung wandte, haben die meisten meiner Altersgenossen so oder so miterlebt.[2]

In den Schlussmonaten des zweiten Weltkriegs wurde die Doppelbedrohung in mehr oder weniger diffuser Weise von außerordentlich vielen Menschen empfunden. Sehr viele Jugendliche hatten keine Verfügungsgewalt mehr über das eigene Leben. Es hing von den Luftangriffen und vom Frontverlauf ab, also von den Aktionen des Kriegsgegners, aber ebenso von den zunehmend nervöser werdenden Befehlen und Anordnungen der eigenen Führung, sei es der militärischen, der Partei- oder der administrativen Führung. Man hatte allen Grund, beides zu fürchten. Zu beeinflussen war weder die eine noch die andere Seite, aber die jungen Leute hatten immerhin noch die Hoffnung, dass die eigene Seite einen größere Schutz gewährte als der Kriegsgegner, von dem man das ohnehin nicht erwartete.

---

2 vgl. zum gesamten Komplex: Schörken 2004

Die Doppelbedrohung mag in ihrer politischen Dimension nicht voll ins Bewusstsein gedrungen sein, weil es nicht leicht ist, die eigene Führung, die doch Schutz gewähren soll, de facto als eine Instanz anzusehen, die einen ins Verderben schickt, doch in Form unmittelbarer Lebensbedrohung und als kreatürliche Angst, von allen verlassen zu sein, spielt sie in den vielen Autobiographien und Erinnerungen von Autoren, die damals als die jüngsten Kombattanten in einen aussichtslosen Kampf geworfen wurden, eine auffallend große Rolle. Hier nur einige Beispiele aus einer überaus großen Zahl von Erinnerungen und Autobiographien: Hans Martin Stimpel, damals selbst erst 19 Jahre alt, gehörte zu einer Fallschirmjägereinheit, die mitten in den hoffnungslosen Rückzugskämpfen in der Mark Brandenburg auf eine Gruppe von 13- bis 15-jährigen Hitlerjungen traf, die von skrupellosen Parteiführern mit Panzerfäusten ausgestattet worden waren und zitternd auf den sowjetischen Angriff warteten. Die Fallschirmjäger reagierten kurz entschlossen: „Als wir auf einem Waldstück fremden und kontrollierenden Blicken entzogen waren, nahmen wir den Kindern blitzschnell die Waffe ab und rieten ihnen, möglichst rasch nach Hause zurückzukehren." (Stimpel 2000, S. 65) Nicht alle reagierten so menschlich.

Wenn sich die bittere Erfahrung durchsetzte, dass es überhaupt keine Schutzinstanz mehr gab, blieb das Gefühl, von Gott und der Welt verlassen zu sein. In dem gewaltigen Durcheinander der letzten Kriegswochen wusste niemand mehr, an wen er sich halten sollte. „Das ging uns alles schon nichts mehr an, als wir es noch gar nicht wussten. Das kollektive Drama war in viele Millionen individuelle Dramen zerfallen, und jeder kämpfte um sein Leben", so Dieter Wellershoff (1985, S. 188f.) inmitten der Auflösung der deutschen Armeen nördlich von Berlin. Bei manchen, z. B. bei Wolfgang von Buch oder Werner Terpitz, wirkten die Monate des zu Ende gehenden Kriegs und des Chaos wie eine ungeheure Schneise, die durch das eigene Leben geschlagen wurde. Nichts, buchstäblich nichts war mehr so, wie es vorher gewesen war. Von Buch wird als 16-Jähriger in die Kämpfe um Berlin hineingezogen, gerät in sowjetische Gefangenschaft und lernt dort eigene Kameraden als die schlimmsten Feinde kennen. Als er mit ruinierter Gesundheit in seine Heimat, die Uckermark, zurückkommt, wird ihm dort bedeutet, er sei hier als Adliger nicht mehr erwünscht; im Übrigen seien seine Eltern und die Familie tot. Kann man verlassener sein? Werner Terpitz, mit der Familie aus Ostpreußen geflohen, selber verwundet nach Dänemark entkommen, beschreibt die lange Odyssee, die Flucht, die völlige Zerstreuung und Vereinzelung seiner Familie als eine monatelange Tortur in immer neue Hoffnungslosigkeit, bis sich schließlich herausstellt, dass nicht alle tot sind und sich ein Teil der Familie wieder findet (Terpitz 1997).

Verlassenheit war eine häufige Lebenserfahrung in einer Entwicklungsphase, in der man der Orientierungshilfe durch die Eltern und des Gefühls der Sicherheit und Verlässlichkeit mehr bedarf als in späteren Lebensphasen.

„Ich habe mich wirklich total allein gefühlt. Sechzehn Jahre waren wir alt, es gab niemanden, der vielleicht einmal väterlich mit uns gesprochen hätte. Wir waren wirklich reines Kanonenfutter. Vieh", so Carl-August Schröder (2005, S. 55), Jahrgang 1928, über seine Erfahrungen während der Verzweiflungskämpfe im Februar 1945 im Raume Schwerin.

Bei den meisten, die in solche Situationen kamen, bestand die Doppelbedrohung darin, dass sie in den Endkämpfen von der Führung in hoffnungslose Situationen geschickt und im Stich gelassen wurden. Man mag auch Erfahrungen von geringerer Intensität hinzu rechnen, etwa die, von den eigenen Kameraden ausgenutzt oder bestohlen zu werden (Abels 1998), – Zeichen dafür, wie sich die selbstverständliche Zusammengehörigkeit auflöste und zerbrach.

Es gab auch den Sonderfall der unmittelbaren politischen Bedrohung von der eigenen Seite. Dahrendorf (2002), Sohn eines ehemals prominenten Sozialdemokraten, befand sich in einer Art Jugend-KZ, wo es gegen Kriegsende höchst gefährlich wurde, und kam nur heraus, weil ihm ein Gleichgesinnter half. Ähnliches möchte man für viele Insassen der so genannten Wehrertüchtigungslager annehmen, die vielfach nichts anderes als Straflager für aufsässige Jugendliche waren. Wolf Jobst Siedler (2000) hatte als LwH geäußert, man solle Hitler aufhängen, und hatte großes Glück, nur zur Frontbewährung verurteilt zu werden. Sein Freund Ernst Jünger, der Sohn des Schriftstellers, in derselben Situation, musste sein Leben lassen.

Die hier berichteten bitteren Erfahrungen von der Front und aus der Kriegsgefangenschaft waren den nur wenige Jahre Jüngeren weitgehend unbekannt. Wenn Elf- oder Zwölfjährige bei Kriegsende in böse Situationen gerieten – so z. B. bei Kosock (2000) und Kutscha (1999) – war ihnen oft die Gefährlichkeit der Lage nicht voll bewusst. Sie erlebten sie noch vor einem kindlichen Verständnishorizont oder einfach als Gegebenheiten, über die nicht weiter nachzudenken war. Nur ab und zu einmal konnten bei Kindern halb verstandene Zusammenhänge zu starken Emotionen führen, wie z. B. bei Hans Geulen (2005), der 1944 als Zwölfjähriger eine Art Wut- oder Verzweiflungsanfall bekam, weil in der Verwandtschaft so negativ über die deutsche Führung gesprochen wurde, dass er es gar nicht mehr aushielt. In dieser Altersstufe fällt die Prägung durch die Katastrophenerfahrungen im Ganzen bereits deutlich kindgemäßer aus als bei den Älteren, bis sie schließlich ganz verschwindet.

Es darf nicht vergessen werden, eigens auf etwas aufmerksam zu machen, was sich eigentlich von selbst versteht, aber angesichts der Eingrenzung meiner Untersuchung auf die allerjüngsten Kriegsteilnehmer leicht überlesen wird: Die etwas Älteren als die Allerjüngsten waren auch noch jung genug, um als Jugendliche zu gelten, und hatten oft schon monate- oder gar jahrelang im Fronteinsatz gestanden. 20-Jährige als Kompanieführer, als Jagdflieger oder Panzerkommandanten waren keine Seltenheit. In diesem

Alter, in dem man heute gern seine Ferien auf den Malediven verbringt, konnte man damals durchaus schon ein erfahrenes und abgebrühtes „Frontschwein“ sein. Vielleicht aber war man gerade wegen seiner Erfahrungen nicht mehr so arglos und hilflos in den Verlassenheitssituationen wie die nur wenige Jahre Jüngeren.

Fest steht, dass eine große Zahl von Jugendlichen oder jungen Erwachsenen am Ende des Dritten Reichs eine einschneidende Erfahrung machte: Seitdem es den Staat gibt, besteht seine Aufgabe darin, das Leben der Heranwachsenden zu schützen. Hitlers Staat tat das Gegenteil: Er brachte die Heranwachsenden in Situationen, die sie gar nicht bewältigen konnten. Es waren keine abstrakten, sondern höchst konkrete Situationen; und konkret waren die Menschen, die die Befehle und Anordnungen gaben. Es waren diejenigen, die in Staat und Militär, Partei und Organisationen „etwas zu sagen“ hatten.

Es ist kein Wunder, sondern eine unmittelbare logische Folge des Erlebten, wenn die bisherigen Autoritäten in den Augen der jungen Leute nicht nur ihre Glaubwürdigkeit verloren, sondern zu nichtswürdigen Figuren wurden. Das geschah nicht gleichmäßig und allerorten, sondern nur hier und da, denn neben den katastrophalen Erfahrungen hatten die jungen Menschen ja auch oft genug Hilfe und Rettung erfahren. Erst mit der Theoretisierung der Antiautoritäten wurde eine gehörige Zeit nach den bösen Ereignissen eine Art neuer Jugendbewegung daraus – das gehörte schon in die 68er Phase. Die Jugendlichen, die den Krieg noch erlebt hatten, waren aber meist zu alt dazu.

Das Entscheidende für die Folgezeit war, kurz gefasst, die vollständige und aus tiefster menschlicher Erfahrung stammende Ablehnung des Nationalsozialistischen und alles damit Verwandten.

Wer sich mit der Frage befasst, warum der so unerhört dynamische Nationalsozialismus innerhalb einer ungewöhnlich kurzen Zeit nicht nur seine Dynamik verlor, sondern auf Null schrumpfte und tatsächlich verschwand und einer westlich orientierten Demokratie Platz machte, wird gut daran tun, neben den machtpolitischen und militärisch-strategischen Hauptursachen und zahlreichen anderen Bedingungsfeldern auch die angesprochene innere Zerstörung der Ideologie durch die hier skizzierten Erfahrungen der Jüngsten des Regimes zu berücksichtigen: Nicht eine einzige der Parolen und Versprechungen des Nationalsozialismus war in Erfüllung gegangen. Alle hatten in den Untergang geführt.

Es sollte aber auch nicht übersehen werden, dass es viele LwH gab, die weitab stationiert waren, wo selten oder nie ein Angriff erfolgte. Sie werden diese Lebensphase schnell wieder vergessen haben, denn das „eigentliche“ Leben begann ja erst nach Kriegsende. Ein klares Bewusstsein der Doppelbedrohung und der Isolierung gab es sicher nicht überall, aber wo es vorhanden war, war es folgenreich, weil es die Initialzündung für ein sehr früh einsetzendes, ganz elementares politisches Denken war. Die Fragen: „Wer ist denn nun der eigentliche Feind? Wer sind denn diejenigen, zu denen wir ‚Wir' sagen? Wie ist dieses ‚Wir' zu verstehen?", sind ja nichts anderes als die Grundfragen alles elementaren politischen Nachdenkens.

Es ist hier hauptsächlich von solchen Jugendlichen die Rede, die 1945 16 oder 17 Jahre alt waren. Es lohnt sich, einmal zurück zu rechnen. Diese Jungen waren im Januar 1933, bei der Machtübernahme Hitlers, vier bis fünf Jahre alt, bei Kriegsausbruch zehn oder elf Jahre alt, bei Beginn des verschärften Luftkriegs über Deutschland 14 oder 15 Jahre alt. Im Allgemeinen beginnen Heranwachsende sich für die gesellschaftliche und politische Welt, die über ihre Person hinausgeht, nicht vor dem 14. oder 15. Lebensjahr zu interessieren. Dies bedeutet, dass der Beginn einer etwas aufmerksameren Wahrnehmung der politischen Welt für meine Generation ungefähr mit der Kriegswende von den deutschen Siegen zu den Niederlagen um 1942 zusammen fällt. Die bewusstseinsbestimmenden Ereignisse waren für diese Generation, die ihre Kindheit im Dritten Reich verlebt hatte, das Leben im Luftschutzkeller, die ständigen Niederlagen, die Zerstörung der Städte, der Tod der Väter und älteren Brüder, schließlich der Untergang des Reiches im Chaos. Der Nationalsozialismus, der ja in der Zeit seines Aufstiegs viel jugendlichen Idealismus auf sich gezogen hatte, verzehrte diesen Idealismus und sich selbst in den letzten Kriegsjahren. Natürlich muss man hier starke regionale Unterschiede berücksichtigen. Der Endsiegglaube und der Hitlerglaube, die als tragenden Momente des Nationalsozialismus länger als die anderen Ideologeme am Leben geblieben waren, führten sich jetzt selbst ad absurdum. Die LwH-Generation ist so gesehen die erste Nachkriegsgeneration noch mitten im Nationalsozialismus. Und was blieb als prägende Haltung? Das ist leicht und klar auszudrücken: Was geschehen ist, darf sich nie und unter gar keinen Umständen je wiederholen. Diese Haltung verband die LwH-Generation mit den älteren Frontsoldaten, den jüngeren 68ern und den Müttern aller Generationen.

Für spätere Jugendgenerationen lag der Schwerpunkt der Auseinandersetzung mit dem Nationalsozialismus sehr stark auf der ideologischen oder der sprachlich-intellektuellen Ebene. Sie waren auf das angewiesen, was ihnen erzählt wurde und was gedruckt vorlag. Noch später wurde das Schwergewicht auf die filmische Rekonstruktion gelegt. Das waren Stufen der Entfernung vom unmittelbaren Erleben. Wo der Nationalsozialismus hauptsächlich als ein ideologisches Problem – als ein falsches Denken – verstanden wurde, gerieten andere Seiten seines Wesens in Vergessenheit, z. B. die primitive Brutalität einer soldatischen Männergesellschaft, die den Menschen nur als Vorgesetzten oder Untergebenen kennt. Oder das Leben unter Angst, das Leben unter dem unausweichlichen Druck nationaler Tabus, die nicht verletzt werden durften. Es war ja nicht nur der fanatische kleine Nazi gefährlich, sondern gefährlich sein konnte jeder Unteroffizier, jeder Polizeibeamte, jeder Verwaltungsbeamte, dem man freie Bahn ließ.

Obwohl ich die Gefahr einer Wiederauferstehung des Nationalsozialismus oder irgendeiner Form des Faschismus in Deutschland für äußerst gering halte, bin ich mir keineswegs sicher, ob der Menschentyp verschwunden ist, der, wenn nur die Verhältnisse es ihm erlauben, mit Lust zum Niederdrücken der Schwächeren bereit ist – falls er dazu legitimiert oder dafür gar belohnt wird. Ideologiekritik allein bewirkt da gar nichts.

Literatur

Abels, K. (1998): Ein Held war ich nicht. Köln/Weimar/Wien (Böhlau).

Buch, Wolfgang von (1997): Wir Kindersoldaten. Berlin (Siedler-Verlag).

Dahrendorf R. (2002): Über Grenzen. Lebenserinnerungen. München (Beck).

Geulen, H. (2005): Frühe Endzeit, Würzburg (Königshausen & Neumann).

Kershaw, I. (1980): Der Hitler-Mythos. Führerkult und Volksmeinung. Stuttgart (Deutsche Verlagsanstalt).

Kosock, H. (2000): Jungs, sagte der Igel. Erinnerungen an das letzte Kriegsjahr. Hamburg (Kovac).

Kutscha, H. P. (1999): Meine ganz normale Jugend. Hamburg (Kovac).

Pacyna, H. (2003): Ein deutscher Junge weint nicht. Berlin (J. K. L. Publikationen).

Schörken, R. (2004): Die Niederlage als Generationserfahrung. Jugendliche nach dem Zusammenbruch der NS-Herrschaft, Weinheim/München (Juventa).

Schröder, C. A. (2005): Lebensansichten eines Verlegers. Köln/Weimar/Wien (Böhlau).

Siedler W. J. (2000): Ein Leben wird besichtigt. Berlin (Siedler).

Stimpel, H. M. (2000): Idyll – Inferno – Innovation. Hamburg (Kovac).

Terpitz, W. (1997): Wege aus dem Osten. Flucht und Vertreibung einer ostpreußischen Pfarrersfamilie. München (Oldenbourg).

Wellershoff D. (1985): Kriegsende. In: Das Ende. Köln (Kiepenheuer & Witsch).

Helmuth Bauer

Kinderhäftlinge in einem fremden Land

Die Mädchen von Genshagen

Die Geschichte, die ich schildern werde, hat sich vor 60 Jahren zugetragen und erhält gerade in diesen Tagen eine neue Aktualität. In der Mahn- und Gedenkstätte Ravensbrück feiern im April 2005 die Überlebenden des Frauenkonzentrationslagers den 60. Jahrestag ihrer Befreiung. Darunter auch viele Frauen aus Russland, der Ukraine und Polen, die in den letzten Kriegsjahren Zwangsarbeit als Kinder in einem fremden Land erleben und erleiden mussten. Ich selbst bin 1943 geboren. „Kind der Ostfront" hat mich einmal ein Freund genannt. Vor 15 Jahren habe ich begonnen, die Geschichte der *Frauen von Genshagen*[1] aufzuzeichnen.

In der Genshagener Heide bei Ludwigsfelde, 20 Kilometer südlich von Berlin, inspizierten die Vorstände von Daimler-Benz, Edzard Reuter und Werner Niefer im Februar 1990, kurz nach dem Fall der Berliner Mauer, das Montagewerk des Industrie-Kombinats-Fahrzeugbau IFA der untergehenden DDR. An diesem Standort hatten Daimler-Benz und das Reichsluftfahrtministerium schon 1935 ein Kriegswerk für Großmotoren geplant und ab 1936 aufgebaut. Die im Wald verstreut liegenden Werksanlagen wurden fortlaufend erweitert und die „Daimler-Benz Motoren GmbH" zu einem der größten Hersteller von Flugmotoren im Zweiten Weltkrieg. 1944 arbeiteten dort 10.000 Kriegsgefangene, Zwangsarbeiter und KZ-Häftlinge. Nach dem Krieg haben die Sowjets die erhaltenen Werksteile gesprengt und auf den Trümmern baute die DDR in den 60er Jahren ihr IFA-LKW-Montagewerk auf. Hier galt im Wortsinn: auferstanden aus Ruinen. Als im Sommer 1990 infolge der Währungsunion die Absatzmärkte der IFA weggebrochen sind und das Kombinat zahlungsunfähig wurde, kam Daimler-Benz an seinen früheren Standort zurück und errichtete auf den Ruinen der DDR wieder eine Mercedes-Montagefabrik.

Beim schwersten Bombenangriff auf Genshagen starben am 6. August 1944 über 150 Menschen. Im April 1947 wurden in einem Massengrab an der

1 Arbeitstitel eines im Herbst 2006 erscheinenden Buches des Autors (Metropol Verlag Berlin)

Autobahn bei Ludwigsfelde neben den Leichen von 500 „Ostarbeitern“ auch die von 19 KZ-Häftlingen gefunden, nach Zeugen der Exhumierung vermutlich Tschechinnen. Bei einigen wurde eindeutig Tod durch Genickschuss festgestellt. Die Identität der ermordeten Frauen konnte bis heute nicht ermittelt werden. Die Leichen wurden auf den Gemeindefriedhof von Ludwigsfelde umgebettet. Aus Anlass des Besuchs überlebender Frauen zum 50. Jahrestag der Befreiung ließ die Stadt Ludwigsfelde 1995 einen Gedenkstein für „19 unbekannte Frauen, ermordet im April 1945“ errichten. An anderer Stelle wird mit einer im Jahr 2000 gestalteten Gedenkmauer der „sowjetischen Zwangsarbeiter“ gedacht, die dort begraben liegen. Neben der Tafel für „388 Unbekannte“ stehen 110 Namen.

Ich hatte in den 80er Jahren bei Daimler-Benz als Maschinenschlosser gearbeitet, und mich interessierte in der Nachwendezeit zunächst, was in der „Autobauerstadt der DDR“ passiert, wenn der Mercedes-Stern an seinen vorübergehend zum Volkseigenen Betrieb mutierten Standort zurückkehrt. Für den Dokumentarfilm *Der Stern und sein Schatten* (arte/SDR/WDR/channel4-London 1993) richtete sich meine Aufmerksamkeit dann mehr und mehr auf die 1100 Mädchen und Frauen aus dem KZ Ravensbrück, die im letzten Kriegsjahr dort Flugmotoren für Mercedes-Benz montieren mussten. Die riesige Montagehalle wurde von den Daimler-Leuten, in Anlehnung an die Halle auf dem Nürnberger Reichsparteitagsgelände, „Deutschlandhalle“ genannt. Sie war mit elektrischem Stacheldraht umzäunt und außen von SS-Männern bewacht. Innen trieben SS-Aufseherinnen aus Ravensbrück die Häftlinge mit völlig überfordernden Arbeitsanweisungen an: das KZ in der Fabrik.

Die meisten der dort arbeitenden Mädchen und jungen Frauen kamen aus Polen, aus Russland, aus Ungarn, aus Frankreich und aus der Ukraine. Für das Filmbeispiel zum Thema ‚Zwangsarbeit als Kind in einem fremden Land’ habe ich die Gruppe der Polinnen gewählt. „Gut dass ihr noch kommt, und uns nach dieser Geschichte fragt“, haben die Frauen in Warschau gesagt, als wir sie im Jahr 1992 zum ersten Mal besucht haben. Wehrmacht und SS hatten die polnische Hauptstadt im Herbst 1944 fast vollständig zerstört, nachdem die Polen sich – noch vor der bevorstehenden Besetzung durch die Rote Armee – im Warschauer Aufstand selbst von der deutschen Besetzung befreien wollten. Halina Dańko-Wojtczak erzählt:

> „Es ist der 31. August 1944. Die Zivilbevölkerung der Altstadt wird brutal aus den Luftschutzkellern getrieben. Auch meine Eltern und ich. Wir sehen, wie alte Menschen, Kranke und auch Frauen mit Kindern erschossen werden. Mein 62-jähriger Vater Boleslaw Dańko kam so in der Ogrodowa-Straße 59 ums Leben.“

Zu diesem Zeitpunkt hatten Wehrmacht und SS in Warschau schon mehr als 30.000 Zivilisten erschossen. 600.000 Bewohner wurden während der 63 Tage des Aufstands aus ihrer Stadt vertrieben, 200.000 zur Zwangsarbeit nach Deutschland deportiert. Im September und Oktober 1944 kamen fast täglich riesige Transporte mit Polinnen nach Ravensbrück. Im Herbst 1944 holten Abgesandte von Daimler-Benz 1100 Häftlinge, darunter 700 Polinnen, aus dem KZ Ravensbrück für ihre Kriegsproduktion nach Genshagen, wo die Frauen und Mädchen als Zwangsarbeiterinnen für die deutsche Heimatfront Flugmotoren montieren mussten. Besonders grausam für die Häftlinge war die Vorstellung, dass diese Motoren, eingebaut in Messerschmitt-Jäger und Heinkel-Bomber, Tod und Vernichtung über ihre Heimatländer bringen sollten.

Als bei Dreharbeiten 1992 in Warschau Emilia Lepianka für uns unerwartet zu singen begann, war das einer der bewegendsten Augenblicke in dieser langen Arbeit. 16-jährig hat Emilia im Lager einen Text verfasst, den sie, einem *de profundis clamavi* gleich, zu der melancholischen russischen Volksweise von Stenka Rasin sang. Emilia hat ihr Lied *Sehnsucht eines gefangenen Kindes*[2] genannt und wir finden in ihm wesentliche Momente des Dramas kindlicher Zwangsarbeit vereint.

Ach, ich Arme, ganz allein,
muss ich in der Fremde sein.
Von den Eltern weit entfernt
muss ich mein Sehnen verbergen.

Ach! Geliebte Mutter,
dass die Deutschen der Schlag treffe!
Ach Mama, meine teure,
die Deutschen haben uns getrennt.

Du bist dort und sorgst dich verzweifelt,
wohin ich nur verschwand, wohin.
Und ich sitze hier im Lager
Und sorge mich auch um dich.

Ach! Papa, mein lieber,
Überall seh ich dein Bild!
Deine Lippen sagen mir,
dass ich zu dir zurückkehren werde.

Ach! Ihr Winde, die ihr von allen Seiten weht,
bringt uns eine Neuigkeit.
Was gibt es Neues in unserem Polen,
geht es dort gut, geht es dort schlecht?

---

2 Dieses Lied sowie die nachfolgenden Zitate der polnischen Mädchen übersetzte Antje Ritter.

Oh du Mond und ihr Sterne,
erleuchtet unser Land
und fleht den Vater im Himmel an,
dass er gnädig uns befreie.

Vater unser, der du bist im Himmel,
auch wir sind doch deine Kinder.
Flehentlich bitten wir dich um Erbarmen,
erbarme dich! ach erbarme dich!

1992 war uns die Weigerung der Daimler-Benz AG und der deutschen Konzerne insgesamt, moralisch und materiell Verantwortung für Zwangsarbeit im Dritten Reich zu übernehmen und individuelle „Entschädigungen“ zu bezahlen, der entscheidende Antrieb für die Suche nach den überlebenden Frauen und für die Interviews im Film *Der Stern und sein Schatten*. Unbewusst haben wir in offene Wunden gefragt. Wir hatten diese Frauen als Zeuginnen der Anklage gegen Daimler-Benz gesucht und fanden beschädigte Leben, für die es damals in Deutschland noch keine Anerkennung, keine Anwälte und keine Öffentlichkeit gab – und keine Befähigung von uns, sich diesen verletzten Kinderseelen sorgsam zuzuwenden.

Erst in den nachfolgenden Jahren, vor allem 1995, im Zusammenhang mit dem 50. Jahrestag der Befreiung der KZs, rückten Lebensgeschichten und „im fremden Land“ erlittene Traumata in den Vordergrund. In den Wiederbegegnungen haben sich die Überlebenden untereinander ausgetauscht und sich gegenüber ihren Begleitern geöffnet.

Alicja Kubecka gebrauchte in einer Filmsequenz zur Veranschaulichung ihres Gefühls bei der Selektion zur Zwangsarbeit durch SS und Daimler-Benz das Bild von „nackt im Kreis herumlaufenden Pferden im Zirkus“. In späteren Interviews beschrieb sie eine Situation, die deutlich macht, wie polnische Mädchen unter der Bedingung von Zwangsarbeit im fremden Land eigene Überlebensmuster zu entwickeln versuchten, um so die verlorenen familiären Bindungen und die Verhöhnung ihrer nationalen Identität wenigstens ein klein wenig auszugleichen.

> „Ich gab mir Mühe, mich an die Bedingungen, die ich vorfand, anzupassen, obwohl das unerhört schwierig war, da die Arbeit über unsere Kräfte ging und die Essensportionen schlecht und viel zu gering waren. Einige Monate nach unserer Ankunft in Genshagen starb meine beste Freundin Stefania Barenholc, die nicht nur physisch am Ende war, sondern auch psychisch. Ich musste an ihrem Platz weiterarbeiten. Der Meister begrüßte mich mit den Worten: ‚Wenn du weinst, wirst du auch sterben.’ Ich antwortete ihm, dass ich nicht weinen werde.

Er wandte sich nie an mich, außer wenn er Anweisungen gab. Ich bemühte mich, diese dann entsprechend auszuführen. Oft aß er sein Frühstück am Tisch in der Halle, und ich, die ich nicht weit davon arbeitete, habe ihn dann laut schmatzen und ihn auf polnisch sagen hören: ‚Hm, wie lecker das ist!' Er brachte es fertig, das immer wieder zu wiederholen.

Als ich es nicht mehr aushielt, antwortete ich ihm, dass es in Polen auch sehr leckere Sachen geben würde, und wenn der Krieg vorbei sei, dann würde ich ihn herzlich zu einer wundervollen gebackenen Gans einladen. Ich hatte Angst, er würde mich schlagen, aber er tat nichts, er schwieg. Mir kam es so vor, als ob er danach sanfter geworden wäre.

Nachdem einige Zeit vergangen war, kam er zu mir und flüsterte: ‚Geh rein in den Spind, dort ist ein wenig Suppe für dich.' Ich zwängte mich hinein. Er schloss hinter mir die Tür mit einem Schlüssel ab und ich aß, gebückt und glücklich, die leckere Erbsensuppe. Als ich mit dem Essen fertig war, klopfte ich an die Tür, aber es öffnete niemand. Ich hatte Angst, dass ich nie mehr da raus kommen würde. Ich klopfte noch einmal. Da öffnete er mir die Tür und sagte, wenn jemand erfährt, dass ich diese Suppe bekommen habe, würde er in genau so ein Lager kommen wie ich. Ich sagte niemandem etwas davon, bekam aber auch nie wieder etwas zu essen von ihm. Trotzdem hatte sich sein Verhalten zu mir verändert."

Durch die erzwungene Zusammenarbeit der Mädchen mit deutschen Meistern und Vorarbeitern ergaben sich im täglichen Ablauf von Arbeiten und Essen Verhaltensweisen und Muster, die an eine Vater-Tochter Problematik erinnern, besonders gespannt allerdings durch die Kränkung deutschen Selbstwertgefühls durch die „Warschauer Banditen", die es gewagt hatten, sich gegen die deutsche Besatzung ihres Landes zu erheben, und dem Versuch des Mädchens, sich ihre polnische Identität zu bewahren.

Maria Kozłowska, – sie ist schon 1998 an einem Morgen nicht mehr aufgewacht – hat uns am 50. Jahrestag der Befreiung erzählt, wie die polnischen Mädchen versuchten, sich den Halt in ihrem Glauben zu bewahren:

„Ein schönes, junges Mädchen, das bei mir an der Maschine arbeitete, hat die ganze Zeit gebetet. Es war, als hätte sie eine innere Bestimmung, eine Mission. Wie eine Heilige. Sie hat Rosenkränze für die Kameradinnen gemacht. Sie formte Kügelchen aus Brot, und machte daraus Rosenkränze. Wir wollten ihr das Brot, das sie für diese Rosenkränze verwendet hatte, zurückgeben, weil sie ja mindestens eine Scheibe Brot für jeden brauchte. Aber sie wollte das Brot von uns nicht nehmen. Sie wollte es nicht nehmen. Sie machte das einfach, damit wir Rosenkränze haben konnten, damit wir beten konnten.

Für uns ist das ein teures Andenken. Ich hüte es mehr, als ich ein teures Schmuckstück hüten würde, wenn ich eines hätte ..., eine riesige Perle, die würde ich nicht so hüten wie diesen Rosenkranz. Und wenn ich sterbe, gebe ich ihn an meine Tochter und an meine Enkel weiter, weil sie wissen sollen, dass es dort solche wunderbaren Menschen gab, in solchen schweren Zeiten. Auch das hat uns geholfen, zu überleben."

Für Marias Mutter hat die Hilfe nicht ausgereicht. Als sie krank wurde, und die geforderte Arbeit nicht mehr schaffte, wurde sie nach Ravensbrück rücküberstellt und ermordet. Maria Wałachowska wurde in Polen wegen ihrer Krankheiten aus dem Lager als Kriegsinvalide anerkannt. Mühsam hat sie in ihrer kleinen Wohnung in Warschau all ihre Leiden aufgezählt. „Das begleitet mich das ganze Leben. Deswegen hege ich Groll. Ich würde nie im Leben wieder nach Deutschland fahren. Überhaupt hasse ich die Deutschen." Wenige Monate nach unserem Interview, im Herbst 1992, ist Maria gestorben.

Halina, die auch zusammen mit ihrer Mutter in Genshagen war, hat Gebete auf die Rückseite von DIN-Tabellen aus der Produktion geschrieben. Sie glaubt, dass ihr das einen inneren Schutz gab:

> „Maria Bialkowska und ihre Tochter Barbara hatten ein Gebetbüchlein gemacht, aus dem wir Gebete abgeschrieben haben. Dabei erinnere ich mich an eine für mich besondere Begebenheit. Wir saßen am Tisch und sortierten die Motorenteile. Auf meinen Knien lagen die Gebete. Ich hatte meinen Kopf heruntergebeugt und betete. Auf einmal steht der SS-Mann mit seinem großen braunen Hund vor mir. Ich blicke auf. Da sagt er zu mir: ‚Was machst du da?' Ich stand auf, gab ihm die Gebete und sagte: ‚Ich bete.' Er hat sie schnell durchgeblättert und dann vor mich hingeworfen. Dann ist er weggegangen, ohne meine Nummer aufzuschreiben. Ich denke, dass gerade dieses Gebet geholfen hat. Jesus hat nicht zugelassen, dass ich leide, weil ich gebetet hatte. War das nicht ein Zeichen? Es war ein sehr bewegender Moment. Erst sagt er mit drohender Stimme: Was machst du da? – und dann passiert mir nichts. Deo Gratia."

Halina ist mit ihrer Mutter nach Hause zurückgekehrt.

Als wir vor Jahren in Ravensbrück am Ufer des Schwedtsees standen und nach Fürstenberg hinüber schauten, hat Alicja sich erinnert:

> „Wenn ich auf dem Appell stand, schaute ich oft – so wie jetzt – zum Himmel und es zogen die Wolken vorbei. Sie zogen vorbei und ich dachte mir: Mein Gott, sie sind frei; sie können ziehen und wir müssen hier stehen und dürfen uns nicht von der Stelle bewegen. Wirklich, so waren meine Gedanken, meine persönlichen, und damit lebte ich. Und ich dachte bei mir, um uns herum ist überall Freiheit, in den Fenstern brennt Licht – die Leute sitzen am Tisch und wir stehen hier auf dem Appell stundenlang und nur deshalb, weil gesagt wurde, eine der Frauen würde fehlen.

Das war oft gar nicht wahr, es fehlte keine, es ging nur darum, uns zu quälen.

Als ich damals hier am See stand und auf die Kirche am anderen Ufer schaute, dachte ich: Mein Gott, so nah ist die Kirche, so nah ist die Stadt, wo die Menschen normal leben. Dort drüben beten sie doch auch zu Gott und hier werden die Leute auf so bestialische Weise ermordet. Wie konnten sie das zulassen? Dort beten die Menschen in der Messe und hier bringt man die Menschen um ihr Leben. Und das ist so nah. Direkt gegenüber. Das konnte ich nicht verstehen, wo wir doch genauso Menschen sind. Warum wussten sie nicht, wie die Leute hier gelitten haben, wie sie hier gestorben sind? Und lebten dort ein völlig normales Leben."

Ohne Beistand von Eltern, Priestern, Lehrern haben sich diese Kinder und Jugendlichen unter dem Terror von Zwangsarbeit in einem fremden Land ihren Glauben bewahrt, ja ihn verteidigt und erkämpft gegen äußerste Demütigungen durch das deutsche Herrenmenschendenken, wie wir in der Filmsequenz von Pani Moraczewska hören, die als 14-Jährige die Kriegsweihnacht 1944 bei Daimler-Benz erlebte.

„An Heiligabend standen in der Halle Weihnachtsbäume mit Hakenkreuzen geschmückt. Man befahl uns *Stille Nacht, Heilige Nacht* zu singen, das hatten sie uns vorher beigebracht. Da wir aber *Stille Nacht, Heilige Nacht* nicht singen wollten, sondern *Gott wird geboren* auf polnisch sangen, haben sie uns in den Keller geworfen."

Der 16-jährigen Janina Rucińska ist es gelungen, als sie sich in Ravensbrück nackt ausziehen musste und ihr alle persönlichen Gegenstände weggenommen wurden, eine Fotografie ihrer Mutter zu behalten. In einen Verband, der eine Verletzung aus dem Warschauer Aufstand notdürftig schützte, wickelte sie das Foto mit ein. Aus Aluminium-Abfällen, der Produktion von Kriegsflugzeugmotoren hat sie kleine Kreuze ausgesägt und sorgfältig befeilt. In Ölpapier aus der Anlieferung von Motorenteilen hat Janina ihre Kreuze eingewickelt und nach Hause gebracht. Sie hat sie bewahrt als Zeugnisse dafür, dass sie an den Flugmotoren von Daimler-Benz Zwangsarbeit leisten musste, und daraus die Forderung nach individueller Lohnnachzahlung abgeleitet.

Bei einer Zusammenkunft mit den Daimler-Managern Dr. Otto Nübel und Dr. Lothar Ulsamer hat Janina Rucińska als Sprecherin der Warschauer „Genshagenerinnen" im November 1999 deutliche Worte gefunden – wie im Film *Für Lohn und Würde* (arte/SFB 2000) zu hören ist:

„Unsere Forderung betrifft erstens den ausstehenden Lohn; und das steht absolut außerhalb jeder Diskussion.

Das zweite Problem, das noch geregelt werden muss, ist die Forderung nach Entschädigung für die verlorene Gesundheit.

Dann gibt es noch einen dritten Aspekt, der berücksichtigt werden muss, das berufliche Fortkommen. Denn wir waren damals alle jung und sollten eigentlich noch die Schule besuchen."

Nach der Evakuierung der Lager sind auf den Todesmärschen noch Tausende gestorben. Wer nicht mehr laufen konnte, wurde am Straßenrand erschossen. Eugenia Chalupczynska-Hamula erinnert sich:

„Wir waren erschöpft, ausgehungert, verdreckt und verlaust, mit einem Wort: Wir sahen wie Gespenster aus, wie Schatten unserer selbst. Die deutsche Bevölkerung bewarf uns mit Steinen. Man hatte ihnen gesagt, wir seien polnische Banditen. Wasser fanden wir nur in Viehtränken. Wer hinter der Kolonne zurückblieb, wurde erschossen und blieb dort für alle Ewigkeit. Die Wege, die wir entlanggingen, waren mit Leichen gesäumt. Lübeck, wohin wir getrieben wurden, sollte für uns die Liquidierung bedeuten: die verbliebenen lebenden Skelette mit Schiffen in der Ostsee versenken. Aber es ist anders gekommen.

Wir hatten nur noch einen Tag Marsch bis Lübeck vor uns. Nach all dem todbringenden Umherirren hatte ich in der Nacht vom 2. auf den 3. Mai 1945 einen prophetischen Traum: *Mir erschien die heilige Mutter am Himmelsgewölbe.* Am nächsten Morgen kam in der Scheune, in der wir untergebracht waren, in irgendeinem deutschen Dorf, die *Freiheit.* Die amerikanische Armee hat uns befreit."

Als Freiheitsbotin für das polnische Mädchen Eugenia erscheint Maria in der Nacht vor ihrer Befreiung. Eugenia weiß zu diesem Zeitpunkt noch nicht, dass ihre in Ravensbrück zurückgebliebene Mutter zwei Tage später sterben wird. Auch bei der Rückkehr nach Warschau war wenig Freude. Aus Eugenias siebenköpfiger Familie sind nur sie und ihre Schwester zurückgekehrt.

Auch Alicja erinnerte ihre Befreiung aus dem Todesmarsch:

„Als ich im Lager war, da habe ich gedacht, wenn ich diese Hölle überleben sollte, werde ich nicht mehr in der Lage sein, ein normales Leben zu führen. Und ich dachte, ich werde mein Leben Menschen widmen, die Hilfe und Pflege brauchen. Als wir dann von den Amerikanern befreit wurden, führte mich ein Soldat in ein verlassenes Haus und stellte mich vor einen großen Schrank mit vielen Kleidern. Er bedeutete mir mit Gesten, mir etwas auszusuchen, denn ich hatte ja immer noch den Häftlingsanzug an. Ich suchte mir eine weiße Bluse aus. Sie war aus feinem Stoff und ganz leicht, und sie hatte so schöne weite Ärmel. Es war Mai, und als ich dann im Garten stand und der warme Maiwind mir in die Ärmel blies, da vergaß ich, dass ich mein Leben anderen Menschen widmen wollte und begann, ein ganz normales Leben zu leben."

1992, bei den ersten Dreharbeiten mit den Frauen in Warschau für den Film *Der Stern und sein Schatten*, saßen 26 „Genshagenerinnen", wie sie sich seitdem nach dem Ort der gemeinsamen Zwangsarbeit bei Daimler-Benz nennen, zum ersten Mal wieder zusammen, und alle haben gespürt, wie ihre Gefühle im gemeinsamen Erinnern verbunden waren, als Emilia ihr Lied wieder sang.

Inzwischen leidet Emilia seit Jahren unter der Alzheimer Krankheit. Spätfolgen der Zwangsarbeit als Kind, so dachte ich mir, als Alicja, Antje und ich Anfang 2005 Emilia besuchten. Ihre Töchter haben sie entmündigen lassen, das „Entschädigungsgeld" aus Deutschland an sich genommen und die Mutter in ein schäbiges Pflegeheim weit außerhalb von Warschau abgeschoben. Dort fanden wir Emilia in einem engen, trostlosen Raum, in dem nicht ein einziger persönlicher Gegenstand von ihr zu sehen war, an einen Stuhl gefesselt, so abgemagert und so zusammengefallen, wie ich mir die Häftlinge auf den Todesmärschen vorgestellt hatte. Die Pflegerinnen sagten, wir können der doch nicht den ganzen Tag hinterherlaufen und aufpassen, dass sie in ihrer Verwirrtheit keinen Unfug macht.

Emilia ist jetzt wieder in einer Lage, wo etwas Vergleichbares geschieht wie im Lager. Sie magert zum Skelett ab; sie hat nichts Eigenes; die Pflegerinnen packen sie mit festem Griff; sie fesseln Emilia an ihren Stuhl. Dass Kinder, dass Töchter zu solchem Vorgehen der eigenen Mutter gegenüber fähig sind, wirft Fragen auf nach dem, was die Mutter ihnen, bewusst oder unbewusst, verbal oder nonverbal, aus Lagererinnerungen und Lagertrauma übertragen hat.

Bei Recherchen im Unternehmensarchiv von DaimlerChrysler sind wir vor kurzem darauf gestoßen, dass Daimler ab Juli 1944 im Stammwerk Stuttgart-Untertürkheim über 100 russische und ukrainische Kinder zwischen 10 und 14 Jahren „als Hilfsarbeiter eingestellt" hat. Zwölf Portrait-Fotos der Kinder sind erhalten. Die Geschichte dieser Kriegskinder ist noch nicht geschrieben.

Barbara Stambolis und Dieter Pfau

Kriegskinderbilder

Anmutungsqualität, Symbolgehalt, Wahrnehmungsweisen

Kontexte

Seit dem Vietnamkrieg wurden Fotografien von Kindern im Krieg zu Ikonen der Kriegsfotografie. Eine solche Ikone der Kriegsfotografie des 20. Jahrhunderts, ein „visuelles Symbol des modernen Krieges schlechthin", ist das Bild aus dem Jahre 1972, das eine verängstigte Kindergruppe auf einer Straße in Vietnam nach einem Napalmangriff durch südvietnamesische Flugzeuge zeigt (Paul 2004, S. 356f.; Fabian/Adler 1999, kommentiert S. 310f.). Im Vietnamkrieg wurde der fotografische Blick immer wieder auf Kinder als Opfer des Krieges gerichtet; ein bekanntes zeigt eine vietnamesische Mutter mit ihren Kindern auf der Flucht vor einem amerikanischen Luftangriff aus dem Jahre 1965 (Paul 2004, S. 353). 1985 erschien im *National Geographic* das Bild eines afghanischen Flüchtlingsmädchens von etwa sechs Jahren, das vor sowjetischen Truppen in ein Lager in Pakistan geflohen war. Zu diesem Bild heißt es: „Her eyes have captivated the world since she appeared on our cover in 1985."[1] Jahre später gelang es, dieses Mädchen ausfindig zu machen. „After several false leads, the National Geographic investigators found Sharbat Gula [...] The eyes are still sharp and green but the years of refugee living have taken an obvious toll."[2] Es gibt dieses Porträt eines Flüchtlingskindes inzwischen als Postkarte; es ist auf der Vorderseite eines Prospekts einer Stiftung[3] abgebildet, die sich zur Aufgabe gemacht hat, Hilfe für afghanische Frauen und Kinder zu organisieren und zu finanzieren. Eine solche Jahrhundertfotografie eines Kriegskindes eignet sich offenbar dazu – dies zeigt die Bildgeschichte und die Bildverbreitung –, im Betrachter Emotionen für unschuldige Opfer moderner Kriege wachzurufen, an Hilfsbereitschaft zu appellieren und es erzeugt ein Interesse an individuellen Schicksalen von Kindern im Krieg (Sontag 2003).

1 http://magma.nationalgeographic.com/ngm/afghangirl/

2 http://www.nationalgeographic.de/php/magazin/topstories/2002/04/topstory1.htm – vgl. National Geographic (2002)

3 Rezai-Stiftung e. V. Medizinische Hilfe für Herat/Afghanistan

Wenn auf die Leiden der Zivilbevölkerung infolge von Kriegen aufmerksam gemacht werden soll, werden selten Männer mit Kindern gezeigt. Eine Ausnahme bildet das bekannte Foto eines vietnamesischen Kindes mit Napalm-Verbrennungen, gehalten von seinem Vater (Lewinski 1978, S. 201; vgl. Holzer 2003). Häufiger wurden amerikanische GIs mit deutschen Kindern im zerstörten Nachkriegsdeutschland gezeigt (Vaccaro 2001, S. 99). Insbesondere Fotos von Kindern und Frauen in Kriegs- und Notzeiten rufen beim Betrachter Variationen von ikonographischen Traditionen auf, wie sie etwa in Mutter-Kind-Darstellungen in der christlichen Kunst geprägt wurden, oder in Bildvorstellungen des bürgerlichen Zeitalters sowie etwa auch in der sozialkritischen Graphik von Käthe-Kollwitz wiederzufinden sind, in der nicht zuletzt Frauen ihre Hände über unschuldig leidende und von Kriegen bedrohte Kinder breiten (Schmidt-Linsenhoff/Kollwitz 1987). „Da das Sichtbare stets nur das Lesbare ist, suchen die Subjekte (die Bildbetrachter) immer wieder Zuflucht zu Leseschablonen", so Pierre Bourdieu (1981, S. 87). Sie vermögen nur das zu entschlüsseln, was eine Lesetradition hat oder was im Bewusstsein des Bruchs mit dieser als Verstoß gegen Sehgewohnheiten wahrgenommen wird.

Bilder des Ersten Weltkriegs waren noch in erster Linie solche, die Körper auf Schlachtfeldern abbildeten. Hinzu traten tote und verstümmelte Soldaten im Feld und in Lazaretten. Bilder von Opfern, Frauen und Kindern in Kriegs- und Nachkriegszeiten traten allmählich hinzu und „schufen ein kollektives Bild vom modernen Krieg als Grauen und Zeit der Grausamkeit" (Hüppauf 2002, S. 14; vgl. Arbeitskreis 2003; Jockheck 2002; Stille 1981). Fotos aus Krieg und Nachkrieg sind konkrete Visualisierungen von menschlichen Schicksalen; sie verdichten diese (Hüppauf 2002, S. 13). Dies gilt nicht zuletzt für Bilder deutscher Kinder aus dem Zweiten Weltkrieg und den Jahren nach 1945.

Fotos, auf denen Kinder während des Zweiten Weltkrieges und in den ersten Nachkriegsjahren zu sehen sind, finden sich in Archiven und in Privatbesitz. Kriegskinderbilder sind bislang nicht systematisch gesammelt worden. Dieser Beitrag stützt sich in erster Linie auf ein umfangreiches Bildarchiv des Lippstädter Berufsfotografen Walter Nies, ergänzt durch weitere Bilder, unter anderem aus Bildbänden, die zahlreiche Fotos von Kriegskindern enthalten (z. B. Gronefeld 1985; Priamus 1990; Pabel 1954; Koch et al. 1988; Stambolis/Jakob 2006). Der Frankfurter Kriegskinder-Kongress nahm die Kriegsgeschichten des Zweiten Weltkriegs aus der Perspektive der damaligen Kinder in den Blick und thematisierte ihren Umgang mit Erfahrungen und Erinnerungen unter Berücksichtigung medialer Deutungen. Es ist zu fragen nach der Bedeutung von Bildern für die Anstrengungen der Kriegskindergeneration, mit den nachfolgenden Generationen über die eigenen Kriegs- und Nachkriegserfahrungen zu sprechen. Im Folgenden geht es darum, erste Zugänge zur Beschäftigung mit Kriegskinderfotos zu formulieren.

Anmutungsqualität

Es waren nicht nur die Erfahrungen der Bombennächte, die Kinder nachhaltig beeinflussten, nicht nur der Anblick von Toten und Verwundeten, oft von Menschen, die sie kannten und die ihnen nahe standen, sondern auch andere traumatisierende Erlebnisse wie beispielsweise der Verlust der Heimat und die Unterbringung in Flüchtlingslagern. In zeitgenössischen Quellen spiegelt sich auf eindrucksvolle Weise bereits ein sehr klares Bewusstsein der psychischen Folgen der Kriegskindheit, wie sie heute wieder diskutiert werden. Beispielsweise wurde über die „zerstörten Familien" folgendes berichtet:

> „Zu der schon vorhandenen Auflösung aller festen Bindungen kamen die verheerenden Kriegs- und Nachkriegsfolgen: Abwesenheit der Väter, Überforderung der Mütter, Heimatlosigkeit und Lebensunsicherheit durch Evakuierung, Bomben und Flucht, Erwerbsunsicherheit gerade kinderreicher Mütter, das bekannte Wohnungselend mit seinen Folgen, das Problem des heimkehrenden völlig entfremdeten Vaters und vieles andere. Die Erwachsenen sind gereizt und mürbe, die Kinder [...] leben, sich weitgehend selbst überlassen und zugleich in unkindgemäßer Weise schwer überfordert; – ein trübes Bild." (Hermann 1949, S. 3)

Berichtet wird beispielsweise unter einem Stichwort wie ‚Gesundheitszustand der Jugend':

> „so fanden sich [...] Beschwerden allgemeiner, aber dennoch ernstzunehmender Art [...] im Sinne von hartnäckigen Kopfschmerzen, Abgeschlagenheit, Tagesmüdigkeit, Herzanfällen [...] Nach ärztlicher Ansicht handelt es sich durchgängig um Beschwerden psychogener Entstehung."

Geistig-seelische Hilfestellung müsse eine der wesentlichen Aufgaben der Betreuung von Flüchtlingskindern und -jugendlichen sein. Neben einer psychischen Betreuung für die Jugendlichen wurde auch die Möglichkeit der Supervision für die Mitarbeiter von Hilfsstellen und Heimen gefordert, die Möglichkeit, „Fragen und Schwierigkeiten, die ihre persönliche Haltung zur Arbeit beeinflussen, mit einem geeigneten Mitarbeiter regelmäßig durchzusprechen." Allerdings seien die Vorbehalte erheblich: „Zweifellos fehlt uns die selbstverständliche Einbeziehung von psychotherapeutischen Gedankengängen, von ‚Guidance' in Sozialarbeit und Erziehung." (Eyferth 1952, S. 13) Kritische Beobachter warnten wiederholt: „Was bisher [...] für die junge Generation geschieht, bleibt im Äußerlichen, im Technischen stecken." (Kindt 1952, S. 8)

Der Lippstädter Fotograf Walter Nies hat einige der Flüchtlingskinder aus einem Lager in Siegen im Bild festgehalten. Insbesondere das Bild eines kleinen Jungen mit seiner Mutter hat die Besucher einer Ausstellung

„Kriegsende 1945 in Siegen“[4] stark beeindruckt. Fotos wie die von Flüchtlingskindern im Siegener Lager Wellersberg rufen beim Betrachter Variationen der eingangs angesprochenen ikonographischen Traditionen auf und irritieren zugleich, weil sie ihnen nicht entsprechen (Schmidt-Linsenhoff/ Kollwitz 1987).

Abb. 1: Flüchtlingskind im Siegener Lager Wellersberg (Walter Nies, Lippstadt)

Mütter, Kinder und alte Menschen werden mit geringem Gepäck, auf Bahnhöfen, unterwegs in eine ungewisse Zukunft, müde und verlassen sichtbar. Sie zeigen eine Welt, in der die Vorstellungen, wie das Leben sein sollte, sich ins Gegenteil verkehrt hatten. Vor allem Kinder und Jugendliche entbehren jeglicher Schutzräume, das höhere Alter erscheint nicht in Kategorien von Ruhe und Würde, sondern als Hilflosigkeit. Das Bild des Flüchtlingsjungen auf dem Wellersberg fügt sich in die gängigen Mutter-Kind-Darstellungen ebenfalls nicht ein (Stille 1981); die Mutter erscheint nicht als Schützende, sie wirkt ebenso verloren wie der abgebildete Junge. Wegen seiner Eindringlichkeit erweckte ein solches Foto bei Besuchern der Siegener Ausstellung immer wieder Interesse an dem individuellen Schick-

4 „Kriegsende 1945 in Siegen. Von Stalingrad zur Währungsreform“, Ausstellung vom 1. April bis zum 8. Mai; vgl. Pfau 2005

sal dieses Kindes; die Frage beschäftigte viele Menschen, was aus ihm geworden, wie sein Leben verlaufen sei.

Es ist nicht zufällig, dass Bücher mit lebensgeschichtlichen Erinnerungen an die Nachkriegszeit in Deutschland nach 1945, Kataloge zu Ausstellungen über die Trümmerjahre, Veröffentlichungen, etwa auch zur Geschichte der Nachkriegszeit in Westfalen, auf Titel- oder Rückseiten Kinder abbilden (vgl. Prinz 1984; Prinz/Krauss 1985; Jamin/Kerner 2001; Kriegskinder '45 1995; Stambolis 1998; Pfau/Seidel 2004). „Und selbst in den Gesichtern kleiner Kinder etwas Greisenhaftes", lautet beispielsweise ein Bildkommentar in Jörg Friedrichs Buch *Brandstätten. Der Anblick des Bombenkrieges* unter der Rubrik „Trümmerleben" (Friedrich 2003, S. 215). Betont werden muss an dieser Stelle der „visual turn" in den Geistes- und Kulturwissenschaften – eine Wende, die insbesondere im Zusammenhang der großen Anziehungskraft von zeitgeschichtlichen Ausstellungen auf Besucher und dem Besucherumgang mit exemplarischen, biographischen Veranschaulichungen von Geschichte ernst zu nehmen ist (Zinnecker et al. 2005, S. 184; Stambolis/Pfau 2006).

Über die Wirkung solcher Bilder zu sprechen, bedeutet zweifellos besonders im Blick derjenigen, die die Zeit erlebt haben, Erinnerungen an traumatische Erfahrungen in diesen Bildern wiederzufinden. Wenn von Anmutung gesprochen wird, so ist die emotionale Wirkung von Wahrnehmungen und Vorstellungen auf den Betrachter gemeint. Bilder können Situationen der Vergangenheit vergegenwärtigen, Erlebtes bewusst machen, Erinnerungen wachrufen, Gefühle wecken, Ängste neu beleben, sie werden „zum Sprechen" gebracht. Bilder können zu einem Entschluss beitragen, „das Erinnern [an lange Verschüttetes] zuzulassen" (Timm 2003, S. 19). Die gefühlsmäßige Valenz, die einem Foto zugeschrieben wird und die einen Aufforderungscharakter haben kann, wird Anmutungsqualität genannt. Sie hat etwas mit der teilweise unerwarteten Unmittelbarkeit und Anschaulichkeit von Erinnerung zu tun (Borries 1997, S. 340; Borries 2002).

Die Fotografien von Walter Nies – und auch andere – haben zweifellos eine hohe ‚Anmutungsqualität', sie setzen bei denen, für die die Kriegs- und Nachkriegszeit nahe sind, Erinnerungen frei, vor denen, wie Peter Härtling schreibt, „nur Amnesie schützt" (Härtling 1988, S. 11f.). Beim Anblick der während dem Frankfurter Kriegskinder-Kongress gezeigten Bilder und Filmausschnitte haben zahlreiche Menschen im Publikum sehr emotional reagiert. Viele haben das anschließend nochmals zum Ausdruck gebracht. Zum Beispiel schreibt eine Soziologin folgendes: „Nur zu gern hätte ich mich mit Ihnen auf dem Frankfurter Kongress [...] unterhalten! Denn sie [die Kriegskinderbilderpräsentation] hat mich – auf völlig unvorhersehbare Weise – emotional erfasst und bewegt, d. h. mir u. a. die wenigen (schwarzweißen) Fotos in Erinnerung gebracht, die aus den Jahren 1943 bis 1949 von mir existieren. In meinem zu Beginn meines eigenen Vortrags vorgesehenen biographischen ‚Outings' war ich daher noch völlig aufgewühlt, was an meiner Stimmlage deutlich erkennbar war. Doch weiß ich bis heute nicht genau, welcher Stimulus es eigentlich war, der mich so tief angerührt hat; vielleicht das Foto des Kindes auf der Straße (mit der sitzenden, in ihrer Tasche suchenden Mutter)? [...] – Ich schreibe Ihnen dies u. a. deshalb, damit Sie ein Gespür für die hoch sensiblen Entstehungsbedingungen der fraglichen Fotos entwickeln können [...] Wir sollten also dringend die grauenvollen und grausamen Erfahrungswelten der Kinder in unsere Interpretationen mit einbeziehen, wenn wir diese Zeiten dokumentieren und interpretieren."[5] Zu fragen ist, inwiefern sich einschneidende kindliche Erlebnisse in Krieg und unmittelbarer Nachkriegszeit noch heute bildlich in der Erinnerung derjenigen, die um 1945 Kinder waren, verdichten und wenn ja, wie? Gerinnen Kindheitserfahrungen gleichsam in Bildern, vor denen nur Amnesie schützt? Sind „solche Bilder [...] Bilder der Biografie vieler Zeitgenossen?" (Hoffmann 1985, S. 11)

Symbolgehalt

Manche Fotos aus Krieg und Nachkrieg scheinen „unvergessene Ikonen für die Erinnerung" zu sein (ebd., S. 13). Sie sind Symbole, die wir in Variationen unzählige Male gesehen haben und die im Kontext der Bildgeschichte von Kriegen des 20. und beginnenden 21. Jahrhunderts stets Leiden der Zivilbevölkerung verkörpern. Dies gilt nicht zuletzt für Kriegskinderbilder. Exemplarisch prägen sie unsere Vorstellungen von Geschichte (Cartier-Bresson 1983). Durch Bilder nehmen wir diese „in spezifischen Abbildern wahr und integrieren sie in unseren emotionalen Haushalt [...] Oft sehen wir sie später wieder wie Fotos aus dem eigenen Leben. Der Wissenschaftler, der diese Bilder verwendet, unterscheidet sich von demjenigen, der mit diesen Bildern nicht professionell umgeht, kaum." (Hoffmann 1983, S. 14, Anm. 23) Die Geschichten, die teilweise in Bildbänden zu den Bildern „erzählt" werden, lassen Skepsis aufkommen, ob sie denn stimmen. Dies gilt etwa für manche Bildunterschriften aus Heinz-Jürgen Priamus, *Die Ruinenkinder – Im Ruhrgebiet 1945/1949*.[6]

Für Spendenaufrufe von Hilfsorganisationen nach 1945 dienten nicht zuletzt Kinderbilder, die an Hilfsbereitschaft für unschuldige Opfer appellieren, dies gilt beispielsweise für das amerikanische Magazin *Life*, das 1945 und 1946 vor allem Schreckensbilder aus Deutschland veröffentlichte (Prehn 2003; Jockheck 2002), dann jedoch, um für Spenden eine wichtige Voraussetzung zu schaffen, etwa das Bild einer verhungernden deutschen Mutter

---

5 E-Mail von Dr. Sibylle Hübner-Funk an die Verfasserin (18. April 2005)

6 Priamus (1985), beispielsweise Abb. 56: „Das Leben der Nachkriegskinder war nicht nur geprägt vom Kampf ums tägliche Überleben, es war allzu oft auch noch durch ein Maß an Verantwortung bestimmt, wie es sonst nur von Erwachsenen erwartet werden würde."

mit ihrem Kind brachte – zweifellos an gängigen Pietà-Vorstellungen orientiert.

Fotografien gelten zwar als Abbilder von Wirklichkeit, stellen jedoch immer nur Ausschnitte abgebildeter Realität dar. Sie sind unter bestimmten Bedingungen, in konkreten Situationen und für bestimmte Zwecke zustande gekommen. In einer Bilddokumentation, mit der im Ausland auf die Not im Nachkriegsdeutschland aufmerksam gemacht werden sollte und für die Walter Nies die Bilder erstellte, wird ein Aufruf von Pius XII. vom 6. Januar 1946 zitiert, in dem es heißt:

> „Denn wir sehen mit eigenen Augen die gewaltigen Kinderscharen, die vom Hunger erschlafft und fast dem Tode nahe mit abgemagerten Händchen um Brot bitten, die der Wohnung und Kleidung bar in der winterlichen Kälte zitternd dahinsterben, weder Mütter noch Väter mehr haben, welche sie bergen und wärmen, die in ihrer Schwäche von Schwindsucht und Seuchen ergriffen der nötigen Heilmittel und geeigneter Pflege entbehren. Wir erachten es als Unsere Pflicht, Euch aufzurufen und zu ermahnen, die schwere Not der armen Kinder vor Augen zu haben und nichts zu versäumen, was zu ihrer Linderung und Behebung beitragen kann."[7]

Manche Fotos aus dem umfangreichen Bestand des Lippstädter Fotografen Walter Nies wurden in Zusammenhang mit Spendenaufrufen hergestellt und sollten als emotionaler Appell verstanden werden (ebd.; vgl. Stambolis 1998). Dies ist heute beim Betrachten der Bilder nicht immer unmittelbar nachvollziehbar, kann jedoch an einzelnen Serien nachgewiesen werden. So ist etwa bekannt, dass Walter Nies mit dem katholischen Geistlichen Paul Kewitsch Fotos angefertigt hat, dem Mitgründer und Organisator der Katholischen Osthilfe, die zunächst in Lippstadt ihren Sitz hatte. Nies hat im Zusammenhang mit Unterstützungsmaßnahmen (für Menschen in Not in den Nachkriegsjahren in Westfalen) unter anderem auch in Paderborn, Dortmund und Siegen fotografiert (vgl. Stambolis 1998; Stambolis 1987; Pfau/Seidel 2004).

Ein anderer Fotograf hätte mit einem ähnlichen Auftrag zweifellos andere Bilder gemacht: „Die ‚Bewertung' der Welt durch den Fotografen, seine Sichtweise ist also immanenter Bestandteil der Aufnahme und muß bei der Interpretation unbedingt berücksichtigt werden." (Cerman 1993, S. 281) Wichtig ist hier sicher die Einsicht, dass Fotografien nicht Zeugnis ablegen von dem, was ist bzw. war, sondern von dem, was der Fotograf sah und sehen, d. h. abbilden wollte – dass sie also nicht nur als Dokument, sondern zugleich als eine Deutung von Gesehenem zu betrachten sind.

---

7 Album, Erzbischöfliches Generalvikariat Paderborn, Nachlass Paul Kewitsch

Bourdieu hat zu Recht darauf hingewiesen, dass die Fotografie Wirklichkeit ausschnitthaft und perspektivisch abbildet, abhängig von der Motivwahl, dem Augenblick und der Blickwahl.

> „Die Eigenschaften werden in Schwarzweiß übertragen, auf ein kleineres Format gebracht und auf eine Ebene projiziert. Anders gesagt, die Photographie ist ein […] System, das den Raum nach den Gesetzen der (genauer: einer) Perspektive und räumliche Körper durch Nuancierungen Schwarz und Weiß abbildet. Wenn man die Photographie für eine realistische und objektive Aufzeichnung der sichtbaren Welt hält, dann deshalb, weil man ihr […] gesellschaftliche Gebrauchsweisen eingeschrieben hat, die als ‚realistisch' und objektiv' gelten." (Bourdieu 1981, S. 85f.)

In der Forschung wurde zu Recht darauf aufmerksam gemacht, dass nicht nur auf Fotos, sondern auch in Filmen, insbesondere bis Ende der 1940er Jahre, „traurige kleine Jungen" die Hauptrolle spielen (Brauerhoch 1999, S. 213). Als Beispiel kann die italienische Produktion *Germany Zero 45* und die deutsche *Irgendwo in Berlin* dienen (Greffrath 1995).[8] In letzterem spielen zwei kleine Jungen die Hauptrolle. Der eine erlebt, wie sein physisch und psychisch versehrter Vater aus dem Krieg zurückkehrt, der andere, ein Flüchtlingskind, wächst elternlos auf. Er wird Opfer seiner verzweifelten Anstrengungen, Liebe und Anerkennung bei Gleichaltrigen zu finden.

Abb. 2: „Trauriger kleiner Junge" („Ich bin ja so allein") in dem Film *Irgendwo in Berlin*

> „Die Mütter, denen in familiären Dramen um Verlust, Entfremdung, Abwesenheit und Rückkehr der Männer meistens die Hauptrolle zukommt, treten mit dem Erscheinen dieser Figur [des traurigen kleinen

8 Vgl. auch den Film *Rom, offene Stadt* (Originaltitel *Roma città apperta*), gesendet am 24. September 1945 auf Premiere, in dem der verwaiste Junge Marcello eine wichtige Rolle spielt (Toeplitz 1991, S. 98).

Jungen] in den Hintergrund. Weil der deutsche Nachkriegsfilm neben den unscheinbaren Müttern aber auch Bilder von erstarkten, unabhängig gewordenen und im Überlebenskampf pragmatisch-praktisch orientierten Frauen bereit hält,[9] werden beide Frauenfiguren in diesen Filmen von den ihnen traditionell überantworteten Rollen als verzweifelte Trägerinnen von Trauer entbunden. An ihre Stelle treten [...] die kleinen traurigen Jungen und übernehmen damit auch die den Frauen zugeordnete Funktion.“ (Brauerhoch 1999, S. 212)

Die kleinen Jungen konnten weder für den Krieg noch für seine Folgen verantwortlich gemacht werden, und unschuldige

> „männliche Kinder [stehen] für die am erwachsenen Mann vermiedene Konfrontation mit Scham, Schuld und Verlust: die männliche Niederlage findet in den niedergeschlagenen, heimat- und orientierungslosen, traurigen kleinen Jungen eine ideale Projektions- und Ersatzfigur.“ (Ebd., S. 213)

Beide genannten Filme erfüllten in der Nachkriegszeit diese Funktion. Zu fragen wäre, inwiefern diese Filme deutlich machen, dass vielfach erst der Zusammenhang der Darstellung von Kindern mit Müttern und Vätern die Bedeutung der Kriegskinderbilder ausmacht? Wie wirken die Kinder in den Umgebungen der Erwachsenen? In dem Film *Der Untergang* findet sich das Bild eines kleinen Jungen, der aus den Trümmern des Dritten Reiches und der zerstörten Stadt Berlin an der Hand einer jungen Frau an einem sonnigen Tag in eine ungewisse Nachkriegszukunft geht. Kann es sein, dass dieses Bild ein Zitat ist, eine Wiederaufnahme von Chiffren aus Nachkriegsfilmen?

Das Magazin *Life* brachte zunächst am 7. Mai 1945 ein Foto, das drei Generationen deutscher Männer zeigt und das die Unterschrift trägt: „These faces are unhappy but hard and arrogant. Not yet have these Germans [...] been forced to see the atrocities committed in their name.“ (Zit. bei Seubert 1996, S. 94) In einem Bildband von Vaccaro wird ein anderes Bild des deutschen Jungen im Angesicht der deutschen Väter gezeigt. Gerne wurden Aufnahmen von GIs mit Kindern gezeigt, die einem anderen Männerbild entsprachen (ebd.). Walter Nies' Fotos zeigen das Bild, das die deutsche Wahrnehmung prägen sollte: Bilder der Nachkriegszeit geben den Blick auf eine Gesellschaft frei, in der Kinder, Frauen und alte Männer dominieren. Väter kehrten in diese ‚vaterlose Gesellschaft' erst allmählich zurück, gebrochen, verwundet und nicht dem Männlichkeitsbild entsprechend, das die Jahre 1933 bis 1945 bestimmt hatte. Kinder verkörperten den Aufbau, Hoffnung auf einen Neuanfang.

9 vgl. Roberts 2003

Abb. 3: Kinder beim Wiederaufbau I (Walter Nies, Lippstadt)

Abb. 4: Kinder beim Wiederaufbau II (Walter Nies, Lippstadt)

Erinnerungskulturelle Wahrnehmungsweisen

Fotografien und Filme werden von denjenigen, die sich selbst und ihr Leben in diesen Bildern wieder finden, anders wahrgenommen als von Nachgeborenen, für die sie dokumentarischen Wert als Zeitzeugnisse besitzen. Sie erzählen Geschichten von Menschen, die sich für Nachgeborene erst dann als Narrativ lesen, wenn sie in zeitgeschichtliche Kontexte eingebettet, wenn Zusammenhänge rekonstruiert werden.

Bezugnehmend auf Maurice Halbwachs und dessen Ansatz – von Jan Assmannn wiederentdeckt und zu einer „Theorie des kulturellen Gedächtnisses" erweitert – scheint Folgendes wichtig. Der Kern der Assmann'schen Theorie besteht in der Unterscheidung zweier Grundformen des Gedächtnisses, dem kommunikativen und kulturellen Gedächtnis. Erstes wird als „eine Art Alltagserfahrung für jedermann" definiert,

> „bestehend aus Geschichtserfahrungen, die im Rahmen individueller Biographien gemacht werden. Diese Erfahrungen sind wenig geformt. Sie residieren in der organisch gewachsenen Erinnerung und werden durch Erzählungen von Generation zu Generation weitergegeben. Deshalb ist die zeitliche Tiefe des kommunikativen Gedächtnisses auch auf etwa 80 bis 100 Jahre begrenzt: Weiter zurück reicht sein Erinnerungshorizont nicht, und wenn die Generationen wechseln, dann ‚wandert' er gleichsam mit. Entsprechend gering muß man die Leistungen des kommunikativen Gedächtnisses veranschlagen: Nach drei oder vier Generationen sind die ursprünglich in ihm aufbewahrten Erinnerungen unwiderruflich verloren." (Schönemann 1999, S. 80; vgl. Assmann 1992; Halbwachs 1985)

Es sind auch die Deutungsmöglichkeiten durch den Betrachter in den Blick zu nehmen, die sich mit zunehmender zeitlicher Distanz zu den geschichtlichen Zusammenhängen der Bilder verändern. Fotografien verändern sich wie Filme mit den Kontexten, in denen sie gesehen werden. Heute werden sie retrospektiv gedeutet; sie haben ihre ursprünglichen aktuellen Zwecke verloren. Wüssten wir nicht, dass die Bilder von Nies in den 1940er und 1950er Jahren, zum Teil zu Dokumentationen zusammengefügt und mit Begleittexten versehen, Träger von Botschaften waren, so wäre unsere Deutung unvollständig. Gleichwohl lassen sie sich auch ohne diese Kenntnis als Zeitdokumente lesen und sehen, in denen Details etwa der Lebensverhältnisse, der Wohnverhältnisse in Behelfsunterkünften, Heimen und Lagern oder des allgemeinen Mangels erkennbar sind. Sie zeigen Flüchtlingsgepäck, geflickte Kleidung, notdürftig hergerichtete Behausungen, Schuhe, die kaum dazu angetan waren, schlechter Witterung standzuhalten.

Besonders hervorzuheben ist, dass immer Menschen im Zentrum der Bilder stehen. Die Orte, an denen die Fotos aufgenommen wurden, sind aus heutiger Sicht, trügen Sie keine Ortsbezeichnungen, kaum identifizierbar. Es war zweifellos nicht die Absicht des Fotografen, beispielsweise bauliche Zerstörungen zu dokumentieren. Neben Menschen, die in ihrem Elend Mitleid erregen, werden immer auch Zeichen der Hoffnung erkennbar. Die Fotos zeigen Menschen, die Hilfsgüter abladen, die andere aufnehmen, ihnen Türen öffnen, die Notleidende versorgen, die versuchen Räume der Geborgenheit zu schaffen.

Beide Aspekte sind kennzeichnend für das Denken der Nachkriegszeit. Sie machen deutlich, dass einerseits Erfahrungen und Traumatisierungen des

Krieges noch lange nachwirkten und dass Menschen andererseits versuchten, die Voraussetzungen für einen Neuanfang und Bedingungen für ein menschenwürdiges Leben zu schaffen. Einige Bildkommentare aus den zeitspezifischen Zusammenhängen, besonders in Bilddokumentationen, zu denen die Fotos von Walter Nies etwa von Paul Kewitsch zusammengestellt wurden, sollten den Blick auf Lebensgeschichten ermöglichen. Sie sprechen beispielsweise von Kindern, die von ihren Eltern getrennt waren und Familien, die wieder zusammengeführt wurden. Das sind Interpretationen, die dem Betrachter eine bestimmte Sichtweise nahe legen wollen und sie mit einer Aussage belegen, die in den einzelnen Fotos selbst nicht enthalten ist. Die Fotos sind Gegenstand eines analytischen und assoziativen Blicks auf die Nachkriegszeit und auf eine Gesellschaft im Umbruch, für die Verzweiflung und Hoffnungen gleichermaßen kennzeichnend sind.[10] Sie müssen sicher ergänzt werden durch andere Dokumente und Quellen.

Erlebnisse während der Kriegszeit werden – auch dies scheint wichtig – nach dem Krieg

> „immer und immer wieder erzählt, was [möglicherweise] das ursprüngliche Entsetzen langsam abschliff, das Erzählte faßbar und schließlich unterhaltend machte: Wie die ältere Schwester […] [nach einem Bombenangriff] erst die Habseligkeiten auf die Mitte der Straße gestellt hatte, wie sie dann das Kind, mich, in die Kinderkarre gelegt und mit Handtüchern zugedeckt hatten, Handtücher, die sie an einem geplatzten Wasserrohr angefeuchtet hatten, wie […] [sie], die wenigen geretteten Sachen auf der Straße stehenlassend, […] gelaufen waren, rechts und links die brennenden Häuser, wie sie in den überfüllten Luftschutzkeller geflüchtet waren, wo die Menschen saßen“ (Timm 2003, S. 39).

Wie werden Erinnerungen erzählt? Das beschreibt Uwe Timm in *Die Entdeckung der Currywurst*, einer Novelle über Kriegs- und Nachkriegsjahre. Der Erzähler sitzt bei einer Zeitzeugin, die berichtet, „stückchenweise, das Ende hinausschiebend, in kühnen Vor- und Rückgriffen“, sodass der Zuhörer „hier auswählen, begradigen, verknüpfen und kürzen muß“ (ebd., S. 16). Der Zuhörer verknüpft das Erzählte mit nachlesbaren Fakten:

> „Ein Tag in Hamburg, 29. April 1945: Das Wetter: überwiegend stark bewölkt, trocken […] 2.00 Hitlers Trauung mit Eva Braun. Trauzeugen sind Bormann und Goebbels. 3.30: Hitler diktiert sein politisches Testament […] 5.30: Die Engländer gehen bei Artlenburg über die Elbe […] Barrikaden werden gebaut, der Volkssturm wird aufgerufen, […] das letzte, das allerletzte Aufgebot wird an die Front geworfen“ (ebd., S. 16f.).

---

10 Wir haben versucht, die Kritik u. a. an Jörg Friedrich (*Brandstätten*) ernst zu nehmen, der leider bei der beabsichtigten Kommunikation zwischen Bild, Text und Betrachter häufig auf eine Datierung, Lokalisierung und Kontextualisierung verzichtet.

Anlässlich von Gedenkveranstaltungen wurden Menschen befragt, die als Kinder den Zweiten Weltkrieg erlebt haben und für die er immer noch – oder 60 Jahre danach wieder – nahe ist. Im Wortlaut soll hier ein Interview aussschnittweise widergegeben werden. Helmut Reuter berichtet während eines Klassentreffens im Jahr 2004:

> „Also, wenn ich daran denke, da muß ich sagen, es fällt mir immer noch schwer, über den Tag zu berichten. Morgens normal Schule ... mittags waren ein Freund, der Werner Heckner aus der Kolonie und ich ... bestellt, ... die Winterhilfswerkbüchsen zu holen ... Das war so Uhre drei ... und auf einmal knallt es und wir schmeißen uns hin ... Die Sonne schien auf einmal nicht mehr ... und auf einmal war alles schwarz über uns ... die ganze Stadt krachte ... Ich: Werner, komm auf ... da lag der neben mir ohne Kopf. Den hat es also wirklich erwischt. *(Die Stimme versagt dem Erzähler)* Ich vergess das Bild bis heute nicht.“[11]

Marlis Schörken, geb. Loh, eine damals 15-jährige Schülerin, schreibt in einem Brief aus der Bombennacht am 16. Dezember 1944 in Siegen an ihre Mutter Folgendes:

> „Kriege bitte, bitte keinen allzu großen Schreck, wenn ich Dir jetzt von dem Siegener Angriff berichte. Es ist jetzt ½ 11 Uhr abends, und ich sitze [...] am Schreibtisch, also 7 Stunden nach dem Angriff und aus ‚weiterer Perspektive!' – Die näheren Umstände waren: Wir durften heute nach Siegen, um unsere Wäsche zu holen und ein kleines Mädel im Krankenhaus zu besuchen. Es hatte alles ganz nett geklappt, und als wir gerade vor dem Krankenhaus angelangt waren, gab's Vollalarm; wir statteten im Eiltempo noch eben den Besuch ab, dann rannten wir runter und wollten mit der Straßenbahn nach Weidenau [...] Wir waren kaum draußen, da gab's akute Luftgefahr und wir überlegten noch hin und her, ob wir in'nen Bunker gehen sollten oder uns einfach in Richtung Weidenau verdrücken sollten. Dann sind wir aber doch noch vernünftig geworden und in der Nähe vom Kaisergarten in einen guten festen Bunker gegangen. Und dann, kaum 3 Minuten nach akuter, ging's los. Es war wirklich toll, doller als zu Hause, denn die Leute waren so durchgedreht und schrien wie verrückt, das Licht ging sofort aus, und es war wirklich ein so doller Krach, dass einem das Hören und Sehen (wörtlich genommen!!) verging!! Und dann kamen Verwundete, stöhnende, weinende, schreiende Kinder und schnatternde(r) Russkies in solchen Mengen, dass bald die ganze Luft einen furchtbaren Brandgeruch hatte, außerdem war ja von den dollen Erschütterungen die Luft voller Zement- und Kalkstaub!!“[12]

---

11 Dieses Interview und andere, ebenfalls sehr eindringliche, wurden von Frau Hadimi-Schreiber aufgenommen.

12 Freundlicherweise von der Schreiberin zur Verfügung gestellt.

Diesen Brief fand die Schreiberin im Jahre 2000 im Nachlass ihrer Mutter: Sie notiert dazu:

> „Als ich dies nach fast 60 Jahren zum ersten Mal wieder gelesen habe, fiel mir der Unterschied auf zwischen dem, was sich mir in die Erinnerung eingeschrieben hat, und dem, was ich damals meiner Mutter geschrieben hatte […] An diesen Angriff kann ich mich besonders gut erinnern, weil ich da zum ersten und einzigen Mal im Krieg Todesangst erlebt habe, nackte Todesangst […] In meine Erinnerung eingegraben, bevor ich diesen Brief wieder gefunden hatte, sind Einzelheiten […] eine besonders quälende Einzelheit: eine Bahre mit einem Verwundeten […] ich versuchte, den Stöhnenden zu beruhigen, indem ich seine Hand fasste und vorsichtig streichelte, dann klammerte er sich immer mehr völlig verkrampft in seinem Schmerz an mich, dass ich es mit der Angst bekam und mich zu befreien suchte, ein Kampf in völliger Finsternis." Nach dem Ende des Angriffs seien sie und ihre Schwester etwa 10 Kilometer nach Geisweid gegangen, in der Nacht habe sie den Brief an die Mutter geschrieben, wörtlich aus der heutigen Erinnerung: „Ich war offenbar so erregt, ich musste meinen Schock irgendwie loswerden, aber es war niemand da in der Nacht, mit dem ich darüber hätte reden können. Außerdem galt damals die Devise bei den Erwachsenen: ‚Wegschieben, nicht mehr daran denken, vergessen, ablenken', und das war wohl auch die beste Medizin in der damaligen Zeit."

Welchen Zusammenhang gibt es zwischen Erzählungen und Fotografien? Korrigieren letztere die Bilder in den Köpfen? Die Tatsache, dass ungefähr ein Viertel aller deutschen Kinder nach dem Zweiten Weltkrieg ohne Vater aufwuchs, gewinnt vor den lebensgeschichtlichen Hintergründen heute noch einmal neue Bedeutung. Es zeigt sich, dass Erinnerung ein vielschichtiger Vorgang ist. Sie wird, wie wir heute wissen, nicht zuletzt ausgelöst durch Fotos und Filme, in denen sich Menschen wieder finden und wieder finden können, deren Kindheit in die Kriegs- und Nachkriegsjahre nach 1945 fällt. In einem Ausstellungsaufruf[13] heißt es nicht zufällig:

> „Sie sind zwischen 1930 und 1948 geboren und haben noch Erinnerungen an ihre Kindheit aufbewahrt? Z. B. […] Familienfotos aus dieser Zeit? […] Welche Bilder fallen Ihnen ein, wenn Sie an Ihre Kindheit im Krieg und in der unmittelbaren Nachkriegszeit denken? […] Wovon haben Sie geträumt, was hat Ihnen Angst gemacht? Hatten Sie selbst als Kind noch Erfahrungen mit dem Krieg?"

Abschließend sei ein kritischer Blick auf die gezeigten Aspekte von Kriegskinderfotografien gestattet. Der Bildbestand des Archivs Walter Nies enthält überwiegend auch und vor allem für die Kriegsjahre ganz andere Bilder, in denen sich heute noch Menschen, die in die Jahre gekommen

13 Aufruf des Ruhrlandmuseums Essen, http://www.ruhrlandmuseum.de/projekte

sind, wieder erkennen. Es sind Bilder, die keineswegs von Leiden, Verlorenheit und Vaterlosigkeit sprechen. Nicht zuletzt die Interviews, die mit Zeitzeugen in Siegen geführt wurden, zeigen, dass sich manche an positive Erfahrungen erinnern, dass sie nicht über traumatisch wirkende Ereignisse berichten, sondern über andere Erlebnisse (Domansky/Jong 2000). Vielfach wagen es Zeitzeugen erst heute im Gespräch mit Enkeln und Urenkeln, über ihre Zeit in der HJ und im BDM als eine Zeit zu erzählen, an die sie sich mit Gemeinschaftserlebnissen, Fahrten, sportlichen Aktivitäten u. a. gerne erinnern.[14] Sie begegnen bei jungen Menschen sowohl Offenheit als auch einer gewissen Fassungslosigkeit, weil sich die lebensgeschichtlichen Berichte grundlegend von dem kritischen Blick auf den Nationalsozialismus unterscheiden, mit dem Jugendliche heute aufwachsen. Zu fragen ist also, ob es geteilte Erinnerungen an das Kriegsende und die Nachkriegszeit gibt. Psychologen, Soziologen, Germanisten und Historiker beginnen sich erst jetzt intensiv mit diesen Zusammenhängen zu beschäftigen, die nicht nur ein großes Thema der deutschen Gesellschaft nach 1945, sondern ein Schlüsselthema des 20. Jahrhunderts darstellen.

Literatur

Arbeitskreis Historische Bildforschung (Hg.) (2003): Der Krieg im Bild – Bilder vom Krieg (Hg.), Frankfurt a. M. u. a. (Lang).

Assmann, J. (1992): Das kulturelle Gedächtnis. Schrift, Erinnerung und politische Identität in frühen Hochkulturen. München (Beck).

Blank, Ralf (2006): Zur fotohistorischen Einordnung der Sammlung Walter Nies, in: Stambolis, B., Jakob V. (Hg.) (2006): Kriegskinder zwischen Hitlerjugend und Nachkriegsalltag. Münster (Agenda-Verlag).

Borries, B. v. (1997): Präsentation und Rezeption von Geschichte im Museum. In: Geschichte in Wissenschaft und Unterricht, 48, 5/6: 337–343.

Borries, B. v. (2002): Zeitgenössische Dokumente und/oder historische Rekonstruktionen? Gattungen und Anmutungen von Geschichtsbildern. In: Schneider, G. (Hg.): Die visuelle Dimension des Historischen. Schwalbach/Ts. (Wochenschau-Verlag), S. 33–48.

Bourdieu, P. (1981): Die gesellschaftliche Definition der Photographie. In: Bourdieu, P., Boltanski, L., Castel, R., Chamboredon, J.-C., Lagneau, G.,

14 Zur literarisch-kritischen Auseinandersetzung vgl. u. a. Eva Sternheim-Peters (2000), *Habe ich denn allein gejubelt? Eine Jugend im Nationalsozialismus*. Die 1. bis 4. Auflage erschien unter dem Titel *Die Zeit der großen Täuschungen*. Zur „unbefangenen" Neugier der Enkel gegenüber der Großelterngeneration vgl. auch Tanja Dückers (2004; 2003); Westfälisches Landesmedienzentrum; vgl. auch Dieter Pfau (2005), darin u. a.: Barbara Stambolis, „Kriegskindheiten: Erfahrung, Trauma und Erinnerung". Das Siegener Beispiel eines HJ-Fähnleinführers, der sich auf Fotos im Zusammenhang der Siegener Ausstellung wieder erkannt hat, seine Aufzeichnungen zur Verfügung stellt und darüber zu sprechen bereit ist, wird ein Hauptseminar an der Universität Siegen im Wintersemester 2005/06 beschäftigen.

Schnapper, D.: Eine illegitime Kunst. Die sozialen Gebrauchsweisen der Photographie. Frankfurt a. M. (Europäische Verlagsanstalt), S. 85–109.
Brauerhoch, A. (1999): Trauer in Trümmern. Zum Motiv des traurigen kleinen Jungen in zwei Nachkriegsfilmen. In: Ecker, G.: Trauer tragen – Trauer zeigen. Inszenierungen der Geschlechter. München (Fink), S. 209–222.
Cartier-Bresson, H. (1983): Der entscheidende Augenblick. In: Kemp W. (Hg.): Theorie der Fotografie, Bd. 3, München (Schirmer/Mosel), S. 78–83.
Cerman, M. (1993): Die Fotografie als (sozial-)historische Quelle: Möglichkeiten und Grenzen eines – neuen – Quellentyps. In: Fotogeschichte 1993, S. 271–286.
Dieter Pfau (Hg.) (2005): Kriegsende 1945 in Siegen. Dokumentation der Ausstellung 2005. (Siegener Bieträge; 2), Gütersloh (Verlag für Regionalgeschichte).
Domansky, E., Jong, J. d. (2000): Der lange Schatten des Krieges. Deutsche Lebens-Geschichten nach 1945. Münster (Aschendorff).
Dückers, T. (2003): Himmelskörper. Berlin (Aufbau-Verlag).
Dückers, T. (Hg.) (2004): Stadt, Land, Krieg. Autoren der Gegenwart erzählen von der deutschen Vergangenheit, Berlin (Aufbau-Taschenbuch-Verlag).
Eyferth, H. (1952): Das Gildentreffen in Dassel. In: Rundbrief der Gilde Soziale Arbeit, 6, 2: 1–15.
Fabian, R., Adler, H. Ch. (1983): Bilder vom Krieg. Hamburg (Gruner + Jahr).
Friedrich, J. (2003): Brandstätten. Der Anblick des Bombenkrieges, 2. Aufl., München (Propyläen).
Greffrath, B. (1995): Gesellschaftsbilder der Nachkriegszeit. Deutsche Spielfilme 1945–1949. Pfaffenweiler (Centaurus-Verlags-Gesellschaft).
Gronefeld, G. (1985): Kinder nach dem Krieg. 1945–1948. Berlin (Nishen).
Halbwachs, M. (1985): Das Gedächtnis und seine sozialen Bedingungen. Nachdruck [Französisch 1925; deutsche Erstausgabe 1966], Frankfurt a. M. (Suhrkamp).
Härtling, P. (1988): Der Wanderer. Darmstadt (Luchterhand).
Hermann, G., (1949): Bericht über die Tagung auf dem Ludwigstein vom 25. bis zum 29. Mai 1949. In: Rundbrief der Gilde Soziale Arbeit, 3, 4/5: 1–9.
Hoffmann, D. (1985): Fotografie als historisches Dokument. In: Fotogeschichte. Beiträge zur Geschichte und Ästhetik der Fotografie, 5, 5: 3–14.
Holzer, A. (Hg.) (2003): Mit der Kamera bewaffnet. Krieg und Fotografie. Marburg (Jonas).
Hüppauf, B. (2002): Ground Zero und Afghanistan. Vom Ende des fotografischen Bildes im Krieg der Unschärfen. In: Fotogeschichte. Beiträge zur Geschichte und Ästhetik der Fotografie, 85/86: 7–22.
Jamin, M., Kerner, F. (2001): Maikäfer flieg … Kindheitserfahrungen 1940–1960. Bottrop u. a. (Pomp).
Jockheck, L. (2002): „Inszenierte Wahrheit“ – Der Krieg im Bild/Bilder vom Krieg. In: Geschichte in Wissenschaft und Unterricht 10, S. 612–616.
Kindt, W. (1952): Auf halbem Wege. In: Rundbrief der Gilde Soziale Arbeit, 6, 4: 7–11.
Knoop, G. (1999): Die Bilder des Jahrhunderts. München (Econ-Verlag).
Koch, Th., Hubmann, H., Pabel, H. (1988): So fing es an. Erinnerungen und Bilder aus den Jahren 1945–1949. Braunschweig (Westermann).

Kühberger, Ch. (2005): Gescheiterte Männer? Über den Bruch der idealtypischen nationalsozialistischen Männlichkeit unter der amerikanischen Besatzung. In: Zahlmann, St., Scholz S. (Hg.): Scheitern und Biographie. Die andere Seite moderner Lebensgeschichten. Gießen (Psychosozial-Verlag), S. 191–206.

Lewinski, J. (1978): The camera at war. A history of war photography from 1848 to the present day. London (W.H. Allen).

Kleindienst, J. (1999): Nachkriegskinder. Kindheit in Deutschland 1945–1950. 2. Aufl., Berlin (JKL Publikationen).

Mittag, D. (Bearb.) (1995): Kriegskinder '45. Zehn Überlebensgeschichten. Gesammelt und aufgeschrieben von Detlef Mittag. Berlin (Landeszentrale für politische Bildungsarbeit).

National Geographic (2002): Best Pictures. Edition 2002. Die 100 besten Fotos aus National Geographic.

Pabel, H. (1954): Jahre unseres Lebens. Stuttgart/München (Constantin).

Paul, G. (2004): Bilder des Krieges. Krieg der Bilder. Die Visualisierung des modernen Krieges. Paderborn u. a. (Schöningh).

Pfau, D., Seidel, H. U. (Hg.) (2004): Nachkriegszeit in Siegen 1945–1949. Flüchtlinge und Vertriebene zwischen Integration und Ablehnung. Ein Quellenband zur Regionalgeschichte (Siegener Beiträge, Sonderband 2004), Siegen.

Prehn, U. (2003): Von der Re-education zur Re-orientation. Zum Wandel angloamerikanischer Film-Bilder vom nationalsozialistischen und postnationalsozialistischen Deutschland. In: Arbeitskreis Historische Bildforschung 2003, S. 133–162.

Priamus, H.-J. (1985): Die Ruinenkinder – Im Ruhrgebiet 1945/1949, Düsseldorf (Droste).

Priamus, H.-J. (1990): Ruinenkinder. Kindheit und Jugend im Ruhrgebiet nach den Zweiten Weltkrieg. Bindlach (Gondrom).

Prinz, F. (Hg.) (1984): Trümmerzeit in München. München (Beck).

Prinz, F., Krauss, M. (Hg.) (1985): Trümmerleben. Texte, Dokumente, Bilder aus den Münchner Nachkriegsjahren, München (Deutscher Taschenbuch-Verlag).

Roberts, U. (2003): Starke Mütter – ferne Väter. Über Kriegs- und Nachkriegskindheit einer Töchtergeneration. Gießen (Psychosozial-Verlag).

Seubert, R. (1996): ‚A Country that feels no guilt or shame'. Das Ende des ‚Dritten Reiches' im US-Magazin ‚Life'. In: Diagonal. Zeitschrift der Universität Siegen. Zum Thema ‚Ende', 2: 85–103.

Rundbrief der Gilde Soziale Arbeit, 10 (1956), 2/3: 13–23.

Schmidt-Linsenhoff, V., Kollwitz, K. (1987): „Saatfrüchte sollen nicht vermahlen werden!" In: Rajewsky, Ch., Riesenberger, D. (Hg.): Wider den Krieg. Große Pazifisten von Immanuel Kant bis Heinrich Böll. München (Beck), S. 155–166.

Schönemann, B. (1999): Museum geschichtsdidaktisch: Institution der Geschichtskultur – eigenständiger Lernort – Partner der Schule. In: Informationen des Sächsischen Museumsbundes e. V., Nr. 19, Dezember 1999, S. 77–93.

Sontag, S. (2003): Das Leiden anderer betrachten. München/Wien (Hanser).

Stambolis, B. (1987): Flüchtlinge. In: Paderborn 1945–1955. Zerstörung und Aufbau. Katalog zur Ausstellung in der Städtischen Galerie Paderborn vom

13. 12. 1987 bis 31. 1. 1988. Hg. von der Stadt Paderborn und der Universität-Gesamthochschule Paderborn, S. 109–114.
Stambolis, B. (1998): Glaube und Heimat. Die Flüchtlingsarbeit der Katholischen Osthilfe im Erzbistum Paderborn nach 1945. Paderborn (Bonifatius-Verlag).
Stambolis, B., Jakob V. (Hg.) (2006): Kriegskinder zwischen Hitlerjugend und Nachkriegsalltag. Münster (Agenda-Verlag).
Sternheim-Peters, E. (2000): Habe ich denn allein gejubelt? Eine Jugend im Nationalsozialismus. 5. Aufl., Köln (Verlag Wissenschaft und Politik).
Stille, E. (1981): Kinderfotos als sozio-kulturelle Quelle. In: Fotogeschichte. Beiträge zur Geschichte und Ästhetik der Fotografie, 1, 1: 29–40.
Timm, U. (2003): Am Beispiel meines Bruders. 3. Aufl., Köln (Kiepenheuer & Witsch).
Timm, U. (2003): Die Entdeckung der Currywurst. 6. Aufl., München (Deutscher Taschenbuch-Verlag).
Toeplitz, J. (1991): Geschichte des Films. Bd. 5: 1945–1953. Berlin (Henschel).
Vaccaro, T. (2001): Entering Germany 45–47. Köln (Taschen).
Westfälisches Landesmedienzentrum (Hg.) (2005): Von einem der mitgemacht hat. Eine Jugend unter Hitler. DVD 113/2005. Münster.
Zinnecker, J., Behnken, I., Mikota, J. (2005): Kinder des Weltkrieges II im Bild. Zur visuellen Repräsentation einer Generation in Autobiografien. In: Forneck, H. J., Retzlaff, B. (Hg.) (2005): Kontingenz – Transformation – Entgrenzung. Über Veränderungen im pädagogischen Feld. Rostock (Koch), S. 171–186.

Zur Einführung in Teil II:

Nationalsozialismus und Krieg in literarischen Erinnerungskulturen und Begegnungskontexten der zweiten und dritten Generation

> „Unsere Wohnung war bar jeglicher Erinnerung. Es gab keine vergilbten alten Fotografien mit Kleinkindern im gehäkelten Strampelanzug oder altertümlich gekleideten Personen in steifer Sitzhaltung, die Rückseite handschriftlich mit einem Datum versehen." (Pradelski 2005, S. 155)

> „Seit ich zurückdenken kann, hab' ich Familienfeiern gehasst, weil ich instinktiv immer gespürt habe, es kann jederzeit in irgendeiner Weise zum Eklat kommen." (Andrea Schanze im Film *Winterkinder* [2005] von Jens Schanze)

Die psychosozialen und emotionalen Hinterlassenschaften sowohl der Täter-, Mitläufer- und aktiven Generationen des Zweiten Weltkriegs als auch der Verfolgten des Nationalsozialismus reichen weit in die Generationen der Nachgeborenen hinein. Dabei hat sie in den Kindergenerationen häufig eine ambivalenzträchtige, manchmal verstörende, irritierende, befremdliche, defensiv-abwehrende Wirksamkeit entfaltet, während in der Enkelgeneration – mitunter zum ersten Mal in den betroffenen Familien – stärker Fragen, Dialoge, Kommentare, Enttabuisierungen und manchmal auch unkonventionelle und „aberwitzige" Verarbeitungsformen angeregt werden. Die Enkel stehen möglicherweise nicht mehr im Kernschatten der Ereignisse, sondern können in anderer Weise als ihre Großeltern und Eltern Licht ins Dunkle holen.

Der zweite Teil dieses Bandes enthält fünf Beiträge, die in unterschiedlicher Weise diesen Spuren des (groß-)elterlichen Erbes aus der Perspektive der Nachkommen nachgehen. Aufgezeigt werden durchaus unterschiedliche Formen der Verarbeitung von Kriegskindheiten und Prozesse der intergenerationellen Weitergabe von Kriegserfahrungen an die Kinder- und Enkelgenerationen. Die herangezogenen Quellen entstammen zum einen dem Bereich der Literatur bzw. der Kinder- und Jugendliteratur, zum anderen eher sozialwissenschaftlich orientierten Forschungskontexten. Dabei basieren die hier berücksichtigten literaturwissenschaftlichen Beiträge nur teilweise auf Vorträgen beim „Kriegskinder-Kongress“, sondern sind wegen ihrer grundsätzlichen Themenrelevanz nachträglich mit einbezogen worden.

Obwohl die intergenerationellen Erinnerungsdiskurse im Schatten von Zweiter Weltkriegserfahrung und Nationalsozialismus auch und gerade auf der öffentlich-gesellschaftlichen Ebene zum Teil ausgesprochen kontrovers ausgetragen wurden (z. B. in den 68er-Protesten), steht im Fokus dieser Beiträge vor allem die Auseinandersetzung mit der eigenen, oft mit einer Scham- und/oder Schuldthematik konnotierten (Familien-)Geschichte. Die sich dort entfaltende Brisanz kann dabei sowohl ähnlich kontrovers bzw. spaltend ausfallen wie im öffentlichen Bereich, sie kann aber auch zu neuen Formen der Annäherung und Versöhnung führen. Deutlich wird, dass literarische Autoren und auch Teilnehmern von sozial- oder familienwissenschaftlichen Studien zumeist zugleich die beiden zentralen Dimensionen dieses Themas akzentuieren: Opfer- und Täterperspektiven werden in den Blick genommen. In den meisten Aufsätzen werden die spezifischen Erfahrungskontexte einer deutschen Kriegskindheit berücksichtigt, ergänzt allerdings durch die Einbeziehung der Suchbewegungen nach der Familiengeschichte aus der Sicht US-amerikanischer und israelischer Autoren.

Die Generierung und Nutzung familien-(auto-)biographischer Erinnerungsarbeit hat im klinisch-psychologischen Bereich eine lange Tradition und macht schon seit langem auf die Phänomene intergenerationeller Weitergaben, Übertragungen, Delegationen, kurzum: auf Transmissionsprozesse aufmerksam. Auch dass das Ungesagte, Tabuisierte, Unbewusste und Psychopathologien sich besonders gut dazu eignen, an die nachfolgenden Generationen weitergegeben und dort möglicherweise inszeniert oder wiederholt zu werden, ist dank psychoanalytischer und systemischer Studien bekannt. Eine Reihe der diesbezüglich einschlägigen Konzepte und Erkenntnisse werden ja im parallel erscheinenden Kongressband zu den psychohistorischen Perspektiven auf Kriegskindheitsfolgen diskutiert, um die beobachtbaren Phänomene und Störungsbilder in den nachgeborenen Generationen verstehbar und erklärbar zu machen. Dabei hat die Mehrgenerationenperspektive schon seit längerem Einzug in familientherapeutische Settings gehalten (Massing et al. 1994). Die Erkenntnis des generationenübergreifenden Einflusses von unsichtbaren Bindungen, Familienmythen und „Schuld- und Verdienstkonten“ (Boszormenyi-Nagy/Spark 1981), von Delegationen (Stierlin 1978), von „angeborenen Generationengrammatiken“, die auch bei Kindern schon dazu führen können, dass sie ersatzweise die „Löcher im Rollengefüge der Familie“ ausfüllen (Pesso 2003) bieten einen Zugang, sich den Formen der Resonanz auf das zwiespältige Erbe der Vorfahren und den komplizierten Prozessen der Auseinandersetzung damit zu nähern. Interessant mag in diesem Zusammenhang sein, dass die klinisch-psychologischen Familienanalysen aufgezeigt haben, dass Familiengeheimnisse fast immer mit Scham- und Schuldthemen kontaminiert sind. Unter Bezug auf den hier besonders interessierenden Zusammenhang von

Täter- versus Opferperspektive mag es wichtig sein, dass die im Kontext von Beschämungs- und Demütigungserfahrungen entstehende Scham ein weitaus durchdringenderer, überflutenderer Affekt ist als die kognitiv-moralisch basierte Emotion der Schuld. Man kann sich kaum selbst „entschämen", noch kann die Scham durch andere genommen werden, hingegen ist es eher möglich, sich zu entschuldigen und von anderen in seiner Schuld entlastet zu werden. Insofern folgen die Romane und Erzählungen der jüdischen Schriftstellern möglicherweise ganz anderen Bahnen, nämlich solchen, die im intergenerationellen Beziehungsgeflecht durch eine (vorsprachliche) Übertragung des Affekts der Scham geprägt sind, während viele der literarischen Produktionen von nicht-jüdischen deutschen Autoren zumeist um die sprachlich symbolisierte Auseinandersetzung mit der Schuld-Thematik kreisen.

Parallel zu den Erkenntnissen in den psychosozialen Professionen erleb(t)en seit den 1980er Jahren Autobiographien, autobiographische Romane, Generationen- und Familienromane eine erstaunliche Popularität. Begriffe wie ‚Erinnerungsboom' oder ‚Erinnerungsindustrie' prägen die Diskussionen um die Erinnerungsliteratur, die 60 Jahre nach dem Ende des Zweiten Weltkrieges und 72 Jahre nach der nationalsozialistischen Machtergreifung in Feuilletons geführt wird: „Wühlarbeit im Haus der Ahnen" (Hage 2005) oder „Gesucht: die eigene Herkunft" (Beyer 2004) lauten zwei Titel der zahlreichen Beiträge, die sich mit der neuen Erinnerungsliteratur beschäftigen. Vor allem in der dritten Generation (Kohlstruck 1997, S. 75ff.) ist ein Interesse an „stummen Überbleibseln der familiären Vergangenheit in Form von Briefen, Fotos und Tagebüchern" (Eigler 2005, S. 9) erwacht. Das heißt, neben den Gesprächen mit den Großeltern bzw. Eltern helfen mittlerweile vor allem die verschiedenen Medien dabei, die vergangene Familiengeschichte zu rekonstruieren.

Die eigene (Familien-)Geschichte, die stellvertretend für viele andere stehen soll, bildet den Fokus der Texte der letzten Jahre. Zeigt die Privatisierung von Geschichte tatsächlich ein anderes Bild der nationalsozialistischen Vergangenheit als „im offiziellen kulturellen Gedächtnis der Bundesrepublik" (Welzer 2004a, 2004b)? Die Beiträge nehmen diese Fragestellung auf, zeigen zugleich auch, wie sich unterschiedlichen Autorengenerationen neue literarische Möglichkeiten eröffnen, sich dem 20. Jahrhundert und der eigenen Familiengeschichte zu nähern. Im vorliegenden Band werden in den Beiträgen sowohl die deutschsprachige, nichtjüdische Erinnerungsliteratur in den Blick genommen, als auch Arbeiten aus dem Kontext jüdischer und internationaler Erinnerungskulturen. Ein Vergleich der Rekonstruktion der Erinnerungsdebatte im transnationalen Vergleich bietet sich somit an. Dabei ist die intergenerationelle Weitergabe nicht nur ein Thema der Erwachsenenliteratur, sondern auch eines der Kinder- und Jugendliteratur, in der sich auch ein autobiographisches Erzählen findet.

Der literaturwissenschaftliche Teil beginnt mit einem Beitrag von Hans-Heino Ewers und Caroline Gremmel, in dem die Autoren nach dem Umgang mit Familiengeschichte in der so genannten Enkelgeneration fragen. Der Beitrag zeigt beispielhaft an der Anthologie *Stadt, Land, Krieg. Autoren der Gegenwart erzählen von der deutschen Vergangenheit*, wie der Umgang von zwischen 1957 und 1974 Geborenen mit der deutschen Geschichte entworfen wird. Deutlich wird, dass die dritte Generation sich in ihrer literarischen Erinnerungsarbeit der Verantwortung als Nachkommen stellen kann; sie kann aber auch den literarischen Diskurs um neue Perspektiven bereichern.

Caroline Gremmel zeigt eine exemplarisch Vatersuche am Beispiel des 2004 erschienenen Romans *Der Tote im Bunker* von Martin Pollack und stellt sich der Frage, was Autoren überhaupt veranlasst, sich 60 Jahre nach Kriegsende plötzlich der eigenen Familiengeschichte zuzuwenden. Pollack dokumentiert in seinem autobiographischen Text die grausamen Verbrechen der Nationalsozialisten und gibt ihnen zugleich mit seinem Vater Dr. Gerhard Bast das Gesicht eines realen Menschen und entmystifiziert damit diese Verbrechen. Durch seine nüchterne Sprache schafft es Pollack dem Leser darzulegen, wie das Weiterleben in einer Familie mit moralisch schwerer Schuld möglich war.

Caroline Michler wendet sich in ihrem Beitrag der aktuellen Kinder- und Jugendliteratur zu, in der ebenfalls die Themen ‚Kriegskindheit', ‚Fluchtkindheit' und ‚Nachkriegskindheit' diskutiert werden. Oftmals sind die Autoren dieser Werke Repräsentanten der Generation der Kriegskinder, sodass ihre individuelle Erinnerungsarbeit als ein Gespräch zwischen (Groß-)Eltern und (Enkel-)Kindern ausgelegt werden kann. Gleichzeitig zeigt Michler, dass sich diese Themen sowohl in der Erwachsen- als auch in der Kinder- und Jugendliteratur finden.

Jana Mikota wendet sich in ihrem Beitrag dem Familienroman zu. Sie zeigt exemplarisch an jüdischen und nichtjüdischen autobiographischen Romanen der zweiten und dritten Generation, wie unterschiedlich mit Familiengeschichte umgegangen wird. Das Schweigen über die Erlebnisse während der Shoa prägt das Verhältnis zwischen der ersten und zweiten Generation. Erst die dritte Generation begibt sich auf die Suche nach der restlos zerstörten Familiengeschichte und reist zu den Orten, an denen die Groß- und Urgroßeltern gelebt haben. Erinnerungsgegenstände existieren kaum und auch an den von den Enkeln besuchten Orten finden sich kaum Menschen, die sich erinnern können oder gar wollen. Ähnlich und doch auch wieder anders gelagert ist die Situation der Täter-Nachkommen: In diesen Familien wird oftmals von Schwierigkeiten auf der Flucht geredet, aber es bleiben ‚weiße Flecken' in der Familiengeschichte, die nur teilweise von der dritten Generation aufgedeckt werden können.

Die Sozialwissenschaftlerin Ulla Roberts berichtet über ihre Erinnerungsarbeit mit der Enkelgeneration und über Forschungserkenntnisse zu den Übertragungsprozessen bis in die dritte Generation hinein. Ulla Roberts hat dieses Thema als eine der ersten in der deutschsprachigen Literatur aufgegriffen. Dennoch handelt es sich hier um einen Forschungsbereich, der in Deutschland letztlich immer noch in den Anfängen steckt. Sie lässt dabei in Interviewauszügen die dritte Generation selbst zu Wort kommen und stellt – ähnlich wie es in gewisser Weise für die literarischen Autoren postuliert wurde – unter anderem fest, dass die Auseinandersetzung der Enkelgeneration weniger politisch oder ideologisch erfolgt und geprägt ist als es bei der 68er-Generation der Fall war.

Alle Beiträge zeigen die Mannigfaltigkeit der Autoren, die Suche nach der Familiengeschichte literarisch oder biographisch zu verarbeiten. Ob die hier identifizierten unterschiedlichen Deutungsmuster in der zweiten und dritten Generation unterschiedliche, generationsspezifische Reflexions- und Auseinandersetzungsstile darstellen im Sinne einer größeren Aufgeschlossenheit seitens der Enkelgeneration gegenüber ihren (Täter-)Großeltern müssen zukünftige Forschungen erweisen.

Insa Fooken, Jana Mikota, Hans-Heino Ewers

Literatur

Primärliteratur

Pollack, M. (2004): Der Tote im Bunker. Bericht über meinen Vater. Wien (Zsolnay).

Pradelski, M. (2005): Und da kam Frau Kugelmann. Frankfurt a. M. (Frankfurter Verlagsanstalt).

Sekundärliteratur

Beyer, S. (2004): Gesucht: Die eigene Herkunft. In: Der Spiegel, 29, 7. 12. 2004, S. 118–120.

Bogdal, K. (2005): Sprachen der Erinnerung. Einführung in das Themenheft. In: Bogdal, Klaus-Michael (Hg.). Der Deutschunterricht. Heft 6: Sprachen der Erinnerung, S. 2–5.

Boszormenyi-Nagy, I., Spark, G. (1981): Unsichtbare Bindungen. Die Dynamik familiärer Systeme. Stuttgart (Klett-Cotta).

Eigler, F. (2005): Gedächtnis und Geschichte in Generationenromanen seit der Wende. Berlin (Erich Schmidt Verlag).

Hage, V. (2005): Wühlarbeit im Haus der Ahnen. In: Der Spiegel, 29. August 2005; http://www.spiegel.de/spiegel/0,1518,371760,00.html

Kohlstruck, M. (1997): Zwischen Erinnerung und Geschichte. Der Nationalsozialismus und die jungen Deutschen. Berlin (Metropol).

Massing, A., Reich, G., Sperling, E. (1994): Die Mehrgenerationen-Familientherapie. Göttingen (Vandenhoeck & Rupecht).

Pesso, A. (2003): Article by Albert Pesso for Holes in Roles Workshops. http://www.pbsp.com/Training/holes_in_roles1.htm

Schanze, J. (2005): Winterkinder. Tiberius Film; http://www.Winterkinder-Film.de

Stierlin, H. (1978): Delegation und Familie. Frankfurt a. M. (Suhrkamp).

Welzer, H. (2004a): Schön unscharf. Über die Konjunktur der Familien- und Generationenromane. In: Mittelweg, 36, 1: 53–64.

Welzer, H. (2004b): Im Gedächtniswohnzimmer. In: Die Zeit, 15. 11. 2004, Nr. 14 (Literaturbeilage).

Hans-Heino Ewers und Caroline Gremmel

Auf Spurensuche in der Großelterngeneration

Deutsche Geschichte in der Literatur der dritten Generation

Mit dem Ableben sowohl der Überlebenden des Holocaust wie auch der letzten aktiv am Zweiten Weltkrieg Beteiligten sind kaum noch Zeitzeugen greifbar. Dies hat zu verstärkten Anstrengungen geführt, die persönlichen Erinnerungen an den Holocaust und den Zweiten Weltkrieg für die Weitergabe an die nachfolgenden Generationen zu fixieren. Mit groß angelegten Projekten wie der 1994 vom US-Regisseur Stephen Spielberg ins Leben gerufenen „Shoah-Foundation" wird versucht, möglichst viele autobiographische Berichte über die NS-Zeit zu sammeln. Auch das wachsende Interesse für die Erinnerungen all der Angehörigen der so genannten zweiten Generation, die zu den Kriegskindern und -jugendlichen zählen, erklärt sich nicht zuletzt daraus, dass diese für absehbare Zeit die einzige Altersgruppe sein wird, welche den Holocaust und den Krieg noch unmittelbar erlebt hat – wenn auch nur als Kinder bzw. Jugendliche. Doch können auch die Lebensberichte der zweiten Generation auf lange Sicht nicht verhindern, dass für die nachfolgenden Generationen das Dritte Reich in emotionaler Hinsicht mehr und mehr eine Geschichtslektion unter vielen sein wird (Kohlstruck 1997). Sobald deren Zeugen verschwunden sein werden, wird die Erinnerung an die Nazizeit nur noch ein Bestandteil des „kulturellen Gedächtnisses" sein.

Gedenkkultur und Erinnerungsmonopol

In Folge des aktuellen Generationenwechsels wird das Gedenken an den Holocaust und den Zweiten Weltkrieg auch von Vertretern der so genannten dritten Generation als Verpflichtung angesehen. Weil die Angehörigen dieser Generation erst Jahrzehnte nach der Gründung der Bundesrepublik geboren wurden und in Sicherheit und Wohlstand aufgewachsen sind, wird ihnen oft das Recht auf eine kritische Darstellung und Bewertung des Krieges und des Völkermordes abgesprochen. Dabei empfinden nicht nur die „Zeitzeugen", die sich oft angegriffen fühlen, die Beschäftigung der jungen Autorinnen und Autoren mit dieser Thematik mitunter als anmaßende, unzulässige Grenzüberschreitung. Auch von Seiten der zweiten bzw. 68er-Generation zeigt sich ein starker Unwille, sich die moralische Deutungshoheit über diese Epoche streitig machen zu lassen. Der Psychologe Christian Schneider sieht bei der zweiten Generation, der er selbst angehört, eine Neigung, „der dritten Generation [...] das Recht auf eine genuine Leiderfahrung im Erinnern und Nachempfinden des Holocaust“ abzusprechen und auf einen „Authentizitätsanspruch von Gefühlen“ zu bestehen (Schneider 2004, S. 251). So manche autobiographische Werke von Autorinnen und Autoren der zweiten Generation leisten einer Monopolisierung der Erinnerung dadurch Vorschub, dass sie ausschließlich der eigenen generationenspezifischen Sichtweise folgen und die Kindergeneration aus der literarisch „nachgeholten“ Auseinandersetzung mit den Vorfahren weitgehend ausschließen. Weil es sich hierbei oft um eine Literatur mit selbsttherapeutischer Funktion handelt, kann man diese Einschränkung zwar nachvollziehen, dennoch läuft sie Gefahr, den Eindruck zu vermitteln, als ließe sich die Auseinandersetzung mit der NS-Zeit auf die Generation der „Täter-Kinder“ eingrenzen.

Um die Erinnerung an den Holocaust und den Krieg langfristig am Leben zu halten, bedarf es nach Meike Herrmann (2004, S. 140) einer Einmischung von Autorinnen und Autoren der dritten Generation in die literarische Erinnerungsarbeit. Letztere könnten damit nicht nur ihre Bereitschaft unter Beweis stellen, sich ihrer Verantwortung als Nachkommen zu stellen; sie könnten darüber hinaus den literarischen Diskurs um eine neue Perspektive bereichern, indem sie beispielsweise auf Spuren der NS-Zeit noch im Leben ihrer Generation aufmerksam machen. Sie könnten die oft belasteten intergenerationellen Beziehungen aus der Warte der jüngsten Nachkommen schildern und Einblicke in die Mechanismen der Weitergabe von Traumata und Schuldgefühlen verschaffen. Weil sie aufgrund des Schweigens und Verheimlichens ihrer Verwandten häufig selbst vom Wissen über die eigene Familiengeschichte ausgeschlossen sind, zeugen sie von einem Gefühl der Leere und des Mangels, das die weit zurückliegende Epoche im Leben der Enkel hinterlässt.

Ein Blick auf die in jüngster Zeit erschienenen Publikationen macht deutlich, dass ein zusammenfassender Begriff wie „Enkelliteratur“ den sehr heterogenen Werken dieser Autorengeneration nicht gerecht werden kann. Zwar schlägt sich der größere zeitliche Abstand in einer spürbar geringeren emotionalen Befangenheit und einer distanzierteren, häufig sogar humoristischen Betrachtungsweise nieder, die man durchaus als generationsspezifisch bezeichnen kann. Es bestätigt sich hier die Annahme, dass der psychische Aufwand, der erforderlich ist, um mit dem Wissen von der NS-Vergangenheit eines Angehörigen fertig zu werden, für die nachfolgenden Generationen geringer ist als für die direkten Nachkommen. Ihnen fällt sowohl ein Abwenden von den gealterten „Nazi-Tätern“ in ihren Familien als auch ein mildes Ignorieren von deren Vergangenheit vergleichsweise leichter. Es finden sich dennoch deutliche Unterschiede im jeweiligen Selbstverständnis als „Täter-Enkel“ wie auch in den gewählten literarischen Ausdrucksformen.

Literarische Spurensuche

Eine faktenorientierte Annäherung an die Generation ihrer Großeltern betreiben Claudia Brunner und Uwe von Seltmann in ihrem 2004 erschienenen Gemeinschaftswerk *Schweigen die Täter – reden die Enkel*. Anhand eigener Recherchen rekonstruieren sie die nationalsozialistische Vergangenheit jeweils eines Familienangehörigen der ersten Generation und beschreiben ihre persönlichen Erfahrungen bei der Suche nach einem angemessenen Umgang damit. Das Buch unterscheidet sich nicht grundsätzlich von vergleichbaren Projekten älterer Autoren, doch lassen sich gerade Dank dieser Nähe die vorhandenen Unterschiede besonders gut herausarbeiten. So machen sich der zeitliche Abstand wie auch die emotionale Distanz, die die Autoren von ihrem verstorbenen Großvater und Großonkel trennen, deutlich bemerkbar. Es scheint in erster Linie nicht um die Aufdeckung schuldhafter Verstrickungen als solcher zu gehen; vielmehr steht die Frage nach der korrekten und angemessen Haltung, die man als Nachkomme der eigenen Familiengeschichte gegenüber einzunehmen hat, im Vordergrund. Die Schilderung von Situationen, in denen die Enkel mit der Vergangenheit ihrer Verwandten konfrontiert wurden und sich zu einer Stellungnahme anderen gegenüber gezwungen fühlten, besitzt ein stärkeres Gewicht, wie auch Reflexionen über die Frage hervorstechen, welchen Sinn eine Beschäftigung damit für junge Menschen ihres Alters haben kann. Die Wiedergabe der Recherche-Ergebnisse bezüglich der Persönlichkeiten Alois Brunners und Lothar von Seltmanns ist durchweg begleitet von sehr persönlichen Kommentaren der Autoren, die ihre eigenen Reaktionen und Gefühle beschreiben, die jedoch eine wesentlich geringere Befangenheit und Erschütterung ausdrücken, als sie bei Autoren der zweiten Generation wie Uwe Timm, Monika Jetter und auch Martin Pollack zu finden sind.

Eine Variation desselben Stoffes bietet eine Reihe jüngerer Romane von Autoren wie Marcel Beyer (*Spione*, 2000), Lena Kugler (*Wie viele Züge*, 2001) und Tanja Dückers (*Himmelskörper*, 2003), deren gemeinsames Muster laut Meike Herrmann (2004, S. 143) die „Spurensuche“ darstellt. Hier werden in der Gegenwart angesiedelte Familiengeschichten entworfen, in deren Zentrum das Lüften eines „dunklen“ Geheimnisses aus der NS-Vergangenheit der Großeltern durch die Enkel steht. Die Nachforschungen der jungen Protagonisten nach jenen Wahrheiten, die von den Älteren sorgfältig verborgen werden und von denen sie dennoch diffuse Ahnungen haben, gestalten sich nicht nur als spannende Geschichten mit kriminalistischen Zügen. Zusätzlich veranschaulichen sie die belastenden Auswirkungen, die eine fehlende Kommunikation auf die intergenerationellen Beziehungen einer Familie haben kann. Die Autoren beschreiben dabei, so Herrmann (2004, S. 154), häufig „klischeehafte Generationenmodelle“, die meist sehr zu Gunsten der dritten, d. h. der eigenen Generation ausfallen. Während die Großeltern als „Hüter des Geheimnisses“ auf die Enkel eine besondere Faszination ausüben, erscheinen die Angehörigen der zweiten Generation häufig als passive, traumatisierte Kriegskinder, denen keine ausreichende Verarbeitung der Vergangenheit gelungen ist und die ihre Eltern beim Verschweigen und Verheimlichen unterstützt haben. Die Enkel selbst stünden der Geschichte ihrer Familie dagegen unerschrocken, interessiert und verantwortungsbewusst gegenüber. Indem sie die Vergangenheit in den Augen der Enkel als faszinierendes Geheimnis erscheinen lassen, dem diese teilweise mit wilden Spekulationen und ausufernder Phantasie begegnen, schaffen die Autoren in ihren Romanen eine geradezu surreale Atmosphäre, womit sie sich deutlich von den ernsten Werken der Älteren unterscheiden.

Die Anthologie *Stadt Land Krieg*

Ähnlich gestalten sich einige Beiträge aus der 2004 erschienenen Anthologie *Stadt Land Krieg*, die von den Autorinnen Verena Carl, Jahrgang 1969, und Tanja Dückers, Jahrgang 1968, herausgegeben wurde. Sie enthält 22 Beiträge jüngerer Autoren, die sich im engeren oder auch weiteren Sinne mit der Zeit des Nationalsozialismus und deren Folgen für die heutige Zeit sowie mit den intergenerationellen Beziehungen in deutschen Familien beschäftigen. So stellen einige der kurzen Erzählungen nach dem Modell der „Spurensuche“ die Familienvergangenheit als ein Rätsel dar, das sich für die Enkel häufig weniger aus dem Verhalten ihrer Großeltern als aus dem ihrer von der Kindheit im Krieg stark geprägten Eltern ergibt. Während es hier für die Protagonisten oft hauptsächlich darum geht, hinter Geheimnisse zu kommen, etwa indem sie den Grund für den Selbstmord der Mutter herausfinden – wie in *Ruf und Gegenruf*, dem Text von Tanja Langer – oder die Herkunft erbeuteter Kunstwerke erschließen – so in *Eine schmutzige Geschichte* von Barbara Bongartz – beschreiben andere die Verständnislosigkeit, die zwischen den völlig unterschiedlich sozialisierten Generationen herrscht. Dazu werden Szenen aus dem alltäglichen Familienleben geschildert oder auch Momentaufnahmen aus dem Alltag der Enkel den Erlebnissen der Großeltern gegenübergestellt.

Die erste Generation erfährt dabei sehr unterschiedliche Beurteilungen. So erscheint sie in Georg M. Oswalds Erzählung *Das Loch* als Vertuscher und Leugner von unliebsamen Wahrheiten, während sie in Maike Wetzels Beitrag *Großvater* eher positiv konnotiert wird. Wetzel beschreibt aus der Sicht eines Kindes liebevoll die nur in kleinen Veränderungen des Alltagslebens spürbare Leerstelle, die der Tod des Großvaters hinterlässt. Bedrohlich und von fatalem Einfluss auf den Enkel wirken dagegen die in Corinna Waffenders Erzählung *Blut stinkt* geschilderten Großeltern, die dem Kind auf brutale und unverhohlene Weise die Rassenideologie der Nationalsozialisten vermitteln.

Überraschend durch ihre Originalität und ihren unerwarteten Blickwinkel sind einige Beiträge, die Spuren der NS-Zeit in Lebensbereichen junger Menschen aufzeigen, die zunächst in keinem Zusammenhang mit der deutschen Geschichte zu stehen scheinen. Auf sie stößt der Protagonist von Michael Weins Beitrag *Das blaue Licht* bei einem Drogengeschäft mit einer zur NPD übergewechselten „Alt-Achtundsechzigerin“ ebenso wie der Held und jüdische Militärdienstverweigerer vor der österreichischen Zivildienstkommission in Vladimir Vertlibs *Die Kommission*. Die teilweise rätselhaft verschlüsselten oder humoristisch gestalteten Geschichten zeigen auf oft verblüffende Weise die Schwierigkeiten, die sich aufgrund der NS-Vergangenheit jungen – sowohl jüdischen als auch nichtjüdischen – Erwachsenen noch heute in Fragen der nationalen Identität und des Selbstbildes gegenüber der (ausländischen) Außenwelt ergeben. Ein besonders interessantes Beispiel hierfür soll im Folgenden näher analysiert werden.

Identitätsverwirrung bei der dritten Generation

Hervorstechend durch sein ungewöhnliches Thema und seine ironische, provokante Herangehensweise ist Norbert Krons Beitrag *Kohn in der Couch*. Sarkastisch schildert der 1965 geborene Autor, in welch absurde Identitätsverwirrungen und fruchtlose Reflexionen bei Angehörigen seiner Generation eine fehlgeschlagene Auseinandersetzung mit dem Wissen um den Holocaust münden kann. Es geht um Zeitungsredakteur Heinrich Krohn, der, auf der Couch seiner Psychoanalytikerin liegend, über seinen heimlichen Wunsch nachdenkt, dass diese Jüdin sei, und darauf mit ausgeprägten Schuldgefühlen reagiert. In der Form eines Bewusstseinsberichts in der dritten Person, der ausschließlich die Gedanken Krohns wiedergibt, beschreibt der Autor dessen innere Vorgänge als eine Spirale aus immer abstruseren Grübeleien und Schlussfolgerungen. Er lässt den Leser miterleben, wie Krohn in distanzloser Selbstbezogenheit die gesamte Schuld der Nationalsozialisten auf sich überträgt, worauf er mit Beschämung und Selbsthass reagiert, die ihn emotional blockieren und in larmoyantem Selbstmitleid versinken lassen. Angaben über Vergangenheit und familiäre Herkunft, die zu einem Verständnis der Figur beitragen könnten, werden nicht gemacht. Umso mehr wirken die oft hämisch und verächtlich dargebotenen Ventilationen Krohns auf den Leser befremdlich und zuweilen grotesk. Damit gelingt es dem Autor jedoch, das Interesse des Lesers zu wecken und diesen zu veranlassen, hinter den komischen Elementen das Krankheitsbild des Mannes zu ergründen.

Die Erzählung erweist sich gleichzeitig als eine amüsante Schilderung typischer Abwehr- und Verdrängungsmechanismen, wie sie von Psychologen vielfach bei Nachkommen von Holocaust-Tätern beobachtet worden sind.

Mit seinen irrationalen Schuldgefühlen und vehementen Selbstanklagen erscheint Heinrich Krohn wie der von Konrad Brendler (1997, S. 69–74) beschriebene Typus des „Täter-Enkels“, dessen Entsetzen über den Holocaust eine Verarbeitung unmöglich macht und zu depressiven Leiden führt. Seine übersteigerten Schamaffekte und tiefen Selbstzweifel sind hierfür ebenso symptomatisch wie sein ausgeprägtes „Bedürfnis nach Wohlverhalten und sozialer Akzeptanz“ (ebd., S. 72f.). In Abgleichung mit den Schilderungen Brendlers lässt sich Krohns Fixierung auf den „deutschen“ Schuldkomplex erklären, die dem Leser mitunter wie die vorgeschobene Rationalisierung eines narzisstisch Gekränkten anmutet, der nach einer Begründung für seine Identitätsprobleme sucht. Auch dass Krohns Gedanken, obwohl sie sich unablässig mit dem Holocaust beschäftigen, keinen Aufschluss über die konkrete Ursache seiner Beschämung geben, die mit einer eventuellen Verstrickung seiner Familie in das Verbrechen zusammenhängen könnte, stimmt mit den Beobachtungen des Psychologen überein. Laut Brendler zeichnet sich bei dem Typus des depressiv unter dem „Ballast der Erinnerung“ Leidenden eine besondere Tendenz ab, einer genaueren Überprüfung der eventuellen Mitschuld der eigenen Angehörigen auszuweichen (ebd.).

Das wichtigste Motiv, das im Zentrum von Krohns Verzweiflung steht, ist jedoch sein gestörtes Verhältnis zu Juden. Voller Bestürzung über die Schlüsse, die sich aus der Shoah hinsichtlich der Grausamkeit des Menschen ergeben, verfällt Krohn einem kindlichen Schema von Gut und Böse, wobei er das Jüdische idealisiert und alles Bedrohliche und Verachtenswerte auf „den Deutschen“ projiziert. Obwohl er zu der Einsicht fähig ist, dass ihn als Enkel der deutschen „Tätergeneration“ keine persönliche Schuld treffen kann, gelingt es ihm emotional nicht, zwischen individueller und kollektiver Schuld zu differenzieren. Als Teil der „bösen“ Seite glaubt er, durch eine deutsche „Erbsünde“ (Carl/Dückers 2004, S. 109) vorverurteilt zu sein, und führt jeden seiner Fehler, jede Schwäche seines Charakters auf sein „Deutschsein“ zurück. Dabei gilt ihm der Antisemitismus als Inbegriff der menschlichen Schlechtigkeit und Niedertracht, die in sich zu tragen für den permanent Beschämten das größte Übel darstellt. Mit einem nahezu paranoiden Misstrauen gegen sich selbst sucht er in seinem Inneren nach Anzeichen für eine latente Bösartigkeit, die er als Nachkomme des „Tätervolks“ wähnt geerbt zu haben. Aus panischer Furcht davor, dass andere aus seinen Äußerungen Judenfeindlichkeit heraushören könnten, was in seinen Augen die absolute Selbstentwertung bedeuten würde, kapselt sich Krohn so weit von der Außenwelt ab, dass er sich selbst als „sozial behindert“ (ebd., S. 106) empfindet. Indem er diese Verzagtheit als eine „typisch deutsche“ Feigheit ansieht und sie in maßloser Überfrachtung mit dem Billigen des Massenmordes an den Juden (ebd., S. 107) gleichsetzt, potenziert er seine Schamgefühle und versinkt in tiefer Selbstverachtung.

Aus seiner fatalistischen Haltung, die sich aus seinem Glauben an eine „Urschuld“ (ebd., S. 109) speist, leitet Krohn vor sich selbst eine gewisse

Rechtfertigung für seine Passivität ab. Anstatt sich mit der Vergangenheit seiner Familie auseinanderzusetzen und durch eine emotionale Verarbeitung zu einer reifen Haltung gegenüber seiner Verantwortung als Nachkomme zu finden, hofft er auf Entschuldung und Absolution durch die Opfer, für ihn ausschließlich repräsentiert durch „die Juden". Diese erhebt er zu einer richterlichen Instanz, durch deren Vergebung allein er sich Erlösung verspricht und die er demütig verehrt. Dabei erweist sich Krohns sehnsüchtiges Verlangen nach Akzeptanz durch Juden, das in der Wunschphantasie gipfelt, mit einer Jüdin zu schlafen und damit Aufnahme in die jüdische Gemeinschaft zu finden, als ein Versuch, seiner Verantwortung als Deutscher zu entfliehen. So lässt sich die vermeintlich philosemitische Haltung Krohns als eine Form der von Gabriele Rosenthal beschriebenen „Pseudo-Identifikation mit den Opfern" (Rosenthal 1997, S. 352) charakterisieren, die letztlich der Vermeidung einer emotionalen Beschäftigung mit deren Schicksal dient. Deutlich wird dies vor allem in seinem klischeehaften Entwurf „des Juden", der ihm als Identifikationsfläche und Idol gleichermaßen dient. Krohn, der selbst niemals persönlichen Kontakt zu Juden gehabt hat, reduziert diese in seiner Vorstellung auf das Stereotyp vom gewitzten und leicht neurotischen Intellektuellen, den „Typ des zerrissenen New Yorker Juden, der nicht mehr an Gott glauben kann" (Carl/Dückers 2004, S. 107), wie ihn Woody Allen oder Philip Roth verkörpern.

In seiner Freude darüber, wie sehr er sich selbst in diesen Personen wiederfindet, übersieht Krohn, dass seine vermeintlich philosemitische Verehrung nicht das Geringste mit deren jüdischer Herkunft zu tun hat. Indem er das Phantombild eines idealisierten Juden zum Gegenstand seiner Verehrung macht, verdrängt er die Millionen Ermordeten und auch die Überlebenden des Holocaust. Dass diese als Opfer der Deutschen für ihn lediglich als Vergebung Gewährende eine Rolle spielen, zeigt sich in der Enttäuschung über seine fehlgeschlagenen Versuche, sich von seinen Schuldgefühlen und seinem Selbsthass zu befreien. Maßnahmen wie die Produktion von Reportagen über Konzentrationslager erweisen sich als egoistisch motiviert, wenn er rückblickend unbefriedigt feststellt, „dennoch nicht reingewaschen" (ebd., S. 110) zu sein.

Ähnliche Schlüsse lassen sich aus einem merkwürdigen sexuellen Traum ziehen, in dem sich sein Wunsch nach Verkehr mit einer Jüdin zunächst zu erfüllen scheint. Hier entpuppt sich die hingebungsvolle und leidenschaftliche Schönheit, die er als Jüdin zu erkennen glaubt, während des Geschlechtsaktes als faltige Greisin, die Krohn in Schrecken versetzt. Mit distanzierter Gehässigkeit schildert der Autor die Empörung Krohns, der seine Absolution offenbar nur durch eine „jüdische Naomi, eine Helena Zions", erhalten will: „So hat er sich das Ganze nicht vorgestellt" (ebd., S. 113). Dass Krohn seinen ersehnten Wechsel auf die „Seite" der Juden in seiner Phantasie mit einem überaus angenehmen Vergnügen verbindet, beweist seine fehlende Bereitschaft zu jeglicher Form der „Buße". Der Tod und

Zerfall symbolisierende Greisenkörper scheint gerade deshalb Abscheu erregend, weil dieser in Krohns Projektion vom idealisierten Juden nicht passt.

Dass er nicht in der Lage ist, die Leiden der Holocaust-Opfer auch emotional nachzuvollziehen, zeigt sich deutlich darin, dass er den Juden als Inbegriff des „Opfers" zwar ein regelrechtes „Leidensmonopol" zugesteht, diese dafür aber allen Ernstes bewundert und beneidet. Absurder noch ist sein Gedanke, dass ihn nur seine fehlende Beschneidung von den Juden trennt. So wie er sich in Bezug auf einen in seiner Familie überlieferten Scherz des Großvaters aus der NS-Zeit heimlich wünscht, durch die Eliminierung des Buchstaben ‚r' in seinem Namen zum jüdischen „Kohn" zu werden (ebd., S. 108), beginnt er sich einzubilden, mit der Beseitigung des „R in seiner Leibesmitte" (ebd., S. 115) seinem Deutschsein entfliehen zu können. Als ob sich das Trennende zwischen dem „schuldigen Deutschen" und dem Juden allein auf ihre vorhandene oder fehlende Vorhaut reduzieren ließe! Indem er Krohn zu diesem Schluss kommen lässt, steigert der Autor dessen abwegige Gedankenkette zu einem grotesken Höhepunkt.

Da er seine Haltung gegenüber seiner Figur nicht zu erkennen gibt, hinterlässt Norbert Kron beim Leser bei aller Erheiterung über die aberwitzigen Wendungen doch eine gewisse Ratlosigkeit. Aus seinen oft satirischen Übertreibungen spricht mitunter Verachtung für die Egozentrik und das bodenlose Selbstmitleid Heinrich Krohns, die sich auch beim Leser einstellt. Ernsthaft und nachdenklich stimmt jedoch die Tatsache, dass Krohn seine eigenen Verdrängungsmechanismen immer wieder selbst durchschaut und sich dennoch nicht davon befreien kann. Die Figur erhält einen tragischen Charakter durch ihre Fähigkeit, aufgrund der nicht unbeträchtlichen psychologischen Bildung die eigenen Gefühle, Wunschphantasien und Träume bis zu einem gewissen Grade selbst zu deuten. Dies stellt sich jedoch eher als Nachteil für Krohn heraus, da die Ergebnisse seiner Selbstanalyse seine Schuldgefühle nur noch steigern und ihn noch mehr in Beschämung und Selbsthass versinken lassen. Gequält von den eigenen strengen Urteilen, empfindet er sich selbst als Verfolgten, was sich in seinen Gedanken manifestiert: „es [ist] gerade so, als ob im nächsten Moment ein alarmierter deutscher Kulturkritiker um eine Ecke seines Kopfes geschossen kommt und mit dem Satz ‚das-ist-latenter-Antisemitismus' auf ihn zeigt." (Ebd., S. 106) Wenn Krohn sich am Ende in völlig abstrusen Schlussfolgerungen verfängt, nach denen ihn sein Wunsch nach Sex mit einer Jüdin über den Umweg der analytischen Übertragung und des Ödipuskomplexes schließlich selbst „im allegorischen Sinn" zum „Sohn einer Jüdin" (ebd., S. 114) macht, entsteht der Eindruck, als sei gerade seine Kenntnis psychologischer Theorien mitverantwortlich für sein psychisches Leiden.

Trotz des oft kaum verhohlenen Spotts entsteht nicht der Eindruck, als wolle Norbert Kron hier die Schwierigkeiten und tiefen Verunsicherungen in

Frage stellen, die das Wissen um die Verbrechen in der deutschen Vergangenheit für seine eigene, die dritte Generation, bedeuten kann. Bereits die auffällige Ähnlichkeit seines eigenen Namens mit dem seiner Figur legt die Vermutung nahe, dass einzelne Elemente wie beispielsweise die Anekdote aus Krohns Familienvergangenheit autobiographische Züge tragen könnten. Es lässt sich demnach mutmaßen, dass der Autor, der sich zweifelsohne eingehend mit der psychologischen Forschung zu Nachkommen der Holocaust-Täter beschäftigt hat, mit den Grübeleien Heinrich Krohns seine eigenen – möglicherweise überwundenen – Unsicherheiten und Selbstzweifel in überspitzter Form wiedergibt und mit seiner satirischen Darstellung auch eine Art der persönlichen Distanzierung und Verarbeitung leistet.

Die Jungen, die Alten, der Krieg – Christoph Amends Generationenportrait

Im Vorwort zu ihrer Anthologie warnen Verena Carl und Tanja Dückers davor, die einzelnen Beiträge überzuinterpretieren. Ihre Sorge gilt dabei vor allem der Gefahr einer vorschnellen Festlegung auf einen eng gefassten Begriff der „Enkelgeneration“, als deren Sprachrohr die Beiträge sich nicht unbedingt verstanden wissen möchten. Unter Hinweis auf das – durch empirische Untersuchungen belegte – weitgehende Desinteresse ihrer Generation in Sachen Holocaust und Zweiter Weltkrieg halten sie die Auseinandersetzung der Beiträger mit diesen Themen für eine Ausnahmeerscheinung. Während sich die Autorinnen hier vehement dagegen wehren, „aus einzelnen künstlerischen Leistungen Hypothesen über die Seelenlage einer ganzen Generation auf[zu]stellen“ (Carl/Dückers 2004, S. 9) versucht der Journalist Christoph Amend, Jahrgang 1974, in seinem 2003 erschienenen Generationenportrait *Morgen tanzt die ganze Welt. Die Jungen, die Alten, der Krieg* genau dies zu erreichen. Im Gegensatz zu den Literaten ist dem Journalisten daran gelegen, allgemeingültige Aussagen über die heute „Um-die-Dreißigjährigen“ (Amend 2003, S. 14) zu treffen.

Der nationalsozialistischen Vergangenheit Deutschlands misst er dabei einen großen Einfluss auf das Leben seiner Generationsgenossen bei, ohne diesen jedoch näher zu spezifizieren. Seinem Portrait der eigenen stellt er ein Bild der Generation der jugendlichen Frontsoldaten des Zweiten Weltkrieges gegenüber, das er aus Interviews mit ehemaligen Kriegsteilnehmern gewinnt. Der Rückgang auf die ältere Generation und die Epoche des Nationalsozialismus stellt dabei bloß einen Umweg dar, um die Mentalität der aktuellen jungen Erwachsenen schärfer herauszuarbeiten. So nennt er als Anstoß gebende „Schwellensituation“, als Anlass, sich mit den Biographien junger deutscher Kriegsteilnehmer zu beschäftigen, nicht deren absehbares Ableben, sondern die aktuelle wirtschaftliche Krise, die den allgemeinen Wohlstand und damit auch den einzigen „gemeinsamen Nenner“ seiner Generation (Amend 2003, S. 12) gefährde. Durch den Vergleich mit den

„Großvätern“, deren Zusammengehörigkeit als Altersgruppe Amend durch die gemeinsame Kriegserfahrung definiert sieht, will er das Selbstverständnis der eigenen Generation ergründen. Dies spiegelt sich in der Anlage des Buches wider: In der Kapitelabfolge wechseln sich Beobachtungen und Beurteilungen der eigenen Generation mit den Auswertungen der Interviews ab, die Amend mit Kriegsteilnehmern geführt hat.

Konfrontation mit Deutschlands Großvätern

Trotz großer Ähnlichkeit mit Illies *Generation Golf* bietet Amends Buch eine neue Facette: sein Selbstverständnis nämlich als „Enkel der Täter“ oder als Angehöriger der dritten Generation. Während Illies sein Bild von den egomanischen jungen Snobs der 90er Jahre noch vor allem in Kontrastierung mit der Vorgängergeneration der „Latzhosenträger, BH-losen Frauen, [...] Zigarettenselbstdreher und Liegefahrradfahrer“ (Illies 2000, S. 181) zeichnete, die den „lieben langen Tag lang“ (ebd., S. 163) demonstrierte, und damit die Zeit der Studentenrevolte als maßgeblich für die Sozialisation und die (gegenläufige) Entwicklung seiner Generation betrachtete, greift Amend zeitlich weiter zurück. Eine persönliche Note erhält Amends Interesse an der ersten Generation, wenn er einleitend sein Bedauern darüber ausdrückt, dass er aus Mangel an Neugier und aufgrund von dessen Zurückhaltung niemals mit seinem verstorbenen „Lieblingsopa“ über dessen Kriegserlebnisse gesprochen habe.

Im Bestreben, die prägende Wirkung der Front- beziehungsweise Kriegserlebnisse auf das spätere Leben nachzuzeichnen, setzt sich der Journalist mit den Biographien acht älteren Persönlichkeiten auseinander, die überwiegend zur „ersten Generation“ zählen, teilweise aber auch den ältesten Jahrgängen der „Kriegskinder“ zuzurechnen sind, die in jungen Jahren als Flakhelfer oder Hitlerjungen von den Nationalsozialisten manipuliert und missbraucht worden sind.[1] Neben den Informationen, die sie über die prominenten Persönlichkeiten liefern, sind diese Berichte vor allem durch die atmosphärisch dichten Schilderungen der Interviewsituationen aufschlussreich. Zunächst erwecken die Gesprächssituationen den Eindruck eines idealen Umgangs der Generationen miteinander, der von gegenseitigem Respekt und Interesse geprägt ist. Interpretierende Beschreibungen der Gebärden, der Mimik und des Tonfalls des jeweiligen Sprechers sowie wertende Kommentare, die Amend nicht im Gespräch selbst, sondern erst nachträglich zu artikulieren wagt, lassen jedoch auf unterschwellige Spannungen schließen, die aus

1 Es handelt sich um die ehemaligen Spitzenpolitiker Richard von Weizsäcker und Egon Bahr sowie um Wissenschaftler aus den Bereichen Politologie, Psychologie und Geschichte. Amend interessiert sich jedoch auch für solche Alten, die die öffentliche Meinung im Nachkriegsdeutschland eher auf der (populär-)kulturellen Ebene geprägt haben, wie den Journalisten Hellmuth Karasek, den Schriftsteller Erich Loest oder den Drehbuchautor der Krimiserie *Derrick*, Herbert Reinecker.

Verständnislosigkeit und Unsicherheit wie auch aus gegenseitigen Vorbehalten und Vorwürfen resultieren. Hier zeigt sich, dass Amends Haltung zur „ersten Generation" schwankt zwischen einer respektvollen Achtung, die ihn bisweilen einzuschüchtern scheint, und einer gelegentlich etwas anmaßend wirkenden Überheblichkeit, die möglicherweise auch als Abwehr gedeutet werden kann.

Amend gesteht, beim Treffen mit dem hoch geschätzten ehemaligen Bundespräsidenten Richard von Weizäcker „aufgeregt" (Amend 2003, S. 18) gewesen zu sein und Unterlegenheit gespürt zu haben. Den selbstbewussten Politiker, dem er später für seine Rede zum 40-jährigen Kriegsende im Mai 1985 seine Bewunderung aussprechen und den er als idealen Geschichtslehrer bezeichnen wird, beschreibt er zunächst mit kaum verhohlener Verärgerung über dessen Dominanz in der Gesprächsführung als „lehrerhaft" und unterstellt ihm eine „gewisse Eitelkeit über das Erreichte" (ebd., S. 18f.). Amends Text weist eine Fülle von Anzeichen für das uneingestandene Gefühl der Abwertung seiner Generation durch die der ehemaligen Frontsoldaten auf. Am Ende des Kapitels empfindet er von Weizsäckers Erklärung, keinen Sinn in Gesprächen mit den eigenen Kindern über die Nazizeit zu sehen, zu Recht als Widerspruch zu dessen Forderungen von 1985, hat jedoch nicht den Mut, es auf eine Konfrontation mit dem Altbundespräsidenten ankommen zu lassen: „Am liebsten würde ich aufstehen, zum Bücherregal gehen, seine Rede von 1985 herausziehen und sie ihm vorlesen, wenigstens diesen einen Satz: *Weil wir nur frei sein können, wenn wir uns damit beschäftigen können.* Ich traue mich aber nicht." (Ebd., S. 30) Den unangenehmen Gefühlen, die die Autorität vermittelnde und Respekt einflößende Person von Weizsäckers in ihm hervorrufen, begegnet Amend mit einem Hinweis auf versteckte Schwächen seines Gesprächspartners. So stellt er beispielsweise von Weizsäckers Herunterspielen der während der Kampfhandlungen verspürten Todesangst die psychologischen Theorien Wolfgang Schmidbauers gegenüber, um das Herunterspielen als Ausdruck der Verdrängung und der Unfähigkeit zu werten, einen Zugang zu seinen Gefühlen zu finden.

Während bei der Begegnung mit dem Altbundespräsidenten Respekt vor der Autorität vorherrscht, manifestiert sich bei anderen Interviews mitunter eine Unsicherheit auf Seiten der Älteren, die in Zusammenhang mit der Schuld steht, die sie zu NS-Zeiten auf sich geladen haben und die zu verarbeiten einigen wohl nicht ausreichend gelungen ist. Der Autor Herbert Reinecker etwa, der im Dienste der nationalsozialistischen Propaganda als Herausgeber verschiedener Jugendzeitschriften Karriere gemacht hat, sieht in dem selbstbewussten jungen Journalisten zunächst einen moralischen Ankläger, dem gegenüber er glaubt sich verteidigen zu müssen. Eine von Amend zitierte Bemerkung Reineckers, mit der dieser das Gespräch eröffnet, drückt deutlich seine defensive Haltung dem Jüngeren gegenüber aus und lässt gleichzeitig ahnen, welche Erfahrungen der ehemalige Nationalsozialist bisher mit den nachfolgenden Generationen gesammelt hat: „Sie wollen jetzt gleich wissen, ob ich es gewusst habe“ (ebd., S. 43).

Die Biographien der „Alten“ – Schlüssel zum Verständnis der Gegenwart?

Im Gespräch mit „Deutschlands Großvätern“ betont Amend wiederholt, dass ihm nicht an Schuldzuweisungen und Vorwürfen gelegen ist, dass er vielmehr deren Perspektive nachvollziehen und verstehen möchte. Sein Bemühen um Verständnis, das sich bei vielen „Enkeln“ bemerkbar macht, lässt sich als bewusste Abgrenzung zu der oft anklagenden Haltung seiner Elterngeneration verstehen. Sicherlich wahrt der Journalist schon von Berufs wegen eine höfliche Distanz zu seinen prominenten Interviewpartnern. Amend liefert zudem einen weiteren Grund für seine Zurückhaltung, wenn er auf seine Motivation für die Beschäftigung mit der deutschen Geschichte zu sprechen kommt. Hier gesteht er offen ein, dass sich sein Interesse an der „ersten Generation“ und deren Verhältnis zur Vergangenheit auf die Rückschlüsse beschränke, die sich daraus für seine eigene Generation ergäben. Das Wissen um die Erlebnisse der Alten beschreibt er mit einem weiteren Verweis auf Schmidbauer als aufschlussreich, da jede Generation versuche, ihre Kinder als „Antithese“ zu den eigenen Traumata zu erziehen (ebd., S. 12).

Seine recht vage formulierte These, dass sich die prägenden Erfahrungen der Großväter im Leben seiner Generation „spiegeln“ (ebd.), versucht Amend mit zahlreichen direkten Vergleichen zu untermauern. So erklärt er sein eigenes Verständnis für das Bedürfnis des ehemaligen Napola-Schülers Hellmuth Karasek, der Vergangenheit zu entfliehen, mit der eigenen angeblich nicht minder ideologischen Erziehung zum „Gutmenschen“ durch die ökologisch und politisch links geprägte Elterngeneration (ebd., S. 155f.), welcher Amend und seine Altersgenossen später mit „Protestaktionen“ wie der Love Parade entflohen seien. Ein anderes Mal setzt er den „Neuen Markt“, der vielen Berufseinsteigern seiner Generation eine trügerische Hoffnung auf eine erfolgreiche Zukunft geboten habe, in Parallele zu den an die damalige deutsche Jugend gerichteten Versprechungen der Nationalsozialisten. „Die Gemeinsamkeiten sind unverkennbar: Beide traten als Sieger an und glaubten, spielend die Welt erobern zu können. Und dann waren sie plötzlich keine Sieger mehr“ (ebd., S. 96).

Zwar liefern die Lebensläufe der acht prominenten Vertreter anschauliche Beispiele für die lebenslange Prägung, die von einer Jugendzeit an der Front ausgehen kann; sie repräsentieren jedoch nur eine Erfahrungsperspektive von vielen, die allein sicherlich nicht ausreicht, um heutige Mentalitäten zu erklären. Daher verwundert Amends Desinteresse an Erlebnissen der Frauen und Kinder, die den Krieg und seine Folgen auf eine ganz andere

Weise wahrgenommen haben und deren Traumata ebenfalls an die Nachkommen weitergereicht wurden. Zusätzlich klammert Amend durch seine Fixierung auf die Fronterlebnisse der Soldaten einen Fragenkomplex aus, der für die gesellschaftliche und politische Entwicklung der Bundesrepublik gewiss von maßgeblicher Bedeutung gewesen ist: die Frage nach der Schuld an Krieg und Massenmord. Mag sein Verzicht auf jegliche Anklage sich auch positiv auf die Gesprächsatmosphäre ausgewirkt haben, so entsteht beim Leser doch der Eindruck, dass der Autor einer schwierigen Frage ausgewichen ist.

Die sehr einfachen, nahezu ausweichenden Antworten, mit denen Amend dieses Thema für erledigt erklärt, finden sich auch in seinen Reflexionen über sein Selbstbild als Deutscher. Die Frage nach eigenen Schuldgefühlen aufgrund des nationalsozialistischen Erbes lehnt er mehrmals rigoros ab und formuliert im Gegenteil ein positives Verhältnis zu seinem Land, dem gegenüber er nur deshalb ein „maues Gefühl" verspüre, weil er zu wenig „über den Alltag unter Hitler, den Alltag im Krieg" (ebd., S. 58) wisse. Amends Aussage, dass er „keine Schuld, nur Verantwortung für die Folgen" (ebd., S. 123) trage, der keinerlei Ausführungen über die Konsequenzen folgen, die sich aus dieser Verantwortung ergeben, wirkt daher ein Stück weit hohl. Er formuliert zwar Zweifel an der Aufrichtigkeit von Reineckers Behauptung, er selbst habe im Berlin der 30er Jahre „keine Synagoge brennen sehen", spricht ihn jedoch gleich darauf vom Verdacht der Mitwisserschaft quasi frei. Widersprüchlich wirkt Amends Absicht, die Biographien der Alten getrennt von der Frage nach ihrer persönlichen Schuld zu betrachten, zumal er deren Zugehörigkeit zur „Seite der Täter" als Kriterium bezeichnet hatte, durch welches sie für seine Untersuchung interessant würden: „Ich hätte auch die Opfer fragen können, aber meine Familie gehörte nicht zu den Opfern." (Ebd., S. 14)

Trotz – oder gerade wegen – dieser vielen Widersprüchlichkeiten und irritierenden Vergleiche bietet Amend eine interessante und diskussionswürdige Ansicht des Verhältnisses zwischen der „Enkelgeneration" und „Deutschlands Großvätern". Das Buch hätte sicherlich gewonnen, wenn der Verfasser nicht den Ehrgeiz besessen hätte, pauschal für eine ganze Generation zu sprechen. Dennoch zeigen sich gewisse Ähnlichkeiten mit den verhaltener und bescheidener auftretenden Autorinnen und Autoren der Anthologie *Stadt Land Krieg*: Auch Amend gesteht – nicht immer freiwillig – Schwierigkeiten, einen festen Standpunkt zu einer schwer begreiflichen Vergangenheit zu entwickeln. Indem sie offen und mitunter respektlos ihre eigene Sichtweise auf die deutsche Vergangenheit artikulieren und diese als unausweichlichen Bestandteil ihrer Gegenwart ausgeben, tragen die jungen Autoren sicherlich nicht nur zur Annäherung und Verständigung mit den Generationen ihrer Eltern und Großeltern bei. Mit ihrem distanzierteren Blick auf die Vergangenheit dürften ihre Beiträge wohl gerade für jugendliche Leser anregende Identifikationsmöglichkeiten bieten.

Literatur

Primärliteratur

Amend, Ch. (2003): Morgen tanzt die ganze Welt. Die Jungen, die Alten, der Krieg. München (Karl Blessing).

Beyer, M. (2000): Spione. Köln (DuMont).

Brunner, C., von Seltmann, U. (2004): Schweigen die Täter – reden die Enkel. Frankfurt a. M. (Büchergilde Gutenberg).

Carl, V., Dückers, T. (Hg.) (2004): Stadt Land Krieg. Autoren der Gegenwart erzählen von der deutschen Vergangenheit. Berlin (Aufbau).

Dückers, T. (2003): Himmelskörper. Berlin (Aufbau).

Hensel, J. (2002): Zonenkinder. Reinbek b. H. (Rowohlt).

Illies, F. (2000): Generation Golf. Eine Inspektion. Berlin (Argon).

Jetter, M. (2004): Mein Kriegsvater. Versuch einer Versöhnung. Hamburg (Hoffmann und Campe).

Kugler, L. (2001): Wie viele Züge. Frankfurt a. M. (Fischer).

Kullmann, K. (2002): Generation Ally. Frankfurt a. M. (Eichborn).

Pollack, M. (2004): Der Tote im Bunker. Bericht über meinen Vater. Wien (Paul Zsolnay).

Timm, U. (2003): Am Beispiel meines Bruders. Köln (Kiepenheuer & Witsch).

Sekundärliteratur

Brendler, K. (1997): Die NS-Geschichte als Sozialisationsfaktor und Identitätsballast der Enkelgeneration. In: „Da ist etwas kaputtgegangen an den Wurzeln …“. Identitätsformation deutscher und israelischer Jugendlicher im Schatten des Holocaust. Hg. v. Bar-On, Dan et al., Frankfurt a. M. (Campus), S. 52–104.

Herrmann, M. (2004): Spurensuche in der dritten Generation. Erinnerung an Nationalsozialismus und Holocaust in der jüngsten Literatur. In: Repräsentationen des Holocaust im Gedächtnis der Generationen. Zur Gegenwartsbedeutung des Holocaust in Israel und Deutschland. Hg. v. Frölich, M., Lapid, Y., Schneider, Ch., Frankfurt a. M. (Brandes & Apsel), S. 139–157.

Kohlstruck, M. (1997): Zwischen Erinnerung und Geschichte. Der Nationalsozialismus und die jungen Deutschen. Berlin (Metropol).

Magenau, J. (2001): Literatur als Selbstverständigungsmedium einer Generation. In: Zeitschrift für Literaturwissenschaft und Linguistik, 124: 56–64.

Rosenthal, G. (1997): Der Holocaust im Leben von drei Generationen. Familien von Überlebenden der Shoah und von Nazi-Tätern. (Edition Psychosozial), Gießen (Psychosozial-Verlag).

Schneider, Ch. (2004): Der Holocaust als Generationsobjekt. Generationsgeschichtliche Anmerkungen zu einer deutschen Identitätsproblematik. In: Repräsentationen des Holocaust im Gedächtnis der Generationen. Zur Gegenwartsbedeutung des Holocaust in Israel und Deutschland. Hg. v. Frölich, M., Lapid, Y., Schneider, Ch., Frankfurt a. M. (Brandes & Apsel), S. 234–252.

Caroline Gremmel

Nüchternes Erschrecken über Vater und Großvater

Zur literarischen Vergangenheitserkundung der zweiten Generation am Beispiel von Martin Pollacks *Der Tote im Bunker*

Seit einigen Jahren ist eine wahre Flut von Erinnerungsliteratur zu verzeichnen, welche sich mit dem Nationalsozialismus, dem Zweiten Weltkrieg und deren Folgen auseinandersetzt. Hierbei handelt es sich gewiss auch um einen „Erinnerungsboom" im Zusammenhang mit dem 60. Jahrestag des Kriegsendes. Von einem besonders starken persönlichen Bedürfnis nach Aufarbeitung der Vergangenheit zeugen die Werke, die von Angehörigen der zweiten Generation (Kohlstruck 1997, S. 75ff.) verfasst worden sind. Als direkte Nachkommen jener weitgehend schon verstorbenen Generation, die den Krieg und die Judenverfolgung aktiv betrieben oder unterstützt hat, sehen sich die Kriegs- oder auch Täter-Kinder in besonderem Maße von der Schuld belastet, die ihre Eltern auf sich geladen und anschließend meist nur unzureichend aufgearbeitet haben. Die überwiegend autobiographischen Werke sind schmerzliche Vorstöße in die eigene Familiengeschichte. Die Autoren sagen sich von beengenden Loyalitätsverpflichtungen gegenüber Eltern und Verwandten los und enthüllen bisweilen Wahrheiten, die ihnen durch eine Mauer aus Tabus und Schweigegeboten jahrzehntelang vorenthalten wurden (Gremmel 2005).

Was veranlasst eine Generation von Schriftstellern, im Alter von über 60 Jahren die Vergangenheit längst verstorbener Familienmitglieder zu erforschen? Dieser Frage sei anhand einer Analyse von Martin Pollacks im Jahre 2004 erschienenen Roman *Der Tote im Bunker. Bericht über meinen Vater* nachgegangen. Pollacks Werk sticht durch seine distanzierte Herangehensweise und seinen nüchternen Sprachstil aus der Reihe der „Väter-" oder „Elternbücher" heraus; es liefert Einblicke in eine hochproblematische Familiengeschichte und lässt deutlich werden, vor welch schwere moralische Konflikte Kinder von Holocaust-Tätern gestellt sind. Der Roman gibt nicht zuletzt Aufschluss über die Funktion, die das Schreiben über die schuldbeladene Familiengeschichte für die Autoren haben kann.

Der Autor als Erforscher in der eigenen Familiengeschichte

Martin Pollacks *Bericht über meinen Vater* ist in erster Linie eine Suche nach den eigenen Wurzeln und der Versuch, sich einer Wahrheit zu stellen, die das eigene Leben maßgeblich beeinflusst hat. Der 1944 geborene Autor erforscht die Herkunft und den Werdegang seines leiblichen Vaters Dr. Gerhard Bast, an den er keine eigenen Erinnerungen hat. Das weitgehend dokumentarische Werk legt die erschreckende Geschichte eines Mannes bloß, der als SS-Sturmbannführer, Regierungsrat und Gestapochef an der Vertreibung, Deportation und Ermordung zahlreicher Juden und Regimegegner beteiligt war. Der Bericht, der die Geschichte der Familie Bast über mehrere Generationen hinweg rekonstruiert, greift zeitlich zurück in das beginnende 20. Jahrhundert, als der aus dem Rheinland stammende Urgroßvater des Autors sich in Tüffer, dem heute slowenischen Laško, niederließ. Gleichzeitig schildert Pollack die politischen und gesellschaftlichen Umstände der Zeit, die von einer wachsenden Feindschaft zwischen Deutschen und Slowenen geprägt war, und bietet auf diese Weise eine Mentalitätsgeschichte der Region, die Leben und Denken seiner Vorfahren als „Sprachgrenzdeutsche" geprägt hat. Am Beispiel des Großvaters, der vor Ausbruch des Ersten Weltkrieges nach Österreich übersiedelte und dort als Burschenschaftsführer und Anwalt für die Interessen der „Deutschnationalen" kämpfte, wird die starke Präsenz nationalistischer Gesinnungen und die zunehmende Radikalisierung sowohl in der Gesellschaft als auch innerhalb der Familie verdeutlicht. Am Höhepunkt dieser Entwicklung steht der Aufstieg des Vaters Gerhard in die oberen Kreise des NS-Mordapparats, dessen Leben der Autor vor allem anhand seiner zahlreichen nachgewiesenen Verbrechen rekapituliert. Es endet kurz nach Kriegsende auf der italienischen Seite des Brenners, wo Gerhard Bast auf der Flucht vor den Besatzungsmächten von einem Schleuser ermordet wird.

Der *Bericht über meinen Vater* ist geprägt von einem sachlich distanzierten Stil und einer wissenschaftlichen Präzision, die der persönlichen Vatersuche den Charakter einer historischen Dokumentation verleihen. In 24 Kapiteln wird eine vier Generationen umfassende Familienchronik geliefert, die sich von der Mitte der 1880er Jahre bis in das Todesjahr des Vaters 1947 erstreckt. Dabei stützt der Autor sich auf eine Fülle historischer Fakten, die er in einer akribischen Recherche zusammengetragen hat und deren Quellen er mit gewissenhafter Genauigkeit belegt. Indem er immer wieder die Herkunft seiner Informationen benennt und den Leser am Fortgang der Recherchen teilhaben lässt, schafft Pollack eine zweite Erzählebene, die in Form von Einschüben den Bericht über die Familienvergangenheit immer wieder unterbricht. So beschreibt er Stationen der selbst unternommenen Reisen zu den Lebensschauplätzen seiner Vorfahren, die es ihm ermöglichten, nicht nur detaillierte Beschreibungen der heute slowenischen Heimatorte zu liefern, sondern auch Kontakt zu Zeitzeugen aufzunehmen. Deren Erinnerungen an die Verwandten sowie zahlreiche zeitgenössische Beiträge aus lokalen Tageszeitungen, die Pollack in örtlichen Archiven aufgespürt hat, zeigen die noch heute existenten Spuren der Familie Bast auf und unterstreichen den authentischen Charakter seines Berichts.

Die Quellenfunde aus der Zeit der Wende vom 19. zum 20. Jahrhundert dienen vor allem dazu, dem Leben, dem Alltag und in besonderem Maße der Denkweise jener Vorfahren nachzuspüren, die Pollack als entscheidend für die Sozialisation und die spätere Entwicklung seines Vaters betrachtet. Bereits hier zeugt die weit reichende Recherche von einem tiefen Misstrauen des Autors dem überlieferten Material gegenüber. Mit einem sensiblen Gespür für ideologische Verzerrungen stellt er Schriftstücke der gegensätzlichen politischen Lager, der „Deutschnationalen" und der Slowenen, einander gegenüber und gleicht sie mit historischen Fakten ab, wobei er jegliche Parteinahme zu vermeiden versucht.

Beim Leben seines Großvaters und seines Vaters angelangt, entdeckt Pollack Widersprüche zwischen den Ergebnissen der eigenen Nachforschungen und den mündlich tradierten Familienerzählungen und eigenen Erinnerungen, weshalb er letzteren mit starken Vorbehalten begegnet. Er trennt deutlich zwischen persönlichen und wissenschaftlichen Quellen und gibt eigene Erinnerungen nur in Form von Einschüben wieder, in denen er einen zeitlichen Sprung zu seiner eigenen Kindheit und Jugend in den 1940er und 1950er Jahren vollzieht. Zum minutiös belegten Faktenbericht bilden die autobiographischen Passagen einen Gegenpol: Hier bringt der Autor seine Zweifel bezüglich der schwer zu ziehenden Grenze zwischen getreuer Erinnerung und nachträglicher Projektion zur Sprache. So häufen sich Artikulationen von Unsicherheit darüber, ob ihm „die Erinnerung einen Streich" (Pollack 2004, S. 64) spiele, und von Skepsis gegenüber einem „Familienmythos", von dem er vermutet, dass er „bloß eine Legende [sei], die nach dem Krieg für mich erzählt wurde" (ebd., S. 181).

Ähnlich verfährt Pollack mit einer Vielzahl von Fotografien aus dem Nachlass seiner Verwandten, die er detailliert beschreibt. Auch diesen Zeugnissen vom Leben seiner beiden Väter begegnet er mit Vorsicht und scheut sich vor leichtfertigen Interpretationen. So erliegt er der Versuchung, vom Äußeren auf Charakter und Innenleben des Vaters zu schließen, um sogleich die eigene Deutung wieder in Frage zu stellen: „Aus der ganzen Gestalt […] spricht Entschlossenheit. Härte. Unnahbarkeit. Vielleicht Brutalität. […] Hat er diese Pose spielerisch eingenommen, für den Fotografen, der auf den Auslöser drückte, oder zeigt ihn das Bild, wie er wirklich war?" (ebd., S. 122)

Mehrfach gibt Pollack verhalten, aber doch eindringlich seinen Schmerz über die Lückenhaftigkeit seines Wissens zu erkennen, die eine Folge gestörter Kommunikation innerhalb der Familie ist. Das Herausarbeiten der

Wahrheit über den toten Vater erweist sich in solchen Passagen als „nachgeholte Kommunikation“. Gleichzeitig hat es eine befreiende, eine therapeutische Funktion für den Autor, der hier die späte Chance wahrnimmt, gegen die Lebenslügen seiner Verwandten anzugehen und gegen die aufgezwungene familiäre Normalität aufzubegehren. Bei der Beschreibung der grauenerregenden Taten seines Vaters bleibt Pollack stets um einen neutralen und sachlichen Ton bemüht und versagt sich fast vollständig jegliche Anklage. Zwar drückt sich seine Ablehnung des Nationalsozialismus und der entsprechenden Überzeugungen seiner nächsten Angehörigen in zahlreichen ironischen und zynischen Kommentaren aus; im Allgemeinen zieht es der Autor jedoch vor, die Fakten über die Monstrosität des Terrorregimes, das der Vater repräsentiert, unkommentiert für sich sprechen zu lassen.

Eine besonders eindringliche Wirkung erzielt er dabei durch die Montage von Textpassagen. Erschütternd ist der Bericht über die Deportation von 500 Juden in ein Ghetto nach Riga, in dem bereits im Jahr zuvor Zehntausende den Tod gefunden hatten. Dem stellt Pollack Zitate aus dem Tourenbuch des verantwortlichen Münsteraner Gestapochefs Dr. Bast gegenüber, der zeitgleich einen Skikurs im Riesengebirge leitete und sich dabei offensichtlich wohl fühlte: „Wetter meist schön, sehr kalt. Schnee durchwegs prima. SS-Hütte prima, Essen gut.“ (Ebd., S. 148) Auf ähnliche Weise deckt er die Lügen und Familienmythen seiner Großmutter auf: Deren Behauptung, der Vater habe sich „immer ehrenhaft verhalten“ (ebd., S. 199), stellt er einen ausführlichen Bericht über die Folgen für die vom väterlichen Verhalten Betroffenen gegenüber. Pollack schreibt gegen die Verleugnungen der Großmutter an, indem er den Opfern seines Vaters Namen und Identität gibt. Durch seitenlange Schilderung ihrer Schicksale, die er anhand von Zeugenaussagen, Gerichtsakten der Nürnberger Prozesse und NS-Dokumenten rekonstruiert, hebt er diese aus der Anonymität heraus und macht das Ausmaß der an ihnen begangenen Verbrechen auch emotional nachvollziehbar.

Der nüchterne Sprachstil, in dem Pollack die erschütternden Fakten präsentiert, vermittelt ein Gefühl für das Grauen und die zunehmende Desillusionierung, die er selbst bei der Konfrontation mit den brutalen Taten seines Vaters empfunden haben muss. Ohne dass er seine emotionale Bestürzung offen artikuliert, erzeugt Pollack beim Leser doch eine Beklemmung, wenn er beispielsweise nach Wiedergabe eines erschreckend bürokratischen „Merkblatts“ für Deportationsopfer schreibt: „Gezeichnet wurde das Schreiben von Dr. Bast“, und kommentarlos hinzufügt: „meinem Vater“ (ebd., S. 145). Eine ähnliche Wirkung erzielt er, als er ein Foto, das die Leichen slowakischer Mordopfer zeigt, detailliert beschreibt und andeutungsweise zu erkennen gibt, welch große Bedeutung dieses Dokument für ihn hat, ohne jedoch von seinem distanzierten Stil abzuweichen und einen Einblick in sein Gefühlsleben zu geben: „Zum ersten Mal sah ich die Opfer meines Vaters und der von ihm befehligten Männer vor mir, bekamen sie Gesichter, verzerrte und schöne.“ (Ebd., S. 223)

Verhinderte Kommunikation, Schuldverdrängung und Schweigegebote

Das Bild, das Pollack vom Umgang seiner Familie mit ihrer unmittelbaren Vergangenheit zeichnet, entspricht dem typischen, von Verleugnung und Abwehr geprägten Verhalten der Nachkriegsdeutschen und -österreicher. Aufgezeigt werden ganz verschiedene Strategien seiner Verwandten, einer Verarbeitung ihrer Schuld auszuweichen. So schildert er, wie sein Großvater väterlicherseits – bereits vor dem Anschluss Österreichs an das Dritte Reich ein Nazi der ersten Stunde und späteres SS-Mitglied „ehrenhalber" – nach der Niederlage aus Furcht vor den Besatzungsmächten sämtliche belastende Spuren zu eliminieren suchte. Pollack spürt nicht nur Belege für die Beteiligung des Großvaters am Holocaust auf, sondern benennt auch dessen Versuche, diese zu leugnen: etwa durch Falschaussagen vor Gericht und durch Hinweis auf das Schreiben eines jüdischen Überlebenden, das den Großvater entlastet, dessen Beweiskraft Pollack jedoch anzweifelt (ebd., S. 166). Desgleichen weiß der Autor zu berichten, wie der Großvater seine slowenischen Sprachkenntnisse nutzte, um sich bei den Soldaten der benachbarten russischen Kommandantur einzuschmeicheln, während er im Kreise der Familie unverhohlen seiner rassistischen Einstellung treu blieb. Pollack übt scharfe Kritik an der österreichischen Nachkriegspolitik, die im Buhlen um Wählerstimmen Nationalsozialisten wie den Großvater „billig davonkommen" ließ, und bescheinigt letzterem das Fehlen jeglicher „Einsicht oder gar Reue" (ebd., S. 242). Die tiefe Frustration über den zweiten verlorenen Krieg durfte der Großvater nach außen hin nicht kundtun; sie habe schließlich zur Alkoholsucht und einer schweren Krankheit geführt, an welcher der Großvater 80-jährig gestorben sei.

Nicht wie ihr Gatte durch drohende Entnazifizierung und Gefängnisstrafe zur Vorsicht gezwungen konnte die Großmutter Paula Bast auch nach Kriegsende in der Position der verbohrten, unbekehrbaren Nationalsozialistin verharren. Pollack berichtet, wie sie, „besorgt um die Ausrichtung meines Denkens" (ebd., S. 150), den Enkel von klein auf mit nationalsozialistischem Gedankengut versorgte und ein glorifiziertes Bild seines verstorbenen Vaters zeichnete. Aus ihren Ermahnungen, nie zu vergessen, wie „anständig" der Vater gewesen sei, und ihrem Rat, Fremden gegenüber nur von seiner Tätigkeit als „Regierungsrat" zu sprechen, spricht nicht nur eine Abwehr von Schuld- und Schamgefühlen, sondern auch der Wunsch, den Stolz auf den einzigen Sohn an den Enkel weiterzugeben (ebd., S. 88, 103, 225). Dem von außen kommenden Rechtfertigungsdruck begegnete die alte Frau mit Schuldzuweisungen nach dem Muster der „Täter-Opfer-Inversion", das Psychologen als typische Abwehrreaktion von Angehörigen der „Tätergeneration" beschreiben (Rosenthal 1997, S. 351). So hat sie dem Enkel die mörderischen „Einsätze" des Vaters im Osten verschwiegen, um dafür ihren Hass auf die vermeintlich unmenschlichen Siegermächte an den

Jungen weiterzugeben: „Warum sie [die Amerikaner] Schweine waren, wurde meines Wissens nie erläutert, es handelte sich dabei um einen festen Glaubenssatz, der nicht in Frage gestellt werden konnte, ähnlich der Feststellung, dass die Erde keine Scheibe ist, sondern eine Kugel.“ (Pollack 2004, S. 239) Als die liberale und demokratische Erziehung, die Pollack später in der Internatsschule genoss, den Enkel zunehmend gegen den großmütterlichen Einfluss „immunisierte“ (ebd., S. 172), habe die Großmutter von ihren zunächst noch recht subtilen Manipulationen Abstand genommen und versucht, mit offenen Drohungen die Macht über ihn zurückzugewinnen. Die repressive Haltung der Großmutter und der trotzige Widerstand des Enkels führten zum endgültigen Bruch.

In Pollacks Kernfamilie war der verstorbene leibliche Vater ein Familientabu, über das zu sprechen es sich nicht ziemte. Die Mutter hatte den ersten Ehemann Hans Pollack verlassen, um ihren Liebhaber Gerhard Bast zu heiraten. Dass Hans Pollack nach Basts Tod zur Familie zurückgekehrt war und den Stiefsohn Martin wie seinen eigenen behandelte, verpflichtete die Familie zu einer Dankbarkeit und Achtung, die jede Erwähnung des zweiten Gatten als anstößig erscheinen ließ. Obwohl es auch im Hause Pollack durchaus einer Aufarbeitung der Vergangenheit bedurft hätte, war doch auch der Stiefvater „nicht nur ein Mitläufer“ gewesen (ebd., S. 136), scheinen sich die Bemühungen der Familienmitglieder in der Nachkriegszeit darauf konzentriert zu haben, nach außen hin das Bild einer intakten Familie zu demonstrieren. So berichtet Pollack, dass der Stiefvater seinen Antisemitismus im Kreise seiner Angehörigen nicht verbarg und dass auch die Mutter gelegentlich in die Terminologie der Nationalsozialisten verfiel.

Die seelischen Leiden des Täter-Kindes

Pollack, der im weiteren Verlauf wenig von seinen Gefühlen preisgibt, bekennt gleich zu Beginn seines Berichts mit erstaunlicher Offenheit, dass er vor dieser seinen leiblichen Vater betreffenden Recherche jahrelang zurückgeschreckt habe. Hier deutet sich ein innerer Konflikt an, der zwar immer durchklingt, der aber vom Autor kaum explizit thematisiert wird. Das faktenorientierte Werk über den gefühlskalten Mörder Dr. Gerhard Bast gibt dem Leser keine hinreichenden Informationen darüber, welche emotionalen Schwierigkeiten sich für den Sohn ergeben haben. Doch gerade die zahlreichen Auslassungen und die große Distanz, die er zu dem Inhalt seines Berichts wahrt, vermitteln dem Leser eine Ahnung von einem Schmerz, für dessen Artikulation der Autor keine Sprache findet. Mitunter mutet seine betont sachliche Sprache weniger als ein bewusstes Stilmittel an denn als Symptom seines Unvermögens, Zugang zu den eigenen Emotionen zu finden. Berücksichtigt man die kurze Zeitspanne, die zwischen dem Beginn seiner Recherche und der Fertigstellung des Buches liegt – seine erste Reise nach Slowenien trat Pollack im Frühsommer 2003 an, der *Bericht über meinen Vater* erschien bereits im Sommer 2004 – so liegt die Vermutung nahe, dass der Autor in der Zwischenzeit noch zu keiner ausreichenden emotionalen Verarbeitung seiner Erkenntnisse in der Lage gewesen ist.

Dennoch finden sich einige Episoden, die einen gewissen Einblick in das widersprüchliche Verhältnis Pollacks zum toten Vater geben. Bereits die erste Begegnung mit dem Vater, die Pollack aufgrund seiner Nachforschung datieren kann, schildert er mit einer nüchternen Distanziertheit, die sich unter anderem in der Vermeidung der Ich-Form offenbart: „Ich nehme an, daß mein Vater sie [die Mutter] vor der Abreise in den Osten gesehen hat, sie und sein Kind.“ (ebd., S. 196) Wie um jegliche Vermutung abzuwehren, dass es sich hierbei um eine liebevolle Szene gehandelt haben könnte, schließt er die Bemerkung an, welch hässlicher Säugling er gewesen sei. Einen anrührenden Fund im Nachlass Gerhard Basts, eine Haarlocke seines kleinen Sohnes, die der SS-Mann in seinem Tourenbuch aufbewahrt hat, erwähnt Pollack wie beiläufig, als könne er angesichts dieses Hinweises auf Vaterliebe keine Emotion zulassen. In strikter Abwehr jeden Gefühls für den Vater flieht er sofort wieder in seine Rolle als Forscher, der zeitliche Abfolgen rekonstruiert, die in diesem Fall jedoch kaum Relevanz haben: „die [Haarlocke] wurde mir wohl später abgeschnitten, denn im Juni 1944 hatte ich noch kein einziges Haar auf dem Kopf.“ (Ebd.)

Aus seinen Kindheitserinnerungen geht hervor, dass der Vater als mythische Heldengestalt, durchaus eine Bedeutung für den jungen Martin hatte. Schilderungen darüber, wie er als Fünfjähriger mit gefährlichen Mutproben versuchte, dem „furchtlosen“ Vorbild nachzueifern (ebd., S. 121), sind nur schwer zu vereinen mit recht konträren Aussagen, nach denen er „mit dem Namen Gerhard nichts verband“ (ebd., S. 87) und kein Interesse, geschweige denn Gefühle für ihn aufbringen konnte. Doch gerade in diesen Widersprüchlichkeiten offenbart sich die Schwierigkeit des „Täter-Kindes“, zu einer gefestigten emotionalen Haltung dem Vater gegenüber zu gelangen. Pollacks Erinnerungen beschreiben ein sehr heterogenes Bild von der Rolle, die der tote Vater im Leben des Sohnes eingenommen hat. So glaubt er rückblickend von Gleichgütigkeit und Desinteresse berichten zu können, wenn er schildert, dass die späte (und nur sehr vage) Aufklärung über die Vergangenheit des Vaters durch seine Mutter für ihn als Vierzehnjährigen einen „Schock“ darstellte, über den er „allerdings bald hinwegkam“ (ebd., 88). Von starken Gefühlen spricht hingegen die Erwähnung eines liebevoll illustrierten Briefes vom Vater, den er als Jugendlicher „in einem Anfall von Verzweiflung, oder war es Wut?“ (Ebd., S. 209) verbrannte, sowie die überraschende Aussage, dass er eine Zeitlang in Erwägung zog, gemäß dem Wunsch seines Vaters dessen Nachnamen anzunehmen (ebd., S. 232).

Dennoch wäre es nicht legitim, dem Autor mangelnde Selbstreflexion zu attestieren. Dieser erweist sich in den autobiographischen Passagen im Gegenteil als ausgesprochen selbstkritisch. Während er weder über seine rassistische und herrische Großmutter noch über den grausamen Vater jemals direkte Urteile fällt, ahndet er eigene Verfehlungen mit rigider Strenge. Dabei scheint er es sich nicht zu gestatten, seine häufig extremen Handlungen als verständliche und psychologisch nachvollziehbare Gegenreaktionen auf seine Sozialisation und Erziehung zu deuten und mit einer gewissen Nachsicht zu behandeln. Er gesteht beispielsweise, über seinen radikalen Bruch mit der Großmutter, den er als Student in „jugendlicher Rücksichtslosigkeit" vollzog (ebd., S. 173f.), noch heute „Trauer und Scham" zu empfinden, und hält sich für mitschuldig daran, dass die Lügen und Geheimnisse über den Vater in der Familie sich lange Zeit unangefochten halten konnten. Er scheint weder den Druck von Loyalitätsverpflichtungen, die er als Kind seiner Familie gegenüber gespürt haben muss, noch die Angst vor Strafen und Liebesentzug zu bedenken, wenn er nahezu reuevoll seine Mitschuld an den gescheiterten Gesprächen mit der Großmutter bekennt: „das war nicht allein ihre Schuld, ich hätte sie ja fragen können. Das habe ich unterlassen." (Ebd., S. 88)

Wie sich hier bereits andeutet, wehrt der Autor jede Versuchung ab, sich selbst als Leidtragenden der komplizierten und von Tabus und schwerer Schuld belasteten Familienverhältnisse zu sehen. Seine scharfe Selbstkritik steht in keinem Verhältnis zu seiner strikten Weigerung, Mitleid mit sich selbst zuzulassen oder dieses gar beim Leser zu evozieren. Erlebnisse aus der frühen Kindheit, an die er keine oder kaum Erinnerungen hat, erwähnt er mit einer Distanz und Beiläufigkeit, die ihren vermutlich traumatischen Charakter nicht zur Sprache kommen lassen und ihn damit indirekt bestätigen. So stellt er sowohl die zweitägige Verschüttung im Bombenkeller als auch die Verhaftung seiner Mutter drei Jahre nach Kriegsende, die er als Vierjähriger miterlebt hat, als normale Ereignisse dar, ohne zu reflektieren, welche erschütternde Wirkung diese auf das Kind Martin gehabt haben müssen: „Angeblich haben wir Kinder geweint, doch davon weiß ich nichts mehr." (Ebd., 234f.)

Während die Erinnerungslücken und die Verharmlosung schrecklicher Erfahrungen zu den typischen, vor allem aus Verdrängung resultierenden Reaktionen ehemaliger Kriegskinder zählen (vgl. Bode 2004, S. 16ff., 34ff.; Radebold 2005, S. 177), scheint Pollacks Scheu vor der Thematisierung eigener Leiden noch einen weiteren Ursprung zu haben, der sich auf seine Identität als „Täter-Kind" zurückführen lässt. Trotz des geringen Einflusses, den Pollack dem unbekannten Vater auf seine Entwicklung zuschreibt, finden sich in seinen Äußerungen und Überlegungen immer wieder Hinweise auf eine Schuldübertragung, die sich sowohl auf sein Selbstbild als auch auf seine Lebensführung auswirkt und die sich mit einem Selbstempfinden als

Opfer nicht vereinbaren lässt (Pollack 2004, S. 123).[1] Symptomatisch sind etwa Pollacks mehrmals auftauchende Überlegungen, ob ihm Eigenschaften vom Vater „in Fleisch und Blut übergegangen“ sein könnten (ebd.). Wenn er auch in diesem Zusammenhang nur auf seine emotionale Unnahbarkeit zu sprechen kommt, so liegt doch die Vermutung nahe, dass aus der bangen Frage „trage ich etwas von ihm in mir?“ auch die unbewusste Angst spricht, Anteile vom grausamen Charakter des Vaters geerbt zu haben. Obwohl Pollack selbst diesen Schluss nicht zulässt, weist vieles in seinem Lebenslauf auf eine Flucht vor der schuldbeladenen Familie hin, von der er sich durch eine demonstrative Hinwendung zur Seite der Opfer zu distanzieren versuchte.[2] Diese Hinwendung setzte ein mit der Bewunderung russischer Mitschüler und mit Reisen nach Prag im Jugendalter und zeigte sich auch in seinem Studium der Slawistik und osteuropäischen Geschichte und in der Heirat einer Slowenin.

Die schonungslose Haltung, die Pollack bei der Präsentation seiner Rechercheergebnisse seinem Vater gegenüber einnimmt, zeugt von einem Bedürfnis, den zahllosen Opfern nachträgliche Gerechtigkeit widerfahren zu lassen, indem er Aufmerksamkeit für deren Schicksale erzeugt und die Lügen seiner Verwandten in aller Öffentlichkeit widerlegt. In seinem unbedingten Willen zur Wahrheit lässt sich das Anliegen des Autors erkennen, Verantwortung für die Schuld seiner Familie zu übernehmen. Dieser Aufgabe widmet er sich mit einer Ernsthaftigkeit, die streckenweise zu einer regelrechten Manie wird, sodass er den Vater zeitweilig als Mensch aus dem Blick verliert und dieser zu einem bloßen Objekt seiner Forschung wird. Dies wird deutlich in seinem Bericht über eine zweitägige Recherche in der Ludwigsburger Außenstelle des Deutschen Bundesarchivs, wo er erfolglos nach Dokumenten über den Einsatz seines Vaters im Kaukasus gesucht hatte und wo ihn „für einen Moment ein Gefühl der Frustration, der Enttäuschung“ überkam, das ihn erschreckte: „Dann wurde mir bewußt, was das hieß. Wäre es besser gewesen, ich hätte etwas gefunden?“ (Ebd., S. 166)

Dass die Aufdeckung der Familienschuld für den Autor auch eine schwere psychische Last darstellt, offenbart sich nicht nur darin, dass er sich dieser Aufgabe erst im reifen Alter stellen kann; es äußert sich auch in vielen Bemerkungen, die seine Sehnsucht nach einer moralischen Rettung der Verwandten zum Ausdruck bringen. So weist er auf die große Verführungskraft von irrationalen Entschuldungsmöglichkeiten hin, indem er immer wieder

1 Wie die Psychologin Gabriele Rosenthal berichtet, leiden viele Täter-Kinder unter diffusen Schuldgefühlen und belasten sich mit der Frage nach eigenen, von den Eltern geerbten aggressiven Veranlagungen (Rosenthal 1997, S. 24).

2 Zu den häufigsten Strategien von Täter-Kindern, sich demonstrativ von den schuldigen Eltern zu distanzieren und gleichzeitig einer ernsthaften Verarbeitung aus dem Weg zu gehen, zählt Rosenthal die so genannte „Pseudo-Identifikation mit den Opfern“, das heißt ein Wechseln auf die Seite der Opfer, was sich auch in der Heirat mit einem Angehörigen der Opferseite auswirken könne (Rosenthal 1997, S. 352–353).

von „Hoffnungen“ spricht, an die sich zu „klammern“ er während seinen Nachforschungen versucht war (ebd., S. 166, 214). Mit erstaunlicher Selbstdisziplin wehrt er solcherlei Wunschvorstellungen jedoch ab. Aus Pollacks konsequent rationaler Betrachtungsweise resultiert zwangsläufig eine vollständige moralische Demontage seines Vaters, auf die der Autor bei fortschreitender Recherche mit zunehmender Resignation und Hoffnungslosigkeit reagiert. Diese Gefühle spiegeln sich besonders in Aussagen wider, die den Umgang mit Lücken in seiner Recherche betreffen. Etwa wenn er bezüglich eines Einsatzes Gerhard Basts in Weißrussland, über den er keine Informationen finden konnte, seine aufkeimende Hoffnung, der Vater könne sich wenigstens hier „anständig“ verhalten haben, als völlig irrelevant enttarnt: „Macht es einen Unterschied, ob man fünf, zehn, 50 oder 500 Menschen erschießen läßt, oder ist das nur mehr eine technische Frage, eine Frage der Einteilung?“ (Ebd., S. 200)

Obwohl dem Autor durchaus eine Sehnsucht nach dem unbekannten Vater anzumerken ist, liegt die Vermutung nahe, dass die Tatsache, dass er keine Erinnerungen an ihn hat, für Martin Pollack nachträglich insofern von Vorteil ist, als sie die Auseinandersetzung mit dessen immenser Schuld erheblich erleichtert. Das durch die Nachforschungen entstehende Bild des Gerhard Bast mag im Widerspruch zu kindlichen Projektionen und Wunschvorstellungen des Sohnes stehen, muss jedoch nicht gegen die Liebe und Dankbarkeit für eine geliebte Bezugsperson bestehen. Ein viel schmerzlicherer Prozess dürfte es für den Autor gewesen sein, die Vergangenheit des Großvaters zu rekonstruieren und dessen aktive Beteiligung an der Diskriminierung und Verfolgung jüdischer Mitmenschen aufzudecken. Zwar beweist er auch hier eine bedingungslose Bereitschaft, sich der Wahrheit zu stellen, bemüht sich jedoch, auch die andere Seite des Mannes zu erwähnen, der sich besonders in den ersten Nachkriegsjahren liebevoll um den kleinen Enkel kümmerte und an den Pollack „nur gute Erinnerungen“ (ebd., S. 241) hat. In seinem Mut, die Verbundenheit und Zuneigung für seinen Großvater ausdrücken und gleichzeitig einzugestehen, dass dieser ein „verbohrter Nazi“ (ebd.) war, offenbart sich eine erstaunliche Fähigkeit des Autors, ein ambivalentes Bild von der ehemals bedingungslos geliebten Person für sich zu akzeptieren.

Angesichts des beträchtlichen Rationalismus, mit dem Pollack sich selbst die durchaus nachvollziehbare Überlegung als „sinnloseste aller Fragen“ (ebd., S. 221) versagt, ob die Geschichte seiner Familie unter dem Einfluss anderer Umstände einen friedlichen Verlauf hätte nehmen können, stellt sich dem Leser die Frage nach Entlastungsfaktoren, die ihm helfen, sich mit seiner Herkunft zu arrangieren. Eine mögliche Antwort findet sich in dem einzigen Trost, den er sich gewährt und der von vielen Nachkommen ehemaliger Nationalsozialisten gesucht wird: die moralische Rettung seiner Mutter (Rosenthal 1997, S. 354; Gehrke 1992, S. 254).

In Bezug auf Hildegard Pollack, die Gerhard Bast auf dem Höhepunkt seiner Karriere kennen lernte und die somit zwar nur einen kurzen, jedoch wichtigen Lebensabschnitt mit ihm teilte, lässt der Sohn eine Scheu erkennen, deren Verhaltensweisen und Überzeugungen einer ähnlich strengen Prüfung zu unterziehen, wie er es bei den übrigen Familienmitgliedern getan hat. Zwar thematisiert er die sich immer wieder aufdrängende Frage nach dem Schuldwissen seiner Mutter und gesteht die quälende Befremdung ein, die er angesichts ihrer ihm unverständlichen Handlungen empfindet (ebd., S. 57, 208), weicht diesen Zweifeln jedoch mit einer Bereitwilligkeit aus, die im Vergleich zu seiner sonstigen Rigorosität überrascht. So sieht er in der typischen Verdrängungshaltung der Mutter, die Diskussionen über Antisemitismus zwischen ihrem Gatten und den adoleszenten Söhnen stets abzuwenden suchte, nur einen Ausdruck ihres Bedürfnisses nach familiärer Harmonie, nicht aber eine – eventuell auf Scham und Schuldgefühle zurückzuführende – Weigerung, sich mit der politischen Vergangenheit auseinanderzusetzen (ebd., S. 140). Obwohl Pollack nicht leugnen kann, dass sie als Witwe eines Kriegsverbrechers von den Vergehen der Nationalsozialisten gewusst haben muss, wertet er ihr Festhalten an Begriffen aus der NS-Terminologie nicht als Anzeichen einer mangelnden Schuldeinsicht, sondern lediglich als „Naivität", die ihn beinahe zu rühren scheint (ebd., S. 124). Einzig auf seine Mutter wendet er eine verbreitete Ausrede der Nachkriegsdeutschen an und imaginiert sie als „unpolitisch". Dass der Autor sich hier selbst eine Linderung seiner seelischen Wunden zuzugestehen scheint und dabei ganz bewusst nicht nach den Regeln der Vernunft vorgeht, deutet sich an in seiner offenen Ablehnung gegenüber der Frage nach dem politischen Interesse der Mutter: „Ich glaube nicht daran." (Ebd., S. 157)

Vatersuche als Selbsttherapie?

Martin Pollacks *Bericht über meinen Vater* ist nicht nur aufgrund der nahezu lückenlosen, (kultur-)historisch außerordentlich informativen Recherche von großem Interesse. Der Autor dokumentiert einige der grausamsten Verbrechen der Nationalsozialisten und nimmt diesen gleichzeitig den Charakter des Mystischen und Abstrakten, indem er ihnen mit seinem Vater Dr. Gerhard Bast das Gesicht eines realen Menschen aus einer durchschnittlichen und „normalen" deutsch-österreichischen Familie gibt. Gerade seine sachliche, von Anklagen und Werturteilen weitgehend freie Sprache und seine autobiographische Offenheit ermöglichen dem Leser einen aufschlussreichen Einblick in das Innenleben einer Familie, der das Weiterleben mit einer schweren moralischen Schuld möglich war.

Für den Autor selbst, so lässt sich aus einigen seiner Äußerungen schließen, konnten alle erfolgreichen Nachforschungen jedoch keine befriedigenden Antworten auf seine primäre Fragestellung liefern. Mehrmals verleiht er seiner Enttäuschung Ausdruck, trotz der Fülle an Fakten über dessen Biographie dem Vater als Mensch nicht näher gekommen zu sein, ihn nach wie vor nur „schablonenhaft" und „im dunkeln" sehen zu können und keine Erklärung für seine Handlungsmotivationen und Denkweisen erhalten zu haben (ebd., S. 181, 121). In solchen Aussagen scheint sich die Hauptintention Pollacks für die Recherche zu diesem Buch zu manifestieren. Dennoch lässt sein ernüchtertes Fazit, in dem er die Aussichtslosigkeit und Vergeblichkeit seiner Suche nach dem unbekannten Vater artikuliert (ebd., S. 221), trotz des offenkundigen Schmerzes auch eine gewisse Hoffnung auf einen heilsamen Effekt zu. Nachdem er die ganze Wahrheit über den Vater aufgedeckt hat, kann Pollack sich eingestehen, dass er die Frage nach dem Warum, die ihn „seit Jahren wie ein düsterer Schatten" begleitet (ebd., S. 103), niemals wird klären können und erhält somit möglicherweise eine Chance, gedanklich mit ihr abzuschließen.

Pollack rahmt seinen Bericht mit zwei Szenen aus dem Jahr 2003 ein, in denen er den Bunker am Brenner aufsucht, in dem die Leiche des Vaters gefunden wurde. Während zu Beginn die detaillierte Beschreibung der Umgebung und der Suche nach dem Todesort eine gewisse Spannung und Aufregung des Autors vermittelt, schließt Pollack seine Schilderung des zweiten Besuchs mit einer Distanz, die gleichzeitig das Scheitern seiner Vatersuche als auch eine Befreiung von Sehnsüchten, Zweifeln und Illusionen ausdrücken könnte:

> „Ich ging zurück zum Auto und fuhr noch einmal zum Bunker, in dem mein Vater gefunden worden war. Von der Straße aus sah ich die um den Eingang aufgeschichteten Fichten, die Tafel mit der zweisprachigen Aufschrift und das Felsentor, von dem ich wußte, daß es aus Glasfibermatten war. Ich stieg nicht aus, sondern fuhr weiter, hinunter nach Innsbruck." (Ebd., S. 253)

Literatur

Primärliteratur

Pollack, M. (2004): Der Tote im Bunker. Bericht über meinen Vater. Wien (Paul Zsolnay).

Sekundärliteratur

Bode, S. (2004): Die vergessene Generation. Die Kriegskinder brechen ihr Schweigen. Stuttgart (Klett-Cotta).

Gehrke, R. (1992): Literarische Spurensuche. Elternbilder im Schatten der NS-Vergangenheit. Opladen (Westdeutscher Verlag).

Gremmel, C. (2005): Auf der Suche nach der eigenen Familiengeschichte. Neue zeitgeschichtliche Familien- und Generationenromane. In: G. v. Glasenapp, G. Wilkending (Hg.): Geschichte und Geschichten. Die Kinder- und Jugendliteratur und das kulturelle und politische Gedächtnis. (Kinder- und

Jugendkultur, -literatur und -medien; 41), Frankfurt a. M. u. a. (Peter Lang), S. 142–162.
Kohlstruck, M. (1997): Zwischen Erinnerung und Geschichte. Der Nationalsozialismus und die jungen Deutschen. Berlin (Metropol).
Radebold, H. (2005): „Dir ist was Schreckliches passiert.“ Der Alternsforscher Hartmut Radebold über die psychischen Spätfolgen von Kriegsgräueln, die Macht der verdrängten Erinnerungen und seine eigene Kindheit während des Krieges. In: Der Spiegel, 17: 172–177
Rosenthal, G. (1997): Der Holocaust im Leben von drei Generationen. Familien von Überlebenden der Shoah und von Nazi-Tätern. Gießen (Psychosozial-Verlag).

Caroline Michler

Kriegskindheit, positiv gefärbt

Über die begrenzten Darstellungsmöglichkeiten zeitgeschichtlicher Kinder- und Jugendliteratur[1]

Kriegskindheit, Fluchtkindheit, Nachkriegskindheit – seit geraumer Zeit hat sich auch die zeitgeschichtliche Kinder- und Jugendliteratur des deutschsprachigen Raums dieser Themen bemächtigt. Dabei wird man bedenken müssen, dass die Kinder- und Jugendliteratur Rücksicht auf die Aufnahmefähigkeit und die Interessen ihrer Adressaten zu nehmen hat, was für sie eine nicht unerhebliche Einschränkung bedeutet. Darüber hinaus werden mit dieser Literatur erzieherische und geschichtsdidaktische Erwartungen verknüpft. Eine Befassung mit den bedrohlichen Lebensumständen von Kriegskindern und ihren traumatischen Kriegserfahrungen ist deshalb für die Kinder- und Jugendliteratur keine leichte Aufgabe. Es soll im Folgenden darum gehen, das in der Kinder- und Jugendliteratur vermittelte Bild der Kriegskindheit herauszuarbeiten. Die Materialbasis der Untersuchung bilden sieben ausgewählte Kinder- und Jugendromane und drei zum Vergleich herangezogene erwachsenenliterarische Titel:

Kinder- und Jugendromane:

- Günter Saalmann (1991), *Mops Eisenfaust*
- Klaus Kordon (1993), *Der erste Frühling*
- Waltraut Lewin (2004), *Marek und Maria*
- Linde von Keyserlingk (1992), *Felix und Lena*
- Sigrid Schuster-Schmah (1999), *Wir sehen uns bestimmt wieder*
- Peter Härtling (2000), *Reise gegen den Wind*
- Gudrun Pausewang (2005), *Überleben!*

Erwachsenenromane:

- Rudolf Scholz (1995), *Die Schwalben der Kindheit*

1 Den folgenden Ausführungen liegt eine Forschungsarbeit der Verfasserin mit dem Titel *Die Darstellung von Kriegskindheiten in der Kinder- und Jugendliteratur der Gegenwart* zugrunde. Das Hauptaugenmerk dieser Arbeit lag nicht auf dem bereits viel beachteten Gesichtspunkt der im kinder- und jugendliterarischen Bereich dargestellten politischen Hintergründe, sondern auf kindheitsgeschichtlichen Aspekten.

- Peter Härtling (1979), *Zwettl*
- Peter Härtling (1993), *Nachgetragene Liebe*

Im Abgleich insbesondere mit den in der Erwachsenenliteratur sich bietenden Bearbeitungsmöglichkeiten dieser schwierigen Stoffe soll deutlich gemacht werden, welche Restriktionen sich Kinder- und Jugendschriftsteller aus Rücksicht auf ihre Adressaten, aber auch mit Blick auf die Vermittler und deren vielfache Bedenken auferlegen.

Kriegsbedingte Belastungsfaktoren

Die von den Kriegskindern häufig erlebten Belastungen werden von Bernhard Rüger (2003, S. 3) wie folgt zusammengefasst: a) abwesender Vater, b) ständige Bombenangriffe, c) Trennung von Mutter und Geschwistern, d) Verlust des Vaters und/oder der Mutter, e) Hunger, Unterernährung, Verarmung, Krankheit, f) Flucht und Vertreibung, g) Übergriffe von Besatzungssoldaten, h) seelische Verrohung durch Nazi-Erziehung und Krieg. Diese Belastungsfaktoren finden sich – wenn auch in unterschiedlicher Gewichtung – in den herangezogenen kinder- und jugendliterarischen Werken wieder. Die Autoren muten ihren Lesern viel zu, indem sie die bedrohlichen Lebensumstände weitgehend authentisch wiedergeben. Alle Protagonisten werden – wie fast 90 Prozent der damaligen Kriegskinder (Radebold 2004a, S. 116) – wiederholt zu unfreiwilligen Zeugen der Kampfhandlungen, seien es Bombenangriffe, Tieffliegerbeschuss, Artilleriefeuer oder Häuserkampf. Sie erleben die damit einhergehende Zerstörung und erleiden Angst und Todesangst. Bis auf eine Ausnahme werden alle Protagonisten unmittelbar nach den Angriffen (oder in der Nachkriegszeit) mit Toten und Verletzten konfrontiert. Zum Teil schildern die Texte darüber hinaus den Todeskampf von mit Phosphor in Berührung gekommenen Menschen und die Verwirrung, Verzweiflung und Verstörung der Überlebenden. In allen untersuchten Kinder- und Jugendromanen wird die Trennung der Kinder von Familienmitgliedern, in der Regel von den Vätern, zum Teil auch von älteren Brüdern und – dies gilt vornehmlich für die Fluchtbeschreibungen – von Großeltern, Geschwistern und Müttern sowie die Sorge um diese nahen Verwandten dargestellt. Viele Texte erwähnen den Tod von nahen Angehörigen explizit oder deuten ihn an.

Von allen Autoren wird neben dem seelischen auch das körperliche Leid beschrieben: Hunger und – insbesondere in den Flucht- und Vertreibungsromanen – Durst, Erschöpfung und Frieren. In den Fluchtbeschreibungen kommen auch die oben angeführten Belastungsfaktoren Krankheit und Verarmung zur Sprache. Die spezifischen Belastungen der Flucht- und Vertreibungserlebnisse werden hier ebenso wenig ausgespart wie in anderen Texten die Bombenangriffe, denen besonders die Kinder in den Städten ausgesetzt waren. Es wird das Gedränge in überfüllten Zügen und auf Bahnsteigen geschildert als auch der Anblick von erfrorenen Babys am Wegesrand. Es wird die Gewalt der häufig plündernden und vergewaltigenden russischen Soldaten erwähnt und die Entrechtung und Vertreibung durch die von der Westverschiebung Polens betroffenen Polen beschrieben.

Der sexuellen Gewalt begegnen die Autoren jedoch mehrheitlich mit vorsichtigen Andeutungen. Vergleicht man die kinder- und jugendliterarische Darstellung mit Aussagen von Zeitzeugen, so wird deutlich, dass nur sehr wenige der analysierten Titel das kindliche Erleben von Vergewaltigungen authentisch wiedergeben. Die von Ulla Roberts befragten Frauen der Jahrgänge 1933 bis 1943 (bei Kriegsende zwischen zwei und zwölf Jahre alt) erinnern sich besonders an das auch in der Kinder- und Jugendliteratur mehrfach angesprochene Verkleiden und Verstecken der Frauen (Roberts 2003, S. 112–118). Die älteren Mädchen wurden, wie einige der Protagonistinnen, in Jungen „verwandelt". Über die Geschehnisse aufgeklärt wurden sie aufgrund der gesellschaftlichen Tabuisierung von Sexualität ebenso wenig wie die Hauptfiguren der Kinder- und Jugendromane (vgl. Schütze/Geulen 1983, S. 37). Im Gegensatz zu den meisten Buchhelden wurden die wirklichen Kriegskinder jedoch immer wieder mit dem Begriff ‚Vergewaltigung' konfrontiert. Sie sahen, wie Frauen gewaltsam weggezerrt wurden, wussten – ohne sich etwas Konkretes darunter vorstellen zu können –, dass es viele Vergewaltigungen gab, und ahnten, „daß es schlimme Sachen waren", die da geschahen (Roberts 2003, S. 116).

Von ähnlicher Zurückhaltung der Kinder- und Jugendschriftsteller ist auch die Charakterzeichnung der kindlichen Hauptfiguren geprägt. Die Darstellung lediglich einer Heldin lässt durch Erwähnung der langen, dünnen Beine, des blassen Gesichtes, des noch im Jahr 1947 immer währenden Hungers und schneller Ermüdung auf ein unterernährtes und körperlich gezeichnetes Kind schließen. Demgegenüber stellen in der Nachkriegszeit angestellte Studien eine schlechte körperliche Verfassung vieler Kriegs- und Flüchtlingskinder fest. Vor allem die Letzteren fielen noch bis zur Währungsreform 1948 durch massives Untergewicht, Wachstumsstörungen, Haltungsschäden und Hautprobleme auf, die Auswirkungen der Mangelernährung und der schlechten Hygieneverhältnisse auf der Flucht und in den Behelfsunterkünften waren. Sie waren besonders anfällig für Krankheiten wie z. B. Tuberkulose, zeigten bei Sport und Spiel verminderte Leistungsfähigkeit und hatten eine „blasse welke Haut", die sie „alt, fast greisenhaft" aussehen ließ (Ackermann 2000, S. 150).

Die meisten kindlichen Protagonisten zeigen ebenfalls keine „seelische Verrohung durch Nazi-Erziehung und Krieg" (Rüger 2003, S. 3). Glaubt man der Kinder- und Jugendliteratur, so sind die Indoktrinierungsmethoden der Nationalsozialisten nur begrenzt erfolgreich gewesen. Allein Saalmanns Protagonist und Alter Ego entspricht näherungsweise dem von Hitler favorisierten Jugendideal. Die Mehrzahl der Hauptfiguren hat die Ideologie der Nationalsozialisten zwar übernommen, nicht aber die Menschenverachtung, wie sie von der schulisch vermittelten „Rassenlehre“ propagiert wurde. Außer Saalmanns Mops-Figur geht keines der in den analysierten Texten dargestellten Kriegskinder mit verbalen oder körperlichen Angriffen gegen so genannte „Untermenschen“ vor. Mit Ausnahme von Mops zeigt keiner der geschilderten jungen Menschen Verhaltensweisen der häufig mit den Attributen ‚betrogen' oder ‚missbraucht' charakterisierten Generation (Herbert 2003, S. 102f.), deren Angehörige mit dem Zusammenbruch des Dritten Reiches ihr gesamtes Weltbild zusammenbrechen sahen und entweder „in eine völlige Orientierungslosigkeit“ stürzten oder „emotional verhärtet“ blieben (Zander 1992, S. 136).

Dass die Kriegskinder in einem Lebensabschnitt, in dem normalerweise „Gewissen, Moral und Wertprioritäten“ aufgebaut werden sollen (Hurrelmann/Bründel 2003, S. 73, 76), zunächst durch die Ideologie des NS-Regimes, später auch durch die kriegsbedingte Not der Menschen, den Verfall beinahe aller Normen und Werte erlebten, spiegeln die kinder- und jugendliterarischen Texte kaum wider. Obwohl die Protagonisten häufig rücksichtsloses und kriminelles, mitunter auch boshaftes Verhalten beobachten, zeigen sie selbst (Saalmanns Protagonist erneut ausgenommen) kaum Anzeichen einer Verrohung. Während Härtlings und Kordons kindliche Helden gänzlich in der Rolle der Beobachter und Leidtragenden bleiben, beschränken sich die Norm- und Gesetzesverstöße der übrigen Helden zumeist auf die überlebensnotwendige Befriedigung von Grundbedürfnissen. Das Stehlen bzw. „Organisieren“ von Nahrungsmitteln und Kohlen wird von den meisten Autoren durch Erklärungen der Erwachsenenfiguren entschuldigt und legitimiert. Mit negativen Charaktereigenschaften und Verhaltensweisen behaftet ist wiederum nur Saalmanns Held: Allein diese indoktrinierte und verrohte Jungenfigur verweist annäherungsweise auf die Verwahrlosung, aber auch die Freizügigkeit vieler damaliger Kinder und Jugendlicher.

Verlust der Kindheit

Angesichts von Kindern, die mehrheitlich nicht nur extrem selbstständig waren und sich häufig unkindlich verhielten, sondern auch permanent physisch und psychisch überfordernden Erlebnissen ausgesetzt waren, die sie in Friedenszeiten nie oder nur selten erlebt hätten (Ackermann 2000, S. 146), kann von ‚Kindheit' im herkömmlichen Sinne kaum noch die Rede sein. Zwar werden in den Kinder- und Jugendromanen nur die Fluchterlebnisse ausdrücklich für das Ende der Kinderjahre verantwortlich gemacht; die Titel verdeutlichen jedoch mehrheitlich, dass bereits im Krieg kaum noch Lebensumstände gegeben waren, die die Lebensphase der Kindheit im Frieden definieren. Die kinder- und jugendliterarische Auseinandersetzung mit einem der wichtigsten Schutzfaktoren der Kindheit (Radebold 2004a, S. 115), d. h. das in den Kinder- und Jugendromanen vermittelte Bild von den Müttern, entspricht in weiten Teilen den heutigen wissenschaftlichen Erkenntnissen. Nur Härtling und Kordon schildern ausnahmslos starke Mütter bzw. Ersatzmütter, die ihren Schützlingen viel Fürsorge und Halt geben. Die anderen Autoren stellen zwar auch politische und moralische Vorbildfiguren dar, zeichnen darüber hinaus jedoch differenzierte Charaktere, die neben Stärken, wie z. B. Organisationstalent, Energie und Pragmatismus, auch Schwächen zeigen (Franz et al. 2004, S. 48, 53; Heinl 1994, S. 95). Es werden Frauen beschrieben, die nicht nur Zusammenbrüche erleiden, sondern – obgleich seltener und ohne suizidgefährdet zu sein – auch depressive Phasen durchlaufen. Die meisten Mütter stehen den Protagonisten physisch und/oder emotional nur begrenzt zur Verfügung und können diesen oft nur wenig Fürsorge entgegenbringen. Sie werden von ihrer Angst oder Trauer um Angehörige aufgezehrt, müssen zum Teil arbeiten, um für den Lebensunterhalt der Familie zu sorgen, und sind häufig von den Umständen überfordert. Selten sind dagegen in den Kinder- und Jugendromanen Störungen der Mutter-Kind-Beziehungen auszumachen. Dass die den Kriegsereignissen ebenfalls hilflos gegenüberstehenden Frauen ihren Kindern keine Geborgenheit vermitteln konnten (Zander 1992, S. 130f.) und die Jungen und Mädchen unter diesen Umständen das so wichtige emotionale „Urvertrauen" zur Mutter nicht aufzubauen vermochten (Hurrelman/Bründel 2003, S. 72f.), gelangt so gut wie gar nicht zur Sprache. Vertrauensverlust sowie Verunsicherungen der Protagonisten werden nur von Saalmann und Keyserlingk angedeutet. Die nach Forschungserkenntnissen von vielen Kriegskindern erlebte „emotionale Mutterlosigkeit" (Heinl 1994, S. 72) wird nur von Lewin beschrieben.

Vaterfiguren stehen als Bezugspersonen in allen betrachteten Kinder- und Jugendromanen kaum zur Verfügung. Die Protagonisten wachsen mehrheitlich „bei lang anhaltender oder dauernder väterlicher Abwesenheit" auf (Radebold 2004a, S. 116f.). Die Männer tauchen hin und wieder in rückblickenden bzw. sehnsüchtigen Erinnerungen auf oder finden in der Rahmenhandlung Erwähnung. Häufig werden sie jedoch so bruchstückhaft beschrieben, dass man sich kein Bild von ihnen machen kann.[2] Wenn sie ausführlicher dargestellt werden, erscheinen sie als helfende Hand vor dem Aufbruch zur Flucht, als liebevolle oder aber leicht reizbare Fronturlauber oder als den eigenen Kindern fremd gewordene, von Krieg und Gefangenschaft seelisch und körperlich gezeichnete Rückkehrer. Auch wenn hier eine eher optimistische Betrachtungsweise vorherrscht, so spiegeln nahezu alle die Rückkehr des Vaters thematisierenden Romane wider, dass, wie der Psychologe Michael Ermann betont, „die Väter [...] nicht den Hoffnungen und Idealen [entsprachen], mit denen sie erwartet worden waren" (Ermann 2004, S. 233).

---

2 Dies deckt sich mit den Ergebnissen Radebolds (2000, S. 221), der 49 deutschsprachige Titel der Kinder- und Jugendliteratur, die zwischen 1945 und 2000 erschienen sind und die Kriegs- und Nachkriegszeit thematisieren, auf ihr Vaterbild hin untersucht hat.

Das in den untersuchten Kinder- und Jugendromanen vermittelte Bild von den Kriegsheimkehrern und deren Beziehungen zu ihren Kindern in der Nachkriegszeit deckt sich in vielen Aspekten mit den wissenschaftlichen Erkenntnissen (vgl. Ermann 2004, S. 233; Roberts 2003, S. 48f.; Radebold 2004b, S. 127). Anders als in den Kinder- und Jugendromanen wird von der Forschung jedoch hervorgehoben, dass die Väter häufig „eine dauernde bittere Enttäuschung" waren (Stierlin 1988, S. 200), „innerlich abgekapselt [...] lebenslang abwesend", „für ihre Kinder psychisch unerreichbar" (Radebold 2004b, S. 128) und unfähig, eine „lebendige und kindgerechte Vaterrolle" auszuüben (Heinl 1994, S. 72). Eine funktionierende Vater-Kind-Beziehung, wie sie von der Mehrheit der kinder- und jugendliterarischen Texte suggeriert bzw. in Aussicht gestellt wird, konnte nach Erkenntnissen der Forschung sehr häufig nicht mehr entstehen. Erlebten die Kinder im Krieg die – ebenfalls von der Mehrheit der Kinder- und Jugendromane ausgesparte – „emotionale Mutterlosigkeit" (ebd.), so litten sie nach dem Krieg, was mit Gudrun Pausewang wiederum nur eine Autorin andeutet, unter einer „emotionalen Vaterlosigkeit" (ebd.).

Auch die Familie – üblicherweise primäres Sozialisationsmedium der Kinder – war in ihren Funktionen stark eingeschränkt. Bereits vor Kriegsbeginn versuchte das nationalsozialistische Regime, die Familie „als Schutzinstanz für Lebensräume, der Intimität, der Privatheit, der fürsorglichen Erziehung, des Suchverhaltens und Probehandelns der Heranwachsenden [...] auf ein Minimum zu reduzieren" (Hansmann 1995, S. 50). Im Krieg wurden im Rahmen der Kinderlandverschickung (KLV) etwa fünf Millionen deutsche Kinder von Eltern und Geschwistern getrennt und in Pflegefamilien oder in KLV-Lagern untergebracht. Andere verfügten als Kriegswaisen über gar keine Familie mehr oder hatten diese in den Kriegswirren aus den Augen verloren. Viele entzogen sich im „kriegsbedingten ‚Kontroll-Loch'" der Nachkriegszeit (Drexler 1984, S. 41) dem elterlichen Einfluss. Nicht wenige waren als Straßenkinder auf sich selbst gestellt oder wählten bewusst diesen Freiraum. Sie erlebten damit keine bzw. nur eine eingeschränkte Familienkindheit.

Demgegenüber wachsen die Hauptfiguren der untersuchten Romane (im Gegensatz zu einigen Nebenfiguren) in einem familiären Rahmen auf. Verfügen sie aufgrund von Verlusterfahrungen bzw. kriegsbedingter Abwesenheit nicht über leibliche Eltern oder erscheint der Wohnort der Kernfamilie zu unsicher, so finden sie Aufnahme bei nahen Verwandten, die häufig als Ersatzeltern bezeichnet werden. Nur in Saalmanns Titel „Mops Eisenfaust" wird ein zum Teil eingeschränktes Funktionieren der Institution Familie beschrieben. In allen anderen Romanen kommt es weder zu einer durch Indoktrinierung bedingten Entfremdung von Eltern bzw. Ersatzeltern und Kind noch zu einer Abnabelung bzw. einer Ablehnung der Bezugspersonen als Erziehungsinstanzen. Dies ist zum Teil auf die von den Autoren ausgewählten Handlungszeiträume sowie die damit einhergehenden Lebensbedingungen zurückzuführen. Saalmanns Roman ausgenommen, thematisieren die analysierten Texte mehrheitlich die Zeit des Kriegsendes oder Flucht- und Vertreibungserlebnisse in den Jahren 1945 bis 1947. In beiden Situationen sind die staatlichen Ordnungsstrukturen aufgrund der massiven Kampfhandlungen, des Verlustes der heimatlichen Infrastruktur und/oder des Untergangs des Regimes zusammengebrochen, sodass eine Vereinnahmung der Protagonisten durch die Jugendorganisationen nicht mehr stattfindet. In den Luftschutzkellern der von Bombenangriffen erschütterten Städte sowie in den Trecks und Zügen der Flüchtlinge verbringen die Familienmitglieder zwangsläufig viel Zeit zusammen. Die geschilderten Flüchtlingskinder sind häufig mit Aufgaben der Geschwisterbetreuung betraut und zusätzlich noch in den Familienverband eingebunden. Anders als es die Forschung beschreibt, bleiben die Familienbeziehungen der Romanhelden jedoch auch im städtischen Alltag der Nachkriegszeit, bei längeren Aufenthalten während der Vertreibung oder nach Ankunft in Deutschland unverändert.

Gleichlautend spiegeln Forschung wie Kinder- und Jugendliteratur wider, dass mit der Schule ein weiterer Schutzraum der Kinder nicht mehr so funktionierte, wie es das „Projekt Kindheit“ vorsieht. Im Krieg kam die Schule, so Wolfgang Benz (1992, S. 22f.), ihrer eigentlichen Bestimmung als Bildungsinstitution kaum noch nach. Die Unterbrechung der Schulkindheit wird in nahezu allen Titeln thematisiert. Mit den kriegsbedingten Schulschließungen oder dem vorläufigen Ende des Schulbesuchs durch Flucht- und Vertreibung verschwindet für die Protagonisten – wie in der Realität der damaligen Kriegskinder – ein entscheidender spezifischer Lebensraum.[3]

Eingliederung in die Erwachsenenwelt

Die Kriegskinder wurden – auch das zeigen die hier herangezogenen Kinder- und Jugendromane – mehr und mehr in die Erwachsenenwelt integriert. Deutlich wird, dass die Kinder mit zu Friedenszeiten tabuisierten Lebensbereichen konfrontiert und damit – wie es Neil Postman (1987, S. 61) nennt – in „kulturelle Geheimnisse“ eingeweiht wurden, die „zu einem der herausragenden Merkmale der Erwachsenheit“ gehörten. Im Unterschied zur weitgehend tabuisierten Sexualität findet die Konfrontation mit dem Tod[4] ihren Niederschlag in teilweise detaillierten Beschreibungen von Leichen.

3 In der Kindheitsforschung wird gerade die Scholarisierung, d. h. die Ende des 19. Jahrhunderts durchgesetzte Schulpflicht für alle sozialen Schichten als die Lebensphase der Kindheit etablierendes Moment angeführt (vgl. Hurrelmann/Bründel 2003, S. 60f.; Zinnecker 2000, S. 47f.).

4 Die Statistik geht davon aus, dass ca. zwei Millionen Menschen auf der Flucht sowie zwischen 420.000 und 520.000 deutsche Zivilisten (davon etwa 75.000 Kinder unter 14 Jahren) im Bombenkrieg starben (vgl. Hirsch 2003, S. 18.; Friedrich 2002, S. 63, 511).

Dass die Kriegskinder häufig Aufgaben und Verantwortungen übernehmen mussten, die normalerweise den Erwachsenen vorbehalten waren, ist ebenso Thema der Kinder- und Jugendliteratur wie die von vielen Müttern vorgenommene Rekrutierung der Kinder als Partnerersatz. Einige Texte schildern, was – einen Begriff der Soziologie aufgreifend – als „Früherwachsenheit“ definiert werden kann. Früherwachsene Kinder müssen zahlreiche Pflichten übernehmen und können ihren Bedürfnissen nach Spiel bzw. Freizeit kaum noch nachkommen. Sie beschaffen Nahrung und Heizmaterial und betreuen jüngere, aber auch ältere verwundete Geschwister. Zum Teil schlüpfen sie in die Mutterrolle und müssen bei Abwesenheit der Mutter alleine den Familienalltag organisieren.

Mit den in Saalmanns und Keyserlingks Romanen geschilderten partnerschaftlichen Beziehungen, in denen die Protagonisten zu Vertrauten bzw. Vertretern der Mutter avancieren, deutet sich das Phänomen der Parentifizierung an. Die überlasteten Mütter machen ihr Kind bewusst oder unbewusst zu ihrem Partner; sie fordern von diesem Unterstützung im Alltag oder suchen bei ihm emotionalen Halt (Roberts 2003, S. 46; Schütze/Geulen 1983, S. 31). Helm Stierlin bezeichnet die parentifizierten Kinder als „gebundene Delegierte“. Sie wurden, „innerlich an ihre Mütter gebunden bleibend, […] durch altersunangemessene Aufträge überfordert und ausgebeutet, genossen aber auch häufig das Bewußtsein, für ihre Mütter unersetzlich wichtig zu sein.“ (Stierlin 1988, S. 201) Mussten sich Mutter und Sohn aufgrund der kriegsbedingten Wohnverhältnisse über längere Zeit ein Bett teilen, konnte dies „oft grenzüberschreitend und nicht selten verführerisch sein“ (Radebold 2004b, S. 133). Da die Söhne (häufig unterschwellig) als Ersatz-Ehemann und Quasi-Liebhaber angesehen wurden und die Töchter die Rolle der Vertrauten einnahmen, verschwammen in der Kriegs- und Nachkriegszeit die Generationengrenzen (Stierlin 1988, S. 201).

Insgesamt gerieten durch den Zweiten Weltkrieg die gesellschaftlich verfestigten Kindheits- und Jugendvorstellungen ins Wanken. „‚Anormale‘ Entwicklungsbrüche und -sprünge“ waren „ein verbindendes generationsspezifisches Merkmal der Kriegskinder“ (Ackermann 2000, S. 148). Viele erlebten eine verfrühte und beschleunigte Pubertät, zeigten Formen von „Frühsexualisierung“, wie sie häufig „nach seelischer Traumatisierung oder unter mißlichen Umweltbedingungen“ beobachtet wurden (Stutte 1950, S. 216). Viele übernahmen, von überlasteten Bezugspersonen vernachlässigt, eine „frühreife Autonomie“ (Stierlin 1988, S. 201) oder waren – in erwachsene Rollen gedrängt – gewohnt zu funktionieren, d. h. vor allem verantwortlich zu agieren, mit anzufassen und zu organisieren. Für viele ergaben sich durch den Wegfall der kindlichen Moratorien jedoch auch neue Lernmöglichkeiten und Entwicklungschancen. Flüchtlingskinder, die nicht nur ihre vertraute Umgebung verloren hatten, sondern im Nachkriegsdeutschland durch zwei unvereinbare Anforderungen – Anpassung an die neue Heimat auf der einen, Loyalität gegenüber den heimatverbundenen Eltern auf der anderen Seite (Hirsch 2004, S. 233) – zusätzlich überfordert wurden, wirkten oft noch älter und reifer bzw. frühreifer als ihre ortsansässigen Altersgenossen (Ackermann 2000, S. 146f.).

Grundsätzlich zeigen nahezu alle Romanhelden Ausprägungen der beschriebenen Frühreife. Allerdings weichen die Hauptfiguren – dies geht erneut Hand in Hand mit den überwiegend positiven Charakterzeichnungen – mehrheitlich im positiven Sinn von den Normen ab. Sie zeigen früherwachsenes Verhalten, indem sie den Müttern helfen, die Verantwortung für jüngere Geschwister übernehmen oder sich für die Gespräche der Erwachsenen und das politische Zeitgeschehen interessieren, statt ihre Freizeit in den Trümmern und auf der Straße zu verbringen. Sie reflektieren ihren unklaren Status zwischen Kind und Erwachsenensein, ahnen, dass sie durch die Erlebnisse „reifer" (Pausewang 2005, S. 193) geworden sind oder werden von Außenstehenden als „erwachsen" bezeichnet (Keyserlingk 1996, S. 144). Nur zwei Protagonisten entfernen sich in ihrem Handeln von den Anweisungen der Bezugspersonen, indem sie beispielsweise durch Ablösungsversuche von der Mutter und leises Interesse am anderen Geschlecht Anzeichen einer verfrühten Pubertät zeigen. Damit entwerfen die Kinder- und Jugendromane ein weiteres Mal ein positiv gefärbtes Bild der Kriegs- und Nachkriegskindheit.

Psychische Belastung

Nahezu ungefiltert spiegelt die Kinder- und Jugendliteratur die unmittelbaren psychischen Belastungen wider, unter denen die meisten Kinder im Krieg und während der Flucht litten. Es werden Gefühle wie Angst, Todesangst, Ungewissheit, Verunsicherung oder Bedrohung geschildert. Das von vielen Kriegskindern (oft mehrfach) erlebte Trauma[5] dürfte mit den Ohnmachten und Zusammenbrüchen der Protagonisten angedeutet sein. Hinzu kommt die Beschreibung von Alpträumen, Panikattacken und Schockzuständen. Einige Romanhelden zeigen die psychosomatischen Symptome, mit denen vor allem Mädchen auf Belastungen reagieren (Hurrelmann/Bründel 2003, S. 78). Auch die eher für Jungen typische Reaktion – das häufig gegen Gleichaltrige und Erwachsene gerichtete aggressive Verhalten – findet sich bei Nebenfiguren und in Ansätzen bei Saalmanns Protagonisten. Wenig Beachtung geschenkt wird dem ja nach Alter unterschiedlichen Erleben. Nach Hilde Jamin begegneten Zwei- bis Sechsjährige den Bombenangriffen häufig furchtlos und beim Bombensplittersammeln und

---

5 per definitionem „eine Erfahrung der Unberechenbarkeit, der Überflutung, des Kontrollverlusts, von Hilflosigkeit, Verzweiflung und Ohnmacht"; Leuzinger-Bohleber 2003, S. 1002

Trichtergucken spielerisch, während ältere Kinder die Todesgefahr bewusst erlebten und dementsprechend Todesängste empfanden.[6]

Während die Forschung heute eher von langandauernden Auswirkungen kriegsbedingter psychischer Belastungen ausgeht, vermitteln die untersuchten Kinder- und Jugendromane, die auch die Nachkriegszeit behandeln, mehrheitlich den Eindruck, dass sich mit dem Frieden bzw. mit dem Ende der Flucht auch das Seelenheil der kindlichen Protagonisten wieder einstellt. Letztere sind zwar häufig noch schwierigen äußeren Einflüssen ausgesetzt, erscheinen jedoch innerlich weitgehend gefestigt. Nur Saalmanns und Keyserlingks Hauptfiguren leiden nach Kriegsende bzw. nach Flucht und Vertreibung unter psychischen Problemen wie Misstrauen, Ängsten, Alpträumen und Gefühlsschwankungen, haben belastende Erinnerungen oder psychosomatische Beschwerden. Wird die unheile Welt der Kriegs- und Nachkriegszeit in den kinder- und jugendliterarischen Texten selten ohne Hoffnungsschimmer dargestellt (Dahrendorf 1996, S. 353), so suggerieren die Autoren mehrheitlich auch einen (relativ) unbeschwerten späteren Lebensweg der damaligen Kriegskinder.

Im Rückblick der Schreibenden werden lediglich andauernde Träume, der mühsame und tränenreiche Erinnerungs- und Schreibprozess oder das mit langem Schweigen verbundene „schwere Fluchtgepäck“ erwähnt. Obwohl in nahezu allen Titeln der Blickwinkel des gealterten Kriegskindes einfließt – und zwar in Form von an die Enkel adressierten Briefe, welche die Funktion von Vor- und Nachworten einnehmen, oder aber in Form von Epilogen –, werden den Kindheitserfahrungen nur in Lewins Roman *Marek und Maria* eine wirklich lebensgeschichtliche Auswirkung zugesprochen. Hier zeigt ein kurzer Epilog anschaulich, dass die Erlebnisse nicht verarbeitet werden können und lebenslang belastend bleiben. Die von der Forschung beschriebenen langfristigen Folgen, die von charakteristischen Persönlichkeitsmerkmalen und „kleinen Macken“ über eingeschränkte soziale Kompetenzen und psychische Störungen bis hin zur transgenerationellen Weitergabe von Verhaltensweisen, Gefühlen und Symptomen reicht (Brähler et al. 2004; Heinl 1994; Leuzinger-Bohleber 2003, Radebold 2003), lassen die analysierten Kinder- und Jugendromane nicht erkennen.

Kriegs- und Fluchtkindheit in Texten für Erwachsene

Grundsätzlich zeigt sich, dass die erwachsenenliterarischen Titel mit den Erkenntnissen der Forschung mehr übereinstimmen. Das in diesen gezeichnete kindliche Ich ähnelt dem von der Forschung vermittelten Bild von den

6 Hilde Jamin, *Die Andenken und Liebesobjekte der Kinder aus dem Luftkrieg*, Vortrag auf dem Kongress „Die Generation der Kriegskinder und ihre Botschaft für Europa 60 Jahre nach Kriegsende“, Johann Wolfgang Goethe-Universität Frankfurt am Main, 16. April 2005 (Quelle: eigene Mitschrift)

Kriegskindern in weitaus größerem Maße. Die Autoren können ihr kindliches Alter Ego – einmal abgesehen von etwaigen persönlichen Motiven, wie z. B. Scham über die eigene Verführbarkeit – unbefangen, ohne Scheu und ohne Vorbehalte als indoktriniert und verroht darstellen. Die im Zentrum stehenden Kinderfiguren zeigen sich enttäuscht von ihren regimekritischen Vätern: Der junge Peter Härtling droht seinem Vater sogar mit der Denunziation. Scholz sechsjähriger Junge hat bereits die propagierte menschenverachtende Rassenlehre verinnerlicht. Beide Kinderfiguren zeigen aggressives und gewalttätiges Verhalten. Das von Härtling erinnerte Alter Ego nutzt die Freiheiten des „kriegsbedingten ‚Kontroll-Lochs'" aus (Drexler 1984, S. 41). Sowohl der in *Die Schwalben der Kindheit* dargestellte sechs- bis siebenjährige als auch der in *Zwettl* gezeigte zwölfjährige Junge zeigen Anzeichen der von Stutte als allgemeine Folge von Traumatisierungen und misslichen Umweltbedingungen eingestuften sexuellen Frühreife (Stutte 1950, S. 216).

Im erwachsenenliterarischen Bereich besteht keine Veranlassung, das Thema der Sexualität zu tabuisieren. Die Titel bestätigen, dass Liebe und/oder sexuelle Bedürfnisse der Erwachsenen nicht aus dem Kinderleben ferngehalten werden konnten. Das Wissen um die häufigen sexuellen Übergriffe der Besatzungssoldaten, über das nach Ulla Roberts viele Kinder verfügten, ist auch in Härtlings Text *Zwettl* ein Bestandteil des kindlichen Erfahrungshorizonts. Scholz schildert in einer Szene seines Romans genau jene von Radebold als „grenzüberschreitend und nicht selten verführerisch" klassifizierte Nähe, die sich aufgrund der Abwesenheit des Ehemanns und der Parentifizierung ergeben konnte, wenn sich Mutter und Sohn ein Bett teilten (Radebold 2004b, S. 133).

Mehrschichtiges Erzählen ermöglicht es, langfristigen Folgen der Kriegskindheiten ausführlich und aus dem Blickwinkel des erwachsenen erinnernden Ichs nachzuspüren. So erlangen die Kindheitserfahrungen in Scholz Roman die von der Forschung festgestellte lebensgeschichtliche Bedeutung. In wissenschaftliche Begrifflichkeiten übersetzt zeigt der Autor, dass sie z. B. Intrusionen und Flashbacks hervorrufen und zu charakteristischen Persönlichkeitsmerkmalen wie Harmoniebedürfnis, aber auch tiefem Misstrauen geführt haben. Die traumatische Dimension der Kriegskindheit kann auf diese Weise anschaulich und begreifbar gemacht werden.

Der kurze Vergleich zeigt, dass die Erwachsenenliteratur in der Lage ist die Kriegskindheit glaubwürdiger und vorbehaltloser darzustellen. Ohne die Leistung der Kinder- und Jugendliteratur, die sich des schwierigen Themas annimmt, schmälern zu wollen, kann Belastung und Traumatisierung im erwachsenenliterarischen Bereich ganz offensichtlich drastischer geschildert und mit Indoktrinierung und Verrohung unbefangener umgegangen werden. Die mit dem Thema der Kriegskindheit sich auseinandersetzenden Kinder- und Jugendromane unterliegen demgegenüber vielfältigen Einschränkungen. Von einer Rücksicht auf die Adressaten zeugt meines Erachtens vor allem der die Zukunft betreffende Hoffnungsschimmer. Bei der Darstellung von tief greifenden Verunsicherungen der Protagonisten und Bezugspersonen lassen die Schriftsteller ebenso Zurückhaltung walten wie bei der Erwähnung von langfristigen Folgen der traumatischen Erlebnisse. Unübersehbar sind auch die pädagogischen Vorbehalte der Kinder- und Jugendliteraten. Zurückhaltung wird bei Aspekten wie der Sexualität der Erwachsenen (und Kinder) oder der Verrohung und Indoktrinierung der Hauptfiguren geübt. Das weitgehende Festhalten der Autoren an dem (in der Kinder- und Jugendliteratur historisch tradierten) Kriterium „positiver Leitbildfiguren" (Dahrendorf 1986, S. 82) lässt nahezu alle Protagonisten zu mehr oder minder integren Vorbildern werden. Ihr Sympathiewert bleibt trotz der zum Teil dargestellten Indoktrinierung und Normenverstöße in aller Regel unangetastet; negative Charakterzüge werden auf Nebenfiguren übertragen.

Verbreitet ist ein weiteres Anliegen der Autoren: die geschichtliche Belehrung. Häufig verraten zu Informanten der Leser funktionalisierte Protagonisten die didaktischen Ambitionen der Kinder- und Jugendschriftsteller. Nicht selten wird das Kriegskind mit Wissen überfrachtet und mit übermäßigem Interesse am Zeitgeschehen ausgestattet. Neben dieser – auf rationalen Überlegungen fußenden – Rücksichtnahme auf den Adressaten könnte schließlich auch eine (zum Teil unbewusste) autobiographische Befangenheit der Autoren eine Rolle spielen, die ja durchweg selbst zu den kindlichen Zeitzeugen gehören und sich in ihren Publikationen – wie versteckt auch immer – mit den eigenen Kindheitserlebnissen auseinandersetzen. Gerade weil sich die Kinder- und Jugendliteraten nicht an den „autobiographischen Pakt"[7] gebunden fühlen und weil sie ihre Darstellung mit dem Hinweis auf die unerlässliche Kinder- und Jugendgemäßheit rationalisieren können, ist die Kinder- und Jugendliteratur anfälliger für Kompensationen. Sie eignet sich für eine psychologische Funktionalisierung und lädt zum Verdrängen ein (Ewers 2005). Vor diesem Hintergrund könnte der besondere Hoffnungsschimmer auch eine von den häufig traumatisierten Autoren ergriffene Möglichkeit darstellen, sich nachträglich selbst zu trösten. Hinter den zu integren Vorbildern stilisierten Protagonisten verbirgt sich möglicherweise nicht nur ein pädagogischer Anspruch, sondern auch die Scham der Kinder- und Jugendschriftsteller, eigene Schuld gegenüber Jüngeren einzugestehen. So sehr es der hier untersuchten zeitgeschichtlichen Kinder- und Jugendliteratur gelingen mag, die Lebensumstände der Kriegskinder, d. h. die zahlreichen kriegsbedingten Belastungen sowie den Verlust der Kindheit, angemessen darzustellen, so sind die Kriegskinderfiguren selbst in den meisten Fällen zu positiv gezeichnet.

---

7 Nach Philippe Lejeune ein Vertrag, den der Autor mit dem Leser schließt und in dem er dem Leser die Identität des Autors mit dem Protagonisten bestätigt (d. h. erklärt, dass es sich um einen autobiographischen Text handelt); vgl. Lejeune 1989.

Literatur

Primärliteratur

Härtling, P. (1979): Zwettl. Nachprüfung einer Erinnerung. In: Härtling, P.: Gesammelte Werke Bd. 7. Autobiographische Romane. Hg. v. Klaus Siblewski. Köln (Kiepenheuer & Witsch), S. 11–155.

Härtling, P. (1993): Nachgetragene Liebe. München (Deutscher Taschenbuch Verlag).

Härtling, P. (2003): Reise gegen den Wind. Wie Primel das Ende des Krieges erlebt. [1. Aufl. 2000] Weinheim/Basel/Berlin (Beltz & Gelberg).

Keyserlingk, L. von (1996): Lena im Schokoladenland oder Das Flüchtlingskind. [Erstveröffentl. 1992: Felix und Lena. Eine Freundschaft nach dem Krieg. Ravensburg (Maier)], Reinbek b. H. (Rowohlt Taschenbuch Verlag).

Kordon, K. (1999): Der erste Frühling. Roman. [1. Aufl. 1993], Weinheim (Beltz & Gelberg).

Lewin, W. (2004): Marek und Maria. Weinheim/Basel (Beltz & Gelberg).

Pausewang, G. (2005): Überleben! Ravensburg (Ravensburger Buchverlag).

Saalmann, G. (1991): Mops Eisenfaust. Berlin (Der Kinderbuch Verlag).

Scholz, R. (1995): Die Schwalben der Kindheit. Roman. Querfurt (Dingsda).

Schuster-Schmah, S. (1999): Wir sehen uns bestimmt wieder. Hamburg (Oetinger).

Sekundärliteratur

Ackermann, V. (2000): Deutsche Flüchtlingskinder nach 1945. In: D. Dahlmann (Hg.): Kinder und Jugendliche in Krieg und Revolution. Vom Dreißigjährigen Krieg bis zu den Kindersoldaten Afrikas. Paderborn u. a. (Schöningh), S. 145–167.

Benz, U. (1992): Verführung und Verführbarkeit. NS-Ideologie und kindliche Disposition zur Radikalität. In: U. Benz, W. Benz (Hg.): Sozialisation und Traumatisierung. Kinder in der Zeit des Nationalsozialismus. Frankfurt a. M. (Fischer), S. 25–39.

Benz, W. (1992): Kinder und Jugendliche unter der Herrschaft des Nationalsozialismus. In: U. Benz, W. Benz (Hg.): Sozialisation und Traumatisierung. Kinder in der Zeit des Nationalsozialismus. Frankfurt a. M. (Fischer), S. 11–24.

Brähler, E., Decker, O., Radebold, H. (2004): Ausgebombt, vertrieben, vaterlos – Langzeitfolgen bei den Geburtsjahrgängen 1930–1945 in Deutschland. In: H. Radebold (Hg.): Kindheiten im II. Weltkrieg und ihre Folgen. Gießen (Psychosozial-Verlag), S. 111–136.

Coerper, C., Hagen, W., Thomae, H. (Hg.) (1954): Deutsche Nachkriegskinder. Methoden und erste Ergebnisse der deutschen Längsschnittuntersuchungen über die körperliche und seelische Entwicklung im Schulkindalter. Stuttgart (Thieme).

Dahrendorf, M. (1986): Jugendliteratur und Politik. Gesellschaftliche Aspekte der Kinder- und Jugendliteratur. Frankfurt a. M. (dipa-Verlag).

Dahrendorf, M. (1996): Was leistet die „zeitgeschichtliche“ Kinder- und Jugendliteratur für die Aufarbeitung der nationalsozialistischen Vergangenheit? In: Neue Sammlung, 36, 3: 333–353.

Drexler, W. (1984): Kriegsschäden. Die Auswirkungen des 2. Weltkrieges auf die um 1930 und um 1940 Geborenen. In: Ch. Büttner, A. Ende (Hg.): Kinderleben in Geschichte und Gegenwart (Jahrbuch der Kindheit; 1), Weinheim/ Basel (Beltz), S. 39–50.

Ermann, M. (2004): Wir Kriegskinder. In: Forum der Psychoanalyse, 2: 226–239.

Ewers, H.-H. (2005): Zwischen geschichtlicher Belehrung und autobiographischer Erinnerungsarbeit. Zeitgeschichtliche Kinder- und Jugendliteratur von Autorinnen und Autoren der Generation der Kriegs- und Nachkriegskinder. In: G. v. Glasenapp, G. Wilkending: Geschichte und Geschichten. Die Kinder- und Jugendliteratur und das kulturelle und politische Gedächtnis. (Kinder- und Jugendkultur, -literatur und -medien; 41), Frankfurt a. M. u. a. (Peter Lang), S. 97–128.

Franz, M., Lieberz, K., Schepank, H. (2004): Das Fehlen der Väter und die spätere seelische Entwicklung der Kriegskinder in einer deutschen Bevölkerungsstichprobe. In: H. Radebold (Hg.): Kindheiten im II. Weltkrieg und ihre Folgen. Gießen (Psychosozial-Verlag), S. 45–55.

Friedrich, J. (2002): Der Brand. Deutschland im Bombenkrieg 1940–1945. 15., durchgesehene Aufl., München (Propyläen).

Hansmann, O. (1995): Kindheit und Jugend zwischen Mittelalter und Moderne: ein Lese-, Arbeits- und Studienbuch. Weinheim (Deutscher Studien Verlag).

Heinl, P. (1994): „Maikäfer flieg, dein Vater ist im Krieg …“. Seelische Wunden aus der Kriegskindheit. München (Kösel).

Hermann, U. (2003): Drei politische Generationen im 20. Jahrhundert. In: J. Reulecke (Hg.): Generationalität und Lebensgeschichte im 20. Jahrhundert. (Schriften des Historischen Kollegs; 58) München (Oldenbourg), S. 95–114.

Hirsch, H. (2003): Flucht und Vertreibung. Kollektive Erinnerung im Wandel. In: Aus Politik und Zeitgeschichte. Beilage zur Wochenzeitung Das Parlament, B 40–41, S. 14–26.

Hirsch, H. (2004): Schweres Gepäck. Flucht und Vertreibung als Lebensthema. Hamburg (Edition Körber-Stiftung).

Hurrelmann, K., Bründel, H. (2003): Einführung in die Kindheitsforschung. 2., vollst. überarb. Aufl., Weinheim/Basel/Berlin (Beltz).

Lejeune, Ph. (1989): Der autobiographische Pakt. In: G. Niggl (Hg.): Die Autobiographie: zu Form und Geschichte einer literarischen Gattung. (Wege der Forschung; 565), Darmstadt (Wissenschaftliche Buchgesellschaft), S. 214–257.

Leuzinger-Bohleber, M. (2003): Die langen Schatten von Krieg und Verfolgung: Kriegskinder in Psychoanalysen. Beobachtungen und Berichte aus der DPV-Katamnesestudie. In: Psyche. Zeitschrift für Psychoanalyse und ihre Anwendungen, 57, 9/10: 982–1016.

Lippert, E., Keppel, C. (1950): Deutsche Kinder in den Jahren 1947 bis 1950. Beitrag zur biologischen und epochalpsychologischen Lebensalterforschung. In: Schweizerische Zeitschrift für Psychologie und ihre Anwendungen, 9: 212–322.

Lorenz, Hilke (2003): Kriegskinder. Das Schicksal einer Generation. München (List Verlag).

Müller-Hohagen, Jürgen (1992): Gleichschaltung und Denunziation. Disziplinierung der Eltern über die Kinder. In: U. Benz, W. Benz (Hg.): Sozialisation und

Traumatisierung. Kinder in der Zeit des Nationalsozialismus. Frankfurt a. M. (Fischer), S. 80–91.
Postman, N. (1987): Das Verschwinden der Kindheit. Frankfurt a. M. (Fischer).
Radebold, H. (2000): Abwesende Väter. Folgen der Kriegskindheit in Psychoanalysen. Göttingen (Vandenhoeck & Ruprecht).
Radebold, H. (2003): Kriegsbeschädigte Kindheiten: die Geburtsjahrgänge 1930–32 bis 1945–48. In: psychosozial, 26, II (Nr. 92): 9–15.
Radebold, H. (2004a): Abwesende Väter – Fakten und Forschungsergebnisse. In: H. Schulz, H. Radebold, J. Reulecke: Söhne ohne Väter. Erfahrungen der Kriegsgeneration. Berlin (Ch. Links), S. 115–119.
Radebold, H. (2004b): Entwicklungspsychologische Aspekte. In: H. Schulz, H. Radebold, J. Reulecke: Söhne ohne Väter. Erfahrungen der Kriegsgeneration. Berlin (Ch. Links Verlag), S. 120–143.
Roberts, U. (2003): Starke Mütter – ferne Väter. Über Kriegs- und Nachkriegskindheit einer Töchtergeneration. Gießen (Psychosozial-Verlag).
Rosenthal, G. (1990): Biographische Verarbeitung von Kriegserlebnissen. In: G. Rosenthal (Hg.): „Als der Krieg kam, hatte ich mit Hitler nichts mehr zu tun." Zur Gegenwärtigkeit des „Dritten Reiches" in Biographien. Opladen (Leske + Budrich).
Rüger, B. (2003): Kriegs- und Nachkriegskindheit als statistische Variable. Unveröffentlichtes Arbeitspapier. München.
Schütze, Y., Geulen, D. (1983): Die „Nachkriegskinder" und die „Konsumkinder": Kindheitsverläufe zweier Generationen. In: U. Preuss-Lausitz et al. (Hg.): Kriegskinder, Konsumkinder, Krisenkinder. Zur Sozialisationsgeschichte seit dem Zweiten Weltkrieg. Weinheim (Beltz), S. 29–52.
Stierlin, H. (1988): Der Dialog zwischen den Generationen über die Nazizeit. In: B. Heimannsberg, Ch. J. Schmidt (Hg.): Das kollektive Schweigen. Nazivergangenheit und gebrochene Identität in der Psychotherapie. Heidelberg (Asanger), S. 197–214.
Stutte, H. (1950): Ärztliches zum Problem des Flüchtlingskindes. In: Unsere Jugend, 2, 6: 214–218.
Stutte, H. (1959): Kinderpsychiatrische Beobachtungen bei Flüchtlingskindern. In: W. Bettschart, H. Meng, E. Stern (Hg.): Seelische Gesundheit. Erhaltung, Erziehung, Verantwortung. Arbeiten aus dem Aufgabenkreis der Psychohygiene. Bern/Stuttgart (Huber), S. 144–155.
Werner, E. E. (2001): Unschuldige Zeugen. Der Zweite Weltkrieg in den Augen von Kindern. Hamburg/Wien (Europa Verlag).
Zander, W. (1992): Kinder und Jugendliche als Opfer. Die traumatisierenden Einflüsse der NS-Zeit und des Zweiten Weltkrieges. In: U. Benz, W. Benz (Hg.): Sozialisation und Traumatisierung. Kinder in der Zeit des Nationalsozialismus. Frankfurt a. M. (Fischer), S. 128–140.
Zinnecker, J. (2000): Kindheit und Jugend als pädagogische Moratorien. Zur Zivilisation der jüngeren Generation im 20. Jahrhundert. In: Zeitschrift für Pädagogik. 42. Beiheft: 36–68.

Jana Mikota

„Das Was ist nicht so wichtig wie die Tatsache, dass wir uns erinnern"

Die Erinnerungen der zweiten und dritten Generation in Familienromanen

60 Jahre nach der Befreiung vom Nationalsozialismus erleben wir einen „Erinnerungsboom". Der Umgang mit der nationalsozialistischen Geschichte und insbesondere die Frage, wie in Familien erinnert wird und wie sich die zweite und dritte Generation mit diesem Thema auseinandersetzt, ist in den letzten Jahrzehnten ein wichtiges Motiv der Diskussionen geworden, die unter anderem von Literatur- und Medienwissenschaftlern, Soziologen, Psychologen und Historikern aufgegriffen werden.

Der Familienroman eignet sich für diese Fokussierung, da er den Erinnerungsdiskurs aufnimmt und das Verhältnis der Nachkriegs- und Kriegsgeneration vor allem aus der Sicht der zweiten, aber mittlerweile auch aus der der dritten Schriftstellergeneration zu ihren Eltern und Großeltern darstellt.[1] Die Popularität von Erinnerungsliteratur macht nicht an nationalen Grenzen halt, d. h. ist nicht nur auf den deutschsprachigen Raum beschränkt. Insbesondere in den USA und in Israel, aber auch in den Niederlanden sind in den letzten Jahren eine Reihe von Familien- bzw. Generationenromanen entstanden, die auf das 20. Jahrhundert zurückblicken. Die in diesem Beitrag vorgestellten Texte sind keine historischen Quellen, sondern „ästhetische Artefakte" (Bogdal 2005b, S. 4), die aber den Erinnerungsdiskurs prägen und das kulturelle Archiv der Gesellschaft übernehmen, denn „sie schaffen immer wieder Bilder, Erzählungen und Figuren, die im Gedächtnis

1 In diesem Beitrag meint die erste Generation diejenigen, die den Nationalsozialismus als Jugendliche oder Erwachsene erlebt haben, d. h. die Jahrgänge vor 1930, die zweite Generation sind ihre Kinder und die dritte Generation ihre Enkel. Daher gehören Autorinnen wie etwa Gila Lustiger zu der zweiten Generation, da ihr Vater die Shoa als Jugendlicher erlebte, Jonathan Safran Foer gehört dagegen der dritten Generation an, da sein Großvater die Shoa überlebte. In der Forschung wird das Verhältnis der Generationen u. a. erläutert: „Aus der Perspektive der Dritten Generation gehört der Nationalsozialismus zur Geschichte, aus der Perspektive der Ersten und Zweiten Generation gehört er zur eigenen Biographie." (Kohlstruck 1997, S. 79)

bleiben und weit über das literarische Feld hinaus wirksam sind" (ebd.). Im Folgenden werden Familienromane aus Deutschland, Israel und den USA vorgestellt und im Hinblick auf den Erinnerungsdiskurs analysiert. Jüdische sowie nichtjüdische Autoren unterschiedlicher Generationen erinnern autobiographische als auch fiktive Familiengeschichten.

Die Frage nach dem Inhalt der literarischen Erinnerungen genügt nicht mehr. Vielmehr wendet sich dieser Beitrag auch der Frage zu, nach welchen Regeln Erinnerungen konstruiert werden, „welche Sprecherpositionen eingenommen, welche Ausgrenzungen und Gedächtnislöschungen vorgenommen werden, welches Konzept von Authentizität und von Zeugenschaft vertreten wird, welche anderen Medien eine Rolle spielen" (ebd.).

„Schlicht und unmöglich – für meine Familie"

Zum Begriff des Familienromans

> „Es war Donnerstag, der Tag, an dem ordnungsmäßig jede zweite Woche die Familie zusammenkam; heute aber hatte man, außer den in der Stadt ansässigen Familienmitgliedern, auch ein paar gute Hausfreunde auf ein ganz einfaches Mittagbrot gebeten, und man saß nun, gegen vier Uhr nachmittags, in der sinkenden Dämmerung und erwartete die Gäste …" (B 13)[2]

Diese kurzen Sätze entstammen dem wohl bekanntesten Familienroman, nämlich aus den *Buddenbrooks* (1901) von Thomas Mann. Von regelmäßigen Familientreffen ist in dem kurzen Zitat die Rede und eine Großfamilie wird angedeutet. Der Großfamilienroman *Buddenbrooks*, der sich etwa über vier Jahrzehnte erstreckt und – so der Untertitel – den *Verfall einer Familie* schildert, bildet einen Gegensatz zu den hier vorgestellten jüdischen Romanen, die man als „Kleinfamilienromane" (Hage 2005) bezeichnen kann und die nach der Shoa entstanden sind. Der Begriff ‚Familienroman' (vgl. Freud 1909; 1914) bezeichnet Romane, in denen Probleme und Ereignisse einer Familie über längere Zeiträume und damit über mehrere Generationen hinweg beschrieben werden.

Die Frage nach dem Umgang mit der deutschen nationalsozialistischen Vergangenheit ist in der Literaturgeschichte nicht neu: In den 1970er und 1980er Jahren schrieb die Generation der Kriegskinder als Teil der 68er Generation autobiographische Romane und Autobiographien, in denen sie sich mit den familialen Verstrickungen im Nationalsozialismus auseinandersetzte, gleichzeitig ‚Familie' als ein bürgerliches Konzept ablehnte und neue Konzepte des Zusammenlebens konstruierte.

2 Primärliteratur wird im Folgenden mithilfe von Siglen belegt (s. Literaturverzeichnis).

Der Familienroman der 1990er Jahre grenzt sich von dieser „Väterliteratur“ ab, die sich nicht mit Generationen im engeren Sinne befasst. In der Väterliteratur erfolgt ein Bruch, eine literarische Abrechnung zwischen dem Vater und seinem Sohn oder seiner Tochter. Titel wie *Suchbild*, *Abschied von einem Mörder*, *Die Reise* oder *Wunschloses Unglück* erinnern an die schonungslose Abrechnung mit der Generation, die unterschiedlich in die nationalsozialistische Herrschaftsmaschinerie eingebunden war. Tatsächlich dominierte die *Auseinandersetzung* zwischen Vater und Sohn/Tochter; eine *Versöhnung* mit den Eltern ist nicht möglich und oftmals auch nicht erwünscht. Seit den 1990er Jahren praktizieren die Vertreter dieser Generation nun eine andere Form der literarischen Auseinandersetzung mit der nationalsozialistischen Geschichte.

In der neueren Literatur, die sich auf die Shoa und den Nationalsozialismus bezieht, sind „soziale Generationen und Familien-Generationen eng miteinander verkoppelt“ (Assmann 2005, S. 374). Autoren unterschiedlicher Jahrgänge begeben sich auf die Suche nach (der eigenen) Familiengeschichte, konstruieren einen Erinnerungsdiskurs und fügen ihm private Erinnerungen hinzu. Die Zahl solcher Romane steigt. Teilweise werden drei oder mehr Generationen in den Blick genommen. Die Familienmitglieder in den Romanen sind sowohl Akteure innerhalb der Familie als auch in der Geschichte. Sie repräsentieren somit kollektive „Erfahrungen und Werthaltungen, Mentalitäten und Vorurteilsstrukturen“ (ebd., S. 376). Die Unterschiede liegen in den Erinnerungen und der Rekonstruktion des Familiengedächtnisses. In den Familiengeschichten finden wir zunächst private Erinnerungen, Gespräche über Vergangenes bei Familienfesten oder Anekdoten über einzelne Mitglieder; es entsteht ein Spannungsverhältnis zwischen öffentlichen und privaten Erinnerungen. Diese privaten Erinnerungen werden mit Hilfe der neueren Familienromane aus dem privaten Familiengedächtnis in ein kulturelles Gedächtnis übertragen (ebd., S. 375). Autoren autobiographischer Familienromane forschen in Familienarchiven und befragen lebende Familienmitglieder. Aber auch fiktive Familienromane greifen auf Fotomaterial und Jahreszahlen zurück. Die Figur des Ich-Erzählers ist in den meisten Romanen als suchende und deutende Figur konzipiert.

„Warum bist du nicht vor dem Krieg gekommen?“

Kleinfamilienromane der zweiten Generation

„Auf einem hohen Hügel, irgendwo dort in dem fernen Europa, stand eine Burg, in der ein königliches Geschlecht lebte, und von diesem Geschlecht weiß keiner etwas, ich bin die einzige Zeugin für seine Geschichte“ (V 9). Mit diesen Sätzen beginnt die Novelle *Warum bist du nicht vor dem Krieg gekommen?* (dt. 2004). Um einen Familienroman handelt es sich dabei nicht, da nur noch „die Überreste des Geschlechts, Helena, die Mutter, und Elisabeth, ihre Tochter“ (V 10), leben. Die Novelle entspricht einem

„Kleinfamilienroman“ (Hage 2005) und deutet bereits die Schwierigkeiten jüdischer Überlebender an, über ihre Familie zu schreiben. Die Autorin Lizzie Doron wurde 1953 in Tel Aviv geboren und zählt zur zweiten Generation der Shoa-Überlebenden. Erst nach dem Tod der Mutter beginnt Lizzie Doron das Leben der Mutter zu rekonstruieren. Auf 131 Seiten werden in 20 kurzen Episoden die Jahre 1960 bis 1990 geschildert, auf denen die Ich-Erzählerin Elisabeth das Leben ihrer Mutter in einem Stadtteil von Tel Aviv beschreibt. Die einzelnen Kapitel sind verschiedenen Erinnerungen gewidmet und die Darstellung wechselt zwischen damals und heute; wir haben es also nicht mit einem chronologischen Erzählen zu tun. Der Titel *Warum bist du nicht vor dem Krieg gekommen?* wird bereits im ersten Kapitel entschlüsselt: Elisabeth begibt sich mit ihrer Mutter auf die Suche nach Verwandten, deren Namen Mutter im Radio gehört hatte. Der vermeintliche Verwandte entpuppt sich als ein Pole, der bereits vor dem Zweiten Weltkrieg in das ehemalige Palästina eingewandert ist. Im Dialog zwischen ihm und der Mutter deutet sich der Konflikt zwischen ihm, dem „Erbauer“ des Staates Israel, und der Shoa-Überlebenden an:

> „Wir setzten uns auf eine Bank, und er fragte: ‚Warum ist deine Tochter so blaß und dünn? Und was soll diese Diaspora-Kleidung? Und warum, sag mir, bist du nicht vor dem Krieg gekommen?’
>
> Helena beantwortete diese Fragen nicht. Marek fuhr fort und erzählte mit Genugtuung, daß er schon immer Zionist gewesen sei, und bewunderte sich selbst dafür, daß er es schon in so jungem Alter gewagt hatte, sich gegen seine Eltern aufzulehnen, und damit sein Leben gerettet habe. Helena nannte noch die Namen derer, die gegangen waren, und fragte voller Schmerz und den Tränen nahe: ‚Vielleicht hast du von ihnen gehört? Kennst du sie vielleicht?’ Er beharrte: ‚Ich war sehr jung, als ich wegging. Ich erinnere mich an niemanden und kenne niemanden.’“ (V 15)

In dem Gespräch zeigt sich, dass in der israelischen Nachkriegsgesellschaft zwar der Versuch eines Neuanfangs unternommen wurde: Die Überlebenden erhalten von der Einwanderungsbehörde hebräische Namen – so wird aus Helena Chaja – und damit soll die Erinnerung an die Zeit vor ihrem Leben in Israel in den Hintergrund rücken. Der junge Mann Marek, der Meir Sabre genannt werden möchte, erinnert sich nicht an die Vergangenheit. Er symbolisiert das neue starke Israel und kritisiert die Kleidung von Helena und ihrer Tochter. Er selber ist mit „einem blauen Hemd, kurzen Hosen und hohen Stiefeln“ ausgestattet und riecht nach Kühen (V 14). Doch den Opfern des Nationalsozialismus ist ein Vergessen nicht möglich. Das Leben von Mutter und Tochter ist, so zeigen es die weiteren Episoden, geprägt durch die Shoa, die die Mutter überlebte, und die das Alltagsleben der Kleinfamilie ebenso bestimmt wie das Leben der anderen Bewohner des Viertels. Doron erzählt konsequent aus der Sicht der 1953 geborenen Tochter, die kaum etwas über das Leben der Mutter vor und während der Shoa weiß. Biographische Informationen werden nur spärlich und nebenbei geliefert. Der Roman zeigt die Vereinsamung der Mutter aus der Perspektive der Tochter, zugleich simuliert die Mutter eine Ersatzfamilie für ihre Tochter, denn die eigentliche wurde in der Shoa ermordet. Auf Anraten der Lehrer kauft sie Haustiere und lässt einen Mann zur Untermiete wohnen, der für die Nachbarn den „(Ehe-)Mann im Haus" ersetzen soll. Der Text endet mit dem Tod der Mutter. Auf ihrer Beerdigung zeigt sich wiederum das Fehlen von Verwandten oder Freunden: Anwesend sind lediglich Elisabeths Mann und sie, das heißt es fehlen 10 Männer, um einen Minjan durchzuführen. Die Vereinsamung zeigt sich auch darin, dass Lizzie Doron keinen Familienroman schreiben kann, der in der Tradition der *Buddenbrooks* fortlebt. Sie hat keine Bilder oder Namen der Verwandten. Die Erinnerungen der Tochter können nur aus den gemeinsam mit der Mutter erlebten Episoden konstruiert werden. Eine Suche nach (ermordeten) Verwandten findet nicht statt bzw. kann nicht stattfinden, während die Mutter noch lebt. Aber nicht nur den späteren Familienmitgliedern ist die Geschichte der Eltern unbekannt, auch Nachbarn schweigen über ihre Vergangenheit in Europa:

> „Die Geschichten über Sarale standen in unserem Viertel hoch im Kurs. Wenn man den Gerüchten Glauben schenken konnte, hatte Sarale diverse Geburtsorte, sehr viele Eltern, fünf oder sieben Ehemänner, eine unbekannte Anzahl von Kindern, eine Reihe von Berufen und Dutzende schrecklicher Ereignisse hinter sich." (V 40)

Die Figur Sarale wird als „eine Inspiration für alle Geschichtenerzähler" (V 40) eingeführt, die eindrucksvoll das traumatisierte Leben nach der Shoa dokumentiert. Gleichzeitig wird aber deutlich, dass Kinder das Verhalten der schwer traumatisierten Sarale nicht verstehen und sie verspotten.

Lizzie Doron entwirft in ihrer Novelle verschiedene Zeitzeugen der Shoa und dokumentiert, wie schwierig das Erzählen und das Weiterleben für diese Generation waren. Mit der Figur Elisabeth führt sie eine Figur der zweiten Generation ein, die auf ein Verhalten der Mutter trifft, das der kundige Leser entschlüsseln kann, das dem Kind Elisabeth jedoch nicht klar wird. Die Tochter reagiert auf die Taten der Mutter, fragt selber aber nicht nach Gründen. Die zweite Generation in Dorons *Warum bist du nicht vor dem Krieg gekommen?* hat lernen müssen, mit den traumatisierten Verhaltensmustern der Überlebenden umzugehen. Besonders deutlich wird dies bei den Feiertagen, als Helena und Elisabeth keine Familienmitglieder erwarten können:

> „Der Sederabend. Helena richtete die Wohnung für das Ereignis her. Sie machte das Licht in den Zimmern aus, schloß die Fensterläden, machte das Treppenhauslicht über unserer Tür an und schloß uns ein; die Nachbarn sollten denken, wir seien schon weggegangen. Abends, wenn die Gäste der Nachbarn kamen, gingen dort überall die Lichter an, und in unser stockdunkles Zimmer brachen Lichtstrahlen aus den Zimmern der

anderen. […] Sie hatte ihre klaren Regeln für das Essen. Sie füllte die Sederschüssel mit Mazzot, Eiern, Sellerie und allem, was die Haggada verlangt, aber wenn das Bitterkraut an der Reihe gewesen wäre, sagte sie: ‚Bitteres habe ich schon genug für sieben Generationen gegessen', und jedes Jahr legte sie statt Bitterkraut ein Stück Kuchen in die Sederschüssel." (V 46f.)

Der (autobiographische) Kleinfamilienroman thematisiert das Schweigen in der Familie: Die zweite Generation kann ihre Eltern, die die Shoa überlebt haben, nicht nach ihren Erinnerungen fragen; gleichzeitig kennt die zweite Generation die Erlebnisse der Eltern: „Wir, meine Schwester und ich, wissen aus allzu nächster Nähe, wie sich das abgespielt hat" (T 14), sagt der Ich-Erzähler Max Lipschitz, Sohn eines KZ-Überlebenden, einer Mitarbeiterin des Anne-Frank-Hauses im Roman *Die Tochter*. Aber auch die Generation der Zeitzeugen kann mit den Kindern über ihr Leben vor und während der Shoa wenig oder gar nicht sprechen. Die Ich-Erzählerin Zippy aus *Und da kam Frau Kugelmann* (dt. 2005) von Minka Pradelski berichtet, dass sie gegen das Schweigen der Eltern „nur ein einziges Mal rebellierte" (K 148). Minka Pradelski setzt mit Frau Kugelmann jemanden ein, der über ein Leben vor und während der Shoa spricht und damit scheinbar eine Alternative zu dem schweigenden Elternpaar der Ich-Erzählerin bildet. Doch Frau Kugelmann redet nur mit fremden Menschen in Hotelzimmern und nicht mit der eigenen Familie.

Dem gegenüber stehen die deutschen nichtjüdischen Familienromane. Auffallend ist hierbei die akribische Recherche der zweiten Generation: Reisen zu den (Kriegs-)Schauplätzen sowie eine intensive Suche nach Dokumenten in Archiven oder auf dem Speicher, der häufig als Familiengedächtnis fungiert, kennzeichnen die so genannte Kriegskindergeneration. In der literarischen Annäherung bemühen sich die Autoren das Leben der ersten Generation unter dem nationalsozialistischen Regime auf unterschiedlichste Weise zu rekonstruieren. Die zweite Schriftstellergeneration gehört zudem zu der Generation der 68er, die sich jedoch seit den 1990er Jahren anders mit der nationalsozialistischen Familiengeschichte auseinandersetzt als noch in den 1970er Jahren in der bereits erwähnten Väterliteratur. Bei aller Vielseitigkeit im Umgang mit den nationalsozialistischen Familiengeschichten eint die Autoren ihr Bemühen um Verständnis für die Elterngeneration.

2004 erschien mit *Letzte Szenen mit den Eltern* von Claudia Wolff (Jg. 1941) ein deutschsprachiger nichtjüdischer Kleinfamilienroman. Die Protagonistin des Romans, eine für den Leser namenlos gebliebene 62-jährige Tochter, spricht in diesem Kontext von „Kleinfamiliengeschichtserinnerung" (E 30). Das Thema des Romans, der lediglich 142 Seiten umfasst, ist das Altern der Eltern, das von ihrer Tochter (ebenfalls Jg. 1941) begleitet wird. Der Vater, der zu Beginn der Erzählung bereits verstorben ist, spielt eine Rolle im Hintergrund. Im Mittelpunkt steht die Konfrontation der

Tochter mit dem Altern der 90-jährigen Mutter. Das Altern eines Geschlechtes wird entworfen und gezeigt, wie schwer es der Tochter mitunter fällt, dieses Altern zu begleiten. Die Mutter verliert zudem allmählich ihr Erinnerungsvermögen, was das gemeinsame Gespräch erschwert. In den kurzen Dialogen zwischen Tochter und Mutter geht es nicht nur um das Leben im Wohnstift, sondern auch um deutsche Geschichte und die Unwissenheit bezüglich des Verhaltens der Familienmitglieder – vor allem der Mutter und des Vaters – im Nationalsozialismus. Der Tochter ist nicht klar, wie das Leben der beiden ausgesehen hat. Fragen hat sie den Eltern erst im Alter gestellt und wenig Antworten erhalten:

> „‚Du willst immer alles aufdecken und rausgraben.'
> ‚Ja', sagt die Tochter, ‚auch meine eigenen Sauereien. Das ist besonders genußvoll.'
> ‚Ich verstehe das nicht', sagt der Vater und grinst. ‚Ich mache lieber den Deckel drauf.'" (E 34)

Die Erinnerungsarbeit der Tochter kann der Vater also nicht verstehen, er selber hat seine Erinnerung vergraben. Der Gedächtnisverlust der Mutter erschwert das Forschen der Tochter im Familiengedächtnis, das zudem durch die Erinnerungen des Onkels – des „wunderbaren Onkels" (E 63) – dominiert wird. Der Onkel überlebte Buchenwald, kehrte früher als der Vater, der selbst in russischer Gefangenschaft war, nach Hause und heiratete die Jüdin Gertrud, eine Klassenkameradin der Mutter, die vor dem Krieg nach Jerusalem emigrieren konnte, dann aber nach Deutschland zurückkehrte. Der „Glanz" (E 63) des Onkels fiel auf die gesamte Familie, die Tochter bemächtigt sich der Erinnerungen dieses Onkels, um während ihrer Studentenzeit dessen Geschichte zu berichten. Sie betrachtet seine Geschichte als „eine Art Orden [...] in der verachteten deutschen Restauration" (E 64). Die Tochter interessiert sich für die Erlebnisse des Onkels im Konzentrationslager, das Interesse für das Leben des Vaters an der Ostfront ist dagegen „mittelmäßig" (ebd.). Ein Misstrauen gegenüber seinen Erlebnissen hat sie aber dennoch nicht. Ein Anlass des späten Fragens ist auch in diesem Buch die Wehrmachtsausstellung:

> „Wenige Wochen, bevor der Vater in sein unbestimmtes Fieber entkommt, besucht die Tochter DIE Ausstellung. Vor den Schautafeln in gebückter Haltung, die Augen nah an den Fotos, konzentriert auf Gesichter, die Gesichter der Soldaten, die Gesichter der Gehenkten. Der 22jährige Enkel des greisen Vaters fragt, ob die Tochter sich vorstellen könne, hier irgendwo den Opa zu erkennen.
> ‚Aber nein', sagt die Tochter. [...] Die Tochter bemerkt, daß sie keine Ahnung hat, was sie sich vom Vater vorstellen kann oder will." (E 65)

Der Roman *Letzte Szenen mit den Eltern* setzt sich nicht nur mit den Taten der Väter an der Ostfront auseinander. Vielmehr erfolgt eine Konfrontation mit dieser für die Tochter unbekannten Familiengeschichte im Kontext der

Wehrmachtsausstellung, die nicht namentlich genannt wird. Für den Leser ist sie sofort erkennbar und zeigt so, dass die Ausstellung und der ausgelöste Diskurs im kollektiven Gedächtnis der deutschen Leserschaft verankert ist.

Auf dem Sterbebett flüstert der Vater das Wort „Weißrußland" (E 68) und die Tochter fragt ihn jetzt nach seinen Erlebnissen in Weißrussland. Doch eine Antwort erhält sie nicht: „Der Vater, wie er in Weißrußland gewesen ist, ist ein unerkannter Vater geblieben" (E 71). Ihre Fragen kommen im Alter, sind nach dem Tod des Vaters zu spät gestellt und können von der an Demenz erkrankten Mutter nicht mehr beantwortet werden. Antworten liefert auch nicht der Speicher, das Familiengedächtnis. Die Briefe beantworten der Tochter keine Fragen. Damit zeigt Claudia Wolff, dass Gespräche mit den letzten lebenden Zeitzeugen notwendig sind, um nicht nur eine Familiengeschichte zu schreiben, sondern um auch Erinnerungen an die NS-Zeit wach zu halten. Es treten in Wolffs Buch *Letzte Szenen mit den Eltern* zwei Zeitzeugengruppen auf: Einerseits Onkel Gerhard, der Buchenwald überlebte, und seine jüdische Frau Gertrud, die rechtzeitig aus Deutschland fliehen konnte, und andererseits die Eltern der Tochter, die nicht als Täter enttarnt werden, deren Geschichte für den Leser im Dunklen bleibt. Die Tochter muss am Ende resigniert feststellen, dass sie ihre Familie nicht kennt: Es wurde geschwiegen und sie hat nicht gefragt.

Die deutschsprachigen nichtjüdischen Familienromane korrespondieren mit jener Erinnerungsliteratur, die sich mit der Generation der Täter, Mitläufer und Zuschauer auseinandersetzt und den Versuch einer Versöhnung unternimmt. Die Tochter von Albert Speer[3], Margret Nissen, schreibt beispielsweise über ihren Vater:

> „Ich glaube ihn verteidigen zu müssen, wenn man über ihn als ‚Kriegsverbrecher' spricht, wenn ich ihn in diesen Kontext gestellt sehe. Wenn ich ehrlich mit mir bin, obwohl ich es vor mir selbst nicht akzeptieren mag, will ich auch jetzt noch keinen ‚schlechten Vater' haben, will deshalb von seiner Schuld nichts wissen, will mir das private Kindheitsbild in meiner Erinnerung ‚unbeschädigt' bewahren." (S 212)

Nissen versucht Verständnis für ihren Vater aufzubringen. Verständnis – mitunter sogar Versöhnung – charakterisiert den Großteil der Erinnerungsliteratur der zweiten Generation.

Die jüdischen Familienromane hingegen markieren die Suche nach der Familiengeschichte als eine Geschichte der verschwundenen Existenz. Die zweite Generation der Shoa-Überlebenden muss sich damit auseinandersetzen, dass ihre Anverwandten brutal ermordet wurden und sie ihre Eltern

---

3 Albert Speer (1905–1981), Architekt und Politiker, Hitlers Reichsminister für Rüstung und Kriegsproduktion

oftmals nicht nach schmerzhaften traumatisierenden Erlebnissen im Exil oder in den Vernichtungslagern fragen können.

„Warum wir lieber über Nutella-Gläser diskutieren, als unsere Großeltern nach Hitler zu fragen"

Die Enkelgeneration erinnert sich

Die Forschung spricht von der dritten Schriftstellergeneration als von einer „geschichtsbesessenen" Generation (Agazzi 2005, S. 134). Die Autoren nehmen oftmals dokumentarische Belege auf, wenn sie sich auf die Suche nach der Familiengeschichte begeben. Sie schreiben Romane über Enkel und ihre Großväter bzw. -mütter, die sich in der Art des Erinnerns von den Romanen der zweiten Generation unterscheiden.

Jonathan Safran Foer gehört dieser dritten Generation an. Sein Roman *Alles ist erleuchtet* konzentriert sich auf die Frage, „ob und wie Erinnerung an den Zivilisationsbruch der Judenvernichtung auf die gegenwärtige, heute lebende und ihre Identität ausbildende Generation der betroffenen Familien tradierbar ist" (Rector 2005, S. 34). Zur dritten Generation gehört auch Foers 1977 in New York geborener Protagonist, der im Juli 1997 in die Ukraine reist, um dort nach der Retterin seines Großvaters zu suchen. Die fast identische Lebensgeschichte des Autors und seines Protagonisten sowie ihre Namensgleichheit erlauben eine autobiographische Lesart des Romans. Der Ukrainer Alexander Perchow, genannt Alex, ebenfalls Jahrgang 1977, lebt im Haus seiner Familie in Odessa, lernt Englisch und glaubt dank der globalisierten Medienwelt alles über die USA zu wissen. Er arbeitet für das väterliche Reisebüro „Heritage Tours", das auf westliche Erinnerungstouristen spezialisiert ist. Zusammen mit seinem Großvater, der behauptet, blind zu sein, holt er Jonathan am Bahnhof in Lwow ab und reist mit ihm in die nordwestliche Ukraine.

Jonathan weiß wenig über seinen bereits 1948 verstorbenen Großvater, der aus der Ukraine stammt und nach Kriegsende als einziger aus der Familie in die USA gelangen konnte. Der Großvater wurde 1924 in Trachimbrod geboren. Als die Nationalsozialisten am 18. März 1942 Trachimbrod überfielen, verlor der Großvater seine erste Frau und sein neugeborenes Kind. Er selbst überlebte im Versteck. Jonathan ist auf der Suche nach der Retterin seines Großvaters. Seine zweite Frau, die ebenfalls die Shoa in der Ukraine überlebte und die der Großvater in einem Lager für „displaced persons" nach dem Zweiten Weltkrieg kennen lernte, hat ihr Leben lang geschwiegen. Allerdings gibt sie ihm eine Fotografie, die die Retterin des Großvaters zeigt. Da er mit den dazu in ihm auftauchenden Fragen keine traumatischen Erinnerungen wecken möchte, macht er sich auf eigene Faust auf die Suche nach der Rekonstruktion der Familiengeschichte. Er will herausfinden, wie und warum sein Großvater das Pogrom überlebte. Die Fotografie zeigt den

18-jährigen Großvater mit einem etwa fünfzehnjährigen Mädchen und zwei Erwachsenen, die möglicherweise ihre Eltern sind: „Ich sah das Mädchen viele Minuten an. Sie war sehr, sehr schön. Ihr Haar war braun und ruhte auf ihren Schultern. Ihre Augen schienen traurig und voller Intelligenz“ (A 88). Auf der Rückseite findet sich die jiddische Inschrift: „Das bin ich mit Augustine, 21. Februar 1943“ (A 89). Die Suche erweist sich jedoch als sehr mühevoll, da die drei Protagonisten in dem Gebiet weder Spuren des ehemaligen Stetls Trachimbrod noch Zeitzeugen finden können, die sich erinnern oder die auf den Foto abgebildeten Personen erkennen möchten: „Fahrt weiter“, „Es gibt hier kein Trachimbrod“, „Ich weiß nicht, wovon ihr redet“ oder „Ihr habt euch verirrt“ (A 166) lauten die Kommentare der Ukrainer, die Alex fragt. „Es war, als wären wir im falschen Land oder im falschen Jahrhundert, oder als ob Trachimbrod verschwunden wäre und damit auch seine Erinnerung“ (ebd.), kommentiert Alex all diese Aussagen und macht deutlich, dass die Erinnerung an das jüdische Leben in der Ukraine ausgelöscht ist.

Ähnlich wie Frau Kugelmann ihren eigenen Kindern nichts erzählen kann und diese nicht fragen, kann auch Jonathan Safran Foer nicht fragen. Aus dem Dialog zwischen Foer und seinem ukrainischen Reiseführer Alex wird deutlich, dass Foer sein Wissen aus Geschichtsbüchern bezieht, diese jedoch ein unterschiedliches historisches Wissen produzieren:

> „‚Damals waren die Ukrainer schrecklich zu den Juden. Fast so schlimm wie die Nazis. Damals war alles anders. Als der Krieg anfing, wollten viele Juden zu den Nazis gehen, damit die sie vor den Ukrainern beschützten.‘ ‚Das ist nicht wahrheitlich.‘ ‚Doch.‘ ‚Ich kann nicht glauben, was Sie sagen.‘ ‚Dann lesen Sie es in den Geschichtsbüchern.‘ ‚Das steht nicht in den Geschichtsbüchern.‘ ‚Aber so war es. Die Ukrainer waren bekannt dafür, dass sie schrecklich zu den Juden waren. Die Polen auch. Ich will Sie nicht beleidigen. Das hat ja nichts mit Ihnen zu tun. Das alles ist fünfzig Jahre her.‘“ (A 91)

Privates und kulturelles Erinnern vermischen sich. Auf ihrer Irrfahrt durch einen Teil der Ukraine treffen Jonathan, Alex und der Großvater auf Lista und werden so unmittelbar mit der Geschichte der Juden in der Ukraine konfrontiert. Lista lebt in einem weißen, verfallenen Holzhaus in einer ansonst menschenleeren Gegend. Die drei Suchenden halten sie zunächst für Augustine, doch im Laufe des Gespräches wird klar, dass sie es nicht ist, sondern eine Überlebende des Pogroms von Trachimbrod. Sie kann ihre eigene Geschichte nur in der dritten Person erzählen. Lista lebt in der Vergangenheit. Nachdem die Nationalsozialisten ihren Mann und ihr noch ungeborenes Kind ermordet hatten, während sie sich selbst retten konnte, hatte sie keine Zukunft mehr. Sie kehrte nach dem Pogrom ins Stetl zurück, sammelte die Habseligkeiten der ermordeten Juden zusammen und hob sie in Schachteln auf:

„Die Schachtel, auf der stand: Privates: TAGEBÜCHER/SKIZZENBÜCHER/ UNTERWÄSCHE, war so überfüllt, dass sie bereit schien zu platzen. Es gab eine Schachtel, auf der stand: SILBER/PARFÜM/WINDRÄDER, und eine mit der Schrift: UHREN/WINTER und eine mit HYGIENE/SPULE/KERZEN und eine mit FIGÜRCHEN/BRILLEN.“ (A 209f.)

Bereits diese Klassifizierung der Schachteln zeigt das absurde System „der Zersplitterung aller Zusammenhänge, die das Pogrom hinterlassen hatte“ (Rector 2005, S. 37). Lista selbst bezeichnet sich als Trachimbrod. Sie hat das kollektive Gedächtnis von Trachimbrod gesammelt; mit ihrem Tod geht die Geschichte des Stetls verloren.

Dank Listas Geschichte und der zahlreichen Erinnerungsstücke gelingt es Jonathan, die Geschichte von Trachimbrod, die auch seine Familiengeschichte mit einschließt, zu rekonstruieren.

Einen dritten Erzählstrang schließlich bildet die Geschichte um Alex und seinen Großvater, die beide plötzlich mit der ukrainischen und der eigenen familiären Geschichte konfrontiert werden. Bereits früh fragt sich Alex, was sein Großvater im Krieg getan hatte. Damit wird plötzlich Jonathans Fragestellung auch eine Frage für Alex: „Ich hörte sein großes Atmen. Ich hörte seinen Körper sich bewegen. So war es die ganze Nacht. Ich wusste, warum er nicht ruhen konnte. Wir dachten beide an dieselbe Frage: Was hatte er im Krieg getan?“ (A 109) Sein Großvater spielte eine Rolle bei den ukrainischen Judenpogromen, die durch Listas Geschichte enthüllt wird. Ein Foto Listas, auf dem der Großvater mit seiner Frau und seinem Sohn sowie seinem jüdischen Freund Herschel abgebildet ist, zwingt ihn Alex die Wahrheit über die eigene Familie zu erzählen. Der Großvater stammt nicht aus Odessa, was er der Familie jedoch glaubhaft versichert hatte. Er lebte in Kolki – jenem Stetl, in dem Jonathans Großmutter das Pogrom überlebt – und er er- und überlebte nicht nur das Pogrom, sondern wirkte an diesem mit. Er hat, als die Nationalsozialisten ihn vor die Wahl stellten, entweder einen Juden zu verraten oder seine Frau und sein Kind umzubringen, seinen besten Freund denunziert. Er macht sich für Herschels Tod verantwortlich, kann mit dieser Schuld nicht länger leben und bringt sich letztendlich um.

Während also Jonathan die Lebensretterin seines Großvaters nicht findet und an der Rekonstruktion seines Lebens scheitert, findet Alex die Wahrheit über seinen Großvater, die er gar nicht suchte, und muss sich jetzt mit seiner Familiengeschichte auseinandersetzen. Der Roman offenbart auch das Verhältnis der Generationen untereinander: Die zweite Generation, die durch Alex Vater und Mutter repräsentiert wird, hat sich mit ihren Eltern nicht über die Vergangenheit unterhalten. Es bleibt Alex überlassen, dem Repräsentanten der dritten Generation, eine Familiengeschichte zu schreiben.

„Warum wir lieber über Nutella-Gläser diskutieren, als unsere Großeltern nach Hitler zu fragen“, heißt eine Überschrift in *Und morgen tanzt die ganze*

Welt von Christoph Amend (Jg. 1974), einem deutschen Journalisten, der ebenfalls zur dritten Schriftstellergeneration gehört. Amend begibt sich nicht (nur) auf die Suche nach der Lebensgeschichte seines eigenen Großvaters, sondern nach den Lebensgeschichten deutscher Großvätern allgemein. Sein Buch ist kein Familienroman und unterscheidet sich in seiner Konzeption von Foers Publikation; nichtsdestotrotz fragen beide Autoren nach den Erfahrungen ihrer Großväter im Nationalsozialismus bzw. im Zweiten Weltkrieg. Sie nutzen unterschiedliche literarische Textsorten und auch eine unterschiedliche Sprache, um sich der eigenen Familiengeschichte anzunähern und zeigen damit die Suche der dritten Generation nach einer geeigneten Textsorte und Sprache.

Anlass des Erinnerns ist ein Gespräch zwischen Amend und seinem kranken Großvater über dessen Erlebnisse im Zweiten Weltkrieg. „Ich habe sehr, sehr lange nicht darüber gesprochen [...] aber ich möchte, dass du weißt, wie es im Krieg war“ (M 7), beginnt der Großvater das Gespräch mit dem Enkel. Der Großvater, so schreibt es Amend, vertraut ihm keine spektakulären Geheimnisse an, „nur harmlose Geschichten vom Abenteuer an der Front und von der Heimkehr ins zerstörte Deutschland von 1945“ (M 8). ‚Krieg als Abenteuer', ‚harmlose Geschichten aus dem Krieg' bleiben beim Enkel Amend hängen – was die Unterschiede zwischen der jüdischen und der nichtjüdischen Enkelgeneration besonders eindrucksvoll demonstriert. Denn während Foer bei seiner Suche nach der Retterin des Großvaters auf die Gräueltaten der Nationalsozialisten, auf die Vernichtung der ukrainischen jüdischen Bevölkerung trifft und Alexanders Großvater als einen Täter enttarnt, verzichtet Amend bei den prominenten Großvätern, die er anstelle des eigenen Großvaters interviewt und die als Zeitzeugen des Zweiten Weltkrieges auftreten, auf kritische Fragen. „Ich werde Deutschlands Großväter besuchen, die dieses Land nach dem Krieg aufgebaut und geprägt haben“ (M 11), erklärt Amend sein Programm. Bereits hier nimmt er Ausgrenzungen vor, denn er konzentriert sich bei der Auswahl seiner Interviewpartner – darunter Richard von Weizsäcker (Jg. 1920), Herbert Reinecker (Jg. 1914), Iring Fetscher (Jg. 1922), Erich Loest (Jg. 1926), Egon Bahr (Jg. 1922) und Joachim Fest (Jg. 1926) – auf jene Generation, für die „der Nationalsozialismus ein Teil ihrer bewußten und zurechenbaren Lebensgeschichte“ (Kohlstruck 1997, S. 80) ist. Er blendet dabei jene Männer aus, die im Nationalsozialismus verfolgt wurden, Konzentrations- und Vernichtungslager überlebt haben und nach 1945 ebenfalls das Bild der BRD geprägt haben – etwa Arno Lustiger oder Paul Spiegel.

Mit Foer und Amend werden zwei Vertreter der dritten Schriftstellergeneration vorgestellt, die unterschiedlich mit der nationalsozialistischen Geschichte umgehen. Foer zeigt die mordenden Soldaten in der Ukraine, Amend dagegen entwirft Soldaten als Opfer, die „in der ständigen Angst vor Partisanenüberfällen, jederzeit konnte jemand um die Ecke biegen, das Gewehr geschultert, und einen erschießen“ (M 199) lebten. Amends Großvater berichtet nicht von Erschießungen oder dem Leiden der Bevölkerung in den von deutschen Soldaten besetzten Gebieten: Neben der Angst vor Partisanenüberfällen erzählt er von requirierten Champagnerflaschen während seiner Zeit in Frankreich. Ähnlich wie Foer arbeitet auch Amend mit dem Medium der Fotografie. Er besitzt etwa 200 Fotografien seines Großvaters, die sein Soldatenleben in Frankreich dokumentieren:

> „Lag es in der Absicht meines Großvaters oder war es eine Konsequenz des Krieges, dass drei der zweihundert Fotos, eines am Anfang, eines in der Mitte und eines auf der letzten Seite des Albums, davon erzählen, was der Krieg mit ihm angestellt hat? Ganz vorn sieht man ihn in frischer Uniform, in Mantel und Mütze, wie er vor einem Hauseingang steht. Er lächelt milde und sieht rechts an der Kamera vorbei, den Blick in die Weite gerichtet, so als liege irgendwo am Horizont eine glänzende Zukunft. Das zweite Bild ist leicht verwackelt. Es zeigt drei Soldaten mit Stahlhelm und einer Art Regenumhang, die ein im Schlamm steckendes Geschütz in Position gebracht haben, nun schießen oder gerade geschossen haben. In ihren Gesichtern ist nichts zu erkennen: Sie lächeln unverbindlich, wirken weder traurig noch entsetzt, sie sehen leer aus. Auf der letzten Seite sind sechs Porträts von Soldaten eingeklebt, eines davon zeigt meinen Großvater, der wieder rechts an der Kamera vorbeisieht. Diesmal fehlt das Lächeln, und sein Blick geht nicht mehr in die Ferne. Er hält den Kopf leicht gesenkt.“ (M 202)

Auch wenn Amend ein Bild des Großvaters als ein Bild mit Soldaten in Aktion aufnimmt, so zeigt er dennoch Soldaten als Opfer des Krieges, deren Lächeln verschwunden ist. Die Taten der Soldaten bleiben dagegen weitestgehend ausgeklammert.

An dem Zusammenleben der Generationen zeigt Amend auch die Schwierigkeiten: Es wird nicht miteinander gesprochen, Proteste der jüngeren Generation werden übergangen:

> „Während meines Besuchs bei Arthur, dem Bruder meines Großvaters, musste ich mir Sätze über die tapfere Wehrmacht, die angeblich keine Verbrechen begangen hatte, anhören, und er schimpfte über die bösen Russen, die noch schlimmer gewesen seien, und über die Amerikaner … Es tut mir in der Seele weh, wenn ich meinem eigentlich liebevollen Großonkel Arthur gegenübersitze und er solchen Unsinn erzählt. Ich widerspreche ihm, doch meinen Widerspruch übergeht er einfach.“ (M 204)

Möglicherweise zeigt dieser schwache Widerspruch der deutschen nichtjüdischen Enkelgeneration das noch nicht aufgelöste Dilemma: Kritik ist da, kann oder will er, der Vertreter der dritten Generation, aber nicht so laut äußern. Häufig wird der zweiten Generation (von der dritten) vorgeworfen, sie habe die Täter, Zuschauer und Mitläufer der ersten Generation nicht härtnäckig genug zu ihren Erfahrungen im Nationalsozialismus befragt. In

Amends Buch fragt interessanterweise ein Vertreter der zweiten Generation selbst – nämlich Amends Vater – nach dem Grund für diese Zurückhaltung. Und sein Sohn antwortet: „Du wolltest ihn nicht verletzen. Und du hattest Angst“ (M 205). Dies entspricht der Beobachtung zu den Familienromanen der zweiten Schriftstellergeneration: Sie ist dabei, Frieden mit den Eltern zu schließen. Auffällig ist, dass auch Amend eine „Taktgrenze“ (M 205) einhält und auf bestimmte Fragen verzichtet, möglicherweise um seine Interviewpartner nicht in Verlegenheit zu bringen.

Fazit

Oftmals wissen Vertreter der zweiten und dritten Generation wenig darüber, was ihre Eltern und Großeltern während der Shoa erlebt haben, besitzen aber dennoch konkrete Vorstellungen, die sie Geschichtsbüchern und Medien entnommen haben. Pradelski entwirft mit der Protagonistin Bella Kugelmann ebenfalls eine Zeitzeugin, die mit Fremden redet; Foer lässt in einem Gespräch zwischen Alex und Jonathan die unterschiedlichen Geschichtsbilder diskutieren und zeigt damit, dass Medien ein eigenes Geschichtsbild konstruieren. Der Roman *Alles ist erleuchtet* kann gelesen werden als eine Fortsetzung der Kleinfamilienromane der zweiten Generation *Warum bist du nicht vor dem Krieg gekommen?* und *Und da kam Frau Kugelmann.* Die Protagonisten jüdischer Autoren scheitern an der Rekonstruktion der eigenen Familiengeschichte.

Die Forschungen nach der Familiengeschichte werden durch mediale Einflüsse, etwa Fotografien oder Gegenstände ausgelöst. Jonathan aus *Alles ist erleuchtet* begibt sich erst auf die Suche nach der Geschichte seines Großvaters, als er die Fotografie von seiner Großmutter erhält. Auch Alex erfährt seine Familiengeschichte erst, als sein Großvater eine alte Fotografie in der Hand hält. Dieses verdrängte „Strandgut“ verweist auf Aspekte der Familiengeschichte, die erst Jahrzehnte später zu entschlüsseln versucht wird. Die hier vorgestellten Texte zeigen, dass die Vorstellung von Authentizität im Sinne eines direkten Zugangs zur Familiengeschichte zumindest für jüdische Familien nicht möglich ist.

Literatur

Primärliteratur

M: Amend, Ch. (2003): Morgen tanzt die ganze Welt. Die Jungen, die Alten, der Krieg. München (Karl Blessing).

V: Doron, L. (2004): Warum bist du nicht vor dem Krieg gekommen? Frankfurt a. M. (Jüdischer Verlag im Suhrkamp Verlag).

R: Doron, L. (2005): Ruhige Zeiten. Frankfurt a. M. (Jüdischer Verlag im Suhrkamp Verlag).

T: Durlacher, J. (2001): Die Tochter. Zürich (Diogenes).
A: Foer, J. S. (2005): Alles ist erleuchtet. Frankfurt a. M. (Fischer).
U: Hahn, U. (2005): Unscharfe Bilder. München (DTV).
W: Lustiger, G. (2005): So sind wir. Ein Familienroman. Berlin (Aufbau).
B: Mann, Th. (1990): Buddenbrooks. Verfall einer Familie. [1. Aufl. 1901], Frankfurt a. M. (Fischer).
S: Nissen, M. (2005): Sind Sie die Tochter Speer? München (DVA).
K: Pradelski, M. (2005): Und da kam Frau Kugelmann. Frankfurt a. M.: (Frankfurter Verlagsanstalt).
L: Wackwitz, St. (2005): Ein unsichtbares Land. Familienroman. Frankfurt a. M. (Fischer).
E: Wolff, C. (2004): Letzte Szenen mit den Eltern. München (Antje Kunstmann).

Sekundärliteratur

Assmann, A. (2005): Grenzen des Verstehens. Generationsidentitäten in der neuen deutschen Erinnerungsliteratur. In: Familiendynamik, 4: 370–389.
Bogdal, K.-M. (Hg.) (2005a): Der Deutschunterricht, 6: Sprachen der Erinnerung.
Bogdal, K.-M. (2005b): Sprachen der Erinnerung. Einführung in das Themenheft. In: Bogdal 2005a: 2–5.
Eigler, F. (2005): Gedächtnis und Geschichte in Generationenromanen seit der Wende. Berlin (Erich Schmidt).
Freud, S. (1909): Der Familienroman der Neurotiker. In: Ders. (1966): Gesammelte Werke, Band VII, Frankfurt a. M. (Fischer), S. 227–231.
Freud, S. (1914): Erinnern, Wiederholen, Durcharbeiten. In: Ders. (1966): Gesammelte Werke, Band X, Frankfurt a. M. (Fischer), S. 126–136.
Garbe, J. (2002): Deutsche Geschichte in deutschen Geschichten der neunziger Jahre. Würzburg (Königshausen & Neumann).
Gebhardt, M. (1999): Das Familiengedächtnis. Erinnerung im deutsch-jüdischen Bürgertum 1890 bis 1932. Stuttgart (Franz Steiner).
Gremmel, C. (2005): Auf der Suche nach der eigenen Familiengeschichte. Neue zeitgeschichtliche Familien- und Generationenromane. In: Glasenapp, G. von, Wilkending, G. (Hg.): Geschichte und Geschichten. Die Kinder- und jugendliteratur und das kulturelle und politische Gedächtnis. Frankfurt a. M. (Peter Lang), S. 143–162.
Hage, V. (2005): Wühlarbeit im Haus der Ahnen. In: Der Spiegel, 29. August 2005; http://www.spiegel.de/spiegel/0,1518,371760,00.html
Hoorn, T. van (2005): Erinnerungs-Poetiken der Gegenwart: Christoph Ransmayr, Reinhard Jirgl, W. G. Sebald. In: Bogdal 2005a: 54–62.
Kohlstruck, M. (1997): Zwischen Erinnerung und Geschichte. Der Nationalsozialismus und die jungen Deutschen. Berlin (Metropol).
Liebrecht, S.: Das schwindende Schweigen. Die Shoah in der hebräischen Literatur. Aus dem Englischen von Sabine Hertig. Vortrag im Rahmen des Symposions ‚Manifold Voices and Memory' zur 9. Internationalen Frühjahrsbuchwoche 1998 in München „Literatur aus Israel"; http://server.hagalil.com/s4/holocaust/zweite-generation/schweigen.htm
Rector, M. (2005): Jonathan Safran Foers „Alles ist erleuchtet" – ein Roman über das Erinnerungsproblem der dritten Generation. In: Bogdal 2005a: 34–44.
Welzer, H. (2004): Schön unscharf. Über die Konjunktur der Familien- und Generationenromane. In: Mittelweg, 36, 1: 53–64.

Ulla Roberts

Die Enkelgeneration betritt den Raum der Geschichte

Wir erleben seit einiger Zeit, wie die Enkelgeneration den Raum der Geschichte betritt, mit filmischen und literarischen Beiträgen und familiengeschichtlicher Spurensuche, öffentlich Stellung bezieht, spannend und ganz anders, wie sie die Sicht ihres Erlebens der noch gegenwärtigen Spuren des Dritten Reiches nachzeichnet, aufzeigt, verarbeitet. Da ist eine andere Sprache, Fragen werden anders gestellt, Bilder und Ausdruck kennzeichnet eine neue Ästhetik. Steht dahinter nicht auch das Bemühen, in der Geschichte der Vorfahren und der kollektiven deutschen Geschichte und Kultur Wurzeln eigener Identität aufzuspüren? Vielleicht ja auch ein von den Enkeln selbst empfundener, ja versteckter Auftrag der Kriegsgeneration, heute das Erinnern auch an die privaten Lebensgeschichten vor dem Hintergrund der ungeheuren Geschehnisse von NS-Diktatur und Krieg im Bewusstsein der Deutschen, besonders der Jüngeren und noch folgender Generationen, neu zu schreiben.

Dabei wird deutlich, wie doppeldeutig Wissen und Phantasien auch noch bei der Generation der Enkel verwoben sind: Manche beschäftigt intensiv die „Kriegsgroßväter" als Soldaten; der Buchautor und Journalist Christoph Amend (2003, S. 13) spricht „mit den Großvätern die Deutschland geprägt haben", der Dokumentarfilm-Regisseur Jens Schanze dreht einen Film über die Bedeutung der NS-Vergangenheit seines Großvaters für die Familiendynamik, während andere das Verhältnis zwischen Juden und Deutschen 60 Jahre nach der Shoah tief bewegt, wie Reflektionen von Matthias Hesse zeigen: „In Israel, im Land der ‚Opfer' deutsch zu sprechen, Holocaust-Opfern zu begegnen […] sollten Schlüsselerfahrungen sein. […] In den Augen der Israelis war ich ein ‚Deutscher' und damit einer unendlich großen, kaum zu fassenden Verantwortung unterstellt." (Roberts 1998, S. 29)

Die Zeit der Abrechnung ist vorbei und junge deutsche Autoren „begeben sich zurück in den Schoß des Generationenromans und auf die Spuren ihrer Großeltern". Iris Radisch (2003) lobt in der *Zeit* den jungen Autor Reinhard Jirgl für den gelungenen Roman *Die Unvollendeten*. „Noch nie – Arno Schmidt möge weghören – ist die deutsche Nachkriegszeit so überzeugend geschildert worden." Anders als in der Fülle bisheriger Arbeiten zur NS-Geschichtsrezeption mit Fokus auf die „Kriegsmänner", die Soldaten, rücken nun die Großmütter, oft ein Matriarchat, in den Mittelpunkt der Erzählung. „Die Großmütter waren die Erzählerinnen des Kriegs- und Nachkriegsalltags adressiert vor allem an ihre Enkel."

Nun ist also die Erzählung in der Generationenfolge weiter gegangen, von den Kindern dieser Großmütter an die Enkel. In meinem Buch *Starke Mütter – ferne Väter* (1994/2003) lasse ich die Töchter der Kriegsgeneration erzählen, vor allem über ihre Mütter im Krieg und in der Nachkriegszeit. Die Töchter hatten die Kriegs- und Nachkriegsjahre ja zusammen mit ihren Müttern erlebt und entwickelten ihren Erzähltext über Entwurzelung, Heimatlosigkeit, aber auch Aufbruch.

In ihren Enkeln finden diese „Kriegsmütter" (unter dem unschönen Titel „Trümmerfrauen" ins kollektive Erinnern eingegangen) neugierige Zuhörer ihrer Geschichten, davon, wie Hitler sie in den letzten Kriegsjahren zur Verteidigung der „Heimatfront" verpflichtete und von der Zivilbevölkerung Durchhalten und Siegeswillen gefordert wurde, als feindliche Flugzeuge deutsche Städte in Schutt und Asche bombardierten.

Diese erkennbare Präsenz der Enkel in einem neuen Fokus der NS-Geschichtsrezeption möchte ich hier unter anderem an Auszügen aus meinen Gesprächen und Interviews mit einigen durch ihre künstlerischen und biographischen Arbeiten zur NS-Thematik schon öffentlich bekannt gewordenen jungen Menschen aufzeigen. In meiner psychologisch-sozialgeschichtlich begründeten Arbeit interessiert mich generell vor allem das dialektische Spannungsverhältnis von Kontinuitäten und Wirkungsgeschichte von Nationalsozialismus und Krieg zwischen den Generationen und welchen Ausdruck das heute bei den Enkeln findet.

Zumindest was die Fakten über den Nationalsozialismus, die Schrecken des Regimes, den Angriffskrieg, den Holocaust betrifft, ist die dritte Generation durch Schule, Medien und den öffentlichen Diskurs der letzten 15 Jahre, relativ gut informiert. Dazu ein Zitat der 28-jährigen Studentin Andrea K.: „Ich denke mich konsequent in die sozialen Erfahrungen und Möglichkeiten unmenschlicher Entgleisungen im diktatorischen Hitler-Regime hinein, in die Menschen in Krieg und Verfolgung, in die im Widerstand, mit Trauer in die Opfer und mit Zorn in die Täter und Mitläufer. Wie würde ich mich verhalten? Das treibt mich voran, so viel wie möglich zu erfahren – und ist es noch so grausam." (Roberts 1998, S. 197)

Anders ging es der zweiten Generation, der Generation ihrer Eltern. Für die „in den fünfziger und frühen sechziger Jahren Heranwachsenden" galt noch, „ in einer Gesellschaft zu leben, die uns ihre – und damit unsere – Geschichte vorenthielt". Ein Bewusstsein davon wurde „als kollektives Lebensgefühl in den sechziger Jahren erstmals spürbar". (Schneider et al. 2000, S. 15)

Über welche verborgenen Wege die psychische Last dieses historischen und mentalitätsprägenden Erbes sich ausdrücken kann, zeigt sich darin, dass „viele Angehörige der zweiten Generation bei uns in Deutschland, die selbst Eltern sind, offensichtlich sogar unter einem unbewussten Zwang stehen, Täterfragmente noch an die dritte Generation weiterzugeben. Es ist an der Zeit, daß wir uns dieser Probleme stellen.“ (Moser 1997, S. 9–18) Psychologische Übertragungsprozesse an die nachfolgenden Generationen lassen sich unter anderem an der Intensität erkennen, mit der sich die Enkel mit der Geschichte und den Zeitzeugenberichten auseinandersetzen, und „dem unersättlichen Hunger nach Informationen“ (Tatjana D.), der sie auch an ferne Orte in Polen oder Tschechien führt, der ehemaligen Heimat ihrer Vorfahren.

Meine erste Untersuchung über Spuren des Nationalsozialismus im Erleben der Enkel

Meine erste Untersuchung über Spuren des Nationalsozialismus im Erleben der Enkel und die intergenerative Bedeutung der NS-Geschichte habe ich in meinem 1998 erschienenen Buch *Spuren der NS-Zeit im Leben der Kinder und Enkel* dargelegt. Die gute öffentliche Rezeption spiegelt sich in einem AP-Rundschreiben vom 15. Januar 1999: „Roberts und Welzer gehören zu Pionieren einer Forschungsrichtung, die die Weitergabe der NS-Geschichte vor allem an die Enkelgeneration untersucht“. Die Psychoanalytikerin Stillke rezensierte:

> „Bei den Angehörigen der dritten Generation beschreibt Roberts eine Form der Selbstreflexion, die nicht mehr – wie die zweite – fürchtet, auf die Nazi-Abgründe im Innersten der eigenen Seele zu stoßen. Ihr Interesse scheint eher, durch Intensivierung aller ihnen zugänglichen kommunikativen Beziehungen, die Leere, die diese Abgründe bei den Enkeln hinterlassen haben, zu überwinden. […] Es gelingt der Autorin, durch eine Vielzahl eindrucksvoller Gesprächsauszüge kommunikative Verbindungen dort herzustellen, wo die intergenerationellen Beziehungen durch historische und lebensgeschichtliche Brüche zerrissen scheinen.“ (Stillke 1999, S. 39f.)

Diese Untersuchung stützte sich auf die Arbeit mit Studierenden der Fachhochschule Frankfurt am Main, zahlreiche Lehrveranstaltungen über NS-Geschichte sowie themenzentrierte, psychologische Gesprächsgruppen mit Seminarteilnehmern, bei denen die intensive Auseinandersetzung mit NS-Familiengeschichte (unabhängig von Studienleistungen) im Vordergrund stand. Gefragt wurde, welchen Einfluss die in Familie und Gesellschaft vorhandenen Spuren aus der NS-Zeit – bewusst oder unbewusst transportiert – für die Identitätsentwicklung und das politische und soziale Selbstverständnis von jungen Menschen noch heute haben. Die Wirksamkeit solcher

Spuren zeigte sich mir in vielen Geschichten über Kriegs- und Nachkriegserfahrungen, die lebendig sind zwischen den Enkeln und Großeltern – und das durchaus parallel zu den Familienmythen und dem Schweigen zwischen der ersten und zweiten Generation.

Aus der tiefenpsychologischen Forschung und Therapie ist bekannt, dass sich ungeklärte Probleme und Geheimnisse in den Familienbeziehungen in oft verklausulierten Chiffren Wege aus dem psychischen Untergrund an die Oberfläche bahnen. So wie die Kriegserlebnisse des Großvaters der 21-jährigen Ina R. – Kriegsverletzungen, über „die er erzählen musste, um uns das zu vermitteln, und natürlich, um diesen Druck nicht für sich zu behalten." Ina R. hatte ein sehr inniges Verhältnis zu ihrem Großvater und sagt über das, was sie aus seiner Kriegszeit weiß:

> „Ich kann mir meinen Opa nicht mit einer Waffe vorstellen und als jemand, der Menschen totschießt. Er ist vor einem Jahr gestorben. Ich habe ihn über alles geliebt und hab' nie daran gedacht, nach der NS-Zeit zu fragen. Auch wenn er uns über seine harten Erfahrungen im Krieg erzählte, hab ich meinen Opa nie mit den Gräueltaten, die damals passierten, in Verbindung gebracht. Mir das vorzustellen macht mir Angst und das paßt nicht in mein Bild von ihm." (Roberts 1994, S. 7)

Wie die natürliche Kontinuität zwischen den Generationen abgeschnitten wurde, zeigt auch das Beispiel der Studentin Maren L., 20 Jahre: Während sie sich auf ein Referat über die psychischen Folgen von Verfolgung im Nationalsozialismus vorbereitet, berichtet sie auch ihrer Großmutter davon und diese bietet ihr an, das erste Mal über ihre Erlebnisse im Zweiten Weltkrieg und in der Nachkriegszeit zu erzählen. Die Betonung legt sie darauf, dass das der Enkelin helfen könnte, sich mehr in die Menschen und ihre Schicksale in dieser Zeit hineinzudenken.

Mit der Zeit entwickelt sich zwischen den beiden ein lebhafter Dialog. Zu diesem Zweck verabreden sie sich meistens zu zweit. „Wenn es sich ergibt, dass meine Mutter dabei ist", sagt Maren,

> „erzählt die Oma kein Wort. Meine Mutter, die 1944 geboren ist, hat immer nur Anklagen erhoben, wollte aber auf der anderen Seite nicht wirklich hören, was die Oma und auch der Opa in diesen Jahren erlebt haben. Ich hatte zu meiner Oma von Anfang an ein viel offeneres Verhältnis und kann sie auch nicht verurteilen. Im Krieg hat sie als ganz junge Frau geheiratet, erwartete 1944 ihr erstes Kind, meine Mutter, während ihr Mann vermisst war. Als er 1946 aus der Gefangenschaft heimkehrte, freute er sich über die gut geratene Tochter, fand aber beruflich und sozial nur schwer Anschluss in der Nachkriegsgesellschaft. Er war dann wohl auch kein erfolgreicher Wiederaufbau-Kandidat und meine Mutter hat ihren Vater als großen Versager verachtet und abgelehnt." (Roberts 1994, S. 14f.)

Ich glaube, hierin spiegelt sich weit mehr als die Erfahrungsverarbeitung einer einzelnen Familie. Vielmehr zeigt sich die Dialogunfähigkeit zwischen der ersten und zweiten Generation, während die Enkel es eher schaffen, das oft von Bitterkeit getragene Schweigen der Großeltern zu durchbrechen.

Die von mir befragten jungen Leute tragen einen Reichtum an Generationengeschichte mit durchaus ambivalenten Botschaften in sich. Einen Teil dieses Reichtums konnten sie mir vermitteln. Das ist erlebte Alltagsgeschichte, Oral History, tradiert durch Familienmythen in einer Kombination aus Erinnerungsstücken, Faktenwissen, Bildern aus Filmdokumenten usw. und widerspricht keineswegs dem vielfach beklagten jahrzehntelangen Schweigen, sondern spricht eher dafür, dass seit Anfang der 90er-Jahre eine „'Individualisierung' um die biographische und familiengeschichtliche Dimension des Themas" stattfindet (Wirth 1997, S. 8). Zumindest in der von mir untersuchten Zielgruppe gab es mehr Kommunikation über Lebensläufe zwischen Großeltern und Enkeln, als neuere Berichte und Analysen über krisenhafte Familienentwicklungen vermuten lassen.

Forschung zu den Übertragungsprozessen bis in die dritte Generation

Die Forschung zu den Übertragungsprozessen bis in die dritte- und nachfolgende Generationen steht in Deutschland erst am Anfang. Vor allem die jetzt öffentlich zur NS-Geschichte Stellung beziehenden jungen Kulturschaffenden sowie auch Veröffentlichungen zur Thematik werden hoffentlich die Wahrnehmung dieses Prozesses und seine Erforschung in den Geisteswissenschaften beschleunigen.

In Israel haben vor allem Psychologen wertvolle Forschungsarbeit geleistet über die intergenerationelle Wirkung auf vom Holocaust betroffene Familien. Dort wird seit Jahren auch die Auseinandersetzung der Enkelgeneration forschend begleitet; die Arbeit der Psychoanalytikerin Dina Wardi ist dabei besonders hervorzuheben. Wo in der Generation der Shoah-Überlebenden eine Art Verbundenheit im Schweigen überwog, findet „in den letzten Jahren eine Annäherung zwischen den Enkeln und Großeltern statt", indem die Enkel ihre Großeltern zum Sprechen bringen und möglichst viel über ihre Vergangenheit erfahren wollen (Cohen 2005, S. 21).

Auch wenn uns bisher noch umfassende empirische und psychologische Untersuchungen über die Situation in Deutschland fehlen, so existiert doch bereits eine Fülle an Material, das Einsicht in Übertragungsprozesse und intergenerationelle Botschaften und Aufträge gewährt, die häufig von den Großeltern an die Enkel delegiert waren, und das zeigt, wie sich Angehörige dieser Generation in familiengeschichtlichen Zusammenhängen mit dem Leben ihrer Großeltern im Dritten Reich auseinandersetzten (Roberts 1998).

Bernd J., 28 Jahre, ein Student, der im Interview gleich unvermittelt zur Sache kam, sagte dazu: „Ich habe in meiner Ahnentafel fast 200 Jahre zurückgeforscht, ob nicht wenigstens ein Jude unter meinen Vorfahren war. Aber leider waren es nur lauter ‚Arier'. Mein Traumland ist Israel und dort möchte ich nach dem Studium leben. Wenn ich einen Juden unter meinen Vorfahren hätte, wäre das leichter. Meine Großväter waren bei der Waffen-SS, die Familie väterlicherseits stammte aus Kroatien, und es war sehr dramatisch, wie dieser Großvater es geschafft hatte, nach Kriegsende der Verurteilung durch die Amerikaner zu entkommen."

Bernd schwankt zwischen der Sehnsucht, in Israel zu leben, sich dort im Land der Holocaust-Überlebenden zu integrieren und der Loyalität gegenüber seinem Großvater, vor dem er Respekt hat und den er bewundert. Besonders betont er, wie mutig dieser Großvater war, und da schwingt auch Faszination mit, dass er es fertig brachte, sich eine große Wunde zuzufügen, um die SS Rune aus seinem Arm zu brennen. Er fühlt zwei sich widerstrebende Neigungen in sich: einerseits die Bewunderung für Israel und die enge Freundschaft mit jungen Israelis, andererseits ist er fasziniert von der Größe der Wehrmacht und von ihren überlegenen Strategien – wenn nur die Verbrechen nicht gewesen wären! Er tut sich sehr schwer und leidet auch darunter, zwischen der von ihm so geschätzten und seine Phantasie beflügelnden militärischen Größe des Dritten Reiches und der Wahrnehmung und Anerkennung der Verbrechen des NS-Regimes eine Position zu finden.

In seiner Identitätssuche und unruhigen Umtriebigkeit sehr gespalten forderte er die anderen Studenten des Seminars und auch mich durch seine Diskussionsbeiträge enorm heraus. In seinen ambivalenten Botschaften schwang auch mit: „Versteht doch, wie ich auf der Suche nach der Wahrheit bin!" (Roberts 1998, S. 191, 194)

Die Bedeutung der NS-Geschichte zwischen den Generationen

Familiengeschichte steht als Teil kollektiver Geschichte konstituierend für epochale Identitäten bei der Suche nach den Spuren aus der NS-Zeit. Aussagen der Enkel gewähren uns Einblicke in ihr sozialgeschichtliches Selbstverständnis und Zeitgefühl für die Gegenwart. Dabei geht es immer auch um Suche nach Zugehörigkeit zu diesem Land und seiner Geschichte, sowie zur Generationenkette. Manche spüren „zwei Seelen in einer Brust". So auch Marius H.: „Ich frage mich, wer aus unserer Generation hätte nicht gern eine Weltoffenheit für andere Kulturen, bei gleichzeitig gelebter, tief verankerter Verbundenheit zur eigenen Tradition?" (Roberts 1998, S. 135) Wie man als junger Mensch auf die NS-Geschichte stößt, ihr begegnet, sie findet beschreibt Matthias Hesse als Phasen der Annäherung: „Nicht nur die

Geschichte, sondern vor allem die Geschichte meiner Nation hatte mich gefunden" (Roberts 1998, S. 29).

Die Art und Qualität der Auseinandersetzung und des Erinnerns sind jeweils von der historischen Nähe oder Ferne zum Dritten Reich geprägt. So muss das öffentlich ins Bewusstsein gerückte Erinnern an die Leiden der Kinder im Zweiten Weltkrieg heute einhergehen mit einer erkennbaren inneren Beziehung zu dem durch die NS-Diktatur in den Ländern Europas vorausgegangenen Leid, mit einer besonderen Verantwortung für die Shoah. Micha Brumlik sprach von der „Ambivalenz-Toleranz" – die es psychisch und intellektuell auszuhalten gelte. Das könnte zu einer Metapher für diese zwei Dimensionen des Gedenkens werden. Eine so verstandene Erinnerungskultur kommt auch dem Anliegen der Enkel entgegen, wie ich es in meinen Gesprächen, Interviews, Recherchen mit jungen Menschen erfahren habe.

Die Neugier, mehr Einblick in die politischen und mentalitätsprägenden Hintergründe und Bedingungen für das Entstehen des diktatorischen NS-Regimes zu bekommen, verbindet sich bei den Enkeln mit dem Interesse, aus Biographien und Zeitzeugengesprächen mehr über die komplizierten Motive des Handelns und Verhaltens von Menschen in Extremsituationen zu erfahren. Die zweite Generation war häufig mit der Ahnung oder dem Wissen des elterlichen Mitläufertums oder sogar der Täterschaft noch anders belastet. So könnte das Abgrenzungsverhalten der zweiten Generation gegenüber ihren Eltern, der Kriegsgeneration, eine Chance für die Annäherung der Enkel sein. Diese zeigen oft eine Fähigkeit und Toleranz, hinter dem Verhalten ihrer Vorfahren die Verstrickungen und Anfechtungen des einzelnen Menschen in einem verbrecherischen System zu akzeptieren, ihn *als ganze Person* mit all ihren Facetten und nicht nur als Mitläufer, Opfer oder Täter *zu sehen*. Dahinter steht bei vielen jungen Menschen zum einen ein geringeres politisch-historisches Bewusstsein und zum anderen eine große Skepsis gegen und Ablehnung von Ideologien. Aus der Geschichte haben sie gelernt, dass im Zeitalter der totalitären Herrschaftssysteme des 20. Jahrhunderts, der Diktaturen des NS-Staates und der Ostblockstaaten, das Individuum nichts galt – Biographien standen im Ideologieverdacht. Auf die Nivellierung des individuellen Lebens durch Diktaturen folgt nun eine „Rückkehr der Biographien" (Grunenberg 2002). Dabei darf kritisch angemerkt werden, dass Millionen Deutsche durch ihre Führerverehrung und Identifizierung mit dem NS-Regime selbst die Bedeutung ihres individuellen Lebens nivelliert haben – mit Folgen, von denen sie nicht mehr frei wurden.

Begegnung zwischen jungen jüdischen und nicht-jüdischen Deutschen und der transgenerationale Zusammenhang von Schuld und Trauma

Ziemlich zu Beginn meiner Arbeit mit der dritten Generation bot ich eine vom Fritz-Bauer-Institut unterstützte Selbsterfahrungsgruppe über NS-Generationengeschichte an, in der sich acht junge Frauen und Männer im Alter zwischen 22 und 30 Jahren – Studierende der Psychologie, Medizin und Sozialpädagogik – zusammen fanden. Sie stammten aus nicht verfolgten deutschen Familien. Nachdem wir uns schon zu einigen Tagesseminaren getroffen hatten, fragten mich zwei junge Frauen der gleichen Altersgruppe, die aus jüdischen Familien stammten, ob sie zu einem dieser Treffen dazukommen könnten. Die Gruppe stimmte zu und bald fand das erste gemeinsame Tagesseminar statt.

Bei diesem Treffen zeigte sich, dass die Teilnehmer zwar alle zur gleichen Altersgruppe zählt, dass die bestehende Gruppe aus nicht verfolgten deutschen Familien aber zur dritten Generation gehört, während die zwei neuen jüdisch-deutschen Teilnehmerinnen eigentlich der zweiten Generation zuzurechnen sind: Bei Nuri R. sind beide Eltern Überlebende des Holocaust, während bei Rachel M. der Vater Überlebender ist – ihre Mutter ist erst nach 1945 geboren. Wenn sich Nuri und Rachel mit der NS-Zeit und dem Holocaust auseinandersetzen, sind in der intergenerativen Kette ihre Eltern die direkt Betroffenen, während bei den anderen Teilnehmern im Blickfeld auf die NS-Geschichte eher die Großeltern im Mittelpunkt stehen, die Eltern allenfalls als Kinder oder Jugendliche. Angehörige der bestehenden Gruppe und die hinzugekommenen Teilnehmerinnen versicherten sich, noch nie gezielt Gespräche mit Gleichaltrigen der „anderen Seite" zur NS-Vergangenheit geführt zu haben. Deshalb herrschte anfangs auf beiden Seiten große Unsicherheit; dann fand man aber bald zu den wesentlichen Themen, die beide Seiten beschäftigen, wie die nachfolgenden Gesprächsauszüge demonstrieren.

Marius H. ist dann gleich „ins kalte Wasser gesprungen" und begann ziemlich unvermittelt eine Geschichte über seinen Vater in der NS-Zeit zu erzählen.

> Marius: „Ich kenne eine Geschichte von meinem Vater und ich denk, so wie er das erzählt hat und wie es mich beeindruckt hat, muss da 'ne psychische Übertragung stattgefunden haben. Er war 16 Jahre alt, da kam 'ne Jüdin mit nach Haus, die hat einen gelben Stern getragen und seine Schwester hat die mitgebracht. Da hat er fast einen Schock bekommen. Als dieses Mädchen dann wieder weg war, hat er seine Schwester dann richtig runtergemacht: wie könnte sie die denn mit ins Haus bringen, wie gefährlich und so.

Das hat er mir vor einem Jahr erzählt, als er vorübergehend sehr krank war. Na ja, er war ja damals 16 und er schämt sich auch heute dafür. So im Nachhinein war das sehr belastend für ihn und er war sehr froh, dass er das mir gegenüber so erzählen kann. Euch könnte er das nicht sagen, das ging nicht! Denn damit hat er sich ja damals gegen Juden und Jüdinnen gestellt. Plötzlich stand die Geschichte im Raum, so wie: ‚Jetzt hab ich es dir gesagt, jetzt mach du was damit.' Ich war sehr unvorbereitet – aber ich muss es akzeptieren."

Nuri: „Also für mich ist das erst mal was total Interessantes, weil es das erste Mal ist, dass mir jemand aus einer nichtjüdischen Familie so was Persönliches aus seiner Geschichte erzählt. Obwohl ich ziemlich viele nichtjüdische Freunde habe, das betrifft eigentlich den größten Teil meines Freundeskreises, war komischerweise unsere Geschichte nie ein Thema. Das war eben doch ein Tabu, von beiden Seiten."

U. Roberts: „Hättest du das Bedürfnis, das mit einigen zu ändern?"

Nuri: „Ja, auf jeden Fall. Aber ich denk, es ist nicht immer an mir, den ersten Schritt zu machen."

Christine W.: „Also, als ich auf der Einladung zu diesem Seminar gelesen habe, ihr beide kommt, machte ich mir schon Gedanken, wie wird das? Und da ist schon auch so ein ungutes Gefühl und auch 'ne unheimliche Angst, jemand zu nahe zu treten, zu verletzen. Ja, ich denke, das passiert ja auch so schnell. Und ich denke, dass ich von eurer Seite nicht unbedingt viel weiß. Deshalb ist da eben auch 'ne unheimliche …"

Nuri: „Berührungsängste."

Christine: „Angst, ja, Schwellenangst."

Marius: „Schwellenangst, genau. Stimmt, das ging mir aber auch so. Weil da ist das Problem, dass ich vorher nie so richtig mit deutschen Juden meiner Generation gesprochen habe. Plötzlich dachte ich an Abgrenzung: Ich will das hier von der anderen Seite aufrollen, ich will das nicht immer als Täter besprechen. Ja, so waren plötzlich so diese Vorbehalte da und ich hab da wirklich 'ne Woche gebraucht, erst mal durchatmen, dass man wirklich im Kopf ein bisschen Durchzug kriegte, dann ging's auch. Und jetzt freu ich mich, dass ich auch die Möglichkeit habe, mit euch zu reden und ich empfinde es nicht als belastend, richtig das Gegenteil, gut, ja!"

Peter: „Weil du Angst hast, das Falsche zu sagen, nicht einfühlsam zu sein. Da gibt's viele Faktoren, die in das Thema Vergangenheit einfließen."

Es ging dann auch darum, wie unmöglich es noch für die erste und zweite Generation war, über die Geschehnisse von Krieg und Shoah miteinander zu sprechen.

Rachel: „Ja, aber wenn wir jetzt einen Vergleich suchen zur Generation unserer Eltern, Großeltern, dann hinkt's! Guck mal, wir sind ja nicht die Überlebenden. Das ist ein Unterschied!"

Marius: „Wir sind ja auch nicht die Täter!"

Christine: „Genau. Aber warum sagen wir das dann trotzdem?"

Marius: „Ja, weil das eben psychische Übertragung ist. Weil die Aufgabe der Generation geht von der einen auf die nächste. Anscheinend überträgt sich das bei beiden Seiten so, das fand ich ganz überraschend hier am Anfang."

Nuri: „Jedes Kind von Überlebenden und jedes Kind von Tätern und jeder Elternteil muss das selbst entscheiden; das ist ja familienspezifisch, ob sie das Schweigen zwischen den Generationen brechen wollen. Das wurde ja komplett tabuisiert 50 Jahre lang – vielleicht brauchte man so lange auf beiden Seiten, um überhaupt etwas aufzubrechen. Diesen Dialog zwischen den Generationen finde ich schon sehr wichtig – auch auf Täterseite. Aber ich kann nur für mich sagen, dass mir diese Einzelheiten nicht weiterhelfen. Ich habe mich allgemein mit der Geschichte des Holocaust beschäftigt, aber nie explizit mit dem Verfolgungsschicksal meiner Eltern. Ich will das gar nicht in Einzelheiten wissen, wie die Eltern so gedemütigt wurden; ich glaube, das würde mich zu sehr verletzen."

Hier Auszüge aus den mutig-offenen nachträglichen Aufzeichnungen von Marius:

„Ich befürchtete, dass es über eine Betroffenheit durch die Geschichte zur Lähmung kommen würde, die uns zu einer weiteren Auseinandersetzung unfähig machen würde: Hier die belastete, eingeschüchterte dritte Tätergeneration – dort die unbefleckte dritte Opfergeneration. Wie man hier lesen kann, tritt bei meinen Ängsten ein unbewusster Neidkonflikt ans Tageslicht.

Die Offenheit und Ausstrahlung, aber auch ihre Bestimmtheit und das Selbstverständnis, das bei den jüdischen Teilnehmerinnen zu erspüren war, faszinierten mich. Mir wurde da die Last der Annahme des NS-Erbes bewusst und dass ich als ‚Täter-Deutscher' keine idealisierte kulturelle nationale Identität aufbauen konnte. Dieses aus der Historie des jüdischen Volkes entwickelte Selbstverständnis und (diese) Identität lassen mich neidvoll und neugierig-provokant auf ihre gelebte alte Kultur blicken. Dieser Blickwinkel könnte helfen eigene verschüttete und verschmähte Bedürfnisse zu erkunden und eine um die psychische Dimension erweiterte Auseinandersetzung mit der kulturell-nationalen Identität fördern. Ich frage mich, wer aus unserer Generation hätte nicht gern eine Weltoffenheit für andere Kulturen, bei gleichzeitig gelebter, tief verankerter Verbundenheit zur eigenen Tradition?“

Das Zusammentreffen von diesen jungen Menschen aus nicht verfolgten und verfolgten Familien fiel auf sehr fruchtbaren Boden. Die Teilnehmern verabredeten sich danach außerhalb des institutionellen Rahmens zu weiteren Gesprächen. Für alle waren der Schritt der Annäherung über die intergenerativen Folgewirkungen aus der NS-Zeit bis in ihre Generation, bis in ihr Leben hinein und das Erkennen, welche Art von Belastung das auf der jeweils anderen Seite bedeutete, sehr eindrucksvoll und nachhaltig. Es war auch eine Möglichkeit, die Angst vor der Konfrontation mit dem gegenseitigen Betroffensein ein wenig zu überwinden.

Wie bereits geschildert fiel mir auf, dass die Fragen der Studierenden weniger politisch geprägt oder gar ideologisch überlagert sind, als beispielsweise bei der Protestgeneration von 1968. Problematisch wird das dann, wenn das offene, unbefangene Interesse an den Biographien der Kriegsgeneration – das Sich-hineinfühlen-Wollen in deren Erinnerungen, Schilderungen – jedwede politische und moralisch-ethische Kategorie vermissen lässt, wie ich an dem nachfolgenden Beispiel aufzeigen will. In meine Seminare lade ich bisweilen Zeitzeugen ein, um für die Studierenden die Erfahrung des intergenerativen Dialogs über die Familiengeschichte hinaus zu ermöglichen. Den nachfolgend geschilderten Zeitzeugen kannte ich vorher nicht (gegen mein übliches Vorgehen); er kam über die Empfehlung eines Studenten. Ausführlich schilderte er der Studentengruppe seine Teilnahme als Soldat beim Überfall auf Polen, dann wie es immer weiter geht mit der Wehrmacht gen Osten, tief hinein in russisches Gebiet, in die damalige Sowjetunion – und alles gerät in seiner Erzählung und wohl auch Erinnerung zu einem einzigen Abenteuer. Dieser jetzt 82-jährige alte Mann findet keinen nachdenklichen, kritischen Ton darüber, dass er bei den schrecklichsten Schlachten des Zweiten Weltkrieges, dem millionenfachen Leid, das polnischen und russischen Zivilisten zugefügt wurde, als Wehrmachtssoldat dabei war. Ich stellte Fragen an ihn, zweifelnd, kritisch, hinsichtlich seiner tendenziösen Erzählung.

Nachträglich mit den Studenten die Begegnung mit diesem Zeitzeugen reflektierend rügen sie meine kritischen Fragen. Dieser alte Mann habe ein Recht, sich in der geschilderten Weise zu erinnern und das auch so vorzutragen. Das hatte mich sehr erstaunt, denn in vielen vorausgegangenen Zeitzeugenbegegnungen hatten die anwesenden Studenten den Dialog begrüßt, hatten aber doch auch die Ambivalenz gespürt und ausgedrückt, die sich zwischen den oft tragischen Erfahrungen in der frühen Biographie der Zeitzeugen und dem verbrecherischen NS-Regime, in das sie verpflichtend eingebunden waren, herleitete.

Beispiele aus Biographien und Arbeiten von und mit Angehörigen der dritten Generation

In jüngster Zeit habe ich den Schwerpunkt meiner Arbeit mit der dritten Generation auf mehr individuelle, psychologisch-wissenschaftliche Begleitung gelegt. Dazu gehören unter anderem meine Gespräche und Interviews mit einigen durch ihre künstlerischen, biographischen Arbeiten zur NS-Thematik schon öffentlich bekannten jungen Menschen. Das sind meistens sehr dialogische Gespräche, in denen ich, selbst zur zweiten Generation gehörend, von meinen Interviewpartnern lerne. An einigen eindrucksvollen Beispielen soll gezeigt werden, wie Angehörige der Enkelgeneration heute die Gespräche mit den Eltern und Großeltern initiieren und dem Dialog zwischen den Generationen neue Impulse geben. Der *generative Abstand* zu den Akteuren und Betroffenen bleibt – auch zu den Geschehnissen der NS-Herrschaft selbst – wird aber, und das ist wichtig, durch diese Beziehungsarbeit und Dialogsuche *psychologisch verringert.*

Christoph Amend hatte durch ein Gespräch mit seinem betagten Großvater den Impuls bekommen, mehr von dieser Generation der jetzt alten Männer, einst Hitlers Soldaten, über ihre Erfahrungen und Erinnerungen aus dem Zweiten Weltkrieg zu erfahren. Er begibt sich auf eine Reise, um deutsche Großväter zu treffen. Diese Geschichte geht ihn an; er beschreibt, was die Erkundungsreise bewirkt – die Gespräche mit den ehemaligen Soldaten, die sie ein Stück weit ihr ganzes Leben geblieben sind, wie er anmerkt. Und das verändert ihn; Amend ist ein Jahr nach dieser Reise ein anderer geworden – komplexer, aber auch reicher ist das Leben und die Geschichte! So entsteht sein Buch *Morgen tanzt die ganze Welt. Die Jungen, die Alten, der Krieg.*

> „Es ist, als ob dieses zweite Deutschland näher an mich heranrücke [...] nicht ein zweites Land [...] sondern meine Heimat, meine Familie, meine Wurzeln. Die Vergangenheit ist Teil meiner Identität – das ist nicht immer ein angenehmes Gefühl. Aber sich deshalb nicht damit zu beschäftigen wäre feige." (Amend 2003, S. 13)

Wie sehr sie sich brauchen, diese alten Männer, die ihre Geschichte noch einmal erzählen können, und dieser junge Journalist, der mit seinen 29 Jahren schon älter ist als sie damals mit ihren prägenden Jugenderlebnissen an der Front. Christoph Amend ist ein intensiver, empathischer, aber auch kritischer Zuhörer. In seinen nachträglichen Aufzeichnungen schreibt er: „Ich wünsche mir, dass sie sich noch Zeit lassen mit dem Abschiednehmen, die Alten" (ebd., S. 68). Das Buch spiegelt viel historisch-kulturelles Wissen und doch ist der Zugang ein sehr persönlicher.

Christoph Amend ist Ressortleiter der Rubrik „Leben" bei der *Zeit.* Seine Einschätzung zur Rolle Deutschlands in der Gegenwart war am 4. Mai 2005 in der Zeit zu lesen, wo zum 60. Jahrestag des Endes des Zweiten Weltkrieges ein großer Pro-und-Kontra-Artikel erscheint: „Kann man den Deutschen trauen?“ – „Ja“, meinte Amend in seinem Beitrag, sein älterer Kollege Jens Jessen „Nein“. Ein generationeller Unterschied in der Einschätzung zweier Journalisten! Amend schreibt: „Das Unbehagen fängt schon mit der Frage an. Man möchte am liebsten rufen: Ja, warum soll man uns Deutschen nicht trauen? [...] Darf man das sagen, ohne in eine Ecke gestellt zu werden mit jenen entsetzlichen Verharmlosern.“ Dazu meine Antwort an ihn – Teil eines schriftlichen Dialogs:

> Lassen Sie mich als Erstes beschreiben, welches Gefühl ich beim Lesen hatte: ich spürte eine Erleichterung, ja Freude und dieses Gefühl hielt an. Ja, da schreibt ein junger Autor, mit großer Ernsthaftigkeit und politischem Sinn und doch endlich frei von dem Gefühl der Schuld über die deutsche Geschichte. Was die Verantwortung für das Erinnern an die NS-Diktatur ja nicht mindert, „das Erschrecken darüber nach jedem Artikel, jedem Fernsehfilm noch da ist, und es ist aufrichtig“ betonen Sie. Und Sie sprechen vom 8. Mai als dem „Tag der Befreiung“ und dass man dieses Land auch wieder lieben kann. „Sind wir doch ein Land, von dem keine Gefahr ausgeht. Und eines, das immer seltener vor sich selbst wegläuft“. Das finde ich alles sehr ermutigend und ich spüre, was sich da in der Haltung gegenüber Deutschland und seiner Geschichte geändert hat. Ich spüre das so deutlich, weil mir durch meine vielen, vielen Begegnungen mit Zeitzeugen der Kriegskinder- und Kriegsgeneration die Wiederkehr und das Fortwirken schon vergangen gewähnter Erlebnisse aus dem Dritten Reich sehr bewusst ist. Und ich halte es ein wenig mit den Jungen, „die wieder neugierig sind auf ihr Land und hier reisen und es kennen lernen wollen“.

Jens Schanze, ein junger Filmemacher, schon mit anderen Filmen erfolgreich, formuliert seine Motivation, in der Familie einen Prozess in Gang zu bringen, über das bisherige Schweigen zu den Überzeugungen und dem Engagement des Großvaters als Nationalsozialist zu reden, um daraus dann einen Dokumentarfilm zu machen: „*Winterkinder* ist ein Film über den Umgang mit der Erinnerung an den Holocaust. Nicht das öffentliche, sondern das private Erinnern an die eigenen Vorfahren steht im Mittelpunkt.“ Schanze bat mich ziemlich zu Beginn seiner Filmplanung, ihn wissenschaftlich und psychologisch beratend zu begleiten. Das habe ich gern getan, fand ich doch sein Vorhaben sehr mutig und wichtig. Er zeigte großes Verantwortungsbewusstsein und Sensibilität hinsichtlich der dadurch in Gang gesetzten innerfamiliären Prozesse. Das Gelingen des Films hing in hohem Maße davon ab, bei den Fragen die Balance zu halten zwischen dem inhaltlichen Erkenntnisinteresse und der Sensibilität für die Gefühle der Befragten.

Dabei entsteht ein Bild über die psychologische Bedeutung der Geschichte des nationalsozialistischen Großvaters für die Familiendynamik, die Familienbeziehungen. Das Verhältnis der Mutter zu diesem Großvater steht im Vordergrund. Schanze beschreitet einen neuen Weg, begleitet die Mutter auf der Spurensuche nach der NS-Vergangenheit ihres geliebten Vaters ins heutige Polen, frühere Schlesien.

Er, der Jüngste, einziger Sohn mit vier älteren Schwestern, hat den Mut und das Vertrauen, dass sich in der Familie durch die Konfrontation mit der Geschichte des Großvaters die Beziehungen zwischen den Generationen ändern, mehr Offenheit und Nähe entstehen werden. Das ist gelungen und so ist ein eindrucksvoller Film entstanden, ein herausfordernder, Mut machender Beitrag über den möglichen Dialog zwischen den Generationen. Der Film hat mehrere internationale Auszeichnungen erhalten.

Matthias Hesse, 34 Jahre, Gymnasiallehrer, mit den Fächern Geschichte und Deutsch „in einer besonderen Verantwortung“, beschreibt, wie er sich seit seiner Kindheit in einem Prozess der verschiedenen Stadien der Bewusstwerdung der NS-Geschichte annäherte:

> „Über meine Mutter geriet die Erfahrung von Krieg, Not und Hunger schon in meiner Kindheit in eine persönliche, auch bedrohliche Nähe, die mich nie mehr verlassen hat. Die Schilderungen meiner Mutter entlarvten das abstrakte Geschehen als individuelle wie kollektive Katastrophe: Im Krieg gibt es nur Opfer.
>
> Kein Wunder, dass die erste Begegnung mit dem Holocaust, die hauptsächlich in der Literatur stattfand, mein kindliches Bewusstsein erschütterte. Zu den Opfern kamen nun die Täter. *Meine Unbefangenheit im Umgang mit älteren Menschen, mit jener ersten Generation ging verloren. [...] häufig begleiteten mich die Fragen, ob nicht auch diese Frau oder jener Mann ein ‚Täter', ein ‚Verbrecher' war.* Ich klagte an.
>
> In Israel, im Land der ‚Opfer' deutsch zu sprechen, Holocaust-Opfern zu begegnen [...] sollten Schlüsselerfahrungen sein, die mir zeigten, dass ich mich der Frage nach meiner Nationalität nicht entziehen kann. In den Augen der Israelis war ich ein ‚Deutscher' und damit einer unendlich großen, kaum zu fassenden Verantwortung unterstellt: [...] Ich habe gelernt, dass das Leugnen der eigenen Nationalität auch vom Wunsch beseelt wird, sich jeglicher moralischer Verantwortung zu entledigen und damit selbst moralisch unangreifbar zu sein.
>
> Den Dialog zu leben und neu zu initiieren, Wissen zu bewahren, Nähe und Selbsterleben auch für weitere Generationen möglich zu machen, all dies sind verpflichtende Aufträge an meine Generation [...], die gerade nicht jene Probleme zu bewältigen und Hindernisse zu überwinden hat wie die unserer Eltern, die in den 60er-Jahren nur mühsam und konfliktvoll ihr Stück Geschichte vom Schweigen befreien konnten. So gilt es

nun [...] – den Weg zum intra- wie intergenerativen, zum nationalen wie übernationalen Dialog zu suchen [...] haben wir doch noch einige Zeit die Chance der direkten Begegnung mit der ersten Generation."

Es bleibt „ein unbedingter Wunsch nach Klärung der Frage, ob das Prinzip ‚Menschlichkeit', das Prinzip ‚Humanität' nach Auschwitz noch Gültigkeit beanspruchen kann. Aus dieser existenziellen Verunsicherung erklärt sich die ungebrochene und anhaltende Aktualität des Nationalsozialismus, die eben nicht durch generative Schranken begrenzt wird und keine ‚Gnade der späten Geburt' kennt." (Roberts 1998, S. 25–32)

Tatjana D., ist Dipl.-Sozialpädagogin, und beschreibt im Vorwort zu ihrer Diplomarbeit ihre Motivation, meine FH-Lehrveranstaltung „Biographieforschung und Generationengeschichte über die NS-Zeit" zu besuchen:

„Das war kein Zufall, denn im Jahr zuvor verstarb meine, aus dem Sudetenland stammende, geliebte Großmutter und nach ihrem Tod hatte ich das Bedürfnis, mehr über das Leben dieser tapferen und aufopferungsvollen Frau und ihr Schicksal zu erfahren. Auch wenn meine Großmutter während meiner Kindheit häufig von ihrer Heimat im Riesengebirge, ihrer schönen Kindheit dort und der großen Vertreibung und Flucht von 1945 gesprochen hatte, so waren die Erinnerungen an ihre Erzählungen verblasst. Einzig klar und deutlich haften blieb mir die Stimmung und Atmosphäre, wenn sie davon sprach. Da war immer diese Sehnsucht und Traurigkeit in ihren Augen und ihrer Stimme.

Ich entschied mich, eine Reise zu den Wurzeln meiner Familie mütterlicherseits anzutreten. Wollte ich doch diese geliebte und verlorene Heimat meiner Großmutter und ihrer Familie kennen lernen.

Von meinem Onkel, ihrem Bruder (Jahrgang 1927), erhielt ich Informationen, die mir bei der Suche nach dem Geburtshaus mit altem Kartenmaterial und Bildern behilflich waren. Auch Briefe aus den ersten Jahren nach der Vertreibung von meiner Großmutter an ihren Bruder gab er mir.

Die Reise war für mich sehr aufschlussreich und emotional. Die mitgebrachte Heimaterde und die Bilder vom Geburtshaus und Heimatdorf beschäftigten Großmutters Bruder nach eigenen Aussagen Nächte lang und sein Interesse daran bestätigte sich in stundenlangen Telefonaten.

In dem Buch *Spuren der NS-Zeit* ... der Dozentin Frau Roberts, beschäftigte mich die Interview-Aussage eines jungen Mannes besonders: ‚Meine Unbefangenheit im Umgang mit älteren Menschen, mit jener ersten Generation ging verloren. Der Blick schärfte sich und häufig begleiteten mich die Fragen, ob nicht auch diese Frau oder jener Mann ein „Täter", ein „Verbrecher" war, welche Rolle sie wohl damals gespielt und was sie im Krieg erlebt hatten.' Am gleichen Tag traf ich meinen Vermieter, Jahrgang 1924 wie meine Großmutter, und sofort beschäftigte mich die

Frage nach seiner vorhandenen oder nicht vorhandenen NS-Geschichte. Von Neugier getrieben betrat ich unseren Dachboden, wo zwei große Koffer mit persönlichen Büchern meines Vermieters gelagert waren. Ich fand verstaubte Bücher, Zeitschriften, Heftchen und Prospekte von 1936 bis 1947, auch Schulbücher, HJ-Literatur für Heimatabende, Soldatenlektüre und jede Menge NS-Propagandamaterial für die Deutsche Jugend.

Mein persönliches, moralisches Dilemma: war es richtig, ohne des Vermieters Wissen, in seinen privaten Unterlagen herumzuschnüffeln? Nach Rücksprache mit Freunden und Kommilitonen entschied ich mich, meinem Vermieter nichts von meinem Interesse an seiner NS-Literatur zu erzählen und diese, gegen alle moralischen Bedenken, aus geschichtlich interessierten Beweggründen zu lesen, und vorübergehend an mich zu nehmen. Anhand dieser Literatur und meiner aktiven Mitarbeit im Seminar von Frau Ulla Roberts, konnte ich dem unersättlichen Hunger nach Informationen nachkommen und der Beantwortung meiner vielen, in den letzten Wochen und Monaten aufgetauchten Fragen, wie diese: ‚Was war der Grund dafür, dass diese Generation dem Nationalsozialismus unverhohlen positive Ansätze bescheinigte? Welche Bedeutung hatte dabei die Erziehung im NS-Staat?' Und so entschied ich mich zu meinem Diplomarbeitsthema ‚Erziehungssysteme im Nationalsozialismus'."

Die hier zu Wort gekommenen Protagonisten, die aus verschiedenen Perspektiven und Erlebniszusammenhängen über die Begegnung mit der Geschichte und ihren Zeitzeugen berichten, zeigen uns, die Zeit der Ideologien und der Abrechnung ist vorbei. Wie nah sie am Leben sind, die Enkel, die sich hier vorstellen. In narrativen Interviews, Filmbildern, Büchern, sprechen sie direkt oder indirekt von der lebensgeschichtlichen Dimension der Verantwortung für das Wachhalten der Erinnerung an millionenfaches Leid durch die NS-Diktatur und die Spiegelung in den Biographien der Kriegsgeneration. So wird „die dritte Generation […] letztlich auch die Perspektive bestimmen, unter der man ihre Eltern und Großeltern eines Tages wahrnehmen wird." (Schneider et al. 1996, S. 377). Bei dieser wichtigen Aufgabe, die auf die Enkel ja tatsächlich bei der Wahrnehmung der Generationengeschichte des Nationalsozialismus im Laufe der Zeit zukommen könnte, werden die Geschichten, die ihnen die Großeltern erzählt haben, eine große Rolle spielen.

Literatur

Amend, Ch. (2003): Morgen tanzt die ganze Welt. Die Jungen, die Alten, der Krieg. München (Blessing Verlag).

AP (Associated Press): NS-Zeit/Jugendliche/Forschung KORR. Rundschreiben 15. 1. 1999. Fritz-Bauer-Institut, Studien- und Dokumentationszentrum zur Geschichte und Wirkung des Holocaust, Frankfurt am Main.

Brumlik, M. (2005): Wer Sturm sät. Die Vertreibung der Deutschen, Berlin: (Aufbau Verlag).

Brumlik, M. (2005): Holocaust-Gedenken und das Leid der Deutschen. Vortrag beim Internationalen-Kriegskinder-Kongress, Frankfurt a. M. 2005

Cohen, Y. (2005): Frühe Entwicklungen und Migrationsprozesse. In: Bründl, P., Kogan, I. (Hg.): Kindheit jenseits von Trauma und Fremdheit. Frankfurt a. M. (Brandes & Apsel).

Grunenberg, A. (2002): Die Rückkehr der Biographien, Kursbuch 148, Reinbek b. H. (Rowohlt).

Moser, T. (1997): Über die Weitergabe des stummen Entsetzens. In: Wardi, D. (Hg.): Siegel der Erinnerung. Das Trauma des Holocaust (9–18). Stuttgart (Klett-Cotta).

Radisch, I. (2003): „Mund zu, wen die Gänse fliegen“. Reinhard Jürgl und die Wiederentdeckung der Familie. Roman: Die Unvollendeten. In: Zeit, 19, Literatur, 30. 3. 2003.

Roberts, U. (1994): Starke Mütter – ferne Väter. Über Kriegs- und Nachkriegskindheit einer Töchtergeneration. [Neuauflage: Gießen 2003 (Psychosozial-Verlag)], Frankfurt a. M. (Fischer).

Roberts, U. (1998): Spuren der NS-Zeit im Leben der Kinder und Enkel. München (Kösel).

Schneider, Ch., Stillke, C., Leineweber, B. (2000): Trauma und Kritik. Zur Generationengeschichte der Kritischen Theorie. Münster (Westfälisches Dampfboot).

Schneider, Ch., Stillke, C., Leineweber, B. (1996): Das Erbe der Napola. Versuch einer Generationengeschichte des Nationalsozialismus. Hamburg (Hamburger Edition HIS).

Stillke, C. (1999): Generationengeschichte. In: „Mittelweg 36“. Zeitschrift des Hamburger Instituts für Sozialforschung, 8. Jg., Oktober/November.

Tatjana D. (2005): Erziehungssysteme im Nationalsozialismus. Diplomarbeit an der Fachhochschule Frankfurt am Main, Fachbereich Sozialpädagogik.

Wardi, D.(1997): Siegel der Erinnerung. Das Trauma des Holocaust. Stuttgart (Klett-Cotta).

Welzer, H. et al. (1999): Opa war kein Nazi. Frankfurt a. M. (Fischer).

Wirth, H.-J. (1997): Von der Unfähigkeit zu trauern zur Wehrmachtsausstellung. In: Psychosozial, 67/1: 7–26.

Zur Einführung in Teil III:

Kriegskindheit als Gegenstand von Geschichtspolitik und Erinnerungskultur

„Aller Anfang ist schwer – nur nicht beim Krieg! Da ist der Anfang leicht und das Aufhören schwer“ – heißt es, und selbst wenn die Kämpfe als solche beendet sind und es Sieger und Besiegte gibt, hört der Krieg noch lange nicht auf: Die Kriegserfahrungen existieren in all denen, welche die grauenhaften Seiten des Krieges erlebt haben – insbesondere in den Kriegskindern – weiter und werden von diesen an die nächsten Generationen weitergegeben. Eigentlich ist das eine uralte Grunderfahrung: Schon als Gott Moses auf dem Berg Sinai die zehn Gebote verkündete, hat er ihm mit auf den Weg gegeben, er sei ein „eifernder Gott“, der „heimsuchet der Väter Missetat an den Kindern bis in das dritte und vierte Glied“ (2 Mos 20,5; 5 Mos 5,9). Und aus alttestamentarischen Prophetenbüchern ist zudem noch folgender einschlägige Spruch überliefert: „Saure Trauben haben die Väter gegessen, und den Kindern sind die Zähne stumpf geworden“ (Hes 18,2).

In Teil III des vorliegenden Bandes wird in sechs Beiträgen jeweils exemplarisch der Versuch unternommen, Formen des Tradierens von Kriegserfahrungen im Rahmen der offiziellen Geschichtspolitik einerseits und Formen des Weiterlebens des Krieges in den Individuen am Beispiel der Kriegskinder des Zweiten Weltkriegs andererseits aufzuzeigen. Bewusst wird hier der facettenreiche und inzwischen mit vielen Bedeutungen aufgeladenen Generationenbegriff eher nur umgangssprachlich benutzt, denn die Breite und Unterschiedlichkeit der Erinnerungsverarbeitung und der daraus hervorgehenden vielfältigen „Erinnerungskulturen“ haben sich als viel zu komplex erwiesen, um ein einigermaßen einheitliches Generationsprofil *der* Kriegskinder zu konstruieren. Schon die reine Nebeneinanderstellung unterschiedlicher individueller und kollektiver Deutungen – anders ausgedrückt: der diversen Erscheinungsformen des kommunikativen und kulturellen Gedächtnisses – zeigt, wie virulent und frag-würdig (im Sinne von „befragungswürdig“) im heutigen Mit- und Nebeneinanderleben der Altersgruppen und Generationseinheiten das nun über 60 Jahre zurückliegende Ereignis eines totalen Krieges, aber auch wie Antwort fordernd weiterhin die deutsche NS-Vergangenheit mit ihrer aus der Rückschau geradezu unfasslichen Inhumanität immer noch ist und wohl auch noch auf längere Sicht sein wird.

Eröffnet wird der Reigen dieses Teiles III mit einem Beitrag, der auf den ersten Blick vielleicht eher in einen der vorausgehenden Teile gehört haben könnte, denn es geht hier um die (bisher wenig beachtete) Frage nach der Beziehung zwischen Töchtern und Vätern während der Kriegszeit. Klaus Latzel benutzt jedoch seine aus Kriegsbriefen gewonnenen Beispiele (nach einigen grundsätzlichen Überlegungen, die von Hellmut Lessings recht frühem Werk über die Kriegskinder aus dem Jahre 1984 ausgehen) im wesentlichen dazu, danach zu fragen, inwieweit ältere weibliche Kriegskinder, die damals bereits intensiver mit dem NS-Menschenbild in Berührung gekommen sind, Versatzstücke dieses Bildes später in ihr weiteres Leben, d. h. in ihre Selbstdeutungen sowie ihre Reaktions- und Handlungsweisen, eingebaut haben. Latzels eher zurückhaltende Beurteilung der aktuellen „Selbstreklamation" der Kriegskinder läuft darauf hinaus, dass es wohl in erster Linie eher ein heutiges Bemühen um Sinnsuche und Bilanzierung als ein intensives Nachspüren nach der Vergangenheit sei, welches die Debatte bestimmt.

In drei der folgenden Beiträge (Sibylle Hübner-Funk, Astrid von Friesen und Peter Schulz-Hageleit) spielt dann der Versuch eine zentrale Rolle, das Umgehen mit dem Kriegskinderthema nicht zuletzt mit der eigenen Biographie in Verbindung zu bringen, d. h. die eigene Betroffenheit nicht zu verdrängen, sondern eine Zusammenschau abständig gewonnener Erkenntnisse *und* persönlicher, von den eigenen Erfahrungen beeinflusster Deutungen zustande zu bringen. Auch Sibylle Hübner-Funk geht wie Klaus Latzel zunächst von Hellmut Lessings Kriegskinderbuch von 1984 aus, ehe sie – z. T. auf eigene, durch diverse in den 1980er Jahren als „tabuverletzend" empfundene Zeitzeugnisse angeregte Forschungen zurückgreifend – die Frage an die Zeit nach der Wiedervereinigung stellt, warum und in welcher Weise in diesen Jahren ein neues Interesse an den „alten Wunden" des Zweiten Weltkriegs entstanden ist. Das Beispiel der Vergewaltigungen von Frauen ist dabei für sie ein exemplarischer „psycho-dynamischer Sprengsatz", dessen Wirkung sie selbst – vermittelt durch ihre Mutter – kennen gelernt und der sie stark geprägt hat. Das Problem der Bewältigung solcher traumatischen Erfahrungen, die oft an die nächste Generation, hier die der Töchter, weitergegeben wurden, wird von Hübner-Funk ebenso angesprochen wie die Frage nach dem „mentalen Gepäck" der unterschiedlichen Alterskohorten, die je nach Geburtsjahr im Krieg oder in der unmittelbaren Nachkriegszeit ihre Kriegs- und Nachkriegserlebnisse unterschiedlich wahrgenommen und verarbeitet bzw. nicht verarbeitet haben.

Auch im Beitrag von Astrid von Friesen steht – z. T. aus persönlicher Erfahrung gewonnen – das Wissen über psychische Spätfolgen von Kriegserlebnissen, hier von Kindern deutscher Vertriebener (zu denen sie selbst gehört), im Mittelpunkt, wobei sie vor allem auch häufig zu beobachtende innerfamiliäre Belastungen der Kinder (Stichwort „Parentifizierung") und spätere Mechanismen zur Bewältigung der latenten lebenslangen Verunsicherung von Angehörigen der „zweiten Generation" benennt.

Nachdrücklich befragt Peter Schulz-Hageleit, ausgehend von mehreren einschlägigen Veröffentlichungen, zunächst Formen der autobiographischen Auseinandersetzung mit der NS-Vergangenheit und Kriegserfahrung der Elterngeneration, hier insbesondere des Vaters, ehe er dann exemplarisch den Einfluss behandelt, den die eigenen NS- und Kriegserfahrungen von Geschichtsdidaktikern (hier ausgehend von Karl-Ernst Jeismann) auf die inhaltliche Ausrichtung des Geschichtsunterrichts (am Beispiel der alten BRD), konkreter: auf deren Forderung nach Erzielung von „Geschichtsbewusstsein als einer ‚zentralen Kategorie'" im Geschichtsunterricht ausgeübt haben. Die Erfüllung dieser Forderung ist allerdings nach Schulz-Hageleit bis heute nicht erreicht worden – dies nicht zuletzt deshalb, weil eine gründliche Auseinandersetzung mit den Vätern hier (im Gegensatz zu den eingangs erwähnten Autobiographien) ebenso nicht erfolgt sei wie eine nachdrückliche Selbsthistorisierung der Protagonisten. Welche Folgen dieser Befund für die Schulbuchinhalte zur NS-Zeit und zum Zweiten Weltkrieg gehabt hat und immer noch hat, erläutert er im Folgenden und setzt sich in diesem Zusammenhang kritisch (und hier argumentiert er bewusst aus eigener Erfahrung als Kriegskind und als Sohn eines Vaters, der Mitglied der SS war, sowie als jemand, der sich um eine intensive Selbsthistorisierung bemüht hat) mit dem oft zu hörenden Diktum vom Holocaust als Teil der deutschen Identität auseinander, um abschließend im Rahmen einer „Zwischenbilanz" seiner Zeitanalyse die nicht zu übersehende Möglichkeit neuer Verdrängungen aufzuzeigen.

Die Analyse von Kriegskinderdarstellungen in Schulbüchern steht auch im Mittelpunkt des Beitrags von Saskia Handro: zum einen in Form einer Langfristzusammenschau von Bildern aus Büchern von den 1950er Jahren bis in die jüngste Zeit, zum anderen in Form eines deutsch-deutschen Schulbuchvergleichs. Dabei benennt sie mehrere Perspektivenwechsel bzw. Änderungen der jeweils vorgegebenen „Leitmuster", die sie mit den jeweiligen Konstruktionen nationaler Gründungsmythen und den unterschiedlichen zeitspezifischen ebenso wie ideologischen Politisierungs- und Identifikationsstiftungsbedürfnissen in Ost und West in Verbindung bringt. Ein Plädoyer als Fazit ihrer Analyse läuft darauf hinaus, gerade auch die Kriegskinderbilder in den Schulbüchern distanziert-kritisch als Beleg zeittypischer Politisierung, Historisierung und Didaktisierung zu verstehen und sie zugleich als Ausdruck entsprechend unterschiedlicher Wahrnehmungs- und Präsentationsformen zu interpretieren.

Kriegkinder-, speziell Flüchtlingskinderbilder, werden auch im Beitrag von Barbara Stambolis und Dieter Pfau untersucht. Ihre Untersuchung erweitert die Erfahrungsgeschichte der Kriegskindergeneration am Beispiel der Vertriebenen- und Flüchtlingskinder bis in die frühe Nachkriegszeit. Nicht nur die unmittelbaren Kriegserlebnisse während der Flucht und Vertreibung, sondern zusätzlich die langfristig nachwirkenden, oft ebenfalls höchst bedrückenden Folgeprobleme von Heimatverlust und Integrationszwang haben – so zeigt ja auch der Beitrag von Astrid von Friesen – vielfältige Spuren in den Biographien der Flüchtlingskinder hinterlassen. Auch Barbara Stambolis und Dieter Pfau gehen wie Saskia Handro von Fotos aus – hier in erster Linie von „Lagerkindern“ – und interpretieren sie als Quellen, die ein bisher wenig beachtetes Kernelement der Fluchterfahrungen visualisieren. Zur Ergänzung dieser Quellen haben sie zusätzlich noch niedergeschriebene Erinnerungen und solche, die bei Interviews zutage traten, hinzugenommen. Allerdings haben sich die individuellen Lebensrückblicke häufig als bemerkenswert janusköpfig herausgestellt: Neben den oft erschütternden Erinnerungen an das damalige Überleben unter erbärmlichsten Verhältnissen, nicht selten elternlos und als „Strandgut des Krieges“ bis zu einer Unterbringung in Lagern oder Heimen von Ort zu Ort herumgetrieben, stehen Aussagen, die sich mit der offiziellen Sicht der Integrationsgeschichte als einer Erfolgsgeschichte der Bundesrepublik decken, auch wenn von einem lebenslang grundsätzlich nachwirkenden Gefühl von Heimatlosigkeit berichtet wird: Auf die rigiden Anpassungszwänge war in vielen Fällen mit Anpassungsbereitschaft als zentraler Überlebensstrategie geantwortet worden. Der Erfolg dieser Strategie unter den Bedingungen des „Wirtschaftswunders“ hat offenbar vielen der Betroffenen geholfen, die traumatischen Kindheitserfahrungen für lange Zeit zu verdrängen.

Erfahrungsgeschichte, so zeigen alle sechs Beiträge am Beispiel der Kriegskinder und der öffentlichen Debatte über sie, eröffnet eine Form des Zugriffs auf die jeweiligen zeittypischen Ausprägungen von Geschichtspolitik und Erinnerungskultur, bei dem die ständigen Wechselwirkungen von individuellen und kollektiven Erfahrungen ebenso wie von subjektiven Deutungen und objektiven Gegebenheiten als Movens von Geschichte ernst genommen werden. Lebensgeschichtlich wirksame Erfahrungen werden vor allem dann über die individuellen Biographien hinaus prägend, wenn sie von zahlreichen weiteren Angehörigen einer Altersgruppe geteilt werden. In den „totalen Kriegen“ des 20. Jahrhunderts machten solche Erfahrungen vor allem Kleinkinder, die sich zum Zeitpunkt der Konfrontation mit den Kriegsereignissen noch in einem Alter befanden, in dem sie keine Möglichkeit zu einem wie auch immer gearteten Verstehen besaßen. Diesen unbewussten Erfahrungshintergrund nachzuvollziehen, setzt voraus, den sich aus den frühkindlichen Prägungen ergebenden, lebenslang nachwirkenden mentalen Strukturen, den entsprechenden Determinanten, Entscheidungsmustern, Wahrnehmungsfiltern usw. nachzuspüren – dies nicht nur distanziert mit Blick auf die vergangenen ebenso wie auf die heutigen *anderen* Menschen, sondern auch bei sich selbst, wenn man sich auf eine entsprechende Thematik einlässt.

Jürgen Reulecke

Klaus Latzel

Kriegskinder, Kriegsopfer und kriegskompetente Mädchen

Wenn sich in der Öffentlichkeit alle einig sind, ist Skepsis angebracht: gegenüber der verbreiteten Rede, die „Generation der Kriegskinder" habe ihr jahrzehntelanges Schweigen heute erstmals gebrochen, und gegenüber der weithin unbefragten Voraussetzung, dass es so etwas wie eine einheitliche „Kriegskindergeneration" überhaupt gebe. Die folgenden Beobachtungen und Überlegungen formulieren dazu zwei Einwände aus historischer Sicht. Dabei wird zunächst auf unterschiedliche Kontexte der je gegenwartsbezogenen Erinnerung an Kriegskindheiten verwiesen und sodann auf eine typische, freilich nicht *generations*typische Form weiblicher Kriegserfahrung, wie sie in Zeugnissen aus der Kriegszeit aufscheint.

I

Die Befunde stimmen nur scheinbar überein. Die Kriegskinder „wollen deutlich machen, dass der Krieg [...] im Inneren von vielen weiterging, die nach außen Frieden spielten." Und: „Für die Generation der Kriegskinder ist der Krieg bis heute nicht abgeschlossen. Im Verborgenen, in Ängsten und Verletzungen, lebt er – fast 40 Jahre nach Kriegsende – weiter."

Das erste Zitat stammt aus der Einleitung von Hilke Lorenz *Kriegskinder* (2005, S. 23), einem der bekanntesten von vielen Titeln zum Thema, die im Vorfeld des 60. Jahrestages des Kriegsendes auf den Markt drängten. Im Verein mit den übrigen Print- sowie den elektronischen Medien rückten sie die „Kriegskinder" ins Zentrum der öffentlichen Erinnerung, wo Bombenkrieg, Flucht und Vertreibung bereits warteten und nunmehr in den Stimmen der ehedem Jüngsten gebrochen wurden.

Das zweite Zitat eröffnete den Umschlagtext eines 1984 von Hellmut Lessing herausgegebenen Bandes, der ebenfalls den Titel *Kriegskinder* trug. Im Gegensatz zu der überwältigenden öffentlichen Resonanz des Themas in den Jahren um 2004 wurden die darin versammelten Vertreter der „Generation der Kriegskinder" zwanzig Jahre zuvor nur wenig wahrgenommen. Auch im – mittlerweile wieder abklingenden – Kriegskinder-Boom wurden *diese* Stimmen nirgends zur Kenntnis genommen; sie sind heute offensichtlich endgültig vergessen.

Der Grund des Vergessens liegt vermutlich darin, dass die „Kriegskinder" von 1984 und diejenigen von 2004 zwar von den gleichen Ereignissen, aber nicht von den gleichen Erfahrungen sprechen. Beide erinnern sich an heillose Schrecken, an Verschüttungen und Verletzungen, an Schreie und Feuer in den Bombennächten, an Hunger und Kälte auf der Flucht, an Bombardierungen von Flüchtlingstrecks, brennende Dörfer, Verwüstung, Tod. Beide verhelfen ihren verschütteten Ängsten zur Sprache, sie wehren sich gegen die – lange auch von ihnen selbst betriebene – Bagatellisierung ihrer Erlebnisse. Aber sie tun dies auf unterschiedliche Weise, denn sie begreifen ihre Erlebnisse in unterschiedlichen biographischen, politik- und sozialgeschichtlichen Erfahrungszusammenhängen.

Die heute die Öffentlichkeit suchenden Kriegskinder vereint der Wunsch, von den Kriegserlebnissen herrührenden, oft lebenslang anhaltenden, tief verborgenen oder körperlich larvierten Leiden zur Anerkennung zu verhelfen. Der zentrale Begriff, unter dem diese Leiden dabei verhandelt werden, ist der des Traumas. Die lange vor der Entdeckung der „Kriegskinder" begonnene Inflationierung des „Traumas" zur Sensationsformel in der Medien- und Alltagssprache deutet dabei auf eine Psychologisierung von Gewaltereignissen bzw. von deren kurz- und langfristigen Folgen, hinter der politische, soziale und kulturelle Gewaltzusammenhänge zu verschwinden drohen.

Die Psychologisierung über den Traumabegriff ermöglicht zugleich, was lange der ehedem beliebten Pathosformel „Den Opfern von Krieg und Gewaltherrschaft" unterlegt war: Die deutsche Teilhabe an einem nivellierenden Opferbegriff, der auf psychologischer Ebene oder hinsichtlich der je eigenen, unhintergehbaren „Primärerfahrung" (Koselleck 1999, S. 213–215) des Leidens kaum kritisierbar, in gedenkpolitischer Hinsicht aber schlichtweg verlogen ist, weil er Täter und Opfer in eins setzt (Koselleck 1993). Erinnerungspolitisch wird so die Bedingung der Möglichkeit geschaffen, die ja tatsächlich Unschuldigsten, die Kinder, in Dienst zu nehmen – ganz unabhängig davon, wie diese selbst dazu stehen.

Die aktuellen Veröffentlichungen – etwa von Bode (2005), Lorenz (2005) oder Radebold (2004; Radebold et al. 2004) – verweisen mit ihrer einhelligen Betonung, keine derartigen Opferkonkurrenzen aufmachen zu wollen, freilich auf einen zweiten, zu dem ersten in Spannung stehenden, neben der Psychologisierung dominanten Deutungszusammenhang, in dem sich die Erinnerungen der Kriegskinder artikulieren: Die Unhintergehbarkeit der deutschen Urheberschaft an den Gewaltkatarakten zwischen 1939 und 1945, die die Deutschen schließlich auch selbst ereilten. Auch wenn man die Thematisierung des Leidens der Kriegskinder nicht unter erinnerungspolitischen Generalverdacht („Kronzeugen der Opfergesellschaft?") stellen will (Naumann 2004), scheint doch der Hinweis angebracht, dass solche Erfahrungszusammenhänge, die Erinnerung unter je bestimmten semantischen Vorgaben ebenso ermöglichen wie begrenzen, durchaus schleichend verschoben werden können. Die Rede von den „Überlebenden" meinte früher die Überlebenden des Holocaust, heute adressiert sie auch die Kriegskinder (Bode 2005, S. 279ff.); die Rede von „Krematorien" evozierte früher Gedanken an Auschwitz, heute dient sie auch der Erläuterung, wie „Keller" im Bombenkrieg" „arbeiteten" (Friedrich 2004, S. 110) – auf diese Weise werden neue semantische Anschlüsse gelegt; ob sie die alten überlagern werden, ist allerdings keineswegs ausgemacht.

20 Jahre zuvor fanden sich Angehörige der gleichen „Generation der Kriegskinder" in einer Erinnerungsgemeinschaft unter ganz anderen Vorzeichen zusammen. Statt traumatherapeutischer Vorgaben vernahm man 1984 den Nachhall von „1968", unter dem die erinnerten seelischen Verheerungen mit dem Gestus radikaler Gesellschaftskritik vorgetragen wurden. Der gesellschaftskritische Impetus hatte sich hier auf dem Feld der Friedensbewegung, die Anfang der 80er Jahre gegen die „Nachrüstung" entstanden war, einen späten Resonanzboden gesucht; die Beiträge in Lessings Band stammten vornehmlich aus heute kaum noch präsenten Zusammenhängen der sozialpädagogischen und soziologischen Linken, komplettiert durch Stimmen von Schriftstellern und Künstlern. Die den Band durchziehenden Beschreibungen lähmender Lebensangst blendeten Erinnerungen an die Kriegskindheiten und die drohende Möglichkeit eines Atomkrieges ineinander, um Angst und Ohnmacht dann in einem zeittypischen Konglomerat von „Selbsterfahrung" und Politik offensiv zu wenden: Sie wurden zur Anklage gegen „Mörderbanden in Regierungspositionen", gegen die „Kriegsmaschinerie" und „Vernichtungsindustrie" einer „auf Ausbeutung und Unterdrückung ausgerichteten patriarchalischen Gesellschaft" (Lessing 1984, S. 66, 149, 152). Bestimmend war das Gefühl, in einer Nachkriegs- und in einer Vorkriegszeit zugleich zu leben.

Die nonchalante Gleichsetzung von nationalsozialistischem und atomarem Vernichtungswahn, die problemlos die Opfer des Holocaust und den imaginierten eigenen Tod im Atomkrieg verband, diese Gleichsetzung zeigt, dass der Versuch, den eigenen Opferstatus durch den impliziten oder expliziten Hinweis auf den deutschen Völkermord an den Juden mit Bedeutung aufzuladen, verschiedene Formen kennt. Seinerzeit stellte die gängige Rede vom „atomaren Holocaust" die Vermittlung her, heute birgt das „Trauma" die gleiche Möglichkeit. Diese auf unterschiedliche Erfahrungszusammenhänge abzielenden Referenzgrößen zeugen von der Veränderung der Kontexte der Erinnerung seit 1984. Das Bedürfnis, die eigenen Leiden zur Sprache zu bringen, ist im veränderten Erfahrungszusammenhang indes nicht geschwunden. Doch die meisten Veröffentlichungen über die „Kriegskinder" treffen sich heute in dem Bekunden, weder deutsche Schuld relativieren noch das Leiden anderer schmälern zu wollen.

II

Die zweierlei Erinnerungen der „Kriegskinder" zeigen einmal mehr, dass es zwar Individuen sind, die sich erinnern, dass sie dies aber nicht einfach individuell tun. Erinnerungen sind immer auch kollektive Erinnerungen, die von den je aktuellen Bedürfnissen der unterschiedlichen Gedächtniskollektive mitbestimmt werden, und diese Unterschiede sind nicht beliebig: Der Inhalt „kollektiver Gedächtnisse" ist jeweils konstitutiv für das Selbstbild konfligierender sozialer Gruppen, die sich im Medium ihres Gedächtnisses als Erinnerungsgemeinschaften formen.

Generationen sind solche Erinnerungsgemeinschaften (Jureit 2005, S. 244–253). Der Fall der „Kriegskinder" verweist darauf, dass ein und dieselbe „Generation" mehrere Erinnerungsgemeinschaften (oder „Generationseinheiten") wie die oben vorgestellten umfassen kann; da zwischen der Artikulation der ersten und der zweiten etwa zwanzig Jahre vergingen, liegt es durchaus nahe, dass ehedem sich als Angehörige der „Protestgeneration" fühlende sich heute unter dem Rubrum „Kriegskinder" wieder erkennen, oder anders gewendet: Unterschiede zwischen Generationseinheiten können sowohl synchron als auch diachron entstehen.

Die Generationskonzepte, mit denen wir als Historiker hantieren, meinen normalerweise männliche Generationen und unter diesen meist kulturelle oder politische Eliten, jedenfalls, sobald mit „Generation" mehr als einfach bestimmte Jahrgangskohorten gemeint sind, sobald also „Generation" auf irgendeine Art und Weise auch emphatische Qualität gewinnt. Die Frage nach weiblichen Generationserfahrungen wird dagegen kaum gestellt (Reulecke 2003, Benninghaus 2005). Dies ist ein Nachteil, der freilich auch einen Vorteil mit sich bringt: Man kann sich gleichsam explorativ im Gelände umtun, und das soll im Folgenden auch geschehen. Ich werde dazu, am Beispiel eines bestimmten Typus von Kriegserfahrungen von Mädchen im Zweiten Weltkrieg, Überlegungen und Fragen formulieren, die pauschale Zuschreibungen an „*die* Generation der Kriegskinder" relativieren sollen. Die Grundlage dafür sind Briefwechsel zwischen Kindern und ihren zur Wehrmacht eingezogenen Vätern aus der Sammlung von Herta Lange.[1]

Kriegserfahrungen von Kindern werden wesentlich von ihren Eltern geprägt bzw. über deren Verhalten vermittelt. Das gilt keineswegs nur, aber auch

---

1 Herta Lange und Benedikt Burkard (Hg.) (2000): *„Abends wenn wir essen fehlt uns immer einer". Kinder schreiben an die Väter 1939–1945.* Siehe dazu auch den im Zusammenhang der gleichnamigen Ausstellung entstandenen Katalogband gleichen Titels, hg. v. Benedikt Burkard und Friederike Valet (2000). Zum Zeitpunkt der Veröffentlichung umfasste die Sammlung etwa 800 Briefe; veröffentlicht wurden rund 240 Briefe von 7 Mädchen (und 4 Jungen). Diese Briefe stammen vor allem von Kindern und Vätern aus den Mittelschichten. Zur Quellengattung der Feldpostbriefe siehe Klaus Latzel 1997, S. 1–30.

für Kriegserfahrungen, und zwar gerade für diejenigen Erfahrungen, die sich oft als traumatische erweisen, also insbesondere Erfahrungen im Bombenkrieg oder auf der Flucht. Hilke Lorenz hat in ihrem Band Stimmen gesammelt, die davon sprechen: Eines der Kriegskinder, ein damals fünfjähriges Mädchen, erinnert sich heute an die Situation in einem Luftschutzraum in Hamburg 1943: „Es krachte [...] unaufhörlich, Erwachsene jaulten. Als ich hilfesuchend zu meiner Mutter hinübersah, starrte sie mit versteinertem Gesicht vor sich hin. Da begriff ich: Nichts war mehr in Ordnung." Ein damals siebenjähriger Junge, ebenfalls in der Erinnerung an die Bombennächte in Hamburg 1943: „Als Kind ängstigt einen mehr das Verhalten der Erwachsenen und nicht so sehr die konkrete Situation." (Lorenz 2005, S. 95f.)

Diese Vermittlung von kindlichen Kriegserfahrungen durch die Eltern zeigt sich nicht nur in elementaren Reaktionen wie der eben beschriebenen Angst, sondern sie gilt – wie man vor allem bei schon älteren Kindern und bei Jugendlichen sehen kann – bis hin zu grundsätzlichen Haltungen gegenüber Nationalsozialismus und Krieg. Dies lässt sich auch in den genannten Briefwechseln beobachten: Von Ausnahmen abgesehen, findet sich darin ein prinzipielles gegenseitiges Einverständnis in diesen grundsätzlichen Haltungen, unabhängig davon, ob diese im Einzelfall eher von Übereinstimmung, von Nähe oder von Distanz zum Nationalsozialismus gekennzeichnet sind (Latzel 2000).

Wenn aber die Kriegserfahrungen von Kindern und Jugendlichen so eng mit ihren Eltern verknüpft sind, dann muss, wer über die Erfahrungen von Kriegs*kindern* spricht die Kriegs*eltern* mit einbeziehen. Ich werde dabei das Verhältnis von Eltern und Kindern auf das zwischen Vätern und ihren Töchtern eingrenzen. Wer waren deren Kriegsväter?

Ein erheblicher Teil der Kriegsväter des Zweiten Weltkrieges zählt zur Kriegsjugend- und Nachkriegsgeneration des Ersten Weltkrieges, also zu den 1900 bis 1915 Geborenen. Vielleicht sollte man hier besser sagen: Sie gehören zu den entsprechenden Jahrgängen, nicht unbedingt zu diesen politischen Generationen im emphatischen Sinne (Wildt 2002, S. 41–71, 115–142). Die Angehörigen dieser Jahrgänge jedenfalls haben ihrerseits als Kinder bzw. Jugendliche Erfahrungen in Krieg und Nachkrieg gemacht. Diese Erfahrungen unterschieden sich teilweise von denen der Kriegskinder des Zweiten Weltkrieges: Mit wenigen Ausnahmen erlebten sie keinen Bombenkrieg gegen die Zivilbevölkerung, nicht Flucht und Vertreibung; aber sie litten unter Mangelernährung und Hunger, Überlastung durch kriegsbedingte Arbeiten, sinkender Widerstandskraft gegenüber Infektions und anderen Krankheiten; sie erlebten Massenarbeitslosigkeit, Inflation und Weltwirtschaftskrise und sie vermissten ihre im Krieg getöteten Väter.

Wie die Erfahrungen der einzelnen Väter aus der Briefsammlung in der Zeit während und nach dem Ersten Weltkrieg jeweils beschaffen waren, lässt sich auf Grundlage ihrer Briefe nicht sagen. Im Folgenden interessieren aber auch in erster Linie die Kriegserfahrungen ihrer Töchter im Zweiten Weltkrieg und welche Bedeutung ihren Vätern dabei zukam.

Die Kriegserfahrungen (nicht nur) von Kindern und Jugendlichen lassen sich in zumindest zwei Phasen unterteilen. Ich nenne diese Phasen hier einfach die „guten“ (oder zumindest erträglichen) und die „schlechten Zeiten“ (Herbert 1986). Solche Phasen lassen sich sowohl im Ersten wie im Zweiten Weltkrieg identifizieren. Im Ersten Weltkrieg begann die zweite Phase für viele Kinder und Jugendliche mit der rapiden Verschlechterung der Ernährungsverhältnisse 1916; im Zweiten Weltkrieg begann sie für viele mit der Bombardierung der Städte, also als die Heimat zur Front wurde. Für die einzelnen begannen die schlechten Zeiten zu unterschiedlichen Zeitpunkten, abhängig von Wohnort, sozialer Lage usw., aber natürlich auch abhängig vom konkreten Kriegsschicksal des Vaters; und für manche begannen sie schon, als der Gestellungsbefehl den Vater erreichte.

Vor solchen Differenzierungen steht aber die Frage: Reicht es aus, wenn man die „Generation der Kriegskinder“ des Zweiten Weltkrieg beschreiben will, die Kinder und Jugendlichen allein als (oft dauerhaft traumatisierte) Opfer des Bombenkrieges, von Flucht und Vertreibung zu bezeichnen? Das alles waren sie auch – aber waren sie, zumindest ein nicht unerheblicher Teil von ihnen, nicht auch noch etwas anderes? Ich will das am Beispiel der Mädchen erläutern. Kriegskindheit kann vieles bedeuten, unter anderem auch das:

„Mein lieber Vati, (Sehr verehrter Herr Hauptmann)

gerade ist Deine Feldpost angekommen. Ich bin schon zweimal beim Radiohändler gewesen, aber es ist alles ausverkauft. Nur noch so ganz billige Apparate haben sie, und wenn wir uns einmal einen kaufen, dann schon einen guten. [...] Jetzt sollen auch Flüchtlinge herkommen, die Karlsruhe räumen mußten, da müssen wir sicher auch 2 mit voller Verpflegung nehmen. –

Was denkst Du, Vati, vorgestern bin ich 2000 m geschwommen, 40 mal durchs Becken in einer Stunde und 5 Min [...] Heute nachmittag wollen Traudl und ich Kugelstoßen trainieren fürs Leistungsabzeichen, die 4 kg Kugel haben wir uns aus der Schule geborgt. [...] Am Sonntag hatten wir unseren ersten Pflaumenkuchen gebacken, also ganz prima pico bello, da haben wir an Dich gedacht, aber schicken können wir ja keinen [...] Mit den Bezugsscheinen geht es sehr gut, wir bekommen ja so viel u. da meckern immer noch manche. – Ich habe die Reichstagsrede bei M. gehört. Das war einmal wieder richtig unser Führer, der bleibt nicht auf dem Ofenbänkchen wie unser Kaiser, sondern geht mit raus an die Front. Er war wieder ganz großartig. Ich habe mitgeschrien vor Freude. Hier ist jetzt jeden Abend Verdunklung. [...] Mein Fahrtenbuch schreibe ich feste, ich habe es in blauweißkarierten Stoff mit einer bunten Borde als Buchrücken eingebunden, schreib mir, ob ich es mal schicken soll, wenn es fertig ist. [...]. Wenn der Krieg zu Ende ist, dann wird aber der Herr Hauptmann gefeiert. Die Engländer, die frechen Luders, haben schon über Holland reingewollt. Meinst Du, daß sich auch ein Teil des Kampfes mit ihnen im Mittelmeer abspielt? Wir haben doch einige so kleine Bootchen unten. Sind schon Italienische Truppen mit uns im Kampf oder weißt Du das nicht? Hoffentlich kriegen wir bald das Radio. Ich schreibe bald wieder. Es grüßt Dich recht herzlich

Deine Liese

Letzte Meldungen: [...] Herr J. sieht sehr schick aus in seiner Uniform, aber nicht so schick wie Du.

Herr B. trainiert sich im Kinderkutschenfahren.

Sonderberichterstatter Liese M."

So schreibt die 14-jährige Liese am 5. September 1939 ihrem Vater an die Westfront (Lange/Burkhard 2000, S. 18f.). Sie steht hier nur als Beispiel; es gibt in den Briefen von 14-, von 12-, von 10-jährigen Mädchen an ihre in den Krieg eingezogenen Väter manche Äußerungen, in denen diese Mädchen

- sich eingehend und, im Rahmen der Verhältnisse, kenntnisreich über den Verlauf des Krieges, die aktuelle Lage, strategische Konstellationen, mögliche Entwicklungen usw. auslassen;
- in denen sie stolz von ihren Leistungen und ihrem Einsatz im Zusammenhang der Vielzahl von Jungmädel-Wettbewerben, von Altmaterial- und Heilkräutersammeln, von Ernteeinsätzen, von Hilfe für „volksdeutsche" Siedler im annektierten Polen, aber auch im Zusammenhang der Versorgung von Flüchtlingen oder von Evakuierten des Bombenkrieges berichten;
- in denen sie ihre Neugier auf Details des Kriegsalltags bekunden;
- in denen sie ihre Identifikation mit den „anständigen" oder „ungeheuren" Leistungen der Wehrmacht ausdrücken.

Die Aktivitäten, von denen diese Mädchen berichten, die Einstellungen, die sie formulieren, das Interesse an Einzelheiten des Krieges, das sie umtreibt, die Handlungsräume, in denen sie sich bewegen, die Identifikationen, von denen sie sprechen: all das macht zusammen ein Segment von Kriegserfahrung aus, das aus dem Blick gerät, wenn man die Kriegserfahrung von Kindern und Jugendlichen auf Zeiten des Opferdaseins reduziert. Die Mädchen beschreiben hier Erfahrungen der kindlichen und jugendlichen Partizipation am Krieg, die die Frage nahe legen, ob diesen Erfahrungen, neben den späteren, oft traumatischen Erfahrungen der „schlechten Zeiten", ebenfalls längerfristige, prägende Wirkungen zuzuschreiben sind. Ich nehme die Frage unten wieder auf.

Die Intensität, mit der diese Mädchen ihren Vätern ihre, wenn man so will, Kriegskompetenz demonstrieren, zeigt zunächst zweierlei: Zum einen wünschen sie ernst genommen, nämlich nicht als hilflose Kinder angesehen zu werden, sondern als Personen, die ihren Teil einer großen gemeinsamen Anstrengung leisten, die der Krieg fordert. Zum anderen aber sind sie eben auch noch Kinder; sie hängen an ihren abwesenden Vätern, um deren Anerkennung, Bestätigung und Ermutigung sie werben. Ihre Briefe sind sowohl Zeugnisse ihrer Liebe und ihres Vertrauens wie ihrer Gehorsamsbereitschaft, ihrer Begeisterungsfähigkeit und ihrer Bereitschaft, Verantwortung zu übernehmen. Ihre Orientierungen sind, auch altersentsprechend, in unterschiedlichem Maße entwickelt und gefestigt; immer aber werden sie implizit oder explizit an der Haltung der Väter gemessen, die als Orientierungsfaktor für sie eine ganz wesentliche Rolle spielen. Wie antworten diese ihren Töchtern? Am 10. September schreibt Lieses Vater auf deren oben zitierten Brief:

„Liebe Liese,

Über Deinen Brief habe ich mich gefreut und ernenne Dich hiermit zum Spezialberichterstatter für den [...] Grund. Vertrödle nur die schöne freie Zeit nicht, schmökere keinen Quatsch, der Dir nur den guten Geschmack verdirbt für ernste und wertvolle Bücher, und treibe jeden Tag Sport. Ich hoffe bald zu hören, daß Du das Leistungsabzeichen mit Glanz geholt hast. – [...] Von Eurem ersten Pflaumenkuchen hätte ich gern mitgegessen. Nun, unser derbes Soldatenbrot schmeckt, mit Schweineschmalz und Käse oder mit Büchsenwurst, auch vortrefflich. [...]

Daß Du die Führerrede, die wieder ganz groß war, mit Begeisterung gehört hast, beweist mir, daß Du unsre große Zeit mit wachem Geist miterlebst. Hoffentlich hast Du gestern Hermanns Rede nicht versäumt; wir haben ja als Funker soviel Empfänger, daß wir alles mithören können. – Willst Du nicht in der freien Zeit jetzt richtig Schreibmaschine lernen? Der Bruder der Anni gibt Dir sicher gern Stunden [...] Schreib auch mal Steno, wenn Du doch gebraucht wirst, kannst Du Deinem Lande mehr nützen, wenn Du etwas kannst.

Deinen Fahrtenbericht erwarte ich, sobald er fertig ist.

Noch immer ist es nicht ganz ausgeschlossen, daß wir nach dem Frieden mit Polen zu einem raschen Ende auch mit den Franzosen kommen, d. h. zu einem Frieden, dem auch England beitreten müßte. Italien hält sich ja im Einverständnis mit dem Führer zurück und würde wahrscheinlich erst eingreifen, wenn Frankreich wirklich mit uns Krieg führt – was bis jetzt geschehen ist, war ja nur ein Versuch Frankreichs, gegenüber Polen den Eindruck zu erwecken, als ob es sein Versprechen hielte.

Für heute will ich schließen, da noch viel zu tun ist.

Herzlichst Dein Vater" (ebd., S. 19f.)

Auch dies ist nur ein Beispiel dafür, wie manche Väter in ihren Antworten die Einsatz- und Leistungsbereitschaft ihrer Töchter unterstützten. Sie sprachen ihnen die gewünschte Anerkennung aus, sie befriedigten ihre Neugier auf die Einzelheiten des Kriegalltags, sie akzeptierten sie als Gesprächspartnerinnen in politischen und strategischen Fragen und forcierten deren Aktivismus noch; hören wir noch einmal Lieses Vater:

„Wer nichts leistet", so ermuntert er die BDM-Aktivistin Liese am 5. Oktober 1939 erneut,

> *„ist weder ein guter Deutscher noch ein echter Nationalsozialist, sondern ein Drückeberger aus der gewaltigen Arbeitsfront, die am äußeren und inneren Aufbau Großdeutschlands schafft. Ich weiß, es wird heute auch außerhalb der Schule viel von Euch verlangt, aber das ist gerade Eure Ehre, daß ihr weder in Schule (oder Beruf) noch in der Jugendgruppe versagt, sondern auf beiden Plätzen tüchtiges leistet [...] Da Du ein flottes Arbeitstempo hast, wirst Du beides schon schaffen, so daß wir stolz auf Dich sein können."* (Ebd., S. 25)

Bewährung vor dem Vater und Bewährung an der Heimatfront fallen so in eins.

III

Was ich hier beschrieben habe bezieht sich zum großen Teil auf die in der eigenen Erfahrung guten bis erträglichen Phasen des Krieges und es bezieht sich auf eine bestimmte Altersgruppe. Wenn in den Briefen die schlechten Zeiten zum Thema werden, dann reduziert sich die Mitteilsamkeit ganz erheblich. Zwar ist immer wieder von feindlichen Fliegern, von Fliegeralarm, von der Zuflucht in Kellern und Bunkern, manchmal auch von den todbringenden Zerstörungen der Bombenangriffe zu lesen. Mit ihren eigenen Ängsten oder Sorgen angesichts dieses Krieges halten sich die Mädchen allerdings sehr zurück und dies gilt noch stärker für die Sorge um das Leben des Vaters.

Briefe von solchen kriegskompetenten, -interessierten und -aktiven Mädchen finden sich in der Sammlung Lange aus allen Kriegsjahren bis 1944. Ihre Verfasserinnen gehören Jahrgängen von Mitte der 20er bis Anfang der 30er Jahre an. Die Älteren zählen zu den Jahrgängen, aus denen bei ihren männlichen Altersgenossen die „Flakhelfergeneration" wurde; zusammen mit den Jüngeren zählen sie zu weiblichen Jahrgängen, die ihre Bezeichnung noch suchen. Diese Mädchen sind zweifellos „Kriegskinder", wenn auch ältere. Aber sie haben im Krieg andere Erfahrungen gemacht als die Jahrgänge, die ab Mitte der 30er Jahre geboren sind; sie gehören nicht zu den Kindern und Kleinkindern, die den Krieg hauptsächlich als Opfer erlebt haben, auch wenn viele von ihnen diese Seite des Krieges noch schmerzlich zu spüren bekamen.

Welchen Ort haben diese weiblichen Jahrgänge in der „Generation der Kriegskinder"? Haben die Handlungsressourcen, die sie sich in den so genannten guten Zeiten angeeignet haben, die Art und Weise geprägt, in der sie nach dem Krieg mit den Erfahrungen der schlechten Zeiten umgegangen sind? Haben sie etwas von ihrem Aktivismus und Tatendrang in die Nachkriegszeit mitgebracht? Wie hat sich ihr Verhältnis zu ihren Vätern nach dem Krieg entwickelt? Haben sie die Zurückhaltung bzw. das Schweigen über belastende Erlebnisse, das sie offensichtlich während des Krieges kennzeichnete, nach dem Kriege beibehalten? In ähnlicher oder in anderer Weise als die kleineren und kleinsten Kriegskinder, die ab Mitte der 30er Jahre geboren wurden? Schließlich: Gibt es bei ihnen eine spezifische Weise der Erinnerung an den Krieg?

Diese Fragen lassen sich heute nicht beantworten, aber sie drängen sich auf. Sie sind geeignet, exemplarisch Bedenken gegenüber pauschalen Zuschreibungen an die „Kriegskinder" anzubringen. Und man wird aus der großen Bandbreite der Jahrgänge der „Kriegskinder" weitere Segmente herauspräparieren können. Schon in den von mir eben beschriebenen Mädchen-Jahrgängen gibt es nicht nur diesen einen Erfahrungstypus; weitere ließen sich herausarbeiten. Mit anderen Worten: Die Kriegskinder bilden eine höchst umfangreiche Jahrgangskohorte,[2] die nicht nur ähnliche, sondern auch ganz unterschiedliche Erfahrungen gemacht hat, und es gibt jeden Grund anzunehmen, dass sie auch zu den gegenwärtigen Fragen deutscher Erinnerungspolitik keineswegs nur mit einer Stimme spricht. Aber es gibt heute offensichtlich eine nicht zuletzt von Angehörigen dieser Jahrgänge selbst getragene Entwicklung, sich im Rückblick als einheitliche Generation zu identifizieren, nämlich als Generation von Kriegskindern (und beispielsweise nicht mehr primär als „68er"), und zwar als in dieser oder jener Weise traumatisierte Generation, jedenfalls als Opfer des Krieges. Es steht der Geschichtswissenschaft nicht an, die Erfahrungen, die sich darin auch Wort machen, zu bezweifeln, im Gegenteil: Sie muss sie ihren Überlegungen zugrunde legen. Dann, so scheint mir, wird sie freilich zu dem Schluss gelangen, dass die teils vehemente Selbstreklamation einer „Kriegskindergeneration" weniger von deren Vergangenheit als von Sinnsuche oder Identitätspolitik in der Gegenwart spricht. Doch sollte man auch hier differenzieren: Zieht man die üblichen medialen Stilisierungen einmal ab, dann zeigt sich wohl vor allem der Wunsch, im höheren Lebensalter nicht nur materielle, sondern auch biographische Bilanz zu ziehen und bei dem damit verbundenen Versuch, sich dem eigenen Schmerz (erneut) zu stellen, auch um Unterstützung von außen zu werben. Möglicherweise formiert sich hier

---

2 In den offiziellen Ankündigungen des Frankfurter Kriegskinder-Kongresses wurden die Grenzen mal zwischen 1930 und 1945, mal zwischen 1928 und 1948 gezogen. Wenn man die Erfahrung der Kinderlandverschickung als wichtiges Element kindlicher Kriegserfahrung einbeziehen will, müsste man sogar noch die Jahrgänge ab 1926 hinzuzählen.

ja so etwas wie ein „stiller“ Erfahrungszusammenhang ohne „elitären Hegemonialanspruch“, wie es Bernd Weisbrod (2005, S. 8) nennt – keine „Generation der Kriegskinder“, keine „Botschaft für Europa“, wie es der Frankfurter Kongress allzu laut ankündigte.

Literatur

Benninghaus, Ch. (2005): Das Geschlecht der Generation. Zum Zusammenhang von Generationalität und Männlichkeit um 1930. In: Jureit/Wildt 2005, S. 127–158.

Bode, S. (2005): Die vergessene Generation. Die Kriegskinder brechen ihr Schweigen. [Erstveröffentl. Stuttgart 2004], München (Piper).

Friedrich, J. (2004): Der Brand. Deutschland im Bombenkrieg 1940–1945, Berlin (List).

Jureit, U., Wildt, M. (Hg.) (2005): Generationen. Zur Relevanz eines wissenschaftlichen Grundbegriffs. Hamburg (Hamburger Edition).

Herbert, U. (1986): „Die guten und die schlechten Zeiten“. Überlegungen zur diachronen Analyse lebensgeschichtlicher Interviews. In: L. Niethammer (Hg.): „Die Jahre weiß man nicht, wo man die heute hinsetzen soll.“ Faschismuserfahrungen im Ruhrgebiet, Berlin/Bonn (Dietz), S. 67–96.

Jureit, U. (2005): Generationen als Erinnerungsgemeinschaften. Das „Denkmal für die ermordeten Juden Europas“ als Generationsobjekt. In: Jureit/Wildt 2005, S. 244–265.

Reulecke, J. (2003): Einführung: Lebensgeschichten des 20. Jahrhunderts – im ‚Generationencontainer‘? In: Ders. (Hg.): Generationalität und Lebensgeschichte im 20. Jahrhundert, München (Oldenbourg), S. VII–XVI.

Koselleck, R. (1993): Stellen uns die Toten einen Termin? Die vorgesehene Gestaltung der Neuen Wache wird denen nicht gerecht, deren es zu gedenken gilt. In: Frankfurter Allgemeine Zeitung vom 23. August 1993.

Koselleck, R. (1999): Die Diskontinuität der Erinnerung. In: Deutsche Zeitschrift für Philosophie 47: 213–222.

Lange H., Burkard, B. (Hg.) (2000): „Abends wenn wir essen fehlt uns immer einer“. Kinder schreiben an die Väter 1939–1945. Reinbek b. H. (Rowohlt).

Latzel, K. (1997): Vom Kriegserlebnis zur Kriegserfahrung. Theoretische und methodische Überlegungen zur erfahrungsgeschichtlichen Untersuchung von Feldpostbriefen. In: Militärgeschichtliche Mitteilungen, 56: 1–30.

Latzel, K. (2000): Kriegsgespräche. Feldpostbriefe zwischen Kindern und Vätern im Zweiten Weltkrieg. In: B. Burkard, F. Valet (Hg.): Abends wenn wir essen fehlt uns immer einer. Kinder schreiben an die Väter 1939–1945. Heidelberg (Umschau/Braus), S. 119–127.

Lessing, H. (Hg.) (1984): Kriegskinder, Frankfurt a. M. (Extrabuch).

Lorenz, H. (2005): Kriegskinder. Das Schicksal einer Generation. [Erstveröffentl. München 2003] Berlin (List).

Naumann, K. (2004): Aus Anklage ist Klage geworden. Kronzeugen der Opfergesellschaft? In zahlreichen Buchveröffentlichungen melden sich die „Kriegskinder“ als eine neue Erinnerungsgemeinschaft zu Wort. In: Frankfurter Rundschau vom 17. April 2004.

Radebold, H. (Hg.) (2004): Kindheiten im II. Weltkrieg und ihre Folgen. Gießen (Psychosozial-Verlag).
Radebold, H., Reulecke J., Schulz, H. (2004): Söhne ohne Väter. Erfahrungen der Kriegsgeneration. Berlin (Christian Links).
Weisbrod, B. (2005): Generationen und Generationalität in der Neueren Geschichte. In: Aus Politik und Zeitgeschichte 8/2005: 3–9.
Wildt, M. (2002): Generation des Unbedingten. Das Führungskorps des Reichssicherheitshauptamtes, Hamburg (Hamburger Edition).

Peter Schulz-Hageleit

NS-Kindheit und Geschichtsbewusstsein

Autobiographischer Einstieg

Ich bin 1939 geboren und gehöre demnach zur Generation der Kriegskinder, denen 2005 in Frankfurt ein großer Kongress gewidmet war.[1] Wie der Titel meines Beitrages ankündigt, gehe ich jedoch nicht von den Erfahrungen der *Kriegs*kindheit aus, sondern von der damit eng verbundenen *NS*-Kindheit, die persönlich-emotional, aber auch beruflich (mein Arbeitsfeld ist die Geschichtsdidaktik), schwerer zu integrieren war als die dramatischen, zum Teil traumatischen Einwirkungen des Krieges. Mein Vater hat in der Waffen-SS gedient. Ich habe trotz intensiver Recherchen nie in Erfahrung bringen können, was er wirklich getan hat. Direkt besprochen haben wir, so lange er lebte, gar nichts. Das typische Schweigen und der Negativ-Befund bei Archiv-Recherchen haben die Problemlast nicht vermindert, sondern ins Unfassbare diffundiert.

Der autobiographische Einstieg wäre unnötige Effekthascherei, wenn im Persönlichen nicht etwas Allgemeines enthalten wäre. Ich bin nicht das einzige Täter-Kind in meiner Zunft. Der geschichtswissenschaftliche und geschichtsdidaktische Diskurs der Bundesrepublik wurde (und wird zum Teil immer noch) durch Personen bestimmt, die den Nationalsozialismus und den Zweiten Weltkrieg von Anfang bis Ende selbst erlebt haben oder – nach 1945 – die Folgen dieser Geschichte lebensgeschichtlich zumindest indirekt zu spüren bekamen. Zu fragen ist: Welchen Einfluss übte das mehr oder weniger direkte familiäre Involviertsein in den Nationalsozialismus auf spätere Theoriebildungen aus? Was wurde gedanklich bewusst registriert und reflektiert, was nicht? Wie verlief die unausweichliche Auseinandersetzung mit den „Vätern"? Wie gestaltete sich die geschichtsdidaktische Professionalisierung des Verhältnisses zur Vergangenheit in der zweiten Generation, die ihr „Geschichtsbewusstsein" kämpferisch gegen die Emanzipationsansprüche der Studentenbewegung ins Feld führte?

1 „Die Generation der Kriegskinder und ihre Botschaft für Europa 60 Jahre nach Kriegsende": Internationaler Kongress, 14. bis 16. April 2005 in Frankfurt, veranstaltet und gefördert von mehreren universitären und außeruniversitären Institutionen.

Autobiographische Auseinandersetzungen mit NS-Vätern

An direkten Auseinandersetzungen mit der Geschichte der Väter fehlte es nicht, doch sie spielten sich – und das ist ebenso symptomatisch wie auch folgenreich – außerhalb der hier zur Debatte stehenden Wissenschaftsdisziplinen ab. Anhand von drei bekannten Namen – Christoph Meckel, Dörte von Westernhagen und Wibke Bruhns – soll exemplarisch verdeutlicht werden, dass und wie die bewusste Erforschung der eigenen Familiengeschichte möglich war.

1) Christoph Meckel (1980): *Suchbild. Über meinen Vater.* Der Umschlagtext der Fischer-Taschenbuch-Ausgabe von 2005 beginnt mit folgendem Zitat Meckels: „Der Mensch, den ich kannte, war nur ein Teil jenes anderen, den keiner kannte." Dann folgt eine knappe Inhaltsangabe: „Christoph Meckels Annäherung an den Vater erschien erstmals 1980 und war der Höhepunkt einer ganzen Reihe von literarischen Versuchen, in denen die Söhne ihre Väter und deren Arrangement mit dem Nationalsozialismus beschrieben. Heute ein Klassiker in der Literatur über den Vater, ist *Suchbild* auch ein Buch der Erinnerung, in dem die eigene Kinderzeit nach dem Krieg sensibel, poetisch und genau erfasst wird." Der Umschlagtext schließt mit einer Gesamteinschätzung durch Die Zeit: „Wie Christoph Meckel in seinem Vater die deutsche Malaise erkannte, hat etwas Allgemeingültiges."

2) Dörte von Westernhagen (1987): *Die Kinder der Täter. Das Dritte Reich und die Generation danach.* Auf dem Umschlag der Ausgabe von 1987 bei Kösel heißt es: „Die Tochter eines SS-Offiziers schildert als unmittelbar Betroffene ihr eigenes Schicksal sowie das weiterer Kinder von Nationalsozialisten. Noch heute belastet die verdrängte Vergangenheit der Väter das Leben der Kinder, bis es ihnen gelingt, Liebe und Haß, Bewunderung und Enttäuschung in einem Prozeß des Verstehens zu integrieren." Im Rückblick fasste die Autorin ihr Problem folgendermaßen zusammen: „Wir erkannten nicht, daß die Väter längst in uns weiter lebten, auf eine versteckte, schwer durchschaubare Weise." (v. Westernhagen 1987, S. 223)

3) Wibke Bruhns: *Meines Vaters Land. Geschichte einer deutschen Familie.* Auf dem Umschlag der 9. Auflage bei Econ steht: „Diese gottverdammte Ehre." – Im August 1944 wird der Abwehroffizier Hand Georg Klamroth als Hochverräter hingerichtet. Jahrzehnte später sieht seine jüngste Tochter zum ersten Mal Filmaufnahmen von ihrem Vater, aufgenommen während des Prozesses gegen die Verschwörer des 20. Juli. Dieser Anblick lässt Wibke Bruhns nicht mehr los. Wer war dieser Mann, den sie kaum kannte, dieser fremde Vater, der ihr plötzlich so nah war? Die lange Suche nach seiner, ja auch ihrer eigenen Geschichte, führt sie zurück in die Vergangenheit. Die Klamroths sind eine großbürgerliche Kaufmannsfamilie und muten an

wie ein Halberstädter Pendant zu den Buddenbrooks. Unzählige Dokumente, Briefe und Tagebücher bilden den Fundus dieses einzigartigen Familienepos. „Verstehen will ich, wie entstanden ist, was meine, die Generation der Nachgeborenen so beschädigt hat."

Ungeachtet des gemeinsamen Interesses an retrospektiver Aufklärung zeichnen sich die drei Bücher – wie könnte es anders sein – durch ein je eigenes Profil aus, formal und inhaltlich. Das ist zum Teil schon durch die realhistorisch zu erforschenden Tatsachenzusammenhänge bedingt. Während Westernhagen und Bruhns ihren Vater gegen Ende des Krieges verloren – Westernhagens Vater wurde im März 1945 in Ungarn von einer sowjetischen Fliegerbombe „erwischt"; Bruhns Vater wurde hingerichtet – konnte Meckel als junger Mensch seinen Vater nach dem Krieg noch viele Jahre live „erleben", sodass die NS- und Kriegsgeschichte faktisch hinter der scheinbar intakten, in Wirklichkeit aber seelisch verelendeten Nachkriegsgeschichte zurücktrat.

Meckels Vater war, wie der Sohn rückblickend feststellt, ein „Halbnazi" und „ein Mitgelaufener der Ideologie, freiwillig aktiv im Aufbau der Nazikultur, indirekt die Bücherverbrennung bejahend, die Eliminierung der Kommunisten und Juden, vor allem nach dem Krieg ein kranker Charakter, der die eigene Vergangenheit zu verdrängen suchte und sich als Opfer der Geschichte sah." (Meckel 2005, S. 181f.)

Westernhagens Vater war SS-Offizier, der schon 1929 in die NSDAP eingetreten war und seine Seele „wirklich verkauft" hatte. Ob der Vater direkt an Vernichtungsaktionen beteiligt war, konnte Westernhagen nicht feststellen. „Daß es anders gewesen sein könnte, ist jedoch nur schwer vorstellbar." (Westernhagen 1987, S. 61) Auch er, der Täter, fühlte sich am Ende als Opfer.

Bruhns Vater, ebenfalls NSDAP- und SS-Mitglied, hat von der Verschwörung gewusst, aber die Beteiligten nicht angezeigt. Dafür wurde er gehenkt. Das klingt nach Widerstand und könnte so einer Heroisierung Vorschub leisten, doch dieser Gefahr erliegt die Autorin in keiner Weise, im Gegenteil. Sie enthüllt ein Panorama kaum noch verstehbarer menschlich-sozialer Verwerfungen, die auch die Ehe der Klamroths erfasste.

Auffällig sind auch die Stil- und Gestaltungsunterschiede bei den drei Autoren. Bei Westernhagen übt die psychoanalytisch-intellektuelle Selbstaufklärung einen maßgeblichen Einfluss aus: Sie sieht den Vater im Nationalsozialismus und sich selbst mit dem Vater verstrickt. Meckels Leistung besteht dagegen eher in der atmosphärischen Verlebendigung des Familienlebens in der Nachkriegszeit. Über mehrere Seiten (Meckel 2005, S. 129ff.) führt er uns zum Beispiel die „Erfahrung eines ungeheuren Mangels" vor Augen. Alles emotional Wichtige fehlte. „Es fehlten Umarmungen, Selbstironie und Gedankenschärfe. Es fehlte die offene Strömung lebendigen Lebens.

[…] Es fehlte die Bejahung ungewaschener Kinderhälse, und es fehlte die Bejahung vaterfremden Denkens.“ Die fast suggestive Wirkung, die von Bruhns Werk ausgeht, entstammt nicht zuletzt den ich-starken Einmischungen der Autorin, die immer wieder direkt fragt: Wie soll ich das verstehen? Was soll ich davon halten? Sie ist persönlich desorientiert, ratlos, empört und lässt es den Leser wissen.

Psychohistorisch aufschlussreich, aber auch menschlich ergreifend ist die Art und Weise, wie die Autoren den Abschied von ihren Vätern literarisch gestalten. Meckel erlebt das allmählich Dahinsiechen des alt und krank gewordenen Vaters; er ist emotional beteiligt und doch (inzwischen) in sicherer Distanz:

> „Im zerfleischenden, wachsenden, unabwendbaren Schmerz, im qualvollen Elend, das alle Organe erfaßte, in der Abwesenheit von Verpflichtung und Weltgeschichte ging es ihm [dem Vater] auf furchtbare Weise gut. Er beschäftigte sich mit Sachen, die außer ihm waren, mit Fotografien, Lektüren und Fragen zur Kunst. Er las noch Gedichte, von fiebrigem Schlaf unterbrochen, er dämmerte ohne Wut aus dem Leben hinaus. Schlafend starb er in einer Juninacht und, wie es sein Wunsch war, im eigenen Zimmer.
>
> Das Herz stand still, der Schrittmacher klopfte weiter.“ (Meckel 2005, S. 166f.)

Westernhagen zieht einen bewussten Schlussstrich unter ihre Recherchen, die psychoanalytisch begleitet wurden:

> „Als ich die Bücher und Bildbände über den Holocaust, die Waffen-SS, die SS, die ‚Leibstandarte', den Krieg im Baltikum zusammenpackte, um sie in die Bibliothek zurückzubringen, fiel mir auf, daß ich es nicht nur mit Erleichterung, sondern auch bedauernd tat. Ich hatte eine bestimmte Zeitspanne mit dem Vater verbringen können, weil das ‚Jenseitsbüro' das ursprünglich vorgesehene, reguläre Zusammentreffen mit ihm übersehen hatte. Ich hatte ihn, wie es sich für eine ordentliche Liebesgeschichte gehört – für versäumte, darum nachgeholte, natürlich erst recht – verehren, verachten, begehren und hassen dürfen. Jetzt war die Frist um; Zeit, vom Vater, wie ich ihn nun kennengelernt hatte, Abschied zu nehmen.“ (Westernhagen 1987, S. 94)

Bruhns evoziert abschließend das Grauen der Hinrichtungsszene, um ein Fazit ihrer eigenen Verarbeitungsgeschichte zu wagen:

> „Es war nicht meine Zeit. Ich bin wütend auf dich wegen der Demütigungen, die du Else zugefügt hast, und ich finde dich, den Mann, deswegen lächerlich. Vielleicht sollte ich weniger anmaßend sein. Ich bin verstört über das, was ich als deine Gleichgültigkeit verstehen muß gegenüber dem Schicksal der Juden, der Zwangsarbeiter, der Geisteskranken, der

Häftlinge in den KZs, Himmlers ‚Untermenschen' in den besetzten Gebieten. Habe ich dich mißverstanden, weil du nie etwas gesagt hast? Jetzt stirbst du als ‚Untermensch'. Sie haben dir den geistlichen Beistand versagt, um den du gebeten hast. Doch du hast deinen Ölberg hinter dir, und du bist ein Held in deinem Tod. Dein Leben lag in einer fürchterlichen Zeit, und wenn es denn für die Kinder besser werden sollte, das ist gelungen. Du hast den Blutzoll bezahlt, den ich nicht mehr entrichten muß. Ich habe von dir gelernt, wovor ich mich hüten muß. Dafür ist ein Vater da, nicht wahr? Ich danke dir." (Bruhns 2004, S. 380f.)

Ich habe die drei Publikationen, die exemplarisch für eine inzwischen recht lange Reihe ähnlicher Publikationen stehen, in dieser Weise vorgestellt, damit deutlich wird, wie tief greifend und nachhaltig sich die existenziellen Erfahrungen der jeweiligen NS-Kindheit auf die betroffenen Menschen ausgewirkt haben. Die Auswirkungen mögen graduell verschieden gewesen sein; die Palette reicht von einer gelungenen Integration der Kindheitserlebnisse über das dornige Ab- und Aufarbeiten der Vergangenheit bis hin zur depressiven Selbstzerstörung. Ganz ohne Schaden ist jedoch niemand dem Bannfluch der NS-Geschichte entwachsen, sofern er von diesem in der einen oder anderen Weise affiziert worden ist.

Im Folgenden wende ich mich der Frage zu, welchen Einfluss die politisch-existenziellen Erfahrungen auf geschichtstheoretische Konzeptualisierungen ausübten, die dem Geschichtsunterricht (in der alten BRD) die Richtung wiesen und zum großen Teil immer noch Geltung beanspruchen.

Geschichtsbewusstsein als „zentrale Kategorie"

1980, im selben Jahr wie Meckels *Suchbild*, erschien nach verschiedenen Vorarbeiten ein wegweisender Aufsatz von Karl-Ernst Jeismann, der „Geschichtsbewusstsein" zur „zentralen Kategorie eines neuen Ansatzes der Geschichtsdidaktik" erhob[2] und damit überaus erfolgreich war. Dass es nach konservativer Auffassung eines „neuen" Ansatzes bedurfte, war vor allem den bildungs- und gesellschaftspolitischen Strömungen der 70er Jahre geschuldet, die erstens das Schulfach Geschichte in seiner Eigenständigkeit bedrohten und zweitens historisch-politische Bildung ideologisch einseitig unter die Forderung nach Emanzipation stellten.[3] Mit dem Kampfbegriff ‚Geschichtsbewusstsein' wurde eine Gegenfront errichtet, die vor allem der

2 Karl-Ernst Jeismanns Aufsatz „Geschichtsbewußtsein". Überlegungen zur zentralen Kategorie eines neuen Ansatzes der Geschichtsdidaktik findet sich in dem von Hans Süssmuth herausgegebenen Sammelband Geschichtsdidaktische Positionen. Bestandsaufnahme und Neuorientierung. Hinweise zur Genese der Neu-Konzeptionierung in den 70er Jahren gibt der Herausgeber in seiner Einleitung.

3 Der von Süssmuth herausgegebene Sammelband enthält auch einen Aufsatz von Annette Kuhn über *Geschichtsdidaktik in emanzipatorischer Absicht. Versuch einer kritischen Überprüfung.*

Gefahr einer „Indoktrination durch Geschichtsunterricht“ Einhalt gebieten und pluralistischer Offenheit den Weg bereiten sollte.

Dagegen wäre auch aus heutiger Sicht nichts einzuwenden, wenn die pluralistische Offenheit nicht gleichzeitig das eigentliche historisch-politische Konfliktpotenzial so weit verwässert und neutralisiert hätte, dass ein nach dieser Zielvorstellung angelegter Geschichtsunterricht in Unverbindlichkeiten oder Ratlosigkeiten stecken zu bleiben droht, zumal die intellektuellen Ansprüche uneinlösbar hoch angesetzt waren. Ein ausgewogenes Geschichtsbewusstsein genügt nach Jeismann drei Anforderungsgruppen, die heißen:

1. „Analyse“ (u. a. Faktenwissen, Quellenkompetenz),
2. „Sachurteil“ (u. a. Deutungs- und Beurteilungskompetenz) und
3. „Wertung“ (u. a. Kenntnis normativer Begriffe, Erkennen von Prämissen in Wertungen).

Bezogen auf den NS erläutert Jeismann sein Konzept folgendermaßen:

> „Eine Unterrichtsreihe über die Zeit des Nationalsozialismus könnte also etwa mit einer Aufnahme der verschiedenen, im öffentlichen Bewußtsein faßbaren und gängigen Aussagen über das ‚3. Reich' beginnen und Lernzielen folgen, die die Sammlung, den Vergleich und die erste Stellungnahme zu diesen Aussagen formulieren und Vermutungen über die darin steckenden Positionen und Wertungen provozieren. Unterschiede oder Gegensätzlichkeiten solcher, von Wertungen dominierten Aussagen motivieren den Übergang zur Analyse der geschichtlichen Erscheinung; Lernziele aus dieser Dimension müssen nun das Phänomen in seinen Ursachen, Erscheinungsformen, Strukturen und Entwicklungsphasen erschließen – wobei immer schon aus dem Wissen um unterschiedliche Deutung die Analyse auf Wertungen zurück- und vorausweist. In einem dritten Abschnitt des Unterrichts kämen Lernziele aus dem Bereich des Sachurteils ins Spiel – je nach Klassenstufe unterschiedlich differenziert bis hin zu ‚Faschismustheorien' in der Sekundarstufe II. Die Erarbeitung dieser Lernziele kann auf die Analyse zurückgreifen, sie ergänzen oder auch unter neuen Aspekten problematisieren. Von da aus kann der Unterricht mit seinen Lernzielen wieder in die Dimension der Wertung zurückgreifen und nun auf einem höheren Niveau und vertieft die vorfindbaren Wertungen und Stellungnahmen zur Diskussion stellen und zur Formulierung eigener, nunmehr begründeter und differenzierterer Stellungnahmen führen.“ (Jeismann1980, S. 210f.)

Was hat dieser Text mit den Texten der zuvor zitierten drei Autoren Meckel, Westernhagen und Bruhns zu tun? Macht es Sinn, hochabstrakte Wissenschaftsprosa, die das Prinzipielle zu erfassen sucht, und belletristische Texte, die das lebendige Detail auszeichnen, nebeneinander zu stellen? Eine

Legitimation dieses Verfahrens wird deutlich, wenn wir uns das den verschiedenen Publikationen gemeinsame Interesse in Erinnerung rufen, das der Überwindung einer fatalen Vergangenheit gilt. Wer waren die geschichtlich-lebensgeschichtlich wichtigsten Hauptakteure dieser Vergangenheit?

Ein Forschungsprogramm für die Zukunft

Während die drei zuerst referierten Autoren sich *direkt* mit ihren *leiblichen* Vätern auseinandersetzen, ja, diese oft direkt ansprechen, anrufen, herbeizitieren, als wären sie noch am Leben,[4] tritt ein leiblicher Vater im Jeismann-Text nicht in Erscheinung, wohl aber ein „geistiger" Vater: Theodor Schieder, auf den die Definition des Geschichtsbewusstseins als „zentrale Kategorie" zurückgehe, wie Jeismann ausdrücklich erklärt (vgl. Jeismann 1980, Anm. 4). Damit geraten wir sozusagen in ein vermintes Such- und Problemfeld; denn Schieder war, wie wir heute wissen, als Historiker und Akteur tief in den Nationalsozialismus verstrickt,[5] ohne nach dem Krieg jemals darüber gesprochen zu haben, auch nicht im engeren Kreis der Familie oder nächsten Verwandten.[6] Der Nationalsozialismus als brisantester Inhaltsbereich des Geschichtsbewusstseins verschwand auf die Weise transgenerationell gleichsam hinter eine Milchglasscheibe, was im Jeismann-Text noch deutlich zu spüren ist: Es wird keine konkrete Einzelheit genannt. Die Wörter ‚Holocaust', ‚Vernichtung der Juden', ‚Täter', ‚Opfer' usw. werden vermieden. Die Schüler werden in ein labiles Einerseits-und-andererseits hineinmanövriert, um an Ende „differenzierter" urteilen zu können. Wer und was damit konkret gemeint ist, bleibt ziemlich unklar.

Mit anderen Worten: Der damals neue Ansatz, Geschichtsbewusstsein ins Zentrum geschichtsdidaktischer Forschung und Lehre zu stellen, ist an entscheidender Stelle stecken geblieben.[7] Geschichtsbewusstsein in Deutschland (nach Holocaust und Zweiten Weltkrieg) ohne Sinn für die konflikthafte Spannung mit der spezifischen eigenen Vergangenheit, die ihrerseits

4 Stärker noch als bei den zitierten Autoren, bis hin zur theatralisch-obszönen Inszenierung wird dieses Verfahren wird angewandt von Niklas Frank (2001): *Der Vater. Eine Abrechnung*. Die Sehnsucht nach dem abwesenden Vater, der verzweifelt geliebt wurde, obwohl er als Kriegsverbrecher verurteilt war, kommt eindrucksvoll zum Ausdruck bei Kurt Meyer (1998): *Geweint wird, wenn der Kopf ab ist. Annäherungen an meinen Vater „Panzermeyer", Generalmajor der Waffen-SS*. Fortgesetzt wurde die Reihe 2005 durch Richard von Schirach: *Der Schatten meines Vaters*.

5 Vorzuhalten ist Schieder u. a. seine Polendenkschrift von 1939, in der er die Entjudung Restpolens empfahl. Ausführlicher dazu Götz Aly 1997, S. 153–184.

6 Aufschlussreich in diesem Zusammenhang ist das Interview mit Wolfgang Schieder, Sohn von Theodor Schieder, in Hohls/Jarausch 2000, S. 281–299.

7 Ich sehe auch nicht, dass dieser Mangel inzwischen überwunden wurde, was den Verdienst verschiedener Anschlusspublikationen gleichwohl nicht in Frage stellt.

spezifische Zukunftssorgen generiert,[8] ist wie Wandern in einer labyrinthischen Landschaft oder wie Debattieren ohne Thema. Das gilt allerdings weniger für die Schüler als vielmehr in erster Linie für uns, die Erwachsenen, die schulischen und akademischen Lehrer, die das Bedrückende der Geschichte in und für sich durchgearbeitet haben müssten,[9] bevor sie den Schülern „richtiges" versus „falsches" Geschichtsbewusstsein antragen.

Die Auseinandersetzung mit den Vätern kann nun nicht mehr direkt nachgeholt werden. Möglich und nötig ist gleichwohl die retrospektive Einsicht in massive Verdrängungen, die prinzipiell jeder Generation eigen sind,[10] sowie ein daraus resultierendes Forschungsprogramm. Was die drei eingangs referierten Autoren im lebensgeschichtlich-individuellen Kontext vorgeführt haben, ist in wissenschaftlich-geschichtsanalytische Denkformen zu übertragen. Dass Geschichten und Lebensgeschichten mit Verdrängungen randvoll sind, wird niemand bezweifeln. Diese Verdrängungen systematisch zu erforschen, gehört zu den Forschungsprojekten der Zukunft.[11]

Selbsthistorisierung und Geschichtsbewusstsein

Was mit objektivierendem Anspruch als „Forschungsprogramm" bezeichnet wird, bedeutet auf der Subjekt-Ebene unter anderem – vor allem für die älteren Geschichtsdidaktiker – so etwas wie *Selbsthistorisierung*. Unsere akademische „Jugend" im Kalten Krieg ist inzwischen Geschichte, mit eben jenen Verdrängungen, die oben angedeutet wurden. Dass der weitgehend unbewusste Clinch mit der Vergangenheit damals nicht entschiedener gelöst wurde, ist retrospektiv nicht zum Vorwurf zu machen. Dass es dabei bleiben soll, ist weniger leicht zu akzeptieren. Der Stil vieler geschichtsdidaktischer Publikationen ist weniger selbstreflexiv und selbsthistorisierend als vielmehr geschichtslos verkündend. Das muss nicht, das sollte nicht so bleiben.

---

8 ausführlicher dazu Schulz-Hageleit 2004

9 Jeismann vollzog einen ersten vorsichtigen Schritt in diese Richtung, wenn er zum Schluss seiner Ausführungen auf die „Erfahrung unserer eigenen, der deutschen Geschichte" verwies, aus der dem Geschichtsunterricht seine besondere Aufgabe zukomme. Dieser theoretisch eingeforderte Erfahrungsbezug hätte praktisch eingelöst werden müssen.

10 Was eine „Generation" kennzeichnet, wie sie zeitlich einzugrenzen ist, welche Konflikte die Generationenfolge bestimmen – diese und weitere Fragen sind Gegenstand mannigfaltiger Erörterungen. Aus der Fülle der Literatur sei verwiesen auf Reulecke 2003.

11 Verdrängungen sind das Kernstück psychoanalytischer Forschungen und Therapien, die sich allerdings weitgehend auf individuelle Fallstudien beschränken. Die interdisziplinäre Zusammenarbeit zwischen Geschichtswissenschaft und Psychoanalyse ist daher weiter voran zu bringen. Aus den bisherigen Projekten sei exemplarisch verwiesen auf Rüsen/Straub 1998.

Ohne kritische Distanz zur Vergangenheit, die sich in existenziellen Grenzsituationen zum Bruch mit dieser Vergangenheit verschärft,[12] ist Geschichtsbewusstsein ohnehin nicht zu entwickeln.

Selbsthistorisierung war eine durchgehende gleichsam unterschwellige Dimension des Kongresses in Frankfurt, als sich Kriegskinder mit ihren mannigfaltigen Erfahrungen zu Wort meldeten und dabei den langen Umarbeitungsprozess von damals bis heute berücksichtigten.

Dass ein wachsames Bewusstsein gegenüber unaufgearbeiteten Traditionen sowie Forschungen über transgenerationelle Verdrängungen nötig sind, zeigt ein Blick in heutige Schulbücher und Schulstunden.

Der faktizistisch-unkritische Nachvollzug der NS-„Erfolgs"geschichte – eine unterschätzte Gefahr

Schulbuchkritik und Gegenkonzept

In einer schief und einseitig platzierten Auffassung von geschichtlichem Wissen begnügt sich der Geschichtsunterricht allzu häufig mit dem bloßen Nachvollzug der Macht- und Ereignisgeschichte, wodurch das im Entstehen begriffene historisch-kritische Denken nicht angeregt, sondern autoritär kanalisiert wird. Nehmen wir als Beispiel das Thema ‚Der Aufstieg des Nationalsozialismus'. Schon das Wort ‚Aufstieg' suggeriert Erfolg, Glanz, Stärke und Befriedigung, die niemand missen will und ganz missen kann. Alle wollen aufsteigen, niemand möchte absteigen oder looser sein. Wenn dieser „objektive" Aufstieg dann noch mit subjektiven Aufforderungen zum identifikatorischen Nachvollzug des Vorgangs versehen wird („Wie haben die Nazis das geschafft?"), dann mutiert der Unterricht zur unkritischen Wiederholung nazistisch-wahnhafter Selbstrechtfertigungen.

Es genügt also nicht, die Nürnberger Gesetze in ihrem ideologischen Selbstverständnis „als solche" wiederholen zu lassen etwa unter der Fragestellung: „Nenne die wichtigsten Bestimmungen", ohne dass ein kritisches Bewusstsein für den Unrechtscharakter und die Sozialpathologie dieser Bestimmungen mental gegenwärtig ist. Es führt in die Irre, Schüler zu einer sozusagen eindimensionalen „empathischen" Einfühlung in Jugendliche der damaligen Zeit aufzufordern und ihnen zum Beispiel die Hausaufgabe zu stellen: „Nenne Gründe, warum viele Jugendliche in die HJ eintraten."

---

12 Entwicklungspsychologisch kommt „Geschichtsbewusstsein" überhaupt erst mit der Pubertät/Adoleszenz zur Geltung, dann nämlich, wenn gegenwärtige Ich-Zustände mit früheren Ich-Zuständen korreliert werden können und der junge Mensch sich von der eigenen Vergangenheit bewusst distanziert. Ausführlich dazu Mario Erdheim in Rüsen/Straub 1998.

Aber das ist doch „die“ Geschichte, wird mir entgegen gehalten, wenn ich derartige Unterrichtsverläufe (etwa bei Hospitationen während des Praktikums) beanstande. Wir müssen Tatsachen sprechen lassen und dürfen die Realgeschichte nicht aus heutiger Sicht moralisierend verfälschen.

In der Tat: Ein aufgesetztes Moralisieren ohne Wissensgrundlage wäre ebenso verfehlt wie Tatsachenfetischismus auf dem Trampelpfad der Gewaltgeschichte. Doch das wird hier ja auch nicht empfohlen. Empfohlen wird vielmehr ein Ineinandergreifen von kritischem Denken und realgeschichtlichem Wissen, das unterrichtspraktisch erreicht werden kann, wenn der katastrophale „Aufstieg“ *von vornherein in die kritische Perspektive* von Menschen gestellt wird, die damals schon besorgt und skeptisch waren.[13] Zeugnisse dieser Art gibt es inzwischen zum Glück zu Hauf.[14]

Leider wird der unkritische Nachvollzug der mörderischen NS-Geschichte durch anerkannte Publikationen und Medien nicht zurückgewiesen, sondern im Gegenteil vorangetrieben, möglicherweise ohne böse Absichten, aber das kann didaktisch nicht „entschuldigend“ ins Feld geführt werden. In einem Schulbuch finden sich beispielsweise folgende Überschrift und Unterüberschrift: „Rassenwahn und Führerprinzip – Womit rechtfertigen die Nazis ihre Politik“. Ebenda sollen die Schüler sich mit der Frage beschäftigen: „Warum errichten die Nazis Konzentrationslager?“ Wenn die Schüler die Fragen so beantworten, wie sie hier gestellt sind, werden sie sozusagen genötigt, in das Denken der Nazis einzusteigen – und das ist, höflich formuliert, ein mehr als riskantes Verfahren.

Empirische Untersuchungen vor Ort bestätigen – leider – die hier präsentierten Befunde. Irit Wyrobnik hat eine vierte Grundschulklasse beobachtet und festgehalten, wie das Thema Holocaust vermittelt wurde: das Ergebnis ist niederschmetternd (Wyrobnik 2006). Bei der Klärung der Frage, was NSDAP bedeute und wie diese Partei argumentiere, erscheint an der Tafel im blinden Nachvollzug der nazistischen Geschichtsideologie „Arbeitslosigkeit und Armut, die Juden haben Schuld“. Inwiefern das eine Beispiel repräsentativ für weitere Strukturen ist, muss hier offen bleiben. Als Symptom für unterschwellige Missstände und grobe Gefahren verdient der Befund so oder so Beachtung und geschichtsbewusst-wirksame Gegenkonzepte.

---

13 Ausführlicher zu diesem Grundgedanken Dehne (1991). Die Autorin nennt jene Menschen, die sich damals schon kritisch-skeptisch verhalten haben, in pädagogisch-didaktischer Absicht treffend „Filterfiguren“ und führt Beispiele an.

14 Viele der auf dem Frankfurter Kongress vorgestellten Kinder- und Jugendbücher leisten diese Vorarbeit der kritisch-persönlichen Distanzierung, die eine wissenschaftspropädeutische Beschäftigung mit ausgewählten Quellen und Ereignissen nicht erübrigt, sondern im Gegenteil erst ermöglicht. – Wer den NS-Alltag eine Weile lang etwa in der Sicht und Realerfahrung Viktor Klemperers nachvollzieht (*Tagebücher 1933–1945*), der verbindet sozusagen zwangsläufig Fakten, Quellenstudium und kritische Perspektive.

Das Risiko des unkritisch-faktizistischen Nachvollzugs der NS-Ideologie auf der einen Seite und der damit verbunden Macht- und Gewaltgeschichte auf der anderen Seite lässt sich auf verschiedene Weise minimieren, u. a. durch

- den Einbezug der kritischen Perspektive von Anfang an (Stichwort „Filterfiguren“, vgl. Anmerkung 13), durch
- den chronologischen Vorgriff auf die grauenhaften Folgen der NS-Ideologie, durch
- psychohistorisches Insistieren auf dem Wahnhaften („Rassen*wahn*“), das in je eigener Form auch in anderen Bereichen zu beklagen ist (Wahnsinn des Wettrüstens, Massenhysterien u. Ä.), durch
- die Aktivierung von Empathie und (realhistorischer) Fantasie (z. B.: Welche Folge hätten Rassenwahn und Führerprinzip hier in unserer Schulklasse?), durch
- Erinnerung an die Grundrechte der Weimarer Verfassung, die ja nach wie vor Gültigkeit hatte,

um nur einige Ansätze anzudeuten. Unüberlegt – zumindest in sprachlicher Hinsicht – ist auch eine von respektablen Rednern vertretene Auffassung, der zufolge der Holocaust zur deutschen Identität gehöre.[15] Ich muss so etwas auch und gerade als Täter-Kind entschieden zurückweisen. Der Holocaust gehört weder zur Identität „der Deutschen“ noch zu meiner individuellen Identität. Gewiss: Er gehört zur deutschen Geschichte und zu meiner familiären Vorgeschichte. Er kommt beruflich als Bemühen um Wiedergutmachung zur Geltung; er wird mich persönlich als Schuld und als Schuldgefühl bis an mein Lebensende beunruhigen und verpflichtet uns alle, vor allem die nichtjüdischen Deutschen, für die Zukunft. Viele weitere Verknüpfungen, in denen der Massenmord an den Juden eine maßgebliche Rolle spielt, könnten angefügt werden, unter anderem die Dimension des Europäischen, die neuerdings verstärkt thematisiert wird. Ein Ineinanderschieben von Judenmord und deutscher Identität ergibt sich auf diesen Wegen gleichwohl nicht; und das ist gut so.

---

15 Vgl. dazu etwa die Äußerungen von Jörn Rüsen (2004, S. 86) in einem Gespräch zum Thema *Von der Moralisierung zur Historisierung – Überlegungen zur deutschen Geschichtskultur*. – Die Implantierung des Holocaust in die „deutsche Identität“ kann auch Ergebnis einer journalistisch verkürzenden Sprache sein, wie die *Jüdische Allgemeine* vom 10. Februar 2005 dokumentiert. Hier wurde eine Rede des Bundespräsidenten Horst Köhler abgedruckt, in der es hieß: *„Die Verantwortung* für die Schoa ist Teil der deutschen Identität“ (Hervorh. v. mir, P. Sch.-H.). Die Zeitungsredaktion eliminierte ‚die Verantwortung' und titelte kurz: „Die Schoa ist Teil der deutschen Identität“. Bedarf es langer Begründungen dafür, dass die politische Verantwortung für Taten, die Menschen nicht begangen haben, etwas anderes ist als die in ihre Identität sozusagen implantierten Taten selbst?

Zwischenbilanz

Kindheitserinnerungen sind vielschichtig und es kommt sehr darauf an, in welches theoretisch-mentale Koordinatensystem wir unsere jeweilige Erzählung einpassen. Die Verschiebung der hier entfalteten Erzähl-Argumentation von der Kriegskindheit auf die NS-Kindheit hatte folgende Gründe:

- Ein Bewusstsein für die Folgen der NS-Kindheit stimuliert die Bildung eines kritischen Geschichtsbewusstseins ungleich stärker als die Erinnerungen an das Erleiden von Kriegsgeschehnissen.
- NS-Kindheiten und ihre Folgen sind kein Thema für öffentliche Selbstdarstellungen. Als Ausgangspunkt und Antriebspotenzial von Therapien und Gesprächskreisen[16] sowie von persönlichen Initiativen zur Wiedergutmachung[17] haben sie gleichwohl ihren Einfluss ausgeübt, der als „latenter“ Inhalt – sozusagen unterhalb der offiziellen „manifesten“ Kongress-Thematik – mit in Betracht zu ziehen und weiterhin zu fördern ist.
- Die gesamtgesellschaftliche Verarbeitung des Holocaust-Traumas bleibt bis auf weiteres recht labil. Gegen die Gefahr erneuter Verdrängungen sollten nicht nur Juden, sondern vor allem die Kinder und Enkel der Täter Stellung beziehen. Dazu ein letztes Wort.

An Bubis denken, wenn Walser spricht

Im Laufe des eingangs erwähnten Kongresses wurde mir noch einmal deutlich, wie wichtig die jüdische Perspektive als Widerpart im Denken der nichtjüdischen Deutschen ist. Ohne diesen Widerpart wächst die Gefahr des Rückfalls in die selbstgerechte Affektabwehr, die im Oktober 1998 besonders drastisch zur Geltung kam. Wir erinnern uns: In seiner Rede zum Dank für den Friedenspreis des deutschen Buchhandels plädierte Martin Walser dafür, die „Moralkeule Auschwitz“ endlich liegen zu lassen, und alle applaudierten – mit Ausnahme von Ignatz Bubis (1927–1999), dem damaligen Vorsitzenden des Zentralrats der Juden, der mit Recht die Reinszenierung einer „Kultur des Wegschauens und Wegdenkens“ befürchtete.

Bei der Eröffnung des Kriegskinder-Kongresses äußerte Dieter Graumann, Vorstandsmitglied der Jüdischen Gemeinde Frankfurt, deutlich sein „Unbe-

---

16 Über einen solchen Gesprächskreis berichtet eindrucksvoll, hier exemplarisch zitiert, Paul Hinrich (1999).

17 Die Speer-Tochter Hilde Schramm, hier exemplarisch zitiert, hat die Stiftung „Zurückgeben“ ins Leben gerufen, die Stipendien an jüdische Künstlerinnen und Wissenschaftlerinnen vergibt. Das Geld kommt aus Spenden von Familien, die geraubtes jüdisches Eigentum geerbt haben und die rechtmäßigen Besitzer nicht mehr finden konnten.

hagen" angesichts der Tatsache, dass im Thema des Kongresses die Opfer des Holocaust als „Kriegskinder" keine Beachtung gefunden haben. Dieses Signal (vgl. dazu *Frankfurter Rundschau* vom 15. April 2005) war als öffentlicher Merkposten wichtig, auch wenn weder die Kongress-Veranstalter noch der Kongress-Verlauf Anlass für platte Vorhaltungen boten. Auch bei der Abschlussveranstaltung kam die kritisch-skeptische Sicht in überzeugender Form zur Geltung: Micha Brumlik erörterte materialreich und differenziert die Frage, welchen Anteil die Beteiligung am Holocaust an den „Leiden der Deutschen" habe, die nicht verleugnet, aber auch nicht aus dem historisch-politischen Zusammenhang von Ursache und Wirkung gerissen werden dürften. Eine verantwortliche Gedenkkultur, die beiden Leidenswegen – dem der Opfer und dem der Verursacher – gerecht werde, ohne dass neue Ressentiments entstünden (diese Gefahr erläuterte Brumlik am Beispiel von Äußerungen Joachim Fests), sei extrem schwierig.[18]

Der jüdische Widerpart erübrigt sich erst dann, wenn die nicht-jüdischen Deutschen (zukünftig als Bürger eines zusammenwachsenden Europas) diesen Teil mentalitätsgeschichtlich-kollektiv sicher verinnerlicht und integriert haben, so dass sie, personifizierend gesprochen, Bubis in sich mitdenken lassen, wenn Walser sich zu Wort meldet. Der Zeitpunkt der Entwarnung ist noch nicht gekommen, noch lange nicht.

Literatur

Aly, G. (1997): Macht – Geist – Wahn. Kontinuitäten deutschen Denkens. Frankfurt a. M. (Büchergilde Gutenberg), S. 153–184.

Bruhns, W. (2004): Meines Vaters Land. Geschichte einer deutschen Familie. 9. Aufl., München (Econ).

Dehne, B. (1991): Geschichte zum Einmischen. In: Geschichte – Erziehung – Politik (GEP, Erscheinen eingestellt), 7: 607–621.

Erdheim, M. (1998): Zur psychoanalytischen Konstruktion des historischen Bewusstseins. In: Rüsen, J., Straub, J. (Hg.): Die dunkle Spur der Vergangenheit. Psychoanalytische Zugänge zum Geschichtsbewusstsein. Frankfurt a. M. (Suhrkamp).

Frank, F. (2001): Der Vater. Eine Abrechnung. [1. Aufl. 1987], München (Goldmann).

Hinrich, P. (1999): Brücken der Erinnerung. Von den Schwierigkeiten, mit der nationalsozialistischen Vergangenheit umzugehen. (Geschichte und Psychologie; 9), Pfaffenweiler (Centaurus).

Jeismann, K.-E. (1980): „Geschichtsbewußtsein". Überlegungen zur zentralen Kategorie eines neuen Ansatzes der Geschichtsdidaktik. In: H. Süssmuth (Hg.): Geschichtsdidaktische Positionen. Bestandsaufnahme und Neuorientierung. (UTB-Taschenbuch; 954), Paderborn u. a. (Schöningh).

---

18 Brumliks Rede, die mitgeschnitten wurde, ist als CD über den Verlag Auditorium, Müllheim, zu erhalten.

Klemperer, V. (1995): Ich will Zeugnis ablegen bis zum letzten. Tagebücher 1933–1945. 2 Bde., Berlin (Aufbau).

Meckel, Ch. (2005): Suchbild. Über meinen Vater. [1. Aufl. 1980], Frankfurt a. M. (Fischer).

Meyer, K. (1998): Geweint wird, wenn der Kopf ab ist. Annäherungen an meinen Vater „Panzermeyer“, Generalmajor der Waffen-SS. Freiburg (Herder).

Reulecke, J. (Hg.) (2003): Generationalität und Lebensgeschichte im 20. Jahrhundert (Schriften des Historischen Kollegs, Kolloquien 58), München (Oldenbourg).

Rüsen, J. (2004): Von der Moralisierung zur Historisierung – Überlegungen zur deutschen Geschichtskultur, abgedruckt in: Mittelweg 36, Heft Juni/Juli 2004.

Rüsen, J., Straub, J. (Hg.) (1998): Die dunkle Spur der Vergangenheit. Psychoanalytische Zugänge zum Geschichtbewußtsein. Frankfurt a. M. (Suhrkamp).

Hohls, R., Jarausch, K. H. (Hg.) (2000): Versäumte Fragen. Deutsche Historiker im Schatten des Nationalsozialismus. Stuttgart (Deutsche Verlags-Anstalt).

Schirach, R. v. (2005): Der Schatten meines Vaters. München (Hanser).

Schulz-Hageleit, P. (2004): Geschichtsbewusstsein und Zukunftssorge. Unbewusstheiten im geschichtswissenschaftlichen und geschichtsdidaktischen Diskurs. Herbolzheim (Centaurus).

Westernhagen, D. v. (1987): Die Kinder der Täter. Das Dritte Reich und die Generation danach. München (Kösel).

Wyrobnik, I. (2006): Grundschulunterricht zum Thema Holocaust in Deutschland. Unterrichtsbeobachtungen in einer 4. Klasse. In: Pädagogisches Forum, 1 (Rahmenthema: Unterrichten – Erziehen): 21–25.

Saskia Handro

Zwischen Identitätsstiftung und historischem Verstehen

Kriegskindheit in deutsch-deutschen Schulgeschichtsbüchern

Kindheitsmuster – Versuch einer Annäherung

> „Das Vergangene ist nicht tot, es ist nicht einmal vergangen. Wir trennen es von uns ab und stellen uns fremd. [...] So würden wir uns unaufhaltsam fremd werden ohne unser Gedächtnis an das, was wir getan haben, an das, was uns zugestoßen ist. Ohne unser Gedächtnis an uns selbst." (Wolf 1985, S. 9f.)

Mit diesen Worten beginnt die 1929 geborene Christa Wolf die Suche nach ihrer Kindheit – einer Kindheit zwischen Hitlerjugend, „totalem Krieg", Flucht und Neubeginn. Unsicher, tastend nähert sich Wolf den scheinbar fremden Erinnerungslandschaften. Sie, Angehörige der DDR-Aufbaugeneration, der der antifaschistische Gründungsmythos historische Heimat und politischer Sinn sein sollte, sucht die Fundstücke ihrer Kindheit in den politisch und kulturell gebotenen Deutungsrahmen einzupassen. Sperriges Gut ... Reflexionen über das ihrer Generation eigene Erinnern und Vergessen drängen sich auf:

> „Liebe und Tod, Krankheit, Gesundheit, Angst und Hoffnung haben eine starke Spur in der Erinnerung hinterlassen. Was durch die Filter des seines selbst unsicheren Bewusstseins getrieben wird – gesiebt, verdünnt, entwirklicht –, vergeht beinah spurlos. Die Jahre ohne Gedächtnis, die diesen Anfangsjahren folgen werden: Jahre, in denen das Misstrauen gegen die sinnliche Erfahrung um sich greift. Niemals haben Menschen so vieles vergessen sollen, um funktionsfähig zu bleiben, wie die, mit denen wir leben." (Ebd., S. 502)

Kindheitsmuster ist nur dem flüchtigen Leser ein DDR-Roman über Kriegskindheit. Wolf spürt vielmehr den Erinnerungsmustern an Kindheit nach: Erinnerungsmustern, die im Spannungsfeld von individueller Erfahrung, kommunikativem und kulturellem Gedächtnis entstehen; Erinnerungsmustern, die sich mit fortschreitendem Zeithorizont wandeln; Erinnerungsmustern, die biografische Kontinuität herzustellen suchen (Wolf 1989, S. 350–387). Sie beschreibt die Erinnerungsarbeit der Kriegskinder, die ihre jeweils individuellen und individuell auch unterschiedlichen Geschichten erzählen müssen und verorten wollen im öffentlichen Diskurs über Geschichte, um zu verstehen, um „Ich" sagen zu können (ebd., S. 373; vgl. Becher 1979, S. 303). Mit diesem Zugang stellt sich die Frage nach dem Verhältnis von individuellen Erinnerungsbedürfnissen und erinnerungskulturellen Identifikationsangeboten. Denn nimmt man das individuell vorhandene historische Identifikationsverlangen ernst, dann ist Erinnerung an Kriegskindheit kein Tabubruch, mit dem das nicht selten polemisch betrachtete „politische Bußritual" der Deutschen ad acta gelegt wird (vgl. Lübbe 2001), und der in der Einbahnstraße deutscher Opfermythen münden muss.[1] Vielmehr könnte der öffentliche Diskurs im Gedenkjahr 2005 auch als Neubestimmung des historischen Ortes biografischer Erfahrungen gelesen werden – ein Prozess, welcher der historischen und der didaktischen Reflexion bedarf. Der folgende Beitrag versteht sich als ein Schritt auf diesem Weg. Am Beispiel deutsch-deutscher Schulbuchdarstellungen sollen geschichtskulturelle Deutungsmuster von Kriegskindheit in ihrem Wandel skizziert und Formen der Vermittlung im Medium Schulbuch diskutiert werden.

Schulgeschichtsbücher als Medien der Geschichtskultur

Der folgenden deskriptiv verfahrenden Untersuchung ging die Analyse von 120 Geschichtsschulbüchern aller Schulstufen und -formen der Jahre 1951 bis 2004 voraus. Neben den Lehrwerken der Verlage Schroedel, Schöningh, Westermann, Klett, Diesterweg, Cornelsen, Hirschgraben und des Bayerischen Schulbuchverlags wurden die bis 1988 herausgegebenen Lehrwerke des zentralen DDR-Schulbuchverlags „Volk und Wissen" herangezogen.[2] Was sprach dafür, Schulgeschichtsbücher als Quellen für die Rekonstruktion des Wandels der Erinnerung an Kriegskindheit heranzuziehen? Schulgeschichtsbücher sind zentrale Medien der Geschichtskultur. Mit ihrer Hilfe reicht eine Nation die für sie konstitutiven „Geschichten" an die nachfolgenden Generationen weiter. Im diachronen Vergleich geben Schulbuchdarstellungen Einblicke in die Transformation des kulturellen Gedächtnisses. Dass dies insbesondere für den politischen und kulturellen Umgang mit dem Nationalsozialismus zutrifft, dürfte nicht überraschen und wird auch

---

1 Vgl. zum Perspektivwechsel „von den Opfern der Deutschen zu den Deutschen als Opfern": Frei 2005, S. 14–17; zur Problematisierung der Täter-Opfer-Dichotomie: Zimmermann 2002.

2 Die Nennung der Verlage verweist bereits auf die unterschiedlichen Bedingungen der Schulbuchproduktion in Ost und West. Dem staatlichen Schulbuchmonopol in der DDR stand ein plural verfasster Schulbuchmarkt der Bundesrepublik gegenüber. Die sich aus der Vielfalt der bundesdeutschen Schulbuchlandschaft ergebenden internen Divergenzen können hier jedoch ebenso wenig entfaltet werden wie die Konsequenzen für die Schulbuchrezeption und -wirkung.

durch bereits vorliegende Schulbuchuntersuchungen bestätigt (vgl. Fischer 2004; Borries 2004; Wenzel/Weber 1989).

Zugleich ist das Schulgeschichtsbuch ein Medium sui generis. Seine Konstruktion und Rezeption bewegen sich im Spannungsverhältnis von gesellschaftlichen und politischen Legitimations- und Identifikationsbedürfnissen (vgl. Stein 1976), geschichtswissenschaftlicher Forschung und didaktischen Intentionen. Der Verbreitung von Schulbüchern gehen staatliche Zulassungsverfahren voraus. Ihre Produktion folgt verlegerischem Kalkül. Ihre Konstruktion erfordert ein hohes Maß an didaktischer Reduktion (vgl. Hinrichs 1992, S. 97–105), denn sie hat den Schüler als Adressaten im Blick und die Ermöglichung von Lehr- und Lernprozessen in der Institution Schule zum Ziel.[3] Verkürzt formuliert: Das Schulbuch ist Politikum, Informatorium und Pädagogikum zugleich. Die Bündelung dieser Funktionen unterscheidet es von anderen Medien der Geschichtskultur. Doch gerade für das Thema ‚Kriegskindheit' erweist sich die Berücksichtigung dieses Spannungsverhältnisses als heuristisch produktiv. Denn es erklärt, warum der Erinnerung an Kriegskindheit gerade in diesem Medium Kontinuität beschieden war.

Gewandelt haben sich zweifelsohne die mit dem Thema verbundenen Erzählungen. Ausgehend von dieser Prämisse sollen durch die gewählte Methode des diachronen Vergleichs deutsch-deutscher Schulbücher nicht nur die zeitlich wechselnden Deutungsmuster an Kontur gewinnen, sondern auch die geschichtspolitischen Abgrenzungsstrategien in Zeiten der deutschen Teilung und die veränderten Modi der Vergangenheitsverarbeitung im wiedervereinten Deutschland.

Schulbuchdarstellungen von Kriegskindheit in historischer Perspektive

Das Kind als Opfer- und Gründungssymbol – Schulbuchdarstellungen der 1950er und 1960er Jahre

Es wird wenig überraschen, dass im politik- und ereignisgeschichtlich orientierten Geschichtsunterricht der 1950er und 1960er Jahre „Kriegskindheit" kein eigenständiges Themenfeld gewesen ist. Dennoch waren Kriegskinder auf den zu dieser Zeit noch raren Schulbuchabbildungen und in den Autorentexten präsent. Den kurzen Textverweisen auf Kriegskindheit und den Abbildungen von Kriegskindern kam hier eine symbolische Funktion zu. Mit dem Bild des Kindes konnte man an die Leiden der deutschen Zivilbevölkerung erinnern. Das Kind stand für die Verführbarkeit der Deutschen. Es eignete sich aber ebenso als Leitbild für einen Neuanfang (vgl. u. a. Erbe 1951;

---

3 Ein konkretes Fallbeispiel für das Zusammenspiel dieser Faktoren findet sich bei Gautschi 2006.

Geschichte in Einzelbildern 1954; Lehrbuch 10. Klasse 1962). Fraglos bemühte man damit ein keineswegs zeitgebundenes, jedoch Kulturgrenzen überschreitend bekanntes Symbol für Unschuld, Wehrlosigkeit, Ohnmacht und Hoffnung, das vor allem in der Nachkriegszeit und in Hochzeiten des Kalten Krieges die Identität stiftenden Opfer- und Gründungsmythen in Ost und West bediente. Es kam dem bundesdeutschen Deutungsmuster des „Hitlerismus" entgegen, und es stützte gleichermaßen die Antifaschismus- und Faschismustheorien der DDR-Lehrwerke. Kurzum: Die Auseinandersetzung mit politischen Strukturen des nationalsozialistischen Systems konnte mit diesen Erzählstrategien ebenso umgangen werden wie Fragen nach Schuld und Verantwortung der Deutschen (vgl. Reich/Stammwitz 1989, S. 101–103). Sicher war das Kindersymbol nur ein kleiner Baustein in diesen Narrationen. Doch diente es der Illustration und affektiven Aufladung dieser parallelen Geschichten. Auf Schulbuchabbildungen stand das „deutsche Kind" stellvertretend für die Opfer des Bombenkrieges oder für die Opfer von Flucht und Vertreibung. Das „deutsche Kind" wurde von Hitler verführt und für den Endsieg geopfert (vgl. u. a. Geschichte Mittel- und Realschulen 1962).

Zunächst streuten in bundesdeutschen Lehrbüchern die visuellen Inszenierungen dieser Botschaft. Abbildungen von Kindern in Flüchtlingstrecks und von Kindergräbern finden sich ebenso wie Aufnahmen des zerstörten Kölns oder Dresdens, deren Bildunterschriften und begleitende Autorentexte auf Kinder als zivile Opfer verweisen. Erst Ende der 1960er Jahre zeigen sich Änderungen im Bildprogramm bundesdeutscher Schulbücher. Zwar wurde die symbolische Funktion des Kindes weiterhin beibehalten. Doch ist es nicht mehr nur das deutsche Kind, mit dem eine Opfersymbolik in Verbindung gebracht wurde. Vielmehr kündigte sich ein zaghafter Übergang zur Täterperspektive an, der ikonografisch als Nebeneinander der deutschen Opfer und der Opfer des Holocausts gestaltet ist (vgl. u. a. Damals 1955, S. 125; Ebeling 1966, S. 241f.; Lehrbuch 10. Klasse 1965, S. 255). Sicher verweist diese Entwicklung auf eine vergangenheitspolitische Wende, die ihre diskursiven Höhepunkte mit den Kölner Hakenkreuzschmierereien, dem Eichmann- und dem Frankfurter Auschwitz-Prozess sowie den Verjährungsdebatten erreicht hatte (vgl. Dudek 1995, S. 264; Meyers 1980). Zudem spricht einiges dafür, dass aus der medialen Verarbeitung dieser Ereignisse ein Bildkanon hervorging, der wichtige Rückschlüsse auf die visuellen Inszenierungen von Kriegskindheit bietet und bis heute unsere Imaginationen von Kriegskindheit prägt. Kanonbildung und symbolische Inszenierung – diese Prozesse lassen sich vor allem mit zwei Fotografien verbinden: mit dem Bild des „Jungen aus dem Warschauer Ghetto"[4] (Abb. 1)[5] und dem Bild der so genannten „Überlebenden des Luftangriffs auf Mannheim"[6] (Abb. 2).

4 1958 griff erstmals der Klett-Verlag auf dieses Foto zurück. Zur Entstehungs- und Rezeptionsgeschichte des Bildes vgl. Hamann 2000; 2001.

Beide fanden in den 1960er Jahren Eingang in west- und ostdeutsche Schulbücher, und sie dürften wohl bis heute zu den „Ikonen der Erinnerung" (Brink 1998, S. 232f.) an Kriegskindheit zählen. Aufgrund ihrer Schulbuchpräsenz könnte man sie vielleicht sogar als frühe Bausteine eines gesamtdeutschen Bildgedächtnisses bezeichnen.[7] Fragt man nach den Ursachen für die weite Verbreitung dieser Fotografien, dann fallen zunächst die Parallelen in der Bildkomposition und -wirkung ins Auge (Hellmold 1999, S. 36). Durch beide Bilder werden die Emotionen des Betrachters angesprochen. Die Bildaussage konzentriert sich auf wesentliche Elemente. Im Bildzentrum stehen Kinder, die das existenzielle Gefühl des Leids und der Ohnmacht vermitteln. Das Mitgefühl mit den Leidenden beteuert dem Betrachter seine Unschuld und Hilflosigkeit (vgl. Sontag 2003, S. 139f.). Darüber hinaus erzeugen die kompositorischen Mittel einen Bildraum, mit dessen Hilfe man ein Vorher und Nachher imaginieren und somit auch eine Geschichte erzählen kann. Für die Rezeptionsgeschichte ist aber auch entscheidend, dass der Symbolgehalt und die emotionale Bildaussage Referenzmöglichkeiten für ganz unterschiedliche, ja geradezu konträre Erzählungen bieten.

So steht das Bild des „Jungen aus dem Warschauer Ghetto" im Deutungszusammenhang der DDR-Schulbücher für eine nicht rassen-, sondern klassenpolitisch zu begründende Opfergruppe des Monopolkapitalismus. Die Juden des Warschauer Ghettos gehören hier zur Geschichte der Opfer des faschistischen, antikommunistischen Vernichtungsfeldzugs im Osten (vgl. Lehrbuch 9. Klasse 1966, S. 255). Sie sind somit den zivilen sowjetischen und polnischen Opfern gleichgestellt (vgl. Abb. 3; vgl. Lehrbuch 10. Klasse 1962, S. 10), firmieren aber in der Opferhierarchie weit hinter den Helden des politischen kommunistischen Widerstands (vgl. Danyel 1995). Dies schloss in den 1960er Jahren das Verschweigen des Warschauer Ghettoaufstandes ein und damit die korrekte historische Kontextualisierung des Bildes aus.[8] Keineswegs zufällig sicherte die Opferhierarchisierung kommunistische Führungsansprüche. Und bekannterweise bediente die konstruierte Täter-Opfer-Dichotomie den antifaschistischen Gründungsmythos des Arbeiter- und Bauernstaates und legitimierte im Verweis auf die Gegenwart die deutsche Teilung. Gleichzeitig verlieh man mit diesem Erzählmuster den nationalen und internationalen Konfliktlinien des Kalten Krieges eine

5 Sämtliche Abbildungen finden sich hinter dem Beitrag, vor den Literaturangaben.

6 Entgegen den wiederholt zu findenden Bildunterschriften dürfte nach Recherchen, u. a. von Christoph Hamann, dieses Foto in Düsseldorf entstanden sein.

7 Zum hier nicht näher zu betrachtenden Zusammenhang von Bild- und Kollektivgedächtnis siehe Assmann 2002.

8 Im Lehrbuch des Jahres 1970 findet der Aufstand des Jahres 1943 erstmals Erwähnung.

historische Tiefendimension und öffnete der jungen Nation den Weg in die Erinnerungsgemeinschaft der „gesetzmäßigen Sieger der Geschichte". [9]

Angesichts dieser Erzählstrategie erscheint die visualisierte Gleichsetzung jüdischer und deutscher ziviler Opfer, hier der „Mannheimer Bombenopfer"[10], nur konsequent. Wiederum stellte der begleitende Schulbuchtext die Verbindung zwischen Fotografie und dem „antifaschistischen Opfermythos mit festem Klassenstandpunkt" her. Beim Anblick der Bombenopfer konnte die Geschichte der angloamerikanischen Bomberangriffe – die das künftige Besatzungsgebiet der sozialistischen Sowjetunion dauerhaft zu zerstören suchten, Wohngebiete der unschuldigen Arbeiterklasse bombardierten und Industrieanlagen der Monopolkapitalisten verschont ließen – emotional wirkungsvoll erzählt werden (vgl. Lehrbuch 10. Klasse 1962, S. 53; Lehrbuch 9. Klasse 1966, S. 272). Verändert gegenüber der bekannten Fotografie ist der Bildausschnitt: Der uniformierte Luftschutzhelfer ist verschwunden und damit die antifaschistische Meistererzählung visuell widerspruchsfrei (Abb. 4).

Eine andere Geschichte der Kriegskindheit erzählen die bundesdeutschen Schulbücher der späten 1960er Jahre. Das Bild des „Jungen aus dem Warschauer Ghetto" kann als visuelle Vorwegnahme einer noch zu entfaltenden Tätergeschichte interpretiert werden (vgl. u. a. Geschichtliches Unterrichtswerk Mittelklassen 1969). Zur Visualisierung der deutschen Opfergeschichte griff man jedoch zunächst nicht auf die „Mannheimer Bombenopfer" zurück. Vielmehr wählte man zur Illustration des Bombenkrieges nach wie vor Ansichten zerstörter westdeutscher Städte wie Köln, Hamburg oder Frankfurt.[11] Wenn die hier unterstellte symbolische Bedeutung des Kindes zutrifft, dann könnte dies durchaus als bewusster Verzicht auf eine Emotionalisierung dieser deutschen Opfergeschichte interpretiert werden (vgl. Kettenacker 2003; Süß 2005). Folgt man Frederic Taylor, dann verbargen die Westdeutschen die Trauer um die eigenen Bombenopfer im Zweiten Weltkrieg eher hinter einem international etablierten Erinnerungskult um den ersten Atombombenabwurf. Denn auch in der Bundesrepublik galt es, das

9 Ausführlicher zur Behandlung des Holocaust in der DDR: Schmid 2004; Illichmann 1997; Timm 1997.

10 Vgl. u. a. Lehrbuch 9. Klasse (1966, S. 272); Geschichte Lehrbuch (1979, S. 232). Die jüngste vergleichende Studie von Andrejewski (2005) unterstreicht die jeweils national unterschiedlichen Erinnerungsstrategien der Deutschen und verweist auch auf Darstellungsintentionen englischer, polnischer, amerikanischer und anderer Geschichtslehrbücher. Die diachrone Perspektive spielt hier jedoch eine marginale Rolle.

11 Vgl. u. a. Geschichtliches Unterrichtswerk Lehranstalten (1957). Eine Ausnahme stellt Ebeling (1966, S. 241) dar. Die Bildtafel zum englisch-amerikanischen Luftangriff auf Berlin 1944 zeigte eine Frau mit Gasmaske, die, eingehüllt in eine Wolldecke, ihr Kind im Kinderwagen aus den zusammenstürzenden Häuserreihen rettet. Die Rückseite der Bildtafel enthält eine Aufnahme von der Vernichtung des Warschauer Ghettos und dem Abtransport der jüdischen Bevölkerung. Der früheste Nachweis des „Mannheimer Bildes" findet sich m. E. in Döhn/Sandmann 1969, S. 130, dann u. a. Rückert/Lachner 1971, S. 110.

junge Pflänzlein des Blockbündnisses zu pflegen, d. h. die vereinte Front zwischen Briten, Amerikanern und Deutschen gegen den kommunistischen Ostblock zu erhalten.[12] Dies erhellt, warum Hiroshima und Nagasaki dann in den 1970er Jahren zu einem gesamtdeutschen Erinnerungsort für die Schrecken des Krieges werden konnten, natürlich eingebunden in unterschiedliche Geschichten (vgl. u. a. Geschichtliches Unterrichtswerk Mittelklassen 1968, S. 137; Lasius/Recker 1963, S. 97). Ganz im Sinne des Antikommunismus bundesdeutscher Schulbuchdarstellungen der 1960er Jahre war das Kriegskind nicht das Opfer westalliierter Bombardements, sondern das von den Sowjets, Polen und Tschechen seiner Heimat beraubte Flüchtlings- und Vertriebenenkind (vgl. u. a. Geschichte in Einzelbildern 1954; Geschichtliches Unterrichtswerk mittlere Schulen 1958, S. 42; Geschichtliches Unterrichtswerk Mittelklassen 1967; Zeiten 1967; Schoel 1968, S. 70; Abb. 5). Diese Geschichte erschien nicht nur totalitarismustheoretisch fundiert. Sie folgte ebenso bildungspolitischen Vorgaben[13] und spiegelte die Feindbildkonstruktionen des Kalten Krieges. Außerdem ließ sich die Geschichte von Flucht und Vertreibung mit der Geschichte der Zonenflüchtlinge verknüpfen. Letztere Darstellungsdimension sollte in Verbindung mit dem 17. Juni 1953 und dann vor allem nach dem Mauerbau 1961 inhaltlich weitaus bedeutsamer sein. Daher verschwanden Ende der 1960er Jahre die Abbildungen der deutschen Flüchtlings- und Vertriebenenkinder aus den Schulbüchern. Die Fotografien der Zonenflüchtlinge mit ihren Kindern blieben (vgl. u. a. Geschichtliches Unterrichtswerk Lehranstalten 1957, S. 217; Zweimal 1969, S. 211; Steinbügl 1973, S. 125).

Es verwundert nicht, dass zeitgleiche DDR-Lehrbücher die Geschichte der Flucht und Vertreibung als historische Erfahrungsdimension vollständig ausblendeten.[14] Nicht die Vorgeschichte des Blockbündnisses im Osten sollte tradiert werden, sondern die Zukunft des „sozialistischen Bruderbundes" und mit ihr die Anerkennung der Oder-Neiße-Grenze. Wiederum Kinder – Junge Pioniere – avancierten hier zum Symbol für Neuanfang und Aussöhnung (Lehrbuch 10. Klasse 1962, S. 120; Abb. 6).

Damit kommen wir zu einer weiteren deutsch-deutschen Parallele. Aufgrund ihrer kindlichen Unschuld waren „Nachkriegskinder" in ost- und westdeutschen Schulbuchdarstellungen Symbole für einen Neuanfang. Die ungeliebte Frage nach historischen Kontinuitätslinien drängte sich in diesem Darstellungsmuster nicht auf. Verdichtet findet sich diese Symbolfunktion

12 Taylor 2006; dieser Befund deckt sich auch mit der öffentlichen Gedenkkultur in Ost und West. Hier scheint Dresden vor allem nach der Wiedervereinigung zu einer gemeinsamen Chiffre für die Erinnerung an den Bombenkrieg geworden zu sein. Vgl. Margalit 2002; Reinhard et al. 2005.

13 1962 vereinbarte die Kultusministerkonferenz die „Richtlinien für die Behandlung des Totalitarismus im Unterricht" – ein Beschluss, der bis heute Gültigkeit besitzt. Vgl. Dudek 1995, S. 298.

14 Zur Erinnerung an Flucht und Vertreibung in der DDR siehe Handro 2004.

in zwei weiteren „Ikonen der Erinnerung“: dem Treptower Ehrenmal (Abb. 7) und dem Foto der Kinder der Berliner Luftbrücke (Abb. 8). In der DDR gehörte die Abbildung des Treptower „Ehrenmals der siegreichen Sowjetarmee, der Befreier der Menschheit vom Faschismus“ seit den 1950er Jahren bis zur letzten Ausgabe 1988 zum Bildbestand des Geschichtslehrbuchs.[15] In bundesdeutschen Lehrbüchern ersetzten die Fotografien von Henry Ries in den 1970er Jahren die bis dahin häufiger verwendeten Abbildungen des Tempelhofer Luftbrückendenkmals.[16]

Seien es der über die Schuttberge erhobene Sowjetsoldat mit dem Kind auf dem Arm oder die den amerikanischen Rosinenbombern zuwinkenden Westberliner Kinder, die auf den Trümmern der Vergangenheit stehen und zuversichtlich gen Himmel schauen: Die Dimension der Zukunft enthalten beide Bildkompositionen. Damit boten symbolische Inszenierungen von Kriegskindheit also nicht nur Anknüpfungspunkte für geschichtspolitische Opferdiskurse. Das Kind und der „große Bruder“ als sein Retter: Mit diesen Bildelementen glaubte man in Ost und West die deutsche Teilung als in *statu nascendi* in das visuelle Gedächtnis der nachwachsenden Generationen einzuschreiben. Die genannten Fotografien illustrierten zentrale Elemente der jeweiligen nationalen Gründungsmythen.

Das Kind als Objekt nationalsozialistischer Herrschaft – Schulbuchdarstellungen der 1970er und 1980er Jahre

Die bis in die 1960er Jahre dominierende politische Instrumentalisierung weicht in den bundesrepublikanischen Schulbüchern der 1970er und 1980er Jahre einer Historisierung des Täter- und Opferdiskurses. Erklärungsansätze für diesen Perspektivenwechsel lassen sich auf ganz unterschiedlichen Ebenen finden. Zum einen hatten sich mit dem Generationenwechsel, der 68er Kulturrevolte, mit dem Wechsel zur sozialliberalen Koalition und mit der neuen Ostpolitik der Regierung Brandt die innen- und außenpolitischen Koordinaten für eine Aufarbeitung des Nationalsozialismus grundlegend geändert. Zum anderen eröffnete der geschichtswissenschaftliche Paradigmenwechsel andere, neue Dimensionen.[17] Schulbuchdarstellungen dieser Jahre wendeten sich erstmals Kindern als Objekten nationalsozialistischer Sozialisation, aber auch Vernichtung zu. Damit hatte sich nachhaltig die zeitliche und inhaltliche Perspektive verschoben. Denn im Erzählmuster „Vom Hitlerjungen zum Kindersoldaten“ rückten die Vorgeschichte der Opfermythen und die Beschäftigung mit den Strukturen und Trägerschich-

15 Lehrbuch Geschichtsunterricht 1951, S. 20; zudem wurde diese Geschichte im Literatur- und Heimatkundeunterricht narrativ entfaltet.

16 Vgl. u. a. Grundzüge 1968, S. 259; Ebeling 1975, S. 188; zur Ikonografie und Rezeption: Hamann 1998; 2001, S. 80–84.

17 Für die neuen struktur-, sozial- und alltagsgeschichtlichen Zugriffe stehen u. a. die Arbeiten von Broszat/Fröhlich (1977–83); Niethammer/Plato (1983–1985).

ten nationalsozialistischer Herrschaft in den Vordergrund (vgl. u. a. Birkenfeld 1976, S. 134f.; Geschichte und Gegenwart 1984, S. 145; Geschichte heute 1986, S. 71). Nicht zuletzt konnten mit nationalsozialistischer Formationserziehung und politischer Vereinnahmung der Jugend Parallelen zur Kinder- und Jugendsozialisation in der DDR verdeutlicht und wiederum diachron übergreifende Strukturen totalitärer Systeme sichtbar gemacht werden (Abb. 9 und 10).

Obwohl sich der mit Kriegskindheit verbundene Bildkanon erweitert hatte, verschwanden die bekannten Ikonen der deutschen Opfergeschichte nicht gänzlich aus den Schulbüchern. Sie wurden in das neue Deutungsmuster integriert, d. h. in neue Erzähl- und Bildkontexte gestellt. Dass dies tendenziell einer Dekonstruktion ihres Symbolgehalts gleichkam, lässt sich exemplarisch am Foto der „Mannheimer Bombenopfer" zeigen. In einigen Darstellungen wurde das Foto in neue Bildreihen eingebettet, die den alliierten Bombenkrieg als Folge deutscher Kriegsführung im Westen zeigten. Andere thematisierten am Beispiel der Goebbels-Rede im Sportpalast die breite Zustimmung der Zivilbevölkerung zum „totalen Krieg" und deren Folgen (vgl. u. a. Rückert/Lachner 1971, S. 110; Spiegel 1972, S. 144; Grundzüge Sekundarstufe 1974, S. 233). Wie bereits angedeutet verlor die zweite deutsche Opfergeschichte, die Geschichte der Flucht und Vertreibung, dagegen an Bedeutung.

Parallel gewinnt die Darstellung der Judenverfolgung und des Holocausts an historischer Tiefenschärfe. So dienten Abbildungen jüdischer Kinder nicht länger allein als ikonografischer Verweis auf die Opfer des Holocausts. Vielmehr wird der Prozess der gezielten Ausgrenzung und Verfolgung durch die deutsche Mehrheitsbevölkerung visuell vergegenwärtigt und narrativ entfaltet (vgl. u. a. Birkenfeld 1976; Abb. 11). Diese Visualisierungs- und Erzählstrategien dürften die Tradierung paralleler Opfergeschichten erschwert haben und unterstreichen den Wechsel von der deutschen Opfer- zur Täterperspektive.

Vergleichbare Veränderungen weist das letzte DDR-Lehrbuch nicht auf, denn sie hätten das Basisnarrativ des Antifaschismus in Frage gestellt. Gleichwohl zeitigten die Erbe-Traditions-Debatte der 1980er Jahre (vgl. u. a. Meier/Schmidt 1988; Verbeek 1990, S. 35–42) und die geschichtswissenschaftliche Hinwendung zur Alltags- und Sozialgeschichte (vgl. bes. Kuczynski 1982 S. 116–118) zumindest graduelle Differenzierungen. Belege dafür finden sich weniger in den Schulbuchtexten als vielmehr auf den Schulbuchabbildungen. So wurde 1988 erstmals die Ikone der ostdeutschen Opfergeschichte, die „Mannheimer Bombenopfer", mit Luftschutzhelfer in Uniform, präsentiert.[18] Darüber hinaus nahm man Abbildungen ins

18 Vgl. Geschichte Lehrbuch 1988, S. 192; in Geschichte Lehrbuch 1979, S. 232 findet sich noch der verkleinerte Bildausschnitt ohne den Uniformierten.

Programm, die deutsche Zivilisten als Zeugen der Deportation zeigten oder „Hitlers letztes Aufgebot“, den Volkssturm, aber auch desillusionierte Kriegsheimkehrer (Geschichte Lehrbuch 1988, S. 193, 218). Die antifaschistische Legitimation der DDR-Aufbaugeneration, der ehemaligen Hitlerjugend und der einstigen Flakhelfer stellten derartige Visualisierungsstrategien nicht in Frage. Strukturen nationalsozialistischer Sozialisation wurden nur kurz unter Verweis auf die systeminhärenten militaristischen Erziehungsziele abgehandelt.[19] Den bundesdeutschen Schulbüchern vergleichbare Fotografien uniformierter und marschierender Hitlerjugend sucht man jedoch vergebens. Dagegen erfuhren die Erfolge der antifaschistischen Schulreform umfassende Würdigungen.[20] In diesem Erzählmuster fungierte das Kind weiterhin als Symbol einer Erfolgsgeschichte. Die parallele Opfergeschichte verlor demgegenüber an Bedeutung. Ebenso konnte man auf entsprechende Opfersymbolik in der neu entdeckten Geschichte der Flüchtlinge und Vertriebenen verzichten, indem man sich ganz auf die Erfolgsgeschichte der Integration konzentrierte (Geschichte Lehrbuch 1988, S. 218).

Die Opfersymbolik verlagerte sich in andere Erzählstränge (ebd., S. 141, 161, 172). Erstmalig findet sich in den Schulbüchern der 1970er Jahre die Fotografie französischer Bombenopfer, in deren Zentrum ein totes Mädchen abgebildet ist.[21] Die Bildunterschrift „Deutsche Flugzeuge werfen in Frankreich Bomben auf wehrlose Flüchtlingskolonnen. Das sind einige der vielen Todesopfer, für die die deutschen Imperialisten die Verantwortung tragen“ bindet die Fotografie an das Basisnarrativ. Doch bahnt sich hier in Zeiten der Entspannung eine Differenzierung der bisher tradierten Täter- und Opferrollen an, denn auch im begleitenden Schulbuchtext wird der deutschen Kriegsführung in West- und Nordeuropa und deren Folgen für die Zivilbevölkerung ein vergleichsweise großer Raum gewährt. Im Zentrum der Darstellung stand die bekannte sowjetische Opfergeschichte. Verändert hat sich die Darstellung des Holocausts. Dessen rassenpolitische Motive fanden seit den 1980er Jahren stärker Berücksichtigung. Dem Bild des „Jungen aus dem Warschauer Ghetto“ kommt in diesem Darstellungsmuster nach wie vor eine Schlüsselfunktion zu. Es waren jetzt nicht mehr polnische Arbeiter oder Bauern, sondern deutsche Juden – deutsche Bürger –, deren systematische Ausgrenzung und Vernichtung zumindest benannt wird. Ganz im Sinne des Antifaschismusverdikts blieben jedoch die deutschen Orte der Vernichtung ungenannt, obwohl man auf den Abbildungen den Bahnhof Oranienburg und das Konzentrationslager Sachsenhausen hätte erkennen können. Möglicherweise sollten diese Erinnerungsorte den antifaschistischen Widerstandskämpfern vorbehalten bleiben. Dem Leser erscheinen so

19 Eine differenziertere Darstellung findet sich allerdings zeitgleich bei Langer 1988.
20 Die Darstellung umfasst ganze zwölf Zeilen (Geschichte Lehrbuch 1988, S. 109f.).
21 Vgl. Geschichte Lehrbuch 1979, S. 194; die Erstauflage von 1970 hatte hier bereits zehn Neuauflagen erlebt.

die Orte des Holocausts seltsam fern. 1938 brennen die Synagogen im Grunewald (Geschichte Lehrbuch 1988, S. 142).

Das Kind als Subjekt historischer Erfahrung – Schulbuchdarstellungen seit 1990

Nach 1990 erlebte das Thema „Kriegskindheit" eine Renaissance. Dieses Phänomen lässt sich allenfalls unzureichend mit der zunehmenden „Gegenwart der Vergangenheit" in der öffentlichen Erinnerungskultur des wiedervereinten Deutschland erklären. Nachweislich liefen hier ganz unterschiedliche politische, geschichtswissenschaftliche und vor allem didaktische Entwicklungen zusammen, die ihren Ausgang bereits in den 1980er Jahren nahmen.

Da wäre zunächst auf die Didaktisierung der Behandlung des Holocausts zu verweisen, durch die man offenkundige Defizite der historisch-politischen Bildung zu kompensieren suchte. Bereits frühe empirische Untersuchungen hatten die latente Fortschreibung deutscher Opfermythen angemahnt (vgl. Boßmann 1977) und die antikommunistische Instrumentalisierung der Behandlung des Nationalsozialismus kritisiert (vgl. Borries 1980). Am nachhaltigsten dürfte jedoch die Ausstrahlung des *Holocaust*-Epos die Republik erschüttert haben (vgl. Märthesheimer/Frenzel 1979). Denn in der Wirkung dieses Medienereignisses offenbarten sich die Grenzen struktur- und sozialgeschichtlicher Erklärungsmuster. In der Folge beherrschten Fragen der Emotionalisierung, des biografischen Ansatzes und der Visualisierung den Diskurs (vgl. Pingel 1979; Meyers 1979). Damit schien die Wende von einer abstrakten Opferpädagogik zu einer Vernetzung von kritisch-rationalem Verstehen und emotional-affektiver Gesinnungsbildung eingeleitet. Denn – so die mehrheitliche Auffassung – erst diese ermögliche Empathie und beziehe den Schüler ein. Sie sei lebensweltlich anschlussfähig und mache so betroffen.[22] Keinesfalls zu vernachlässigende Impulse gingen von der Friedensbewegung der 1980er Jahre aus. Im Anschluss an Ergebnisse der historischen Friedensforschung und im Sinne einer Erziehung zu Frieden und Pazifismus plädierten Vertreter der Geschichtsdidaktik für eine epochenübergreifende Hinwendung zum Kriegsalltag und zu zivilen Opfern des Krieges (Schneider 1983; Bergmann/Schneider 1982; Geschichtsdidaktik 1982; Knoch 1989). Zweifelsohne wurde durch diesen Zugang die Thematisierung von Kriegskindheit didaktisch neu motiviert und nationalen politischen Instrumentalisierungsversuchen entzogen. Zudem erreichte in den

22 Vgl. u. a. Dehne/Schulz-Hageleit 1992; die genannten didaktischen Mechanismen finden sich auch in den amerikanischen Holocaust-Curricula. Ja, sie gehören mittlerweile zu den Prämissen einer sich internationalisierenden Holocaust-Education; vgl. Heyl 1997, S. 255–337; 2000.

1990er Jahren die geschichtswissenschaftliche Beschäftigung[23] mit Kindheit die Curricula und Schulbücher (vgl. Bergmann/Thurn 1983). Das Thema „Kriegskindheit“ ist gegenwärtig vor allem in der Sekundarstufe I ein Teilbereich der systematischen epochen- und kulturübergreifenden Beschäftigung mit vergangenen Kindheiten.

Letztlich nicht zu unterschätzen sind die Impulse der geschichtswissenschaftlichen Hinwendung zur Alltags- und Erfahrungsgeschichte (vgl. u. a. Lüdtke 1989). Hier findet der signifikante Perspektivwechsel vom Kind als Objekt nationalsozialistischer Sozialisation oder Vernichtung zum Kind als Subjekt historischer Erfahrung sein methodisches Widerlager.[24]

Bündelt man die Ergebnisse dieser verschiedenen Entwicklungen, dann zeichnen sich in dieser vorläufig letzten Phase folgende Tendenzen ab: Einiges deutet darauf hin, dass sich das Thema „Kriegskindheit“ zu einem gemeinsamen Erinnerungsort der ost- und westeuropäischen Geschichte entwickelt hat. So finden sich russische, englische, polnische und deutsche Kriegskinder, aber auch Sinti und Roma auf Schulbuchabbildungen (vgl. u. a. Zeiten 2002, S. 142; Pandel: Geschichte konkret 1998, S. 65; Abb. 12 und 13). Verändert hat sich der thematische Zugriff auf deutsche Kindheit zwischen 1933 und 1945. Zum Bildbestand gehören zwar nach wie vor der Hitlerjunge und der Flakhelfer, das Bombenkriegskind, seltener das Flüchtlingskind. Beschrieben wird weiterhin die Sozialisation deutscher und die systematische Diskriminierung und Vernichtung deutsch-jüdischer Kinder und Jugendlicher. Erstmals werden aber auch deutsche Kinder als Opfer der Euthanasie sichtbar (vgl. u. a. Forum 2003, S. 128; Zeiten 2002, S. 129) oder die Kittelbachpiraten als Teil einer oppositionellen Jugendkultur in Deutschland präsentiert. Eine neue Dimension eröffnet die Thematisierung jüdischen Widerstands (vgl. Pandel 1998, S. 172). Das allzu häufig durch Schulbuchdarstellungen vermittelte und im Foto des „Jungen aus dem Warschauer Ghetto“ ikonografisch verdichtete eindimensionale Opferbild der deutschen Juden könnte so differenziert werden.[25] In der Tendenz dürften die skizzierten Entwicklungen eine Wiederbelebung deutscher Opfermythen ebenso erschweren wie das Verharren in plakativen Täter-Opfer-Dichotomien. Die Normalität von Kindheit und damit eine Erfahrungsdimension,

---

23 Vgl. Aries 1975; deMause 2000; zur deutschen Rezeption: Weber-Kellermann 1979, S. 232–235 und Schlumbohm 1983.

24 Mit der niederländischen Erstausgabe der Tagebücher von Anne Frank von 1955 verfügte man frühzeitig über diesen Quellentypus. Erstmalig 1969 griff das Lehrwerk *Menschen in unserer Zeit* vom Klett Verlag darauf zurück. Diese didaktische Möglichkeit der Individualisierung durch subjektive Zeugnisse blieb jedoch lange eine Ausnahme, wenngleich der heuristische Einsatz von Text- und Bildquellen mit dem Übergang zu gemischten Lern- und Arbeitsbüchern in den 1980er Jahren enorm an Bedeutung gewonnen hatte.

25 Wenn man diesen Befund vom Themenfeld ‚Kriegskindheit‘ löst, dann fällt die Bewertung sicher kritischer aus, wie bei Popp 2004; Kolinsky 1991.

die im kommunikativen Gedächtnis der so genannten Kriegskindergeneration verankert sein dürfte, berücksichtigen aktuelle Schulbuchdarstellungen kaum. So sucht man Privatfotografien mit Motiven wie „Der Vater auf Heimaturlaub mit Frau und Kindern“ oder „Der Kinderalltag auf dem Land“ vergebens.[26] Vielleicht findet sich hier ein Hinweis darauf, dass die mit Kriegskindheit traditionell verbundene Opfergeschichte nach wie vor zeitliche, regionale und soziale Differenzen überdeckt. Die wohl nachhaltigste Entwicklung seit den 1990er Jahren stellt die Hinwendung zum *Kind als Subjekt historischer Erfahrung* dar. Dieser Perspektivwechsel wird durch die Aufnahme alltagsgeschichtlicher Quellen wie Briefen, Tagebüchern oder Erinnerungen gestützt (Forum 2003, S. 128; Zeiten und Menschen 2002, S. 129, Pandel 1998, S. 168f.). Des Weiteren geben Fallstudien durch ihren personalisierenden Zugriff Kindern ihre Individualität und damit auch ihre Lebensgeschichte zurück (Abb. 14).

Eine weitere Methode, welche die Empathie der Lernsubjekte fördert und gleichzeitig das „Lernobjekt“, das „Kriegskind“, von seiner Symbolfunktion und aus seinem Opferstatus befreit, ist biografische Imagination (Pandel 1998, S. 191). Hier sind Schülerinnen und Schüler aufgefordert, sich in die Perspektive der Kriegskinder hineinzuversetzen und sich einzufühlen (Abb. 15). Deutlicher als zuvor wird Kriegskindheit als eine Erfahrung vermittelt, die im kommunikativen Gedächtnis der Mitlebenden, der Eltern und Großeltern, verankert ist (vgl. u. a. Expedition 1999, S. 149). So gewinnt die Befragung von Zeitzeugen an Bedeutung. Die Methode der Oral History könnte somit den lange Zeit uneingelösten Forderungen nach Differenzierung und Individualisierung Rechnung tragen. Schöpft man die hier vorhandenen methodischen Potenziale aus, dann käme dies angesichts der migrationsbedingten Veränderungen der Schülerschaft ohnehin einem Abschied von nationalen Opfermythen gleich. Denn unter den genannten Prämissen würde Kriegskindheit als eine epochen- und nationenübergreifende individuelle Erfahrung und Zäsur in ihren biografischen Konsequenzen diskutierbar.

Ebenfalls verändert haben sich die Visualisierungsstrategien. Einige Schulbuchautoren verzichten bewusst auf emotionalisierende Fotografien, die einseitig den Opfermythos bedienen. Nicht wenige halten an den tradierten Ikonen fest. Letztere werden aber entlang der beschriebenen inhaltlichen und methodischen Prämissen neu kontextualisiert, d. h. in andere Bildzusammenhänge gesetzt beziehungsweise mit neuen Narrationen oder Aufgabenstellungen versehen.

Die für eine heuristische Bildarbeit notwendige Rekonstruktion der Entstehungs- und Rezeptionsgeschichte der Fotografien stellt nach wie vor eine Ausnahme dar.[27] Doch erst in dieser Perspektive könnten die Ikonen der

---

26 Eine Ausnahme bildet hier Osburg/Klose 1999, S. 149.
27 Eine Ausnahme bildet hier Geschichte konkret 1998, S. 188f.

Erinnerung in ihrer Funktion und Wirkung hinterfragt und erneuter politischer Instrumentalisierung entzogen werden.

Schulbuchdarstellungen von Kriegskindheit in didaktischer Perspektive

Politisierung, Historisierung und Didaktisierung: Mit diesen drei Begriffen lassen sich die rekonstruierbaren Muster des Umgangs mit Kriegskindheit beschreiben. Diese Dimensionen sind latent nach wie vor vorhanden. Gleichwohl kristallisieren sich in der Entwicklung der deutsch-deutschen Schulbuchdarstellungen unterschiedliche Leitmuster heraus. Diese Leitmuster spiegeln wechselnde didaktische Intentionen und politische Implikationen. In Ost und West stützten bildliche Darstellungen von Kriegskindern bis in die 1960er Jahre als Symbole die visuelle Konstruktion nationaler Gründungsmythen. Sie folgten dem Leitmuster der Politisierung und dienten der affektiven historischen Identitätsstiftung. Die Historisierung der 1970er Jahre brachte nicht nur eine Hinwendung zum Kind als Objekt nationalsozialistischer Sozialisation, sondern auch eine didaktische Akzentverschiebung von der Emotion zur Kognition; von der politischen Affektmodellierung zum historischen Verstehen. Das Kind erscheint erst seit den 90er Jahren im Leitmuster der Didaktisierung als Subjekt historischer Erfahrung.

Eine Neukonstruktion nationaler Opfermythen kann in aktuellen Schulbüchern nicht wahrgenommen werden. Dennoch birgt die zunehmende Visualisierung historischen Lernens diese Gefahr. Vor allem in Schulbüchern der Haupt- und Realschulen schwindet durch die wachsende Bebilderung der politik- und ereignisgeschichtliche Rahmen von Kriegskindheit. Das Verschwimmen zeitlicher und räumlicher Konturen, ja die Tendenz zur historischen Entkontextualisierung erschweren historisches Erzählen und Verstehen und könnten erneuten Mythenbildungen Vorschub leisten.[28] Dieser Tendenz könnte allein durch die historische Kontextualisierung der Entstehung der Fotografien entgegenwirkt werden. Bislang wird beispielsweise nur in Ausnahmen thematisiert, dass die Fotografien der Holocaust-Opfer dem Kamerablick der Täter entstammen. Was fehlt, sind Fotografien aus Familienalben, die das Leben vor der Vernichtung festhielten oder den Schein von Normalität trotz Krieg und Vernichtung wahrten. Damit würden in methodischer Hinsicht die Spezifika des Mediums Fotografie erhellt. Neben einer den Kriterien der Multiperspektivität folgenden Bildauswahl und einer differenzierten Bildinterpretation gehört vor allem die Rekonstruktion der verschiedenen sozialen Gebrauchsweisen der Fotografien nach

28 Zum Wandel des sozialen Gedächtnisses im Zuge der Medienevolution Assmann/Assmann 1994, S. 138–140. Die mit der zunehmenden Visualisierung schulischen und vor allem außerschulischen historischen Lernens verbundenen Folgekosten für das Geschichtsbewusstsein der Schülerinnen und Schüler sind bislang kaum problematisiert wurden.

ihrer Entstehung, die Rekonstruktion ihrer Rezeptionsgeschichte, zu den bislang allenfalls sporadisch eingelösten didaktischen Forderungen. Erst auf dieser Ebene setzt die Dekonstruktion fotografischer Mythen ein. Denn im Medienzeitalter bedeutet Erinnern „immer weniger sich auf eine Geschichte zu besinnen, und immer mehr ein Bild abrufen zu können" (Sontag 2003, S. 103).

In zeitlicher Perspektive endet die Darstellung von Kriegskindheit 1945. Die Folgen des Krieges, die Traumatisierungen der Betroffenen, haben in Schulbuchdarstellungen bislang keinen Platz. So erscheint auch in anderen Kontexten Kindheit als ein biologisch begrenzter Lebensabschnitt. Die Auswirkungen biografischer Erfahrungen und Prägungen auf Wert- und Grundhaltungen und auf politische Handlungsmuster ganzer Generationen bleiben so unberücksichtigt.

Wendet man die skizzierten Problemlagen didaktisch-pragmatisch, dann hieße dies, dass Kriegskindheit als Gegenstand der Zeitgeschichte auch im Geschichtsunterricht in ihren unterschiedlichen Wahrnehmungs- und Präsentationsformen erkennbar und interpretierbar sein sollte. Kriegskindheit ist Bestandteil der historischen Erfahrung der Zeitzeugen. Kriegskindheit ist Gegenstand geschichtswissenschaftlicher Deutung. Auf Kriegskindheit wird in ganz unterschiedlichen Modi durch Medien und Institutionen der Geschichtskultur Bezug genommen – sei es im Jugendbuch, im Film, im Museum oder in Gedenktagsreden der Politiker. Jede dieser Dimensionen besitzt ihre eigene Berechtigung und Funktion. Jede dieser Dimensionen bedient unterschiedliche Orientierungsbedürfnisse. Jede dieser Dimensionen folgt eigenen Konstruktions- und Narrationsmustern.

Jenseits der hier angestellten historischen und didaktischen Reflexionen sei abschließend erneut auf Christa Wolf verwiesen, deren Bemerkungen das Dilemma didaktischer Vermittlungsabsichten zutreffend beschreiben und gleichzeitig das Geschäft der beständigen kritischen Analyse unserer kulturellen Verarbeitungsmuster von Vergangenheit rechtfertigen. Sie gibt mit Blick auf ihre „Kindheitsmuster" zu bedenken:

> „Die Beschreibung der Vergangenheit – was immer das sein mag, dieser noch anwachsende Haufen von Erinnerungen – im objektiven Stil wird es nicht gelingen. Der Doppelsinn des Wortes ‚vermitteln'. Schreibend zwischen der Gegenwart und der Vergangenheit vermitteln, sich ins Mittel legen. Heißt das: versöhnen? Mildern? Glätten? Oder: Eins dem anderen näher bringen? Der heutigen Person die Begegnung mit jener vergangenen möglich machen, vermittels geschriebener Zeilen?" (Wolf 1985, S. 215)

Abb. 1: „Juden aus dem Warschauer Ghetto werden von SS-Männern zusammengetrieben, um in die Vernichtungslager abtransportiert zu werden." (Geschichtliches Unterrichtswerk Mittelklassen 1967, S. 190)

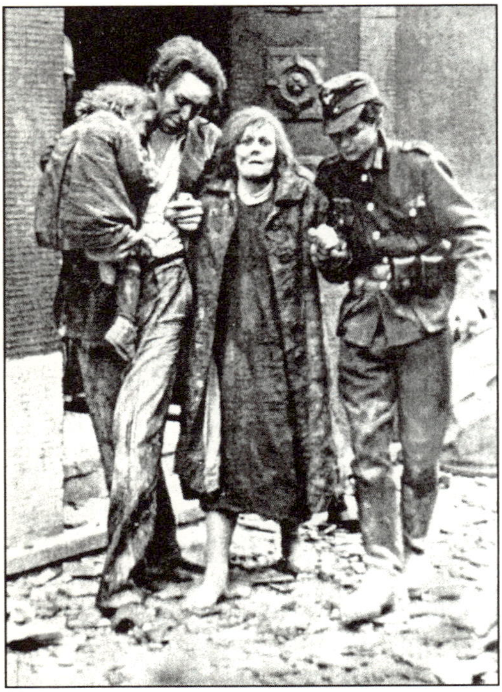

Abb. 2: „Überlebende Luftangriff Mannheim" (Döhn/Sandmann 1969, S. 130)

Abb. 3: „Die deutschen Faschisten verschleppten Tausende Polen nach Deutschland und zwangen sie, in deutschen Rüstungsbetrieben zu arbeiten.“ (Lehrbuch 10. Klasse 1962, S. 10; entgegen der Bildunterschrift ist auf dem Foto die Ankunft eines Transports ungarischer Juden am 26. Mai 1944 in Auschwitz zu sehen.)

Abb. 4: „Die Luftangriffe Großbritanniens und der USA verstärkten in den Jahren 1943/44 ihre Bombenangriffe gegen Deutschland. Sie führten diese zum großen Teil planmäßig als Terrorangriffe auf die deutsche Zivilbevölkerung durch. Nacht für Nacht mussten die Frauen mit ihren Kindern unterm dem Heulen der Sirenen in die Keller flüchten. Brandbomben lösten Feuerbrünste aus, denen oft ganze Straßenzüge und Stadtviertel, besonders in den Arbeitervierteln der Großstädte, zum Opfer fielen.“ (Lehrbuch 9. Klasse 1966, S. 272)

Abb. 5: „Flüchtlingselend“ (Geschichtliches Unterrichtswerk mittlere Schulen 1958, S. 42)

Abb. 6: „Deutsche und polnische Kinder begrüßen sich nach der Freigabe des Grenzüberganges auf der Brücke der Freundschaft in Görlitz.“ (Lehrbuch Geschichte 10. Klasse 1962, S. 120)

Abb. 7: „Das Ehrenmal der siegreichen Sowjetarmee, der Befreierin der Menschheit vom Faschismus. (Berlin Treptow)“ (Lehrbuch Geschichtsunterricht 1951, S. 20)

Abb. 8: „Berliner Kinder begrüßen ein Transportflugzeug der Luftbrücke.“ (Grundzüge Geschichte 1968, S. 259)

Abb. 9: „Geländeübung der Hitlerjugend. Für die vierzehn- bis achtzehnjährigen Jungen spielte die „vormilitärische Ausbildung“ eine besondere Rolle. / Unten: Und so endete es. Am Schluß des Krieges wurden auch schon Sechzehnjährige in Soldatenuniform gesteckt. Tausende dieser Kindersoldaten sind 1945 noch gefallen – sinnlos geopfert, als der Krieg ohnehin schon längst verloren war.“ (Birkenfeld 1976, S. 135)

Abb. 10: „Aufmarsch des ‚Deutschen Jungvolks' mit Trommeln und Fanfaren. Zum Jungvolk gehörten alle zehn- bis vierzehnjährigen Jungen. / Unten: Aufmarsch des „Bundes Deutscher Mädel". Die zehn- bis vierzehnjährigen Mädchen hießen „Jungmädel" und wurden in eigenen Gruppen zusammengefaßt. Mädchen zwischen vierzehn und achtzehn gehörten dann zum BDM." (Birkenfeld 1976, S. 134)

Abb. 11: „Verleumdung jüdischer Schüler vor der Klasse, 1933“ (Geschichte heute 1988, S. 123)

Abb.12: „Londoner Kinder suchen in einem Splittergraben Schutz. (Oktober 1940)“ (Zeiten und Menschen 2002, S. 142)

Abb. 13: „Tote Mutter und ihr Kind (Foto eines deutschen Soldaten, Russland 1941)“ (Zeiten und Menschen 2002, S. 142)

Abb. 14: „Eines von tausenden Kindern: Maria Matlak, geboren 1928, Häftlingsnummer 39 847, mit einem Sammeltransport am 2. April 1943 nach Auschwitz verschleppt.“ (Zeiten und Menschen 2002, S. 144)

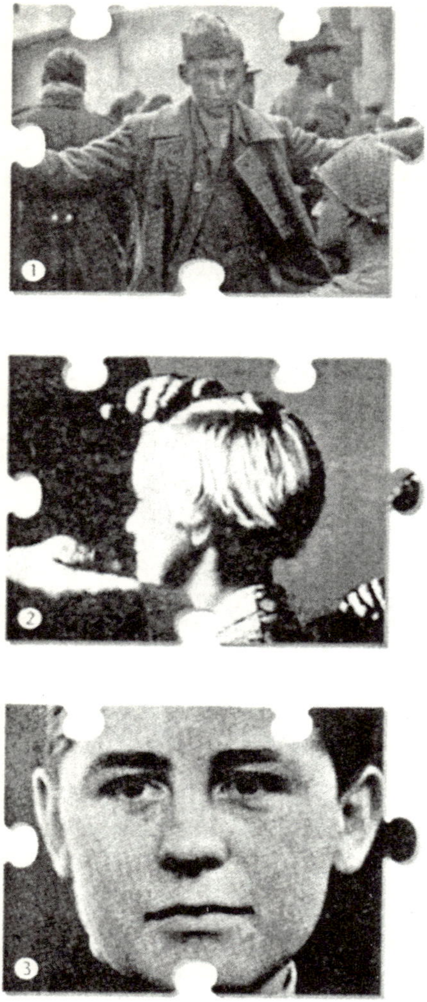

Abb. 15: „Die Geschichte dreier Kinder bzw. Jugendlicher. Sucht sie im Buch auf und erzählt, was sie gerade denken, fühlen und tun.“ (Pandel 2003, S. 81)

Literatur

Andrejewski, M. (2005): Der Bombenkrieg gegen deutsche Städte in Geschichtslehrbüchern. In: Internationale Schulbuchforschung, 27, 3: 255–277.

Aries, P. (1975): Geschichte der Kindheit. [1. Aufl. 1960] München (Hanser).

Assmann, A. (2002): Das Bildgedächtnis der Kunst – seine Medien und Institutionen. In: Hans-Dieter Huber (Hg.): Bild – Medien – Wissen. Visuelle Kompetenz im Medienzeitalter. München (kopaed), S. 209–222.

Assmann, A., Assmann, J. (1994): Das Gestern im Heute. Medien und soziales Gedächtnis. In: Klaus Merten u. a. (Hg.): Die Wirklichkeit der Medien. Opladen (Westdeutscher Verlag), S. 114–140.

Becher, U. (1979): Zeitgeschichte und Lebensgeschichte – Überlegungen zu einer Theorie der Zeitgeschichte. In: Geschichtsdidaktik, 4, 4: 298–306.

Bergmann, K., Schneider, G. (Hg.) (1982): Gegen den Krieg. 2 Bde. Düsseldorf (Schwann-Verlag).

Bergmann, K., Thurn, S. (1983): Historische Kindheiten. Überlegungen und Vorschläge für ein Unterrichtsmodell. In: Geschichtsdidaktik, 8, 4: 317–334.

Birkenfeld, W. (1976): Die Reise in die Vergangenheit. Ein geschichtliches Arbeitsbuch. Bd. 4: Geschichte und Politik in unserer Zeit. Braunschweig (Westermann).

Borries, B. v. (1980): Unkenntnis des Nationalsozialismus – Versagen des Geschichtsunterrichts? Bemerkungen zu alten und neuen empirischen Studien. In: Geschichtsdidaktik, 2: 109–126.

Borries, B. v. (2004): Vernichtungskrieg und Judenmord in den Schulbüchern beider deutscher Staaten seit 1949 (2000). In: Ders. (Hg.): Lebendiges Geschichtslernen. Bausteine zu Theorie, Pragmatik, Empirie und Normfrage (Forum historisches Lernen). Schwalbach/Ts. (Wochenschau-Verlag), S. 386–415.

Boßmann, D. (Hg.) (1977): „Was ich über Hitler gehört habe …“. Folgen eines Tabus: Auszüge aus Schüleraufsätzen von heute. Frankfurt a. M. (Fischer Taschenbuch Verlag).

Brink, C. (1998): Ikonen der Vernichtung. Öffentlicher Gebrauch von Fotografien aus nationalsozialistischen Konzentrationslagern nach 1945. Berlin (Akademie Verlag).

Broszat, M., Fröhlich, E. (Hg.) (1977–83): Bayern in der NS-Zeit. Herrschaft und Gesellschaft im Konflikt. 6 Bde. München/Wien. (Oldenbourg).

Damals und Heute (1955). Geschichte für Volksschulen. Bd. III. Stuttgart (Klett).

Danyel, J. (1995): Die Opfer- und Verfolgtenperspektive als Gründungskonsens? Zum Umgang mit Widerstandstraditionen und der Schuldfrage in der DDR. In: Ders. (Hg.): Die geteilte Vergangenheit. Zum Umgang mit Nationalsozialismus und Widerstand in den beiden deutschen Staaten. Berlin (Akademie-Verlag), S. 31–46.

Dehne, B., Schulz-Hageleit, P. (1992): Der Nationalsozialismus im Geschichtsunterricht. Dimensionen emotionalen Involviertseins bei Schülerinnen und Schülern, Lehrerinnen und Lehrern. In: Mütter, B., Uffelmann, U. (Hg.): Emotionen und historisches Lernen. Forschung – Vermittlung – Rezeption. Frankfurt a. M. (Diesterweg), S. 337–351.

Döhn, H., Sandmann, F. (1969): Erkunden und erkennen (Hauptschule). Hannover (Schroedel).
Dudek, P. (1995): „Der Rückblick auf die Vergangenheit wird sich nicht vermeiden lassen“. Zur pädagogischen Verarbeitung des Nationalsozialismus in Deutschland (1945–1990). Opladen (Westdeutscher Verlag).
Ebeling, H. (1966): Die Reise in die Vergangenheit. Bd. IV: Unser Zeitalter der Revolutionen und Weltkriege. Braunschweig (Westermann).
Ebeling, H. (1975): Die Reise in die Vergangenheit. Ein geschichtliches Arbeitsbuch. Bd. IV, Braunschweig (Westermann).
Erbe des Abendlandes (1951). Lehrbuch der Geschichte für höhere Schulen. Mittelstufe. Teil IV, Die Neuzeit. 2. Teilband: Vom Bismarckreich bis zur Bundesrepublik. Düsseldorf (Pädagogischer Verlag Schwann).
Expedition Geschichte (1999), Bd. 3: Von der Zeit des Imperialismus bis zur Gegenwart. Frankfurt a. M. (Diesterweg).
Fischer, J. (2004): Geschichte im Dienste der Politik. Die Darstellung des Zeitraumes von 1933 bis 1945 in den Geschichtslehrplänen und -schulbüchern der zehnklassigen allgemeinbildenden polytechnischen Oberschule in der DDR von 1959 bis 1989 (Europäische Hochschulschriften. Reihe III: Geschichte und ihre Hilfswissenschaften; 981). Frankfurt a. M (Peter Lang).
Forum Geschichte (2003), Bd. 4, Berlin (Cornelsen).
Frei, N. (2005): 1945 und Wir. Das Dritte Reich im Bewusstsein der Deutschen. München (Beck).
Gautschi, P. (2006): Geschichtslehrmittel: Wie sie entwickelt werden und was von ihnen erwartet wird. [Manuskript erscheint in Geschichtsdidaktik 9/2006].
Geschichte (1979). Lehrbuch für Klasse 9. Berlin (Volk und Wissen).
Geschichte (1988). Lehrbuch für Klasse 9. Berlin (Volk und Wissen).
Geschichte für Mittel- und Realschulen (1962). Bd. 4: Von 1789 bis zur Gegenwart. 2. Halbband: Von der Jahrhundertwende bis zur Gegenwart. 11. Aufl., Frankfurt a. M. (Diesterweg).
Geschichte heute für Hauptschulen (1986). Hannover (Schroedel).
Geschichte heute für Hauptschulen in Niedersachsen (1988). Hannover (Schroedel).
Geschichte in Einzelbildern (1954). Wege der Völker. Bd. IV: Aus der neuesten Zeit. Von 1849 bis in die Gegenwart. Frankfurt a. M. (Diesterweg).
Geschichte und Gegenwart (1984). Arbeitsbuch Geschichte. Bd. 3: Von der Mitte des 19. Jahrhunderts bis zum Ende des Zweiten Weltkrieges. Paderborn (Schöningh).
Geschichtliches Unterrichtswerk für die Mittelklassen (1967), 7. Aufl., Bd. IV: Um Volksstaat und Völkergemeinschaft. 7. Aufl., Stuttgart (Klett).
Geschichtliches Unterrichtswerk für die Mittelklassen (1968), 1. Aufl., Bd. IV: Staatensystem und Weltpolitik. Stuttgart (Klett).
Geschichtliches Unterrichtswerk für die Mittelklassen (1969), 2., bearb. Aufl., Bd. IV: Staatensystem und Weltpolitik. Stuttgart (Klett).
Geschichtliches Unterrichtswerk für höhere Lehranstalten (1957). Mittelstufe Bd. IV: Europa und die Welt 1789 bis heute. Paderborn (Schöningh).
Geschichtliches Unterrichtswerk für mittlere Schulen (1958), Hannover (Klett).
Geschichtsdidaktik (1982), 7, 2/3 (Beiträge zu „Geschichtsunterricht und Friedenserziehung“).

Grundzüge der Geschichte (1968), Bd. 4., Frankfurt a. M. (Diesterweg).
Grundzüge der Geschichte (1974): Sekundarstufe I. Bd. 4: Von 1890 bis zur Gegenwart. Stuttgart (Diesterweg).
Hamann, C. (1998): Bildblockaden und Blockadebilder. Über den Einsatz von Fotos im Geschichtsunterricht. In: Geschichte, Erziehung und Politik, 9, 5: 278-283.
Hamann, C. (2000): „Die Wendung aufs Subjekt! Zum Foto des Jungen aus dem Warschauer Ghetto 1943. In: Geschichte in Wissenschaft und Unterricht, 51: 727–741
Hamann, C. (2001): Bilderwelten und Weltbilder. Fotos, die Geschichte(n) mach(ten). Teetz (Hentrich und Hentrich).
Handro, S. (2004): „Ein Tabuthema" oder „Die andere Geschichte." Zum öffentlichen Umgang mit „Flucht und Vertreibung" in der SBZ und DDR. In: Alavi, B., Bockschatz, G. H. (Hg.): Migration und Fremdverstehen. Geschichtsunterricht und Geschichtskultur in der multiethnischen Gesellschaft (Schriften zur Geschichtsdidaktik; 16). Idstein (Schulz-Kirchner), S. 177–192.
Hellmold, M. (1999): Warum gerade diese Bilder? Überlegungen zur Ästhetik und Funktion der historischen Referenzbilder moderner Kriege. In: Thomas F. Schneider (Hg.): Kriegserlebnis und Legendenbildung. Das Bild des „modernen" Krieges in Literatur, Theater, Photographie und Film. Bd. 1. Osnabrück (Universitäts-Verlag), S. 34–50.
Heyl, M. (1997): Erziehung nach Ausschwitz. Eine Bestandsaufnahme. Deutschland, Niederlande, Israel, USA. Hamburg (Krämer-Verlag).
Heyl, M. (2000): „Holocaust Curricula – beispielhafte Tendenzen in der Entwicklung der Holocaust Education in den USA. In: Internationale Schulbuchforschung, 22, 1: 49–72.
Hinrichs, E. (1992): Zur wissenschaftlichen Angemessenheit von Schulbuchtexten. Beispiel: Geschichtsbücher. In: Fritzsche, K. P. (Hg.): Schulbücher auf dem Prüfstand. Perspektiven der Schulbuchforschung und Schulbuchbeurteilung in Europa (Studien zur Internationalen Schulbuchforschung; 75). Frankfurt a. M. (Diesterweg), S. 97–105.
Illichmann, J. (1997): Die DDR und die Juden. Die deutschlandpolitische Instrumentalisierung von Juden und Judentum durch die Partei- und Staatsführung der SBZ/DDR von 1945 bis 1990. Frankfurt a. M. (Peter Lang).
Kettenacker, L. (Hg.) (2003): Ein Volk von Opfern? Die neue Debatte um den Bombenkrieg 1940–1945. Berlin (Rowohlt).
Knoch, P. (Hg.) (1989): Kriegsalltag: die Rekonstruktion des Kriegsalltags als Aufgabe der historischen Forschung und Friedenserziehung, Stuttgart (Metzler).
Kolinsky, E. (1991): Remembering Auschwitz: A Survey of Recent Textbooks for Teaching of History in German Schools. In: Yad Vashem studies. Studies in European Jewish catastrophe and resistance, 22: 287–307.
Kuczynski, J. (1982): Geschichte des Alltags des deutschen Volkes. Bd. 5: 1918–1945. Berlin (Akademie Verlag).
Langer, H. (1988): Schulfrei für den Tod. Jugend unter Pickelhaube und Stahlhelm. (Jugendbuchreihe nl-konkret) Berlin (Verlag Neues Leben).
Lasius, R., Recker, H. (1963): Geschichte. Bd. 3: Das Zeitalter der Weltmächte und Weltkriege. Weinheim (Julius Beltz).
Lehrbuch für den Geschichtsunterricht (1951). 4. Teil. Berlin (Volk und Wissen).

Lehrbuch für Geschichte (1966). 9. Klasse Oberschule und erweiterte Oberschule. 1966 (Volk und Wissen).
Lehrbuch für Geschichte der 10. Klasse der Oberschule und der erweiterten Oberschule (1962). Berlin (Volk und Wissen).
Lehrbuch für Geschichte der 10. Klasse der Oberschule und der erweiterten Oberschule (1965). Berlin (Volk und Wissen).
Lübbe, H. (2001): Ich entschuldige mich. Das neue politische Bußritual. Berlin (Siedler).
Lüdtke, A. (1989): Alltagsgeschichte. Zur Rekonstruktion historischer Erfahrungen und Lebensweisen. Frankfurt a. M. (Campus-Verlag).
Margalit, G. (2002): Der Luftangriff auf Dresden. Seine Bedeutung für die Erinnerungspolitik der DDR und für die Herauskristallisierung einer historischen Kriegserinnerung im West. In: Düwell, S., Schmidt, M. (Hg.): Narrative der Shoa. Paderborn (Schöningh), S. 189–207
Märthesheimer, P., Frenzel, I. (Hg.) (1979): Im Kreuzfeuer: Der Fernsehfilm Holocaust. Eine Nation ist betroffen. Frankfurt a. M. (Fischer Taschenbuch Verlag).
deMause, L. (2000): Evolution der Kindheit. In: Ders. (Hg.): Hört ihr die Kinder weinen. Eine psychogenetische Geschichte der Kindheit. 10. Aufl. [Erstveröffentl. New York 1974], Frankfurt a. M. (Suhrkamp), S. 12–111.
Meier, H., Schmidt, W. (Hg.) (1988): Erbe und Tradition in der DDR. Die Diskussion der Historiker. Berlin (Akademie Verlag).
Meyers, P. (1979): Didaktische Aspekte zur Behandlung des Nationalsozialismus. In: Meyers, P., Riesenberger, D. (Hg.): Der Nationalsozialismus in der politischen Bildung. Göttingen (Vandenhoeck und Ruprecht), S. 25–28.
Meyers, P. (1980): Vom „Antifaschismus" zur „Tendenzwende". Ein Überblick über die Behandlung des Nationalsozialismus in der historisch-politischen Bildung seit 1945. In: Bundeszentrale für politische Bildung (Hg.): Der Nationalsozialismus als didaktisches Problem. Beiträge zur Behandlung des NS-Systems und des deutschen Widerstand im Unterricht. Bonn (bpb), S. 43–63.
Niethammer, L., Plato, A. v. (Hg.) (1983–1985): Lebensgeschichte und Sozialkultur im Ruhrgebiet. 3 Bde. Berlin/Bonn (Dietz).
Osburg, F., Klose, D. (Hg.) (1999): Expedition Geschichte. Bd. 3: Von der Zeit des Imperialismus bis zur Gegenwart. Frankfurt a. M. (Diesterweg).
Pandel, H.-J. (Hg.) (1998): Geschichte konkret. Bd. 3. Ein Lern- und Arbeitsbuch. Hannover (Schroedel).
Pingel, F. (1979): Nationalsozialismus im Geschichtsunterricht. Neue Perspektiven seit „Holocaust". In: Geschichtsdidaktik 4,4: 306–318
Popp, S. (2004): Anmerkungen zur Darstellung von Opfergruppen des Nationalsozialismus in aktuellen Schulbüchern für den Geschichtsunterricht. In: Gerhard Fritz (Hg.): Landesgeschichte und Geschichtsdidaktik. Festschrift für Rainer Jooß. Schwäbisch Gmünd (Verlag Pädagogische Hochschule), S. 105–119
Reich, B., Stammwitz, W. (1989): Antifaschistische Erziehung in der Bundesrepublik? Von den Schwierigkeiten der pädagogischen Bewältigung des Nationalsozialismus. In: Rathenow, H.-F., Weber, N. H. (Hg.): Erziehung nach Auschwitz. Pfaffenweiler (Centaurus Verlag), S. 98–107.

Reinhard, O., Neutzer, M., Hesse, W. (2005): Das rote Leuchten. Dresden und der Bombenkrieg. Dresden (Edition Sächsische Zeitung).
Rückert, H., Lachner, M. (1971): Grundriß Geschichte unter besonderer Berücksichtigung wirtschaftlicher und sozialer Entwicklungen. Bd. 2.: Das 19. und 20. Jahrhundert. Paderborn (Schöningh).
Schlumbohm, J. (1983): Geschichte der Kindheit – Fragen und Kontroversen. In: Geschichtsdidaktik, 8, 4: 305–315.
Schmid, H. (2004): Antifaschismus und Judenverfolgung. Die „Reichskristallnacht“ als politischer Gedenktag in der DDR. Göttingen (V und R unipress).
Schneider, G. (1983): „Krieg“ als Gegenstand des Geschichtsunterrichts. In: Jörg Calließ (Hg.): Gewalt in der Geschichte. Beiträge zur Gewaltaufklärung im Dienste des Friedens. Düsseldorf (Schwann-Verlag), S. 85–100.
Schoel, R. (1968): Sachkunde für Abschlussklassen: Zeitgeschichte. Hannover (Schroedel).
Sontag, S. (2003): Das Leiden anderer betrachten. München (Hanser).
Spiegel der Zeiten (1972). Lehr- und Arbeitsbuch für den Geschichtsunterricht. Bd. 4: Vom Imperialismus bis zur Gegenwart. Hannover (Diesterweg).
Stein, G. (1976): Das Schulbuch als „Politikum“. In: Schulbuchkritik als Schulkritik. Hinweise und Beiträge aus politikwissenschaftlicher Sicht. Saarbrücken (Universitäts- und Schulbuchverlag, S. 25–76.
Steinbügl, E. (1973): Geschichte Bd. IV: Neueste Zeit. München (Oldenbourg).
Süß, D. (2005): Erinnerungen an den Luftkrieg in Deutschland und Großbritannien. In: APuZ 18–19: 19–26.
Taylor, F. (2006): Hiroshima. Das atomare Paradoxon. http://www.spiegel.de/panorama/0,1518,367915,00.html
Timm, A. (1997): Hammer, Zirkel, Davidstern. Das gestörte Verhältnis der DDR zu Zionismus und Staat Israel. Bonn (Bouvier).
Verbeek, G. (1990): Kontinuität und Wandel im DDR-Geschichtsbild. In: APuZ B11: 30–42
Weber-Kellermann, I. (1979): Die Kindheit. Eine Kulturgeschichte. Frankfurt a. M. (Insel).
Wenzel, B., Weber, D. (1989): „Auschwitz“ in Geschichtsbüchern der Bundesrepublik Deutschland. In: Rathenow, H.-F., Weber, N. H. (Hg.): Erziehung nach Auschwitz. Pfaffenweiler (Centaurus Verlag), S. 117–135.
Wolf, C. (1985): Kindheitsmuster. 10. Aufl. [1. Aufl. 1975] Berlin/Weimar (Aufbau-Verlag).
Wolf, C. (1989): Erfahrungsmuster. Diskussion zu „Kindheitsmuster“. In: Dies.: Die Dimension des Autors. Essays und Aufsätze, Reden und Gespräche 1959–1985. Bd. II. 2. Aufl. Berlin/Weimar (Aufbau-Verlag), S. 350–387.
Zeiten und Menschen (1967). Geschichtliches Unterrichtswerk. Bd. 4: Europa und die Welt. Das 20. Jahrhundert. Paderborn (Schöningh).
Zeiten und Menschen (2002). Bd. 4. Braunschweig (Westermann).
Zeiten und Menschen (2002). Hannover (Schöningh).
Zimmermann, M. (2002): Täter-Opfer-Dichotomien als Identitätsform. In: Jarausch, K. H., Sabrow, M. (Hg.): Verletztes Gedächtnis. Erinnerungskultur und Zeitgeschichte im Konflikt. Frankfurt/New York (Campus-Verlag), S. 199–216.
Zweimal Deutschland (1973). Lehrbuch für Politik und Zeitgeschichte. Frankfurt a. M. u. a. (Diesterweg).

Barbara Stambolis und Dieter Pfau

Flüchtlingskindheit

Erfahrungen und Rückblicke auf ein „erfolgreiches Leben“

Flüchtlingskinder

Flucht und Vertreibung gehörten zu den unmittelbaren Kindheitserfahrungen eines Teils jener Generation, für die der Zweite Weltkrieg und die Jahre nach 1945 prägend waren. Bei Kriegskindererfahrungen ist, wie Hartmut Radebold schreibt, zu berücksichtigen, dass die erlebten und erlittenen Ereignisse in der Regel kumulativ waren, d. h. sie betrafen zugleich verschiedene Erfahrungsbereiche, z. B. väterliche Abwesenheit, Flucht und Gewalterfahrungen. Flüchtlingskinder konnten also zusätzlich zur Flucht auch andere Kriegserfahrungen gemacht haben. Sie konnten Bombenangriffe und Ausbombungen, Städtezerstörungen oder den „Feuersturm“ mit seinen zahlreichen Opfern, Evakuierungen, Kinderlandverschickungen u. a. mehr erlebt haben. Hunger und Krankheiten kamen ebenso hinzu wie vielfach auch die Erfahrung des sozialen Abstiegs, ferner die lang anhaltende Kriegsteilnahme und/oder die vorübergehende oder dauernde väterliche Abwesenheit. Wenn diese Väter aus dem Krieg heimkehrten, waren sie oft physisch und psychisch versehrt und blieben für die Kinder unerreichbar. Hinzu kam häufig auch der Verlust der Mutter, der Geschwister und näherer Verwandter.[1]

Nicht alle Flüchtlingskinder waren auch Lagerkinder; manche befanden sich in stabileren Verhältnissen, wenn sie mit Müttern und weiteren Familienangehörigen zusammen blieben, wenn etwa auch die Großeltern weiterhin eine Rolle spielten. Andere hatten auf der Flucht alle Angehörigen verloren. Ferner ereigneten sich die Geschehnisse bei den Jahrgängen 1927 bis 1946 in unterschiedlichen Phasen ihrer Entwicklung. Beispielsweise waren insbesondere Jugendliche in den ersten Nachkriegsjahren als „Zonenwanderer“

1 Hartmut Radebold (2004), *Im Alter wacht die Kindheit auf. Die Generation der Kriegskinder im 2. Weltkrieg – heute*, als Manuskript vorliegender Vortrag am 8. Oktober 2004 im Kulturwissenschaftlichen Institut Essen anlässlich der Eröffnungsveranstaltung der Studiengruppe „Kinder des Weltkrieges. Lebensgeschichtliche und politisch-kulturelle Bedeutung von Kriegserfahrung und Generationalität in Europa“; vgl. auch Radebold 2006.

allein unterwegs, sie werden zu Recht als Strandgut des Krieges bezeichnet. Es muss darüber hinaus aufgrund unterschiedlicher Erfahrungen von Mädchen und Jungen sowie aufgrund unterschiedlicher Anforderungen an sie nach dem Geschlecht differenziert werden.

Flucht und Vertreibung bilden seit Jahren ein Forschungsfeld, das auf breites Interesse stößt. Die psychischen Folgen kindlicher Fluchterfahrungen rücken ins allgemeine Blickfeld (Ackermann 2000; 2004); sie sind zumindest teilweise Gegenstand regionalgeschichtlicher Arbeiten – nicht zuletzt über Westfalen (Leidinger 2004). Es lassen sich aber Lücken in der Forschung ausmachen. Zum einen erweisen sich manche Fragestellungen und Zugänge als bislang nicht ausreichend untersucht. Zum anderen ist die Frage der Integration und auch Ausgrenzung und Zurückweisung von Flüchtlingen und Vertriebenen unter Berücksichtigung der Erfahrungen Betroffener als besonders viel versprechend anzusehen.

Fotos, auf denen Flüchtlingskinder während des Zweiten Weltkrieges und in den ersten Nachkriegsjahren zu sehen sind, finden sich in Archiven und in Privatbesitz. Sie sind bislang nicht systematisch gesammelt worden. Dieser Beitrag stützt sich zum Teil auf das umfangreiche Bildarchiv des Lippstädter Berufsfotografen Walter Nies (Stambolis/Jakob 2006). Es kann unterschieden werden zwischen Lagerkindern, über die sich u. a. aus einer Siegener Studie grundlegende Informationen entnehmen lassen (Pfau/Seidel 2004), elternlosen Kindern (Stambolis 1998) und heimatlosen Jugendlichen, die in der zeitgenössischen Literatur als „Zonenwanderer" bezeichnet werden, über die bis heute keine aktuelle historische Studie vorliegt (Stambolis 1997).

Flüchtlingskindheit und ein „erfolgreiches Leben"

Ferner wird berücksichtigt, was die Studiengruppe „Kinder des Weltkrieges" (www.kwi-nrw.de) im September 2004 so formuliert hat: „[Es] sollen lebensgeschichtliche und politisch-kulturelle Folgen geklärt werden, die mit den historischen Erfahrungen dieser Generation, die unsere Gesellschaft bis in die Gegenwart spezifisch prägt, zusammenhängen." (Zinnecker 2006, S. 3) Gerade rückblickende lebensgeschichtliche Erinnerungen fügen sich in ein breites, nicht nur wissenschaftliches, sondern auch in der Öffentlichkeit erkennbares Interesse am Zweiten Weltkrieg und an seinen Folgen ein. Im Herbst 2004 wurde in einer Pressekonferenz im Rathaus der Stadt Siegen ein Buch über Flüchtlinge und Vertriebene zwischen Integration und Ablehnung vorgestellt. Dass zu diesem Anlass ein Bürgermeister, ein Landrat und ein Kulturreferent von ihrer eigenen Flüchtlingskindheit sprachen, mag ein Zufall gewesen sein. Sie ließen deutlich werden, wie präsent Kriegskindheitserfahrungen heute sind. Sie ließen zugleich den Eindruck entstehen, als sei ihre eigene Geschichte Teil einer Erfolgsgeschichte der Bundesrepublik Deutschland, denn sie schilderten zwar Not und Entbehrungen, ließen aber keine Verbitterung durchklingen. Letzteres ist vielleicht *nicht* zufällig und sicher sind es keine Einzelfälle, die hier so ihre Wahrnehmungen von Flüchtlingskindheit im Rückblick und aus der Rückschau auf ein als erfolgreich angesehenes Leben formulierten. Seit den 1980er Jahren wird der „Wahrheitsanspruch“ dieser „großen Erzählung“ „zwar nicht grundsätzlich, aber doch partiell bestritten“ (Ackermann 2004, S. 434), ohne dass die schnelle Integration insgesamt in Frage gestellt worden wäre.

Anders schreiben seit Jahren Schriftsteller über Flucht und ein Gefühl der Heimatlosigkeit, das sich für Peter Härtling am Beispiel eines Liederabends festhalten läßt, also in Musik verdichtet. Schuberts Winterreise habe ihn damals ergriffen und zu Tränen gerührt:

> „Mit fünfzehn Jahren hörte ich zum ersten Mal mein Lied. Ein heruntergekommener, seiner Stimme nicht mehr mächtiger Bariton sang es vor wenigen Zuhörern [...] es war eines der ersten Konzerte seit Kriegsende in Nürtingen. In dem Saal der ehemaligen Aufbauschule, in dem das Konzert stattfand, waren wenige Jahre zuvor Lieder zum Ruhme Hitlers geschmettert worden. ‚Fremd bin ich eingezogen,/ Fremd zieh ich wieder aus.‘ [...] draußen stäubte der Januarschnee im Frost, der Raum war so gut wie nicht geheizt –, als er einsetzte, traf seine Stimme das ‚Fremd‘ nur ungenau. Selbst ich, der ich das Lied noch nicht kannte, merkte es. Aber gerade dieses suchende und gesuchte FREMD bewegte mich tief. Es sprach von mir, das ganze Lied erzählte von mir [...] der Wanderer, der Fremde war ich [...] ich war wie er als Flüchtling gekommen und von der Stadt (Nürtingen) und ihren Bürgern ‚fremd‘ gemacht worden [...] Das ist [1988] fast vierzig Jahre her. Nicht immer, wenn ich die ‚Winterreise‘ jetzt höre, [...] empfinde ich meine Fremde so wie damals. Ich habe mit ihr umzugehen gelernt. Manchmal jedoch fühle ich, wie die Haut sich fröstelnd zusammenzieht. Dann werden Bilder lebendig, die ich während meiner unfreiwilligen Wanderung eingesammelt habe, Bilder, die einer Epoche gehören, Bilder, vor denen nur Amnesie schützt “ (Härtling 1988, S. 11f.)

Es sind Bilder, die in den Köpfen der Menschen bleibende Eindrücke an die Kindheit darstellen, die nur ein Gedächtnisverlust auslöschen könnte.

Flüchtlingskinderbilder aus Westfalen

Anhand des Bildarchivs des Lippstädter Fotografen Walter Nies lässt sich das Thema ‚Flüchtlingskinder‘ fotografisch differenzieren. Die bereits genannte Dokumentation *Nachkriegszeit in Siegen 1945–1949. Flüchtlinge und Vertriebene zwischen Integration und Ablehnung* sowie das Buch Glaube und Heimat. Die Flüchtlingsarbeit der Katholischen Osthilfe im Erzbistum Paderborn nach 1945 bilden auf dem Cover dasselbe Bild ab:

einen kleinen Jungen zusammen mit seiner Mutter.[2] Obwohl die Bücher unabhängig voneinander entstanden sind, haben die Autoren bzw. Herausgeber teilweise dieselben Flüchtlingskinderbilder ausgewählt. Solche Bilder sind exemplarische Kriegskinderfotografien, die immer wieder entsprechend konnotiert werden, so bei Jörg Friedrich (2003). Der westfälische Bildbestand, der unserer Auswahl zugrunde liegt, enthält Kinderfotografien, die Lagerkindheit als Teil der Fluchterfahrung deutlich machen.

Der Lippstädter Bildbestand enthält zudem zahlreiche Fotos, die Kinder zeigen, die auf der Flucht ihre Eltern verloren hatten und in Heimen untergebracht wurden. Sie erzählen andere Geschichten als die Lagerbilder. Da die Lebensgeschichten der abgebildeten Kinder nicht bekannt sind, ist allerdings nicht ausgeschlossen, dass Lagerkinder auch elternlose Kinder sein konnten. Eine besondere Gruppe von Fotos bildet Jugendliche ab, die allein „unterwegs" waren, auf Bahnhöfen fotografiert wurden, in Heimen oder auf der Landstraße.

Verkörpern diese Bilder Flüchtlingskindheit par excellence? Gibt es überhaupt so etwas wie ‚*die* Flüchtlingskindheitserfahrung', wie Peter Härtling sie formuliert hat? Das Bildarchiv des Berufsfotografen Walter Nies enthält zahlreiche Fotografien Flüchtlingskindern, die deutlich machen, dass Differenzierungen notwendig sind. Sie zeigen die Fluchterfahrung in Facetten: Kinder auf Bahnhöfen, in Lagern wie dem Siegener Lager Wellersberg, Kinder, die auf der Flucht ihre Eltern verloren haben, die in Heimen untergebracht wurden, und sie zeigen Jugendliche auf der Landstraße oder auf Bahnhöfen, die ohne ihre Eltern unterwegs waren. Die Bilder verdeutlichen Aspekte kindlicher Fluchterfahrung und sie zeigen, dass ihre Situation genauer und in ihrer Vielschichtigkeit untersucht werden muss. Sie lassen darüber hinaus erkennen, dass kleine Kinder solchen Extremsituationen möglicherweise anders ausgesetzt waren als Jugendliche. Sie lenken den Blick auf besondere Problemgruppen innerhalb der Großgruppe von Flüchtlingskindern und -jugendlichen, die gesondert Aufmerksamkeit verdienen.

Siegener Lagererfahrungen

Fotografien wie diese werden ergänzt durch niedergeschriebene Erinnerungen, die die Lagererfahrung anschaulich werden lassen. Dorothea Koch-Thalmann, 1932 in Breslau/Schlesien geboren, 1946 nach Siegen verschlagen, berichtet rückblickend über ihre Flucht, die Ängste, Entbehrungen, die Ungewissheit, ihre Ankunft in Siegen und ihren Aufenthalt im Siegener Lager Wellersberg:

> „dann fahren wir in eine Stadt hinein und je mehr Häuser da sind, desto zerstörter sind sie auch. Trümmerberge türmen sich am Bahngleis. Es

2 Siehe Abb. 1 im anderen Beitrag von Barbara Stambolis und Dieter Pfau.

wird immer trauriger. Wo sind wir eigentlich? Jemand hat vorhin gesagt, es hätte da ein krummes Schild gegeben, da hätte ‚Weidenau' draufgestanden. Aber nach Ruhrgebiet sieht es nicht aus. Da ruft plötzlich jemand: ‚Siegen, ich hab's genau gelesen, Siegen!' Der Zug ruckelt schließlich in einen Bahnhof hinein. Da steht es, ‚Siegen in Westfalen'. Der Zug bleibt stehen und der Schaffner rennt am Zug entlang und ruft: ‚Aussteigen, alles aussteigen! Der Zug endet hier!'" (Koch-Thalmann 2000, S. 312f.)

Abb. 1: Lagerkind I, Siegen (Walter Nies, Lippstadt)

Koch-Thalmann begegnet Ablehnung unter den Einheimischen. Sie erschrickt bei Sätzen wie: „Jetzt kommt ihr hierher. Wir haben nichts zu essen." Ihr wird übel, sie hat Angst (ebd., S. 313). Der erste Eindruck im Lager Wellersberg ist der einer buchstäblichen Kasernierung. „Jedenfalls waren die Leute von der Lagerverwaltung nicht sehr nett zu uns. Ich hatte es selbst erlebt und gab den anderen recht, wenn sie sagten, wir würden hier in Siegen, weit ab von der Stadt, eingesperrt wie Kriegsgefangene." (Ebd., S. 314) Sie berichtet von einem „Aufstand der Lagerleute", Beschwerden über das Essen, die Unterbringung, über Resignation und Trauer, die Gefühle der Erwachsenen und die Wirkung auf die Kinder (ebd., S. 315f.).

Konkrete Angaben, die diese Erinnerungen bestätigen, finden sich in behördlichen Schreiben.[3]

Abb. 2: Lagerkind II, Siegen (Walter Nies, Lippstadt)

Die unterschiedlichen Perspektiven von „Einheimischen“ und „Fremden“ mit Blick auf die Alltagsprobleme der Nachkriegszeit veranschaulichen Schriftquellen und Zeitzeugenaussagen gleichermaßen. Insbesondere Schilderungen in professionell ausgewerteten Siegener Interviews mit Flüchtlingen – etwa im Zusammenhang mit ihrer Ankunft in Siegen, mit Erfahrungen bei der Unterbringung und ersten Kontakten, mit schwierigen Lebensverhältnissen allgemein, mit dem grundlegenden Gefühl der Fremde angesichts sprachlicher Eigenheiten der neuen Umgebung oder religiöser Fremdheit – lassen deutlich werden, welchen Belastungen Menschen ausgesetzt waren, für die einerseits die Erinnerungen an eine verlorene „Heimat“ Erinnerungsträume darstellten, für die andererseits die Integration in die neue Umgebung überlebenswichtig war. Aussagen wie: „man wollte auch gar nicht das Flüchtlingskind sein. Man war bestrebt, genauso zu sein wie die andern. Bloß nicht auffallen. Wir haben nie etwas von zu Hause erzählt. Man wollte dabei sein, man wollte sich integrieren“, erscheinen im Rück-

3 Schreiben des Oberstadtdirektors an den Sozialminister vom 30. August 1947, in: Pfau/Seidel 2004, S. 162

blick als Grunderfahrungen, in denen der Anpassungsdruck seinen Ausdruck findet (Pfau/Seidel 2004, S. 256).

Rückblickend, aus rund 60 Jahren Distanz geben Interviewpartner nachdenklich zu, dass sie ihre Erfahrungen „verschwiegen“ und „verleugnet“ hätten; die Erwachsenen hätten versucht, „von den Kindern viel fern zu halten, da habe „auch ein Fehler gelegen. Vielleicht, hätte man alles besser verkraftet, wenn man gesprochen hätte“ (ebd.). Erst heute finden viele Interviewpartner Worte dafür, dass ihre sich „Heimatlosigkeit“ von der ihrer Eltern noch einmal unterschied:

> „Wir Kinder, die Zwischengeneration will ich sie mal nennen. Die, die die Heimat als Kinder verlassen haben, haben eine Situation kennen gelernt, die wieder *unsere* Eltern *nicht* kennen. Sie haben eine Heimat gehabt. *Wir* sind im Grund genommen *heimatlos* aufgewachsen [...], die als Kinder da weggegangen sind [...] Also man lebte in meiner Generation, ich denke es ist vielen so gegangen, wurzellos [...] Es ist nicht verarbeitet, nicht bearbeitet worden und das nehmen wir mit bis an den letzten Tag [...] Ja, und das ist das größte Manko, dass das nicht psychologisch und seelisch aufgearbeitet werden konnte.“ (Ebd., S. 257)

Gleichwohl belegen zahlreiche Aussagen von Flüchtlingen, dass sie die Integration rückblickend als gelungen ansehen (Pfau/Seidel 2004). Interviewpartner erinnern sich besonders an Gesten der Solidarität und Hilfsbereitschaft, die ihnen als Kinder deutlich machten, dass sie eine Chance hatten, in der neuen Umgebung aufgenommen zu werden. Gegen Ausgrenzungserfahrungen, in der Schule etwa, steht das Beispiel einer Mitschülerin, die bei der Schulspeisung bereit war ihr Geschirr zu teilen: „Und da vergess ich nie, wie ich da so abseits stand, und eine aus der Klasse [...] sagte: ‚Hast Du keinen Topf mit?’ Nee, sagte ich. Und da klappte sie ihr Kochgeschirr auseinander und gab mir den Deckel von ihrem Topf. Das war eine ganz tolle [...] Erfahrung, [...] die ich einfach nicht vergessen hab.“ (Ebd., S. 251) Alle im Rahmen des Siegener Projekts im Wintersemester 2002/2003 Interviewten gaben auf die Frage, ob sie die Integration in die neue Umgebung als gelungen betrachteten, an, sie sei erfolgreich gewesen. Sie betonen, „alles“ sei gelungen, es habe insgesamt „keinerlei Schwierigkeiten“ gegeben, obwohl sie zugleich Beispiele für schmerzliche Erfahrungen anführen (ebd., S. 255).

Elternlose Flüchtlingskinder

Zahlreiche Kinder wurden auf der Flucht von ihren Eltern getrennt (Mittermaier 2002). In einer Bilddokumentation aus dem Jahre 1948 heißt es als Kommentar zu entsprechenden Fotos, die Vermisstenanzeigen und die erfolgreiche Zusammenführung einer Familie festhalten:

„Täglich wird der Caritasverband mit hunderten von Briefen überschüttet, in denen Familien ihre Angehörigen suchen [...] Eltern suchen ihre Kinder. Tausende Kinder rufen nach Vater und Mutter. In dem Bemühen, elternlose Kinder zu betreuen und vorübergehend unterzubringen, u. a. in einem Kinderheim in Schüren in Westfalen, wird immer wieder die Hoffnung sichtbar, dass sie eines Tages mit ihren Familien vereint werden könnten."[4]

Abb. 3: Elternlose Kinder I (Walter Nies, Lippstadt)

In Rundbriefen der Caritas des Erzbistums Paderborn etwa heißt es noch zu Beginn der 1950er Jahre: „Immer noch laufen [...] neue Anträge von Eltern ein, die von ihren Kindern in den Kriegstagen und in den Wirren der Nachkriegszeit, vor allem in den Ostgebieten, getrennt wurden." (Caritas-Rundbrief 1951)[5] Auch in scheinbar aussichtlosen Fällen wurde die Suche nicht aufgegeben. 1951 heißt es wörtlich:

4 gebundenes, maschinenschriftliches und mit zahlreichen Fotos versehenes Album im Erzbischöflichen Generalvikariat Paderborn, Nachlass Paul Kewitsch

5 Für formale Fragen war die Hauptvertretung der Deutschen Caritas in Berlin zuständig. Es bestand eine enge Zusammenarbeit mit dem Roten Kreuz und einer speziellen Arbeitsgemeinschaft Kinderrückführung" in Hamburg; vgl. Stambolis 1987, S. 126–129.

„Bei den […] bearbeiteten Kindersuchfällen handelt es sich um […] die [Fälle], bei denen die zentralen Suchdienststellen […] und auch die landsmannschaftlich aufgebauten Heimatortskarteien der Vertriebenen keinen Erfolg hatten. Aber auch in diesen Fällen verlohnt es sich, weiter die Sucharbeit fortzusetzen, denn es gelang in den letzten Jahren in etwa 950 derartigen Fällen doch noch zu einem vollen Erfolg zu kommen. Diese stark individuell ausgerichtete Sucharbeit erstreckt sich auf das In- und Ausland und baut im besonderen auf Auskünften und Hinweisen von Privatpersonen auf.“ (26. Caritas-Rundbrief 1951)

Abb. 4: Elternlose Kinder II (Walter Nies, Lippstadt)

Bezeichnenderweise hat der Fotograf Walter Nies in seinen Aufnahmen eine solche Familienzusammenführung nachgestellt. Solche Bilder galten als Zeichen der Hoffnung, sollten eine Ermutigung darstellen und auf Erfolge kirchlicher und anderer Stellen verweisen. Ähnliche Bildbeispiele gibt es, dies sei ausdrücklich angemerkt, auch aus anderen Zusammenhängen. Von 1945 bis zum Jahre 1947 wurde von der DEFA-Wochenschau *Der Augenzeuge* in Berlin für die Aktion „Kinder suchen ihre Eltern“ gefilmt. In einem Bildband, in dem die nachgestellten Fotos einer Familienzusammenführung abgebildet sind, heißt es: „Erika Trenkner aus Glogau in Schlesien. Suche meinen Vater, der Soldat ist und meine Schwestern Anneliese und

Ruth, die ich auf der Flucht verloren habe“ (Gronefeld 1985, S. 116). Es wird eine typische Lebensgeschichte erzählt, die einer Mutter, die mit ihren Kindern geflohen war. Bei einem Fliegerangriff wird sie verschüttet, die Kinder fliehen weiter, verlieren sich aus den Augen, machen verschiedene Stationen der Flucht durch, eines der Geschwister stirbt, eines findet in einem Heim Zuflucht (ebd., S.117). Es scheint, als seien auch andere Bilder von Nies typisch, etwa die – nachgestellten – von Kindern unterwegs, eine Serie von neun Fotos des Berliner Fotografen Gerhard Gronefeld (ebd., S. 95–104). Sie erzählen ähnlich wie zahlreiche Flüchtlingskinderserien von Nies Geschichten traumatischer Erfahrungen, die sich mit lebensgeschichtlichen Interviews teilweise decken und die sich auch in literarischen Verarbeitungen wieder finden.

Nicht nur Fotos, sondern auch frühe Nachkriegsfilme thematisieren Kriegs- und Flüchtlingskindheiten. Als Beispiel kann der Film *Irgendwo in Berlin* aus dem Jahre 1948 dienen. Er erzählt die Geschichten mehrerer Kinder im zerstörten Berlin nach 1945, eines Jungen etwa, dessen Vater physisch und psychisch versehrt aus dem Krieg heimgekehrt, sowie eines Flüchtlingskindes, das elternlos aufwächst. Letzteres klettert auf das Dach einer Ruine, um anderen Kindern seinen Mut zu beweisen. Es stürzt ab und stirbt. Es sind Geschichten des Scheiterns auf dem Weg, Zustimmung und Anerkennung zu finden. Der Film zeigt Bilder, die mit dem späteren bundesrepublikanischen diskursgeschichtlichen Mainstream der „erfolgreichen Flüchtlingsintegration“ nicht zu vereinbaren sind. Wann sind diese „Bilder in den Köpfen“ gleichsam verloren gegangen? Wann haben sie sich verflüchtigt?

Jugendliche Zonenwanderer

Die Auswirkungen des Krieges trafen nahezu alle Kinder und Jugendlichen besonders hart. Sie hatten die Väter über Jahre nicht gesehen oder verloren. Jugendämter, Polizei und Justiz beschäftigten sich in erster Linie mit Problemgruppen Heranwachsender, deren Beschreibung zumindest einen Eindruck der Not und Schwierigkeiten vermittelt, unter denen Jugendliche in der Nachkriegszeit groß wurden. Die Jugendämter waren auch hilflos angesichts einer wachsenden Zahl allein stehender, oft illegal über die Zonengrenzen eingewanderter, vagabundierender Jugendlicher. Sie gelangten auf abenteuerlichen Wegen in fürsorgerische Betreuung. Sie hatten zu Fuß verschiedene Bundesländer durchquert, vorübergehend Arbeiten angenommen, waren zum Teil straffällig geworden, waren in Heimen aufgenommen worden und hatten sich erneut auf Wanderschaft begeben. In Quellen aus Siegen finden sich, etwa für das dortige Hauptdurchgangslager, Hinweise auf

„alleinstehende Jugendliche".[6] Einzelne Biographien lassen sich anhand der Unterlagen der Kreisjugendämter rekonstruieren.

> „[...] 1932 geb., Lewin, Kreis Glatz; wegen häuslicher Verhältnisse das Elternhaus verlassen; Aufenthalt in Siegen; Einweisung von Siegen in das Jugendheim des Sozialwerks Stukenbrock. [...] 1933 geb., Leobschütz, Oberschlesien; wegen schlechter häuslicher Verhältnisse zum 2. Mal illegal in die Westzone, um sich Arbeit zu suchen; Auf der Wanderschaft (Kassel, Warburg, Paderborn); Heimunterbringung im Sozialwerk Stukenbrock. [...] 1931 geb., Erfurt; 1948 freiwillig zum Uranbergbau bis 1950; bei Helmstedt illegal in die englische Zone; seinen Namen geändert; auf Grund eines falschen Gesellenbriefes auf seiner Wanderung in Driburg unter falschem Namen das Fürsorgeamt betrogen; in Paderborn einen Koffer gestohlen und anschließend 4 Wochen Gefängnis; aus Gefängnis nach Hamm; von dort ins Jugendheim Stukenbrock eingewiesen; entwichen; in Hannover aufgegriffen; zum 2. Mal in Untersuchungshaft nach Paderborn; 2. Aufnahme im Jugendheim Stukenbrock. [...] 1932 geb., Bad Dürrenberg, Kreis Merseburg; 1949 bei Helmstedt in die englische Zone, um sich Arbeit zu suchen; zunächst bei einem Bauern; vom Jugendamt Gelsenkirchen ins Jugendheim Stukenbrock eingewiesen; nach Hause entlassen; erneut in die englische Zone, um sich bei der Fremdenlegion zu melden; einige Monate in der Fremdenlegion, dann mit einem Fahrschein nach Paderborn entlassen; 2. Einweisung in das Jugendheim Stukenbrock."[7]

Als „bindungslose Jugend" werden diese Jugendlichen beschrieben, denen Sicherheit und Leitbilder fehlten. Viele kamen aus unvollständigen Familien. Aus dem niedersächsischen Lager Poggenhagen heißt es, nur 45 Prozent der dort untergebrachten jugendlichen Zonenwanderer hätten „ein volles Familienleben mit beiden Eltern gemeinsam geführt." (Rundbrief 1952, S. 3f.)

Die Nenndorfer Richtlinien, die die britische Militärregierung 1945 zum Schutz der wandernden Jugend erlassen hatte, verpflichteten zwar die Jugendämter, die umherwandernden „Zonenbummler" zu betreuen. Zunächst nahmen sich vor allem die Verbände der freien Wohlfahrt und kirchliche Hilfsstellen der heimatlosen Jugendlichen an. Erst gegen Ende des Jahres 1948 wurde die „Arbeitsgemeinschaft Heimstatthilfe des Landes Nordrhein-Westfallen" ins Leben gerufen, in die alle Trägergruppen Beauftragte

6 Schreiben des Oberstadtdirektors an den Regierungspräsidenten vom 8. Dezember 1947, in: Pfau/Seidel 2004, S. 163

7 aus: Schriftwechsel zwischen der Amtverwaltung Neuhaus und dem Jugendheim im Sozialwerk Stukenbrock, Forderungsnachweise für die Erstattung von Kosten für die Rückführung von ziellos umherwandernden Jugendlichen in ihre Heimat, Stadtarchiv Paderborn B 5664

entsandten.[8] Das Sozialministerium des Landes versuchte durch Beihilfen die freien Trägergruppen zu unterstützen. Die Betreuer waren offenbar vielfach überfordert und es wurde der Ruf nach Supervision laut, um Mitarbeiter in den Heimen und Lagern zu unterstützen.[9]

Abb. 5: Jugendliche Zonenwanderer I (Walter Nies, Lippstadt)

Im Regierungsbezirk Detmold gab es Ende der 40er Jahre neun Heime, in ganz Nordrhein-Westfalen waren es 148; NRW hat die bei weitem größte Gruppe jugendlicher Zonenwanderer aufgenommen[10] (eine zentrale Auffangstelle bildete das Lager Unna-Massen; offenbar gab es einen Austausch mit dem Flüchtlingsdurchgangslager in Gießen). Das evangelische Hilfswerk betreute heimatlose Jugendliche in Augustdorf und Lippstadt. In Paderborn richtete der katholische Mädchenschutz ein Heim für Mädchen ein. Die Pflegekosten übernahm das Sozialministerium des Landes. Im Umkreis von Paderborn gab es drei weitere Heime, die jugendliche Wanderer auf-

8 Caritas-Nachrichten u. a. vom 3. März 1951, Unterlagen der Caritas Paderborn, Stukenbrock

9 Hauptstaatsarchiv Düsseldorf, NW 41-883; NW 42-36 und 793

10 nämlich 64 Prozent (Bondy/Eyferth 1952, S. 77); vgl. Informationsbrief zur sozialen Lage der Jugend, hg. von der Bundesarbeitsgemeinschaft Jugendaufbauwerk, Hg. Rudolf Lenhartz (eine der wichtigsten Quellen und Materialsammlungen)

nahmen. Die „Heimstatt e. V. – Hilfswerk deutscher katholischer Jugend“ baute in der Wewelsburg in einer ehemaligen KZ-Baracke eine Unterkunft und Ausbildungsstätte für allein stehende Flüchtlingsjugendliche, die diese zum Teil selbst mit aufbauten. Im Sozialwerk Stukenbrock, das in den Jahren nach dem Krieg zum Amt Neuhaus gehörte und in dem verschiedene Flüchtlingsgruppen untergebracht waren, bestand seit 1948 eine Jugendabteilung, die sich heimatloser Heranwachsender annahm. Die Jugendlichen verließen das Jugendheim des Sozialwerks erst, nachdem ihnen das Arbeitsamt Paderborn (Nebenstelle Stukenbrock) einen Ausbildungsplatz vermittelt und eine Unterkunft gesichert hatte. Das Kreisjugendamt Paderborn in Neuhaus wies alle Jugendlichen, die heimatlos umherziehend aufgegriffen wurden, ins Sozialwerk Stukenbrock ein.

Abb. 6: Jugendliche Zonenwanderer II (Walter Nies, Lippstadt)

In diese Heimstatt kamen darüber hinaus Jugendliche aus ganz Nordrhein-Westfalen. 1957 ging die pädagogisch-fürsorgliche Betreuung an die Arbeiterwohlfahrt über. Von 1948 bis 1963, als die Jugendabteilung nach Unna/Massen verlegt wurde, waren etwa 60.000 Jugendliche in Stukenbrock vorübergehend aufgenommen worden. Die Zahl derer, die bis Anfang der 60er Jahre in die drei Westzonen einwanderten, wird auf einige Hunderttausend beziffert.

Alle Maßnahmen der Jugendfürsorge in den Nachkriegsjahren sollten dazu beitragen, die Auswirkungen des Krieges und seiner Folgen auf die Jugend zu mildern. Den äußeren Anlass, sich intensiv mit Problemen der Jugendwohlfahrt zu beschäftigen, bildeten die Erziehungskontrollanweisungen und -richtlinien der britischen Militärregierung. Die Maßstäbe, die die Verantwortlichen anlegten, orientierten sich ausdrücklich nicht an der Gesetzgebung des Dritten Reiches. In einer Besprechung des Regierungsvizepräsidenten mit Landräten, Bürgermeistern, Schulräten und Vertretern der Militärregierung im November 1945 heißt es: „Selbstverständlich ist, daß sowohl in der Jugend-Fürsorge wie in der Jugendpflege alles zu unterbleiben hat, was nationalsozialistischem Gedankengut entspringt oder eine militärische Note haben könnte.“ Es sei falsch, von der Verderbtheit der Jugend zu sprechen. Wolle man die Folgen des Krieges beheben, dürfe man nicht strafen. In jedem Falle gehe es um Erziehungsmaßnahmen. Man versuchte bewusst, an die Jugendwohlfahrtsgesetzgebung und das Jugendstrafrecht der zwanziger Jahre anzuknüpfen, die sich in Artikel 122a der Weimarer Verfassung anlehnten, die Jugend sei „gegen Ausbeutung sowie gegen sittliche, geistige und körperliche Verwahrlosung zu schützen.“[11]

Allerdings finden sich auch zahlreiche Reaktionen, die deutlich machen, dass jugendliche Zonenwanderer tendenziell als Herumtreiber, Landstreicher und Asoziale, gefährdet und bedrohlich für Recht und Ordnung angesehen wurden. In einer Siegener Quelle werden „illegale Grenzgänger“ im Zusammenhang mit der Forderung nach Errichtung von Arbeitskolonien genannt.[12] Darin zeigt sich das Unverständnis in der westdeutschen Nachkriegsgesellschaft gegenüber dieser Gruppe von Kriegskindern, die nur selten als „Strandgut des Krieges“[13], meist als Abenteurer und Landstreicher bezeichnet wurden. Die Weigerung vieler jugendlicher Zonenwanderer, in Heimen untergebracht zu werden, die große Zahl, die sich zur Fremdenlegion meldeten, wurde, wie Volker Ackermann zu Recht schreibt, als Verweigerung des Integrationsangebots aufgefasst. Sie musste „das westdeutsche Verständnis von ‚Freiheit und Menschenwürde’ und von ‚Eingliederung’ herausfordern“ (Ackermann 1995, S. 221). Eine Untersuchung dieser Gruppe von „Migranten“ müsste sowohl einen lebensgeschichtlichen Zugang unter dem Aspekt Kriegs- und Nachkriegskindheiten bzw. -jugend berücksichtigen als auch die Integrationsversuche im Zusammenhang mit der Sozial- und Jugendgesetzgebung der frühen Bundesrepublik.

---

11 Referat des Regierungsvizepräsidenten Dr. Prange auf einer Besprechung der Landräte, Oberbürgermeister und Schulräte am 29. November 1945 in Gegenwart von vier Vertretern der englischen Militärregierung, Archiv des Erzbischöflichen Generalvikariats Paderborn, Nachlass Paul Simon.

12 Der Oberstadtdirektor an den Arbeitsausschuss der Westfälischen Wohlfahrtsverbände vom 15. Dezember 1949, in: Pfau/Seidel 2004, S. 167; vgl. ebd., S. 169f.

13 Bericht der Caritas Paderborn 1953, zit. n. Ackermann 1995, S. 218

Weiterführende Überlegungen

Tatsache ist, dass es Flüchtlingskinder, insbesondere in ländlichen Umgebungen, nach dem Krieg schwerer hatten als Einheimische, eine Lehrstelle zu finden. Eltern hatten häufig nicht die Mittel, ihre Kinder auf weiterführende Schulen zu schicken. Viele nutzten die Chance des zweiten Bildungswegs (Lehmann 1999, S. 68). Sie hatten es schwerer als andere, wie Albrecht Lehmann deutlich gemacht hat. Eine soziologische Studie aus dem Jahre 1953 versuchte nachzuweisen, dass Flüchtlingskinder einheimischen an Begabung unterlegen seien, und zwar aufgrund der zahlreichen Entbehrungen, der Flucht- und Lagererfahrungen (Müller 1953). Argumentativ gestützt wurden, wie Lehmann schreibt, diese Annahmen durch Hinweise „auf das im allgemeinen mindere kulturelle Niveau der Ostgebiete gegenüber dem Westen, […] gelegentlich Argumente einer Rassenlehre und der populären Auffassung von unterschiedlichen ‚Stammescharakteren' oder ‚Regionalcharakteren' innerhalb der deutschen Bevölkerung." (Lehmann 1999, S. 67) Obwohl die These vom Begabungsrückstand von Flüchtlingskindern widerlegt und sogar nachgewiesen wurde, dass sie bessere Schulerfolge als einheimische vorzuweisen hatten, bedeutete dies keinen Vorteil.

> „In Handwerksbetrieben zählte seit jeher die persönliche Bekanntschaft der Familien zu den begünstigenden Voraussetzungen bei der Lehrlingsauswahl. Und der Zugang zum Studium war […] über die Kosten für die Unterbringung und Verpflegung hinaus durch Schulgeld und Studiengebühren den Kindern aus ärmeren Bevölkerungsgruppen erschwert." (Ebd.)

Insgesamt galt in der bundesdeutschen Gesellschaft der 1960er Jahre die Integration als Erfolgsgeschichte.

> „Die Neubürger […] waren zu einem essentiellen Teil der Erfolgsstory der Bundesrepublik geworden. Für den einzelnen bedeutete das: Jeder musste für sich diesem Anspruch gerecht werden. Wer wird sich selbst als gescheitert, als einen ‚Nicht-Integrierten' bezeichnen? ‚Der Flüchtling' gehörte einer vergangenen historischen Epoche an. Dem Eintrag ‚Heimatvertriebener' im Klassenbuch der Schule haftete nun eine peinliche Nebenbedeutung an: Ein Geruch von Armut und Asozialität. Anfang der 1960er Jahre bereitete es Lehrern und Schülern bereits Schwierigkeiten, in der Schulklasse festzustellen, wer aus einer Flüchtlingsfamilie kam und wer ‚Einheimischer' war." (Lehmann 1999, S. 68)

Die vielen Erfolgsgeschichten, die Flüchtlingskinder heute erzählen, bestätigen den Erfolg der Erfolgsgeschichte; wie viele nicht erfolgreich waren, lässt sich möglicherweise kaum noch feststellen. Vielfach wird es allerdings heute für die Betroffenen wieder möglich, so über ihre Lagererfahrungen zu sprechen, dass Widersprüche zwischen der bilanzierenden Lebenserzählung und unmittelbar immer noch oder wieder präsenten, in der Regel detailliert erinnerten Ereignisse von Ankunft, Unterbringung, Alltagsproblemen, Ängsten u. a. zutage treten. Psychoanalytiker werden erfahren, wie die elternlosen Flüchtlingskinder, die ohne Eltern blieben, mit Elternlosigkeit umgegangen sind. Vielleicht kann eine intensivere Beschäftigung mit der Gruppe jugendlicher Zonenwanderer deutlich machen, warum sie sich für das „Vagabundentum" entschieden und wie ihre Biographien verliefen. Im Vorwort zu der mehrfach zitierten Siegener Dokumentation (Pfau/Seidel 2004) skizziert Jürgen Reulecke die erinnerungskulturelle und generationelle Dimension des Themas. Er betont zu Recht, dass die Schicksale derjenigen, die das Kriegsende erlebt haben, „einschließlich ihrer Überlebensstrategien, der bewältigten Probleme und der Erfolge, auch der Verletzungen und neuen Traumatisierungen" die Geschichte der Bundesrepublik mitbestimmen und bis in die Gegenwart weiter wirken.

Zu fragen wäre im Zusammenhang mit Flüchtlingskindheiten nicht zuletzt, wie hoch der Anpassungsdruck war, welchen Preis die Anpassung hatte? War Anpassung möglicherweise *das* Ziel, das sich zwar als Überlebensstrategie der Betroffenen konkret und lebensweltlich immer wieder bewährte, aber erst dann zum Maßstab für ein gelungenes Leben werden konnte, als Flüchtlingsintegration ein wesentlicher Legitimationsbestandteil bundesrepublikanischer Erfolgsgeschichten darzustellen begann?

Literatur

Ackermann, V. (1995): Der ‚echte Flüchtling'. Deutsche Vertriebene und Flüchtlinge aus der DDR 1945–1961, Osnabrück (Rasch).

Ackermann, V. (2000). Deutsche Flüchtlingskinder nach 1945. In: Dahlmann, D. (Hg.), Kinder und Jugendliche in Krieg und Revolution. Vom Dreißigjährigen Krieg bis zu den Kindersoldaten Afrikas. Paderborn u. a. (Schöningh), S. 145–168.

Ackermann, V. (2004): Das Schweigen der Flüchtlingskinder – Psychische Folgen von Krieg, Flucht und Vertreibung b ei den Deutschen nach 1945. In: Geschichte und Gesellschaft, 30: 434–464.

Bondy, C., Eyferth, K. (1952): Bindungslose Jugend. Hg. von der Gilde Soziale Arbeit, München/Düsseldorf (Wilhelm Steinebach), S. 77.

Informationsbrief zur sozialen Lage der Jugend, hg. von der Bundesarbeitsgemeinschaft Jugendaufbauwerk, hg. Rudolf Lenhartz, IRb, 4, 4.

Breuer, K.H. (Hg.) (1968): Anfänge der Heimstatt im rheinischen Raum, zusammengestellt von Hugo Breuer, Köln (Die Heimstatt).

Caritas-Rundbriefe 1951.

Gronefeld, G. (1985): Kinder nach dem Krieg. 1945–1948, Berlin (Nishen).

Koch-Thalmann, D. (2000): Mein Dorf oder die Reise zurück. Dortmund (Lessing).

Lehmann, A. (1991): Im Fremden ungewollt zuhaus. Flüchtlinge und Vertriebene in Westdeutschland 1945–1990, München (Beck).

Leidinger, P. (Hg.) (2004): Deutsche Ostflüchtlinge und Ostvertriebene in Westfalen nach 1945. Münster (Aschendorff).

Mittermaier, H. (2002): Vermisst wird … Die Arbeit des deutschen Suchdienstes. Berlin (Links).

Müller, K. V. (1953): Heimatvertriebene Jugend. Eine soziologische Studie zum Problem der Sozialtüchtigkeit des Nachwuchses der heimatvertriebenen Bevölkerung. Kitzingen a. M. (Holzner).

Paderborn 1945–1955. Zerstörung und Aufbau, Katalog zur Ausstellung in der Städtischen Galerie Paderborn vom 13. 12. 1987 – 31. 1. 1988, hg. von der Stadt Paderborn und der Universität-Gesamthochschule Paderborn 1987.

Pfau, D., Seidel, H. U. (Hg.) (2004): Nachkriegszeit in Siegen 1945–1949. Flüchtlinge und Vertriebene zwischen Integration und Ablehnung. Ein Quellenband zur Regionalgeschichte (Siegener Beiträge, Sonderband 2004), Siegen (Geschichtswerkstatt Siegen – Arbeitskreis für Regionalgeschichte).

Radebold, H. (2003): Kriegsbeschädigte Kindheiten. Die Geburtsjahrgänge 1930–32 bis 1945–48. In: Ders. (Hg.): Kindheit im Zweiten Weltkrieg und ihre Folgen. psychosozial, 92: 9–16. [Erw. u. überarb. Neuauflage Gießen 2004 (Psychosozial-Verlag)].

Radebold, H. (2004): Im Alter wacht die Kindheit auf. Die Generation der Kriegskinder im 2. Weltkrieg – heute. Vortrag am 8. Oktober 2004 im Kulturwissenschaftlichen Institut Essen.

Radebold, H. (2006): Kriegskindheiten in Deutschland – damals und heute. Eröffnungsvortrag am 14. April 2005. In: H. Radebold, G. Heuft, I. Fooken (Hg.) (2006): Kindheiten im Zweiten Weltkrieg. Kriegserfahrungen und deren Folgen aus psychohistorischer Perspektive. (Kinder des Weltkrieges, hg. v. d. Studiengruppe Kinder des Weltkrieges am kwi-nrw), Weinheim/ München (Juventa), S. 15–25.

Rundbrief der Gilde Soziale Arbeit, 6, 3 (August 1952).

Stambolis, B. (1987): Flüchtlinge. In: Paderborn 1945–1955, S. 109–114.

Stambolis, B. (1987): Jugendliche Problemgruppen im Umfeld von Verwahrlosung, Kriminalität und Heimatlosigkeit. In: Paderborn 1945–1955, S. 126–129.

Stambolis, B. (1998): Glaube und Heimat. Die Flüchtlingsarbeit der Katholischen Osthilfe im Erzbistum Paderborn nach 1945. Paderborn (Bonifatius-Verlag).

Stambolis, B., Jakob V. (Hg.) (2006): Kriegskinder zwischen Hitlerjugend und Nachkriegsalltag. Münster (Agenda-Verlag).

Sibylle Hübner-Funk

Lebenslanges Überleben

Nationalsozialistische Kriegskindheiten in der Retrospektive

„Wer lebt, wird sehn." „Meine ersten Erinnerungen, über die ich frei verfüge, gehen auf den März 1945 zurück. Eine Sprengbombe zerstörte das Haus meiner Kindheit (von der ich nichts weiß), ein Luftzug, Schreien, Weinen, später Licht, von außen ausgebuddelt werden. Mein Leben beginnt mit dieser Gewalt, einem kindlichen Trauma vielleicht, allerdings extrem zugespitzt, allein nicht lebensfähig, durch Hilfe von außen zum Leben verholfen im Alter von 4 ½ Jahren; davor war nichts. Also traumatische Geburt im erinnerungsfähigen Alter [...] Die Verbindung meiner Lebensgeschichte mit ‚der' Geschichte hinterlässt die Erinnerung von Gewalt als Ursprung meiner Existenz und Angst als deren Grundmuster. [...] Kriegskindheit: die gewalttätige Verbindung meiner Lebensgeschichte mit ‚der' Geschichte, die Erfahrung des übermächtigen ‚Wir'." (Hellmut Lessing [Jg. 1940] 1984, S. 8–11)

„Lebensverleugnung als Überlebensprinzip" „Zwei Spruchbänder nehme ich in meine Hände: ‚Du darfst nicht weinen, auch wenn Du Angst hast!' und: ‚Wenn wir überleben wollen, musst Du das organisieren!' Weibliche Sozialisation scheint in den Kriegen nicht gefragt. Eigenständigkeit und Selbstorganisation, Durchsetzungsvermögen und Aggressivität werden gefordert, Phantasie und List erlaubt, soweit sie eben dem Ziel dienen." Aber: „Aus der vielleicht lebensnotwendigen Ausrüstung für das Überleben im Krieg wird allmählich eine Rüstung, die jedes Leben verhindert und alles in den Würgegriff der sachlichen, später politischen Notwendigkeit nimmt. Vom Leben spricht man nicht, schon gar nicht vom eigenen – das ist eine Erfahrung, die meine familiäre Sozialisation wie ein roter Faden durchzieht [...] Wie im Krieg lebte ich ständig über meine Kraft, hatte Angst vor der Angst und entwickelte mich mitten in dem, was wir für einen Ausdruck von Leben hielten, eher zum Anhänger, zum Bewunderer, zum Verehrer des Lebens, aber nicht zu einer, die selbst lebt. " (Annelie Keil [Jg. 1939] in Lessing 1984, S. 160–163)

Rückblende in die 1980er Jahre der Bundesrepublik

In meiner rund 35-jährigen Berufslaufbahn als Soziologin – genauer gesagt als soziologische Jugend- und Sozialisationsforscherin – haben mich Fragen der zeitgeschichtlichen „Entschlüsselung" von Jugendgenerationen und Jugendbewegungen seit Mitte der 1980er Jahre zunehmend intensiver beschäftigt. Doch noch nie war mir ein Thema existenziell so nahe wie das vorliegende, da es mich persönlich betrifft: Denn ich bin im Januar 1943, d. h. zur Zeit der Schlacht um Stalingrad, in *Breslau* – der schlesischen Hauptstadt und umkämpften Festungsstadt – geboren und im Herbst 1944 mit Mutter und älterem Bruder in die *Neumark*, nach Ostbrandenburg, zur jüngeren Schwester meiner Mutter und deren beiden Töchtern evakuiert worden. Im Winter 1944 und Frühjahr 1945 sind wir dort von der russischen Front „überrollt" worden und im Frühsommer 1945 – noch vor dem Ende der Potsdamer Konferenz – von der polnischen Bevölkerung aus dieser Gegend „wild" vertrieben worden (vgl. Ast/Mauersberger 2000, S. 18f.). Mit einem der vielen westwärts ziehenden Trecks sind wir (vorwiegend zu Fuß) über *Berlin* in die hessische Heimat der Eltern zurückgekehrt und haben unser ziviles Leben in dem dörflichen Geburtsort meines Vaters, *Beuern* bei Gießen, mit geliehenem Hausrat und geschenkter Kleidung wieder aufgenommen (dieses Leben hatte lange vor meiner Geburt, mit der Einberufung meines Vaters in die deutsche Wehrmacht zum Kriegsbeginn am 1. September 1939, sein Ende gefunden).

Im Rahmen meiner Laufbahn als Jugendforscherin habe ich mich erstmals im Februar 1983 in dem Vortrag *Aufwachsen mit Nationalsozialismus und NATO. Politische Bewußtseinsbildung im Generationenvergleich* (Hübner-Funk 1983, S. 433) zeitgeschichtlichen Fragestellungen zugewandt. Zwei Jahre später habe ich mit einer Arbeitsgruppe altersgleicher Kollegen – anlässlich des Internationalen Jahres der Jugend – im Auftrag der Bundesregierung das Handbuch *Immer diese Jugend! Ein zeitgeschichtliches Mosaik – 1945 bis heute* (Deutsches Jugendinstitut 1985) co-ediert. Das erlebte „Mißverhältnis der Generationserfahrungen" habe ich in einem eigenen Beitrag zur „Nationalen Identität" in Bezug auf Nationalsozialismus und Krieg als *„hidden curriculum"* der westdeutschen Kultur bezeichnet und mit den Kriegsprägungen der Eltern der protestierenden Jugend in Beziehung gesetzt (Hübner-Funk 1985, S. 496): „So wächst derzeit eine Jugendgeneration heran, deren Eltern nur frühkindliche Erinnerungen an die Zeit des Zweiten Weltkrieges und den Zusammenbruch des ‚Dritten Reiches' haben."

Diese frühkindlichen Erinnerungen der unter dem Hakenkreuz geborenen (deutsch-„arischen") Jahrgänge 1933 bis 1945 wurden Mitte der 1980er Jahre in der wissenschaftlichen und medialen Öffentlichkeit zwar als massenhafte Begleitfolgen der kriegerischen Umstrukturierungen Europas diskutiert, doch nur selten als dauerhafte Belastungen der psycho-sozialen

Entwicklung meiner Generation thematisiert. Meine Altersgenossen hatten die Mitte ihres Lebens bereits erreicht und sich allenthalben – beruflich, politisch und kulturell – gut etabliert. Bis zur systematischen Anerkennung und interdisziplinären Erforschung ihrer kindlichen Kriegserfahrungen oder gar -traumata mussten noch einige Jahre vergehen: Erst das definitive Ende der vom Kalten Krieg und der deutsch-deutschen Teilung geprägten Nachkriegszeit hat die *gesamtdeutsche Erinnerungslandschaft* konstituiert, in der die langfristigen Schädigungen der deutschen Kriegskinder öffentlich zur Sprache kommen konnten.

Schon damals war ein sensibler Wegweiser zu diesem Tabuthema erschienen: das als „Selbstbefreiung und Selbstaufklärung" konzipierte schmale Buch *Kriegskinder* des früh verstorbenen Berliner Erziehungswissenschaftlers Hellmut Lessing (1984). In seiner autobiographischen Einleitung spricht der Autor die Tabus und Ängste an, die das Thema bei ihm berührte, wie das zitierte erste Motto demonstriert. Lessing stellte sein Buch unter die wegweisende Leitfrage, die noch immer gültig ist:

> „Wie hat uns diese Erfahrung geprägt, wie ist unser Leben, die Verarbeitung unseres Lebens, dadurch beeinflusst worden? Krieg aus der Perspektive des Kindes gesehen, aber nicht nur als Erinnerung, sondern bearbeitet, verändert durch das Leben von 40- bis 50-jährigen Frauen und Männern." (ebd., S. 7).

Selbstkritisch hat der Autor auch die ambivalenten Verstrickungen in die Mythen und Halbwahrheiten der Elterngeneration angesprochen:

> „*Wir Kriegskinder* […] tun uns schwer mit unserer Erfahrung, neigen ebenso dazu, sie zu heroisieren und zugleich zu bagatellisieren. Wir nehmen, wir nahmen sie nicht ernst. […] Wir Kriegskinder tragen nur allzu oft das Tabu Krieg, das Tabu Nationalsozialismus und das Tabu Angst in uns […] – die Tabuzonen einer früheren Generation […], aus denen wir uns höchstens mit dem Kopf emanzipiert hatten" (ebd., S. 7).

Die 1980er Jahre, die die politische „Wende" zu Helmut Kohl als Kanzler und heftige Kontroversen um dessen enttabuisierenden Umgang mit der NS-Vergangenheit mit sich brachten, waren aufgrund der zum 40. Jahrestag des Kriegsendes erreichten quantitativen „Generationenbalance" ein Jahrzehnt, das die durch Oral History und Biographieforschung angereicherten zeitgeschichtlichen Aufarbeitungen der NS-Vergangenheit ernst nahm. Zeitgleich haben bekannte Vertreter der gealterten Hitlerjugend-Jahrgänge erstmals ihr öffentliches „Coming Out" inszeniert: Als schuldlos-schuldige und 1946 von den Alliierten amnestierte Jugend Hitlers haben sich viele von ihnen verpflichtet gefühlt, ihren nachgeborenen Kindern und Enkeln die Umstände ihres Aufwachsens unter Hitler und ihre emotionale Fesselung durch Loyalität und Verblendung zu schildern und zu erklären (vgl. etwa Schönhuber 1981, Schörken 1984, Greiffenhagen 1988, Schmidt

1992). Der Philosoph Jürgen Habermas – selbst ein Mitglied dieser Generation – hat diese historische Konstellation treffend wie folgt charakterisiert:

> „Heute wachsen schon die Enkel derer heran, die am Ende des Zweiten Weltkriegs zu jung waren, um persönlich Schuld auf sich laden zu können. Dem entspricht freilich kein distanziertes Erinnern. Die Zeitgeschichte bleibt auf die Periode von 1933–1945 fixiert. Sie tritt nicht aus dem Horizont der eigenen Lebensgeschichte heraus; sie bleibt verknäuelt mit Empfindlichkeiten und Reaktionen, die gewiss nach Jahrgängen und politischen Einstellungen über ein breites Spektrum streuen, aber immer denselben Ausgangspunkt haben: die Bilder von jener Rampe. Dieses traumatische Nicht-Vergehen-Wollen eines in unsere nationale Geschichte eingebrannten moralischen Imperfekts ist erst in den 1980er Jahren breitenwirksam ins Bewußtsein getreten: beim 50. Jahrestag des 30. Januar 1933, bei den 40. Jahrestagen des 20. Juli 1944 und des 8. Mai 1945. Und doch brechen Sperren auf, die noch bis gestern gehalten hatten." (Habermas 1987, S. 135)

Die genannte Welle von tabuverletzenden Zeitzeugnissen und den ihnen folgenden kontroversen Debatten hat mich zu Beginn des Jahres 1989 veranlasst, ein zeitgeschichtliches Forschungsprojekt zur sozialen und politischen *„Schlüsselposition der HJ-Generation"* am Deutschen Jugendinstitut als Habilitationsprojekt zu beginnen, das die langfristigen Wirkungen der NS-Sozialisation und des Kriegseinsatzes dieser Jugend rekonstruieren, verstehen und analysieren sollte. Im Ergebnis wurde mir bei meinen interdisziplinären Recherchen klar, dass die durch den militärischen wie zivilen Zusammenbruch des Dritten Reichs ausgelösten tiefen Erschütterungen des NS-Welt- und Menschenbildes diese ideologisch und praktisch vereinnahmte Jugendgeneration in emotionale Irritationen, Selbstzweifel und *„De-Konversionen"* gestürzt haben (Hübner-Funk 1998/2005). Ihre andauernden Wiedergutmachungsversuche im privaten und öffentlichen Raum haben erheblich die „political correctness" der Mitte der 1950er Jahre als „skeptisch" qualifizierten (Schelsky 1957) HJ- und BDM-Jahrgänge geprägt, doch auch ihre Distanz und Abschottung von den jüngeren Kriegskinder-Jahrgängen bewirkt. Erst im Zuge der hitzigen Solidarisierungsgefechte um die APO- und RAF-Revolten der späten 1960er und frühen 1970er Jahre ist diese Abschottung manchmal durchbrochen worden. Nicht vor 1990er Jahren sind – auch im Kontext der umstrittenen *Wehrmachtsausstellung* und der überfälligen *Historikerdebatte* – ihre tiefen Verstrickungen in die Schuld der NS-belasteten Vätergeneration zur Sprache gekommen (vgl. Hamburger Institut für Sozialforschung 1998; Schulze/Oexle 1999).

Helmut Kohls Formel von der *„Gnade der späten Geburt"* sollte seinen Altersgenossen und den Kriegskindern politisch und biographiegeschichtlich signalisieren, dass die mit dem NS-Staat und seinem totalen Krieg verbundenen Schuld- und Verantwortungsprobleme letztlich am Geburtsjahrgang der Betroffenen festgemacht werden können. Dass es eine Gnade der *späten* Geburt für Bürger des Hitler-Reichs – gleich welchen Alters – nicht gibt und geben kann, weil selbst die Neugeborenen auf existenzielle Weise in die Fänge der NS-Rassengesetzgebung und die Gewalt des Zweiten Weltkriegs geraten sind, wurde in heftigen fachlichen Debatten – auch der internationalen Szene – betont. Dass aber selbst diejenigen, die in den Jahrzehnten seit dem Kriegsende von den deutschen Überlebenden zur Welt gebracht worden sind, diese „Gnade" ihres Geburtszeitpunktes nicht beanspruchen können, wenn es um die *kollektive Haftung* für die Verbrechen des Hitler-Reichs geht, stellt mittlerweile eine anerkannte Tatsache dar, ohne die z. B. auch die Errichtung des Berliner Holocaust-Mahnmals nicht zu erklären wäre.

Rückblende auf anderthalb Jahrzehnte des wiedervereinten Deutschland

„Die Zeit heilt keine Wunden" habe ich – in provokantem Widerspruch zu dem alten Sprichwort – das letzte Teilkapitel meiner Studie zur Hitlerjugend-Generation überschrieben (Hübner-Funk 1998/2005, S. 380). Damit wollte ich eine Erkenntnis zum Ausdruck bringen, die ich während meines mehrjährigen Umgangs mit den autobiographischen Dokumenten und Berichten von jungen Zeitzeugen des Hitler-Reichs gewonnen hatte: dass die zwölf unseligen Jahre, die Deutschland und Europa physisch und moralisch zerstört haben, nicht nur Millionen Tote und Vermisste hinterlassen haben, sondern auch Millionen verletzte und traumatisierte Überlebende, die den Erlebnissen von individuellen Todesdrohungen und/oder kollektiven Tötungsaktionen – sei es auf Seiten der Opfer oder der Täter – ausgesetzt waren (vgl. Deutsche Dienststelle in Berlin 2005, S. 12).

Die seelischen und sozialen Folgen dieser kriegs- und verfolgungsbedingten *Extrembelastungen* entziehen sich jeder exakten – statistischen oder wissenschaftlichen – Dokumentation; sie lassen sich nur anhand von detaillierten Einzelfallberichten vorsichtig rekonstruieren, deren Wert als Quelle aber 1. von Alter, Geschlecht, Sozialstatus, „Rassezuordnung" und Nationalität der Betroffenen, 2. von den professionellen Erhebungsmodi und den Generationszugehörigkeiten der Forscher sowie 3. von dem politisch-kulturellen Kontext der Befragungssituation mitbestimmt ist. Insofern macht es einen erheblichen Unterschied, in welcher *historischen* und in welcher *biographischen Phase* und in welchem *Interviewsetting* die Zeitzeugen jeweils ihre Kriegserfahrungen berichten; denn ihre Akzentsetzungen korrelieren unvermeidlich mit den öffentlichen und privaten Tabuzonen ihrer je spezifischen Umwelt.

Dies galt umso mehr für die beiden Teile Deutschlands, als die DDR und die BRD ihre ideologischen „Gefahrenzonen" bezüglich des Umgangs mit der NS-Zeit unterschiedlich definiert, begründet und sanktioniert haben. Der Beitritt der DDR zur Bundesrepublik im Herbst 1990 und der Untergang der UdSSR im Winter 1991 haben beträchtliche Koordinatenverschiebungen nicht nur in der deutschen Innen- und Außenpolitik, sondern auch in der historischen Aufarbeitung der NS-Zeitgeschichte ausgelöst (vgl. dazu exemplarisch Zimmer 1999). Die Öffnung einschlägiger Kriegsarchive, z. B. in Russland, Polen, Tschechien und der Ukraine, sowie der Transfer ihrer Daten an die entsprechenden deutschen Archive hat in den frühen 1990er Jahren begonnen und seitdem eine Fülle von historischen Nachforschungen und Revisionen nach sich gezogen (Deutsche Dienststelle in Berlin 2005, S. 55). Nach und nach wurden und werden viele der „blinden Flecken" der deutschen Kriegsgeschichte aufgeklärt und unlösbare Suchanfragen kriegsgeschädigter Familien gelöst. Mit neuem Interesse konnten „alte Wunden" des Zweiten Weltkriegs zwischen den Beteiligten und ihren Nachfahren diskutiert und akzeptiert werden.

Anders als zu Zeiten des zweigeteilten Deutschland, als die antagonistischen Erinnerungskulturen in West und Ost ideologisch hart gegeneinander standen, wird seit rund einem Jahrzehnt der Zweite Weltkrieg im *gesamtdeutschen* Geschichtsdiskurs zunehmend als technische und strategische Weiterführung und Totalisierung des Ersten Weltkriegs thematisiert (vgl. etwa Förster 2002). Dass im Zweiten Weltkrieg weit mehr Mitglieder der *Zivilbevölkerung* als kämpfende Soldaten gewaltsam zu Tode kamen, spielt dabei eine zentrale Rolle. Denn dieser für die meisten modernen Kriege zutreffende Umstand hat nicht nur die UN-Menschenrechtskonvention von 1949, sondern auch die UN-Konvention über die Rechte des Kindes von 1990 mitgeprägt. Die hohen Verluste in der Zivilbevölkerung haben tiefe Spuren bei den Überlebenden aller beteiligten und betroffenen Nationen hinterlassen. Auch wenn die militärischen Kampfhandlungen des Krieges bereits sechs Jahrzehnte zurückliegen, wirkt der Zweite Weltkrieg in die Gegenwart fort, wie die Jubiläums-Dokumentation *Narben bleiben* der vereinten deutschen Suchdienste zum 60. Jahrestag des Kriegsendes belegt, in der es u. a. heißt:

> „Noch immer werden allein in Deutschland 1,3 Millionen Menschen vermisst. Niemand weiß, was mit ihnen geschehen ist. Noch immer leben unter uns Menschen, die nicht wissen, wo ein Angehöriger aus ihrer eigenen Familie geblieben ist oder die ihre eigene Herkunft nicht kennen." (Deutsche Dienststelle in Berlin 2005, S. 8)

Die zivilen Überlebenden der alliierten „Bombenteppiche" (vgl. etwa Friedrich 2002) und die vor der Ostfront flüchtenden Trecks von entwurzelten Menschen haben anlässlich dieses Jahrestags ein so erhebliches Medieninteresse gefunden, dass mancher kritische Beobachter einen politisch inkorrekten Tabubruch unterstellt hat: Die wiedervereinten Deutschen machten womöglich Schluss mit ihrer Reue wegen ihrer Schuld am Nationalsozialismus und erhöben ihre eigenen Leiden in denselben Rang wie die Leiden der von ihnen verfolgten und vernichteten Völker, lautete der Vorwurf. Andererseits aber fanden diese späten Kriegsfolgen-Debatten durchaus ein breites Verständnis, sei es bei den Generationen der Nachgeborenen, sei es bei der internationalen Gemeinschaft der Zeithistoriker. Wann – wenn nicht jetzt – sollte man denn ohne Tabublockaden über sämtliche Aspekte der „totalen" Kriegstragödie sprechen und schreiben können, die Hitlers Reich über die betroffenen Bevölkerungen – also *auch die Deutschen* – gebracht hat? Schließlich verschwinden die zeitgeschichtlich durchlebten Verletzungen mit der Alterung und dem Aussterben der in der ersten Hälfte des 20. Jahrhunderts geborenen Generationen nach und nach für immer aus dem kommunikativen Gedächtnis (Hübner-Funk 2006).

Die massenhaften *Vergewaltigungen* der deutschen Mädchen und Frauen durch Soldaten der Sowjetarmee stellten z. B. in beiden deutschen Nachkriegsstaaten – aus unterschiedlichen Gründen – jahrzehntelang ein politisches oder auch moralisches Tabu dar. Erst mit dem allmählichen Sinken der Tabuschwelle, u. a. aufgrund einschlägiger feministischer Studien, sind in den 1990er Jahren einige Dokumentationen zu diesem Problem erschienen (wegweisend Sander et al. 1992). Frauenschicksale im Nationalsozialismus und im Kriegsalltag sind zwar bereits im Rahmen der Frauenbewegung in den 1980er Jahren kontrovers erörtert worden, meist aber unter Mittäter- und Mitläuferperspektive und nicht aus ziviler Opfersicht.

Erst ein US-amerikanisches Kriegskind, der Historiker Norman M. Naimark (Jg. 1944), hat in seiner Studie *The Russians in Germany. A History of the Soviet Zone of Occupation, 1945–1949* (1995) nicht nur die sowjetische Besatzungszone der Jahre 1945–1949 anhand von Datenmaterial aus vormaligen DDR- und UdSSR-Archiven untersucht; er ist auch dem Vorwurf der massenhaften Vergewaltigung deutscher Mädchen und Frauen durch Soldaten der Roten Armee nachgegangen (ebd., Kapitel 2: „Soviet Soldiers, German Women and the Problem of Rape"). Der ostdeutsche Historiker Stefan Wolle (2004) wiederum hat in seinem Vortrag *Die Russen kommen!* vor der Evangelischen Akademie Bad Boll versucht, die Ausführungen Naimarks anhand eigener Recherchen zu überprüfen. Obwohl er einräumt, dass schon immer „die Kriege der Männer […] ihre symbolische und faktische Vollendung in der Gewalt über die Frauen der Besiegten" gefunden hätten (ebd. S. 93), gesteht er ein, dass es „nur wenig gesichertes und historisch verwertbares Material" über den faktischen Umfang jener sexuellen Übergriffe auf deutsche Frauen gebe (ebd., S. 94). Wolle (ebd.) nennt als unterste Werte für die damalige Reichshauptstadt Berlin folgende Zahlen: „Neuesten Schätzungen zufolge sind zwischen dem Frühsommer und Herbst 1945 in Berlin etwa 110.000 Mädchen und Frauen im Alter zwischen 12 und 88 Jahren vergewaltigt worden". Die höchste Schätzung gehe vom achtfachen Wert aus, d. h. von rund 1,4 Millionen im Frühjahr 1945 in Berlin lebenden weiblichen Personen seien rund 800.000 von russischen

Soldaten vergewaltigt worden, mindestens 40 Prozent seien dabei mehrfach missbraucht worden. Die Zahl der männlichen Vergewaltiger übertreffe daher die Zahl der vergewaltigten weiblichen Personen um ein Vielfaches. 20 Prozent der Vergewaltigungsopfer seien schwanger geworden und 10 Prozent davon hätten ihr Kind auch zur Welt gebracht, sodass zwischen Winter 1945 und Sommer 1946 fünf Prozent aller in Berlin geborenen Kinder *„Russenkinder"* gewesen seien. Laut Wolle (ebd., S. 95) wird heute geschätzt, „dass beim Vormarsch der Roten Armee von Ostpreußen bis nach Berlin und später an die Demarkationslinie annähernd 1,9 Millionen deutsche Mädchen und Frauen vergewaltigt worden" seien, die dadurch schwere gesundheitliche und psychische Schäden davongetragen hätten und oft durch Selbstmord aus dem Leben geschieden seien.

Wie kaum ein anderer Aspekt der Kriegsführung gegen die Zivilbevölkerung enthalten diese kollektiven Vergewaltigungen, die heute nicht mehr exakt zu dokumentieren sind, einen psycho-dynamischen „Sprengsatz". Denn nicht nur die elementaren Mann-Frau-Beziehungen, sondern auch die natürlichen Mutter-Kind-Bindungen werden durch die Folgen der sexuellen Gewalt gravierend beeinflusst, ja pervertiert: aus Liebe wird Hass, aus Anziehung wird Abstoßung, aus Fürsorge wird Vernachlässigung, aus Lebenslust wird Todessehnsucht:

Ich kann dies aus meiner eigenen Biographie insofern bestätigen, als meine Mutter ein russisches Vergewaltigungsopfer war und – trotz der romanhaft verfremdeten Aufarbeitung in ihrem (unpublizierten) Fluchttagebuch aus der Neumark (Funk o. J.) – während ihres ganzen Lebens dieses Trauma nicht abzulegen vermochte. Als hoch depressive, meinen Vater und uns Kinder ständig mit Suiziddrohungen „disziplinierende" Frau haben die erlittenen Vergewaltigungen sie zur Selbstverachtung getrieben, die sie als drohende Selbstzerstörung ausagiert hat. In der psychoanalytischen Fachliteratur werden die Konsequenzen dieses existenziellen Dauerstresses den Syndromen der „Parentifizierung" bzw. „Adultisierung" der Kinder zugerechnet. Welche Folgen die gravierenden Belastungen durch meine Mutter für mein Sozialverhalten im Prozess der Reifung zur Frau gehabt haben, habe ich in den 1980er Jahren schmerzlich erfahren müssen. Erst über die *Revolte des Körpers*, wie Alice Miller (2005) es nennt, ist mir nach und nach zu Bewusstsein gekommen, dass die „Ausbeutung der bedingungslosen Liebe des Kindes" (ebd., S. 200) durch solche emotionalen Erpressungen und Manipulationen auch für die zwischenmenschlichen Konfliktlösungsstrategien im Erwachsenenalter Konsequenzen zeitigt.

Anders als Anonyma, die unbekannte Frau aus Berlin, deren Tagebuch-Aufzeichnungen vom 20. April bis 22. Juni 1945 vor drei Jahren publiziert worden sind und in der deutschen Öffentlichkeit – aufgrund ihrer Detailgenauigkeit – Furore gemacht haben, hat meine Mutter ihr kriegsbedingtes Frauenschicksal emotional nicht zu verarbeiten vermocht und ihre engsten

Familienmitglieder mit ihrem untilgbaren Selbstmitleid schwer belastet. Nicht „den Russen“ gab sie aber die Schuld an der erlittenen Gewalt, sondern dem Krieg: *„Woina [Krieg] nix gut“*, zitiert sie in ihrem Manuskript meine russische Kinderfrau Xenia.

Als deutsches Soldatenkind des Zweiten Weltkriegs war ich also nicht nur vorgeburtlich und in meinen ersten beiden Lebensjahren von der regulären Gewalt des Krieges umgeben, sondern auch – über die sozialisatorische Mutter-Tochter-Beziehung – bis zum endgültigen Verlassen meines Elternhauses tief in die geschlechtsspezifischen Gewaltorgien des Krieges verstrickt. Über eigene Erinnerungen an unsere Flucht bzw. Vertreibung verfüge ich zwar nicht, doch umso mehr über lebhafte Bilder aus frühen Angstträumen, die mich als Kind so bedrängten, dass ich nachts schreiend im eingenässten Bett aufwachte. Diese verstörenden Belastungen, die seit meiner Geburt über meiner bio-psycho-sozialen Entwicklung lagen, haben zweifellos nicht nur mein Verhalten gegenüber Menschen, meine Berufswahl und meine emotionalen Vorlieben und Antipathien geprägt, sondern auch mein ethisches, ästhetisches und politisches Engagement beeinflusst.

Marianne Leuzinger-Bohleber berichtet in ihrem Aufsatz *Die langen Schatten von Krieg und Verfolgung. Kriegskinder in Psychoanalysen* (2003), dass – statistisch gesehen – das Aufwachsen mit depressiv erkrankten Müttern das häufigste pathogene Schicksal der traumatisierten Patienten (63 Prozent) ihrer DPV-Stichprobe gewesen sei (die insgesamt 54 Prozent der Gesamtstichprobe ausmachten). Denn die von ihnen ausgehende unkalkulierbare Suizidgefahr komme einem „psychischen Mißbrauch“ durch Verletzung der kindlichen Selbstgrenzen gleich. Meist habe die mütterliche Opferhaltung bei den Kindern unentwegt Rettungs- und Kontrollimpulse ausgelöst, weil sie sich gezwungen fühlten, die fürsorgende Primärquelle ihrer Liebe aktiv am Leben zu erhalten. Dadurch hätten sie Schädigungen aufgrund erzwungener „Selbstlosigkeit“ erlitten, d. h. eine dauerhafte Koppelung ihrer Liebesbeziehung an aufopferungsvolle Betreuungsleistungen ihrer Bezugspersonen gelernt.

Leuzinger-Bohleber benennt den Verlust des kindlichen „Urvertrauens“ als zentrale Folge dieser Belastungen und betont die „Zuverlässlichkeit und Berechenbarkeit“ der therapeutischen Settings, in denen solche depressiv vorgeschädigten Patienten zu behandeln seien (ebd., S. 1002):

> „Das Trauma durchschlägt bekanntlich den Schutzmantel, der die seelische Bedeutungsstruktur des Menschen bildet. Es ist gekoppelt mit einem Erleben, das im Kern ein ‚Zuviel‘ bedeutet, eine Erfahrung der Unberechenbarkeit, der Überflutung, des Kontrollverlusts, von Hilflosigkeit, Verzweiflung und Ohnmacht. Es bewirkt eine dauerhafte Veränderung der psychischen Organisation, weil die Gefühe extremer Hilflosigkeit und schutzloser Preisgabe ein basales Vertrauen in das eigene Selbst und ein ‚gutes Objekt‘ zerstören.“

Nicht nur im Rahmen der Einzeltherapie der Betroffenen, sondern auch im inter-generationellen Kontext der nachgeborenen Kinder und Enkel gehe es daher um „das Aufrichten stabilerer innerer Grenzen“ – sowohl zwischen den biologischen Generationen als auch zwischen den Patienten und den Analytikern, die derselben historisch-politischen Generation entstammten und insofern oft bestimmte Arten von Verletzungen teilten. Ohne solche Grenzen seien fatale traumatische Verkettungen die Folge, wie sie von den Studien über die Holocaust-Nachfolgegenerationen belegt worden seien (ebd., S. 1006). Die *„Entflechtung der Generationen“* sei aber eine zentrale Aufgabe nicht nur der Psychotherapie, sondern auch der zeitgeschichtlichen Arbeit mit den betroffenen, wechselseitig verstrickten Familienmitgliedern.

Traumatisierung und Sozialisation

Spätestens seit dem Vietnam-Krieg sind sich die relevanten Experten – darin einig, „dass ein Krieg [...] immer ein generationsübergreifendes, psychosoziales Inferno darstellt“, wie Michael Ermann in seinem Rundfunkvortrag *Wir Kriegskinder* (2003, S. 10) konstatiert hat. Jegliche Art von Kriegstraumatisierung zerbreche die Seelen: die Seelen der Großeltern, der Eltern und der Kinder. Deshalb führe jeglicher Krieg – „egal, zwischen wem und wo er stattfindet“ – in ein „Dilemma ohne Ausweg“, das sich auch durch noch so gute Therapien nicht lösen lasse.

Die vormalige Bildungsministerin von Mozambique, Graca Machel, die im Jahre 1996 für die Vereinten Nationen den ersten UN-Bericht über *Die Auswirkungen des Krieges auf Kinder* (Machel 2001) erstellt hat, teilt Ermanns Sicht. Sie bezeichnet ihren Bericht als *„Cri de Cœur“* (Schrei des Herzens), d. h. als eindringliche Aufforderung an die Menschheit, „die zynische Ausbeutung von Kindern als Soldaten“ und die „Straflosigkeit von Kriegsverbrechen gegen Kinder“ sofort zu beenden sowie den Kindern wirksam zu helfen „von ihren physischen und psychischen Wunden zu genesen und ihnen Bildung, Medizin, Nahrung und Sicherheit zu gewähren“ (ebd., S. ix; übers. v. mir, S. H.-F.). Die Empfehlungen, die der UN-Sicherheitsrat aufgrund des Berichts entwickelt hat, beziehen sich auf die einschlägigen Paragraphen der im Januar 1990 erlassenen UN-Konvention über die Rechte des Kindes (UNICEF 1990) und betonen u. a. folgende Problembereiche und Problemgruppen (Machel 2001, S. 194–205; übers. v. mir, S. H.-F.):

> „Kindersoldaten, Flüchtlingskinder, mit HIV/AIDS infizierte Kinder, geschlechtsspezifische Gewalt und sexuelle Ausbeutung, Mangelernährung und Krankheit, psychosoziale Schädigungen, Überlebenserziehung, [...] die Einbindung von Frauen in den Friedensprozess, Kriegsprävention und -verhinderung.“

Während Art. 6, Abs. 1 dieser UN-Konvention festlegt, „dass jedes Kind ein angeborenes Recht auf Leben hat" und Abs. 2 die Vertragsstaaten verpflichtet, „in größtmöglichem Umfang das Überleben und die Entwicklung des Kindes" (definiert als unter 18-jährige Person) zu gewährleisten, regelt Art. 38 speziell, dass „Personen, die das fünfzehnte Lebensjahr noch nicht vollendet haben", nicht zu den Streitkräften eingezogen werden dürfen und nicht unmittelbar an Feindseligkeiten teilnehmen sollen. Art. 39 verpflichtet die Vertragsstaaten außerdem, geeignete Maßnahmen zu treffen, „um die physische und psychische Genesung und die soziale Wiedereingliederung eines Kindes zu fördern, das Opfer [...; u. a.] bewaffneter Konflikte geworden ist". Die Genesung und Wiedereingliederung der kriegsgeschädigten Kinder müssten in einer geeigneten Umgebung stattfinden, „die der Gesundheit, der Selbstachtung und der Würde des Kindes förderlich" sei.

Aus wissenschaftlicher Perspektive lautet folglich die zentrale Frage: Was können die überlebenden Kriegskinder, die zwar nicht ihre elementare physische Existenz, doch die entscheidenden Schutzmechanismen ihres psychischen und sozialen Lebens durch verheerende – unmittelbare und mittelbare – Kriegseinwirkungen verloren haben, mittel- und langfristig über die Prozesse ihrer *Selbstheilung und Resilienz* aussagen? Trotz aller Belastungen und Irritationen lassen sich in den Biographien der Betroffenen erstaunlich gesunde Coping-Strategien feststellen, die den quasi deterministischen Effekt der Traumatisierung abgemildert und umgeformt haben. Dies haben u. a. auch die Studien von Aaron Antonovsky an israelischen KZ-Überlebenden und „displaced persons" belegt, mittels derer er das Konzept der *Salutogenese* und des „Sense of Coherence" entwickelt hat (Antonovsky 1997, S. 36).

Da sich das genannte Konzept vor allem beim Umgang mit *kollektiven Erfahrungen* als bedeutsam erwiesen hat, eignet es sich für den Umgang mit Kriegserlebnissen und den von Kriegen generierten Traumata. Denn ein Krieg stellt einen sozialen und ideologischen Mobilisierungs- und Organisationszustand des Staates und der Zivilgesellschaft dar, der auf alle Gesellschaftsmitglieder intensiven Loyalitätsdruck ausübt und kollektive Gewalt (im aktiven wie passiven Sinne) einfordert. Angesichts dessen ist die Frage nach den „langfristigen Sozialisationswirkungen" des Zweiten Weltkriegs auf die Kinder des Hitler-Reichs als Frage nicht nur nach deren *konkreten Gewalterfahrungen* zu stellen, sondern zugleich als Frage nach den emotionalen Bindungskräften (Loyalitäten) und sozialen Verbundenheiten (Solidaritäten), die kollektiv aufgrund der erzwungenen Bewältigung der Kriegsauswirkungen zustande gekommen sind. Symptomatisch waren hierfür im NS-Staat vor allem die ideologischen Leitbilder der „Volksgemeinschaft" und der soldatischen „Kameradschaft" einerseits, der politischen „Erbfeindschaft" und des biologischen „Rassenkampfes" andererseits. Von ihnen ist nicht nur die Gedankenwelt der Erwachsenen, sondern auch die Gefühls- und Vorstellungswelt der Kinder und Jugendlichen massiv erfasst worden.

Was bedeuten solche Einsichten für die biographisch orientierte Kindheits- und Jugendforschung, die die langfristigen Nachwirkungen des Zweiten Weltkriegs bei den überlebenden Kriegskindern des „totalen" Kriegs nach sechs Jahrzehnten ermitteln will?

Wie der Münchner Psychoanalytiker Wolfgang Zander (1922–2002) in seinem Beitrag über *Die traumatisierenden Einflüsse der NS-Zeit und des Zweiten Weltkrieges* am Beispiel der *Kinder und Jugendlichen als Opfer* ausgeführt hat (Zander 1992, S. 128–140), sind die Kriegskinder-Jahrgänge hinsichtlich ihrer „besonders nachhaltigen Traumatisierungen" zum Zeitpunkt des Kriegsendes zunächst in mindestens drei Altersgruppen zu unterteilen:

1. die bis Sechsjährigen, die während der Kriegsführung geboren wurden;
2. diejenigen Kinder, die bei Kriegsbeginn sechs Jahre alt, d. h. Schulkinder, waren und
3. diejenige Gruppe von Kindern bzw. Jugendlichen, die zu Beginn der Hitler-Herrschaft 10 bis 13 Jahre und bei Kriegsbeginn 17 bis 20 Jahre alt waren.
4. Alle drei Gruppen seien als unmittelbar NS- und kriegsgeschädigt zu betrachten, behauptet Zander. Darüber hinaus erwähnt er als zusätzliche problembelastete Kinderkohorte jene, die
5. „gleich nach dem Krieg" geboren wurde und der in der zeitgeschichtlichen Rückschau zu wenig Beachtung geschenkt worden sei (ebd., S. 137): „Es fehlte zwar die direkte Lebensbedrohung durch Bombenangriffe, Beschießung oder Vertreibung, aber die verhärteten, überlasteten Mütter blieben, ebenso die Lücken durch die im Krieg gefallenen Väter."

Die sozialisatorischen Folgen der gewaltsamen Kriegsbelastungen werden von Zander bei der *jüngsten*, 1. Kindergruppe am *un*günstigsten beurteilt, da sie keinerlei Chancen hatte, sich ungestört zu entwickeln. Vergleichsweise schätzt er die salutogenetischen Entwicklungspotentiale der 2. Gruppe als etwas besser ein, weil sich bei ihr schon „eine erste Persönlichkeitsanlage auf festerer Basis" habe ausformen können, auch wenn sie „oft mit Aufgaben und Lasten befrachtet wurde, die weit über ihr Alter hinausgingen" (ebd., S. 130f.). Die Mitglieder der 3. Gruppe schließlich hätten in der NS-Zeit die Phase ihrer Pubertät erlebt und seien noch vor der Erlangung ihrer Volljährigkeit aktiv in die Kriegsgefechte einbezogen worden. Hingegen hätten die Mitglieder der 4. Gruppe ihre Kindheit und Jugend in den physischen, sozialen, psychischen und moralischen Trümmerfeldern des verlorenen Weltkriegs verbracht und seien unbehütet und oft sehr einsam und ohne elementares zwischenmenschliches Vertrauen im besetzten Deutschland aufgewachsen (ebd., S. 130ff.).

Die *älteste* der genannten Kohorten (zu der Zander selbst gehörte), die als „Garanten der Zukunft" des Hitler-Reichs ideologisch und praktisch, militärisch und ehrenamtlich für den totalen Krieg mobil gemacht worden sind (vgl. Buddrus 2003), haben – im Unterschied zu den wenige Jahre Jüngeren – an Leib und Seele die Perversionen der Kriegsgewalt durchaus noch engagiert mitgetragen, aber den 1945er Umbruch umso dramatischer erlebt, wie ich in meiner Studie gezeigt habe (Hübner-Funk 2005). Bei ihnen sind die Kriegserfahrungen ideologisch stark vom Nationalsozialismus durchdrungen – d. h. sprachlich, kulturell und oft auch pseudo-religiös eingefärbt – während mit abnehmendem Alter die Auswirkungen der rassistischen Staatsideologie verblassen, doch zugleich die der blanken Kriegsgewalt und des Kriegschaos ansteigen. Der von Zander skizzierte Kohortenvergleich der Weltkriegskinder impliziert also nicht nur ein psycho-biologisches Entwicklungsmodell, sondern demonstriert auch die Bedeutung des sozio-kulturellen „Überbaus", der das Rollen- und Selbstverständnis gerade von Kindern und Jugendlichen in Kriegszeiten zentral zu steuern, auszurichten und zu stabilisieren vermag.

Die Methoden und Maßnahmen der „psychologischen Kriegsführung" des NS-Staats trugen zweifellos massiv dazu bei, selbst dann noch eine Verhaltenssicherheit zu bewirken, wenn unter normalen Umständen die Katastrophenpanik um sich gegriffen hätte. Wer aber auf jene ideologischen „Stützen" nicht zurückgreifen konnte oder wollte, war umso direkter den gnadenlosen Zerstörungs- und Verletzungsorgien des Krieges ausgeliefert. Die während des Krieges geborenen Weltkriegskinder, d. h. die Jahrgänge 1939–1945, stellen folglich das besonders vulnerable, unter emotionalen Aspekten am meisten ausgesetzte Personenreservoir für Studien der interdisziplinären Traumaforschung dar. An ihnen müssen sich daher auch die salutogenetischen Entwicklungen und Transformationen – innerhalb der jeweiligen sozio-kulturellen Kontexte – am besten studieren lassen.

Die mehr als sechs Jahrzehnte umfassenden Lebensläufe jener Kohorten von (deutsch-„arischen") Weltkriegskindern sind nicht nur Ausdruck ihrer individuell gestalteten Biographien, sondern auch der staatlich zugelassenen und gesellschaftlich veranstalteten Verarbeitungsmuster des Nationalsozialismus und des Krieges – in der BRD und der DDR sowie im seit 1990 vereinten Deutschland. Daher kann ein systematischer kontextbezogener Vergleich ausgewählter Biographien von überlebenden Kriegskindern durchaus dazu beitragen, die Verquickungen a) der historisch-politischen Zeitrechnung mit b) den Impulsen der öffentlich inszenierten sozio-kulturellen Diskurse und c) der eigenen – sozial räumlich und institutionell vorgeprägten – biographischen Zeitrechnung nach und nach zu entwirren.

Im Sinne des eingangs zitierten Erziehungswissenschaftlers Lessing geht es also darum, „die gewalttätige Verbindung der eigenen Lebensgeschichte mit ‚der' Geschichte und die Erfahrung des übermächtigen ‚Wir'" verstehend zu „de-konstruieren“ und kritisch „aufzuklären“. *Wir* Kriegskinder können so vielleicht unsere schmerzhaften Narben, die aus unserer Kriegskindheit stammen, dazu nutzen, unser aus traumatischen Verletzungen geborenes anti-kriegerisches ‚Wir' für zwischenmenschliche und zwischenstaatliche Konfliktregelungen konsens- und friedensstiftend einzusetzen.

Literatur

Anonyma (2003): Eine Frau in Berlin. Tagebuch-Aufzeichnungen vom 20. April bis 22. Juni 1945. Frankfurt a. M. (Eichborn).

Antonovsky, A. (1997): Salutogenese. Entmystifizierung der Gesundheit. Tübingen (DGVT).

Ast, J., Mauersberger, K. (Hg.) (2000): Zweite Heimat Brandenburg. Flucht – Vertreibung – Neuanfang. Berlin-Brandenburg (be.bra verlag).

Benz, U., Benz, W. (Hg.) (1992): Sozialisation und Traumatisierung. Kinder in der Zeit des Nationalsozialismus. Frankfurt a. M. (Fischer).

Buddrus, M. (2003): Totale Erziehung für den totalen Krieg. Hitlerjugend und nationalsozialistische Jugendpolitik. 2 Bde., München (Saur).

Deutsche Dienststelle in Berlin et al. (Hg.) (2005): Narben bleiben. Die Arbeit der Suchdienste – 60 Jahre nach dem Zweiten Weltkrieg. Pößneck (GGP Media).

Deutsches Jugendinstitut (Hg.) (1985): Immer diese Jugend! Ein zeitgeschichtliches Mosaik – 1945 bis heute. München (Kösel).

Ermann, M. (2003): Wir Kriegskinder. [Vortrag im Südwestrundfunk im November 2003]. http://www.kriegskindheit.de/Wir_Kriegskinder_SWR-Vortrag. pdf

Förster, S. (2002): An der Schwelle zum Totalen Krieg. Die militärische Debatte über den Krieg der Zukunft 1919-1939. Paderborn (Schöningh).

Friedrich, J. (2002): Der Brand. Deutschland im Bombenkrieg. München (Propyläen).

Funk, F. (o. J.): „... Woina nix gut!“ Frauen hinter der russischen Front in Ostbrandenburg. Beuern (unveröffentl. Manuskript).

Greiffenhagen, M. (1988): Jahrgang 1928. Aus einem unruhigen Leben. München (Piper).

Habermas, J. (1987): Vom öffentlichen Gebrauch der Historie. Das offizielle Selbstverständnis der Bundesrepublik bricht auf. In: Kühnl, R. (Hg.): Streit ums Geschichtsbild. Die ‚Historiker-Debatte'. Dokumentation, Darstellung, Kritik. Köln (Pahl-Rugenstein), S. 134–140.

Hamburger Institut für Sozialforschung (Hg.) (1988): Krieg ist ein Gesellschaftszustand. Reden zur Eröffnung der Ausstellung ‚Vernichtungskrieg. Verbrechen der Wehrmacht 1941–1945'. Hamburg (HIS).

Hübner-Funk, S. (1983): Aufwachsen mit Nationalsozialismus und NATO. Politische Bewusstseinsbildung im Generationenvergleich. In: Neue Sammlung, 23 (5): 432–449.

Hübner-Funk, S.(1988): Loyalität und Verblendung. Hitlers Garanten der Zukunft als Träger der zweiten deutschen Demokratie. Potsdam (Verlag für Berlin-Brandenburg).

Hübner-Funk, S. (2005): Hitlers Garanten der Zukunft. Biographische Brüche – Historische Lektionen. 2. Aufl., Potsdam (Verlag für Berlin-Brandenburg).
Hübner-Funk, S. (2006): Deutsche Generationen im Zeichen des Mars. Historische und biographische Zeitrechnungen. In: Keim, W., Steffens, G. (Hg.): Bildung und gesellschaftlicher Widerspruch. Hans-Jochen Gamm und die deutsche Pädagogik seit dem Zweiten Weltkrieg. Frankfurt a. M. (Lang) (im Druck).
Lessing, H. (Hg.) (1984): Kriegskinder. Frankfurt a. M. (Extrabuch).
Leuzinger-Bohleber, M. (2003): Die langen Schatten von Krieg und Verfolgung: Kriegskinder in Psychoanalysen. Beobachtungen und Berichte aus der DPV-Katamnesestudie. In: Psyche, 57: S. 982–1016.
Machel, G. (2001): The Impact of War on Children. A review of progress since the 1996 United Nations Report on the Impact of Armed Conflict on Children. New York (Palgrave).
Miller, A. (2004): Die Revolte des Körpers. Frankfurt a. M. (Suhrkamp).
Naimark, N. M. (1995): The Russians in Germany. A History of the Soviet Zone of Occupation, 1945–1949. [deutsch: 1997: Die Russen in Deutschland. Die sowjetische Besatzungszone 1945–1949. Berlin (Propyläen)], Cambridge, Mass. (The Belknap Press of Harvard University Press).
Sander, H., Johr, B. (Hg.) (1992): BeFreier und Befreite. Krieg, Vergewaltigungen, Kinder. München (Antje Kunstmann).
Schelsky, H. (1957): Die skeptische Generation. Eine Soziologie der deutschen Jugend. Düsseldorf/Köln (Diederich).
Schmidt, H. (1992): Politischer Rückblick auf eine unpolitische Jugend. In: Ders. (Hg.): Kindheit und Jugend unter Hitler. Berlin (Siedler), S. 188–254.
Schönhuber, F. (1981): Ich war dabei. München/Wien (Langen Müller).
Schörken, R. (1984): Luftwaffenhelfer und Drittes Reich. Die Entstehung eines politischen Bewußtseins. Stuttgart (Klett-Cotta).
Schulze, W., Oexle, O. G. (Hg.) (1999): Deutsche Historiker im Nationalsozialismus. Frankfurt a. M. (Fischer).
UNICEF (Hg.): UN-Konvention über die Rechte des Kindes. http://www.unicef.de/fileadmin/mediathek/download/D0011.pdf
Wolle, S. (2004): „Die Russen kommen!" Kollektive und individuelle Erinnerungen an den Einmarsch der Roten Armee im Jahre 1945. In: Evangelische Akademie Bad Boll (Hg.): Damit Europa blühe … Licht auf die Schatten der Vergangenheit. Bad Boll (Tagungsdokumentation), S. 87–99.
Zander, W. (1992): Die traumatisierenden Einflüsse der NS-Zeit und des Zweiten Weltkrieges. Kinder und Jugendliche als Opfer. In: Benz, U., Benz, W. 1992, S. 128–140.
Zimmer, H. (1999): Der Buchenwald-Konflikt. Zum Streit um Geschichte und Erinnerung im Kontext der deutschen Vereinigung. Münster (agenda).

Astrid von Friesen

Der lange Abschied

Psychische Spätfolgen für die zweite Generation deutscher Vertriebener

Die „zweite Generations-Problematik" ist ein Begriff aus der Holocaustforschung und hat die Familientherapie stark beeinflusst. Besonders Analytiker haben in vielen Fallbeispielen das Leid derjenigen beschrieben, die nach 1945 z. B. in Israel oder Amerika geboren wurden, deren Eltern ihnen jedoch in den meisten Fällen nie etwas von ihren Erlebnissen während des Faschismus erzählten, die aber dennoch psychisch schwer erkrankten und Hilfe brauchten. Geschwiegen hatten ihre Eltern, weil es erstens keine Sprache gibt, die das erlittene Grauen in Worte fassen könnte und zweitens, um ihre Kinder zu schonen. Anders als die vielen deutschen Täter und Mitläufer, die schwiegen, um sich selbst zu schonen (Rosenthal 1997).

Doch der Begriff lässt sich auch auf andere Zustände anwenden, was ich mit meinem Buch *Der lange Abschied. Psychische Spätfolgen für die 2. Generation deutscher Vertriebener* (Friesen 2000) erstmalig tat. Es stellte sich mir die Frage: Was passierte in den Seelen der Kinder von 15 Millionen deutscher Flüchtlinge und Vertriebener, deren Eltern in der Mehrzahl an einem traumabedingten Stresssymptom litten, welches verdrängt wurde und nun, oftmals im hohen Alter, bedingt durch das Schwächerwerden der Abwehrkräfte, erneut aufbricht?

Die zweite Generation waren Kinder von Nazis oder Mitläufern, von Tätern oder Opfern, von Kriegsgefangenen, von Vergewaltigten oder psychiatrisch Hospitalisierten, von Widerstandskämpfern, Hungernden, Zerschossenen, von tötenden oder selbst getöteten Soldaten. Viele waren Waisen, Vaterlose, Kinder aus Notehen und Fehltritten, Ausgebombte, Umgesiedelte, Verwirrte und Geschockte. Was erfuhren sie von ihren Eltern über die – natürlicherweise idealisierten – „guten alten Zeiten", was aus verschämten Andeutungen und Halbwahrheiten, was von den verleugneten Verstrickungen in Faschismus und Krieg?

Was bewirkte die „überlastete Omnipotenz" (Schmidbauer 1998) der allein erziehenden Mütter, was die verstört und kaputt heimkehrenden Väter? Männer, die freiwillig in den Krieg zogen, um ideologisch überzeugt und in

Siegerpose „Lebensraum für das deutsche Reich“ zu erobern oder die als 18-jährige Jungen unfreiwillig an die Front geworfen wurden. Und die nach dem Krieg, in welchem sie ihren Kopf „für alle“ hinhielten, keineswegs als Helden willkommen geheißen wurden, sondern verschämt und gedemütigt in zerrissenen Zivilkleidern nach Hause schlichen. Die sich dann verzweifelt ob ihrer persönlichen und gesellschaftlichen Niederlage oftmals in Sarkasmen flüchteten, die nicht mehr mitschwingen konnten bei ganz normalen Gefühlen, weil sie zu Entsetzliches in den Schützengräben und auf den Schlachtfeldern hatten fühlen müssen. Was oftmals eine emotionale Ertaubung nach sich zog. Und das über Jahre, besonders auch in den prägenden Jahren als junge Erwachsene, in denen sich nicht Familiensinn und Zärtlichkeit entfalten durften, sondern brachiale Gewalt, Tötungsfähigkeiten und der elende Kampf gegen monatelange Kälte von minus 30 Grad, von Hitze und Durst in Afrika und von Hunger hinter der Front. Immer in der Angst und der quälenden Ungewissheit, wenn monatelang keine Post funktionierte, wie es der Familie zu Hause ergeht, ob die Frauen treu blieben und ob die Bomben sie und die Kinder verletzt oder sogar getötet haben.

Was folgte aus den faschistischen Erziehungsideen der Erwachsenengeneration, die 1945 ja nicht einfach aus dem Kopf verbannt werden konnten? Kinderkriegen wurde im Faschismus als eine „Schlacht“ im Privaten bezeichnet und die Erziehung war auf Heldenzucht, Opfer- und Todesbereitschaft angelegt. Kinder seien Bestien, deren Wille durch Zucht, Härte und Strenge gebrochen werden sollte … (Chamberlain 1997).

Eines von sieben Tiefeninterviews, die ich in meiner Untersuchung führte, ist das mit einer Tochter von Sudetendeutschen, die im Hass und Revanchismus ihrer Eltern stecken blieb. Voller Misstrauen und Ängstlichkeit gegenüber anderen Menschen, die anders denken könnten, führt sie ein isoliertes Leben, welches bereits ihre heranwachsenden Söhne mit einbezieht. Immer in der freudlosen Fragehaltung: Freund oder Feind? Doch Freunde können in ihrem Fall nur andere Sudetendeutsche sein, weil sie glaubt, dass ihr Leid von niemandem sonst verstanden werden kann. Sie stuft es allerdings als so einmalig ein, dass das Leid und Leben anderer Menschen sie weder interessieren noch erreichen, wodurch ihr Inneres leer und hohl bleibt. Auch sind bei ihr die Folgen der faschistischen Erziehung spürbar, waren doch ihre Mutter und Großmutter fanatische Anhängerinnen einer faschistischen Pädagogik, deren Merkmal eine tiefe Bindungslosigkeit ist. Diese These stammt von Sigrid Chamberlain (1997): Nur bindungslose Menschen, die eine tief gestörte Beziehung zu den eigenen Eltern haben, seien in der Lage, andere mit kaltem Hass zu vernichten, denn wer als Kleinkind sich nicht wirklich an einen Menschen binden durfte, muss – um emotional zu überleben – menschliche Gefühle abspalten und kann später deswegen weder Mitleid noch Einfühlung in andere entwickeln.

Was nahmen die Kinder atmosphärisch auf an Schuld, Scham, Verzweiflung, Trauer, Sehnsucht, Wurzellosigkeit, was von den Gefühlen einer psychischen Ent-eignung? Wie kamen sie zurecht mit ihrer gespaltenen Kindheit: einerseits den idealisierten, sehnsuchtsvollen Erzählungen von früher, so wie Eltern auch in unproblematischen Konstellationen von früher schwärmen; andererseits den harten, entbehrungsreichen Situationen in Notunterkünften, in Abhängigkeit von West-Verwandten oder Fremden, wie mit der deutlichen und fast jahrzehntelangen Ablehnung als Flüchtlinge wegen ihrer anderen Religion, ihrer als fremd erlebten Dialekte, in bitterer Armut? Flüchtlinge, die nicht willkommen waren, die als „Zigeuner“ diskriminiert, „Fremde“ und „zusätzliche Esser“ keineswegs mit offenen Armen aufgenommen wurden. Wie hätte es auch emotional funktionieren sollen, mussten doch Gemeinden z. B. in Schleswig-Holstein einen Zustrom von mehr als 50 Prozent der eigenen Einwohnerzahl verkraften! Was erlitten die Flüchtlingskinder damals, so wie es heute viele Flüchtlinge aus der ganzen Welt bei uns erleiden?

Die Vaterentbehrung, millionenfach nach dem Ersten sowie nach dem Zweiten Weltkrieg erlitten, führte 30 Jahre später zum Beginn der heutigen Scheidungslawine, wie der Psychoanalytiker Horst Petri vermutet: „Wenn ich selbst vaterlos groß geworden bin und meinen damaligen Schmerz verdrängt habe, um zu überleben, kann ich mir auch nicht mehr vorstellen, was es heißt, das eigene Kind zu verlassen …“ (Petri 1999, S. 182). Weiter heißt es bei ihm, dass es „eine vaterlose Nachkriegsgesellschaft war, die der traditionellen Familie ideologisch und faktisch den ‚Krieg erklärte‘ und damit wiederum eine Kindergeneration gezeugt hat, von der große Teile ihre Väter durch den Krieg der Geschlechter verloren haben. Diese vaterverlassenen Kinder […] stellen die heutige Elterngeneration“ dar (ebd.).

Eine der möglichen Formen männlicher Abwehr gegen die tiefe Kindersehnsucht nach einem guten Vater, die oftmals ein Leben lang anhält, ist das Verlassen der Familie, die Abspaltung von weichen Gefühlen und vom Wunsch nach Nähe. Männer durften damals nicht lernen liebevoll sich selbst anzunehmen und erst dann ist der Mensch in der Lage, sich liebevoll in andere einzufühlen. Väter werden heute aus den Familien ausgestoßen, „ausgesondert“, zu Samenspendern und Alimentezahlern degradiert, sie sollen bis an den Rand ihrer (finanziellen) Existenz in diesem „Rosenkrieg“ „bluten“, wie die kriegerischen Metaphern der Frauen so treffend heißen.

Die weibliche Abwehr dieses tiefen Kinderschmerzes durch den Vaterverlust führte dagegen in Teilen der (westdeutschen) Frauenbewegung sowie bei vielen Richtern und Sozialarbeitern zu einer Ideologie, die den Vaterverlust umkehrte: Vaterlosigkeit wurde ab den 70er Jahren und wird teilweise auch heute als Ideal propagiert und das männliche Prinzip wird massiv entwertet. Das Matriarchat hat im zwischenmenschlichen Bereich gesiegt: Kinder erleben überbordende, oftmals distanzlose Weiblichkeit bei ihren

Müttern, im Kindergarten und in den Schulen, bei weiblichen Therapeuten und Ärzten. Doch wie soll sich ein Junge bei seiner Selbstfindung und im Leben zurechtfinden, da er sich mit Frauen ja nicht umstandslos identifizieren kann, Männer aber rundum schlecht geredet werden?

Der Erste Weltkrieg kostete 1,8 Millionen und der Zweite Weltkrieg 5,25 Millionen deutscher Soldaten im „besten Mannesalter" das Leben, die jeweils Millionen vaterverlassene Kinder hinterließen. Heute wird von Frauen, die zu 80 Prozent die Scheidungen einreichen, dieser Zustand der vaterlosen Kinder zu einem großen Teil selbst herbeigeführt. Die Folgen davon, dass gerade die Jungen nicht wissen, wo es männlich weitergeht und sich deswegen mit den negativen Männerbildern der Medien identifizieren, ist bereits heute deutlich und wird zu weiteren massiven und sich steigernden Aggressionen führen. Und, nicht zu vergessen, auch alle aggressiven Jungen und Männer hatten Mütter! Doch gerade die Zivilisierung, die Kanalisierung von Aggressionen im Erziehungsprozess ist der spezielle Männerjob. Wollen oder dürfen Männer diese ureigene Aufgabe nicht übernehmen, entsteht oftmals nicht zu zügelnde Wut gerade bei den Jungen und eine schmerzende innere Leere bei den Mädchen. Wim Wenders hat dies in seinem Film *Don't come knocking* (2005) beispielhaft auf den Punkt gebracht!

Ein anderes, vielfach erlittenes Drama sind die Depressionen. Familientherapeuten postulieren, dass das zentrale Moment bei depressiven Familien eine „Traditionsproblematik" (Massing 1994) sei, dass nämlich in der Eltern- oder Großelterngeneration ein Besitz- oder Prestigeverlust auftrat, der die Familien erstarren und ihren Blick ausschließlich nach rückwärts wenden ließ, so daß alles Neue und alle Lebendigkeit abgewehrt werden muß. Was bei der Enkel- oder Urenkelgeneration bis zu psychischen Erkrankungen und zu Suiziden führen kann. Exakt nach dem biblischen Motto, dass die Sünden der Väter bis ins „vierte Glied" auf der Familie laste und erst durch „Sühne" – wir würden heute sagen „Aufarbeitung" – getilgt werden kann.

Und hier liegt das Verdienst von Bert Hellinger, dem umstrittenen Familientherapeuten. Er räumt in seinen Familienaufstellungen den Toten einen neuen und bewusst wahrgenommenen Platz ein, er hält die Patienten an, diese zu würdigen und ihnen Raum und Zeit in ihrem Inneren zu geben. Tote, die oftmals 50 Jahre verschwiegen wurden, weil ihr Tod gewaltsam oder mysteriös war, weil ihre Verstrickungen im Faschismus ungeklärt waren (s. den Roman von Uwe Timm [2003], *Am Beispiel meines Bruders*) oder sie nur in oberflächlichen Anekdoten weiterleben durften.

Hinzu kommt, dass kollektive Katastrophen kollektive Scham nach sich ziehen. Wird darüber jedoch nicht offen gesprochen, ist die Folge eine Individualisierung, das heißt, der Einzelne fühlt sich aus unerklärlichen Gründen schuldig, isoliert, kann keine wirkliche Lebensfreude empfinden.

– Besonders bei Flüchtlingen und deren Kindern, wie überall auf der Welt, gibt es vier Bewältigungsmechanismen:

1. Trotz
Man kultiviert trotzig das Anderssein, die eigene Religion, die eigene Sprache, lebt in selbstgewählten Ghettos und isoliert sich damit von der Gesellschaft (nach dem Krieg der enge und hilfreiche, aber auch isolierende Zusammenhalt von Landsmannschaften und Menschen mit ähnlichem Schicksal; heute in Deutschland bei Türken zu beobachten).

2. Resignation
Geht häufig mit Krankheiten, Depressionen und Süchten einher. Aufgrund des Gefühls wurzel- und heimatlos zu sein, klammern sich diese Menschen verzweifelt an übrig gebliebene Familienangehörige und belasten die Umgebung mit nicht enden wollenden Klagen und (selbst-)zerstörerischem Verhalten.

3. Revanchismus
Die Flucht in die Phantasie von Rückkehr, Wiedergutmachung der Schmach und Rache an den Vertreibern. Nicht selten kommt es zu unversöhnlichem Hass – bis in die nachfolgenden Generationen hinein.

4. Überanpassung durch Leistung
Um die innere Scham zu kompensieren, entwickeln diese Flüchtlinge enorme Anstrengungen, zeigen hervorragende Leistungen und versuchen sich durch Prestige und soziale Positionen zu rehabilitieren. Nicht selten gerät dieses Bemühen zu einem Zwang, der die innere Leere nur zeitweilig zu verdecken vermag. Das neue, eigene Häuschen wird dabei zum Inbegriff einer neuen Heimat, zu einem Kultobjekt und Symbol tiefster Bedeutung (Chu 1994).

In den nachfolgenden Generationen übernehmen die Kinder einerseits die tiefe Verunsicherung, das unverarbeitete Leid und die Scham der Eltern. Andererseits haben sie nicht selten noch selbst unter dem Sparzwang, der Not und der Verspottung wegen ihrer Ärmlichkeit und ihrer unterschiedlichen Dialekte gelitten.

Bei einem der sieben von mir Interviewten ist die Situation noch zugespitzter: Ein geliebter Bruder der Mutter wurde im Faschismus durch Euthanasie ermordet. Eine seiner Schwestern, eine überzeugte Nationalsozialistin, schweigt ihr Leben lang dazu, aber trägt dieses Motto von guten, wertvollen und bösen, „auszusondernden“ Geschwistern in die nächsten Generationen hinein. In einem erschreckenden Ausmaß wiederholt sich in drei Generationen dieses Thema von Verrat, Ausstoßung und tiefster Ungerechtigkeit.

Ein anderer Interviewter entstammt einer baltischen Familie, die dreifachen Heimatverlust erleiden musste: 1918 wegen der Flucht aus dem Baltikum, 1945 aus Brandenburg und danach durch Ruin bzw. Scheidung von Besitzungen in Westdeutschland. So wie auch sein Vater hatte er nämlich versucht, sich durch Einheirat auf einen landwirtschaftlichen Besitz emotional zu stabilisieren, was jedoch in beiden Generationen scheiterte. Er selbst sieht, neben seiner Lehre als Professor für Ethik, seine Lebensaufgabe darin, eine überzeugende Position als Mann zu finden und zu formulieren, denn positive Männlichkeit sei durch die zerstörerischen Weltkriege verloren gegangen – zugunsten einer überbordenden, dominierenden Weiblichkeit, was auch keine befriedigende Lösung gesellschaftlicher Probleme sei. Für ihn sind die wahren Helden die jungen Soldaten der Alliierten, besonders die jungen Amerikaner, die mit 18 Jahren in den Krieg zogen, um Europa vom Hitlerfaschismus zu befreien und deren wir heute so wenig gedenken!

Hinzu kam, dass sich seine Großmutter von einer begeisterten Kaisergetreuen zu einer fanatischen Nazianhängerin entwickelt hatte, die bereit war, die eigene Tochter aus ideologischen Gründen zu opfern und die sich auch nach dem Krieg keiner Schuld bewusst war. Diese politische „Erweckung“ wiederholte sich bei ihm in der zweiten Generation auf religiösem Gebiet, der Hinwendung zu einer Sekte und zu einem zeitweiligen radikalem Bruch mit der Familie und ihrem Wertekanon.

Die Facetten der hohen Leistungsanforderungen kennen viele Nachkriegskinder. Immer unter dem Motto: Was Du lernst, kann Dir niemand mehr wegnehmen! Einige der Interviewten sagen jedoch ganz dezidiert, dass ein Aufwachsen auf dem Land im Osten bestimmt seinen Reiz gehabt hätte, doch dass ihr Leben z. B. als Wissenschaftler in Amerika offener und weltbewusster verlaufen sei, sie durch die Wirren, aber auch durch die Auflösung von Grenzen und starren Familientraditionen in der Nachkriegssituation mehr Chancen gehabt hätten. Oder, wie eine Reisejournalistin konstatiert: Wenn der Krieg nicht gekommen wäre, hätte ich den Sohn vom Nachbargut geheiratet, fünf Kinder bekommen, und das wäre es gewesen.

Noch ein anderes Tabu ist zu benennen: Weder im Westen noch im Osten Deutschlands wurde in den vergangenen 50 Jahren in der breiten Öffentlichkeit über die Nachkriegssituation der ostdeutschen Adligen berichtet, die seitens der Sowjets eine spezielle Verfolgung erfuhren. Viele Informationen wurden in den Medien erst nach Öffnung der ehemals sowjetischen Staatsarchive zur Kenntnis genommen, obwohl man natürlich die Überlebenden bereits in den Jahrzehnten zuvor hätte befragen können. Aber auch bei dieser Gruppe – wie bei anderen stummen Minderheiten, z. B. den Roma und Sinti, den Homosexuellen oder den Sterilisierten – war die Verdrängung und Scham zu groß. Es ging um die spezielle Verfolgung von Großgrundbesitzern und Trägern alter Namen – unter demselben Paragraphen wie 1918 in Russland –, was zu (planmäßigen) Erschießungen, Folterungen, Inhaftierungen und Verschleppungen nach Sibirien und in die ehemaligen Konzentrationslager Buchenwald und Sachsenhausen sowie in zehn Sonderlager der Sowjets führte. Von den rund 140.000 bis 176.000 dort Inhaftierten fanden 40.000 bis 1950 den Tod. Inhaftiert waren Naziparteimitglieder, Jugendliche, Sozialdemokraten und vermeintliche Gegner der Sowjetunion, aber auch Kinder – wie z. B. Vettern und Cousinen von mir, fünf Kinder zwischen zwölf und einem Jahr, die aufgrund ihres Namens in das Lager Rügen abtransportiert wurden, wo ihr Großvater und mein Urgroßvater im Dezember 1945 vor ihren Augen verhungerte.

Die Liquidierung der russischen Elite 1918, die Ermordung von Hunderten von polnischen Offizieren in Katyn durch sowjetische Soldaten sowie die Verfolgung der Adligen 1945 hatte zum Ziel, diese sozialen Minderheiten, die keineswegs alle Machtpositionen innehatten, zu vernichten.

In der DDR wurde dieses Kapitel fortgeschrieben. Schon in den Grundschullesebüchern gab es eine hasserfüllte Agitation gegen die so genannten Junker und Großbauern. Diese Texte, so früh im Leben gelesen, sind völlig „bewusstseinsfern", wie ein Leipziger Psychiater aus der ehemaligen DDR sagt. Das heißt, sie werden so verinnerlicht, dass man quasi nicht mehr über sie redet, sie nicht in Frage stellt: „Wie mit der Muttermilch" aufgesogen, werden sie auch heute nicht zur Disposition gestellt. Diese Agitation gipfelte in dem Plakat: „Junkerland in Bauernhand. Rottet das Unkraut aus". Eine Forderung, mit den Begriffen der Nazis, eine Minderheit "abzuschaffen". – Die offiziellen Diskriminierungen setzten sich in Form von Schul- und Studiumsverboten fort. Und diese Tabus bzw. die Diskriminierungen sind bis heute in den neuen Bundesländern noch virulent. So wie die ehemaligen DDR-Bürger keinerlei Veranlassung hatten, sich z. B. mit dem Judentum auseinanderzusetzen, haben sie keinen Anlass, sich mit den so genannten „Junkern" zu beschäftigen, da die DDR nahezu frei war von beiden Gruppierungen.

Deutlich wird diese Verdrängung bis in die dritte oder vierte Generation an folgendem Umstand: Nach meiner Einschätzung geht die Mehrheit der ehemaligen DDR-Bürger davon aus, dass die ehemaligen Gutsbesitzer, die sich in Ostdeutschland erneut angesiedelt haben, ihren Besitz zurückbekommen – im Sinne von *geschenkt* bekommen – hätten. Sie nehmen die (zugegebenermaßen spärlichen) Informationen der Presse nicht wahr, dass die zwischen 1945 und 1949 Enteigneten ihren ehemaligen Besitz für viel Geld zurück*kaufen* mussten, so sie es durften und nicht von den Gemeinden daran gehindert wurden. Selbst wenn man es einzelnen Menschen wiederholt sagt, dringt es nicht in das Bewusstsein, sodass die falsche Annahme nicht gelöscht und ständig reproduziert wird – selbst 15 Jahre nach der so genannten Wende. Ein hoher Grad an Verleugnung.

„Wenn Eltern glauben, sich nicht zumuten zu dürfen, in ihrer Vergangenheit nach Schuld zu forschen und dies anzusprechen, dann entsteht ein Stau und nicht selten Hass. Wie konnte man selbst verdrängen und gleichzeitig die Gebote der Redlichkeit hochhalten und die Kinder etwa lehren ‚Du sollst nicht lügen'? Wenn Fragen nicht beantwortet werden, werden aus ihnen Anklagen. Und Anklagen führen selten zur Aufklärung: Durch den harschen Tonfall ihrer Kinder verbittert, gehen die Eltern selbst zur Anklage über und schaffen sich so erneut ein Alibi für ihr jahrzehntelanges Beschweigen."

So schrieb Prof. Gesine Schwan (1998) über die 68er-Generation, in der die erbitterten „Aufrechnungen" mit den Eltern stattfanden. – Auch davon berichtet eine Interviewte, die erst nach dem Tod beider Eltern von einer uralten Tante erfährt, warum die Eltern lebenslang schwiegen: Nicht weil sie verstrickt waren in den Faschismus. Sie waren im Gegenteil „widerständisch". Doch sie schämten sich, nicht genügend getan zu haben …

Als ich 1997 von Hamburg nach Sachsen zog, wurde mir deutlich, dass die ehemaligen DDR-Bürger öffentlich gar nicht über Flucht, Vertreibung, Umsiedlung usw. sprechen durften, denn das wäre ja jeweils Kritik an den „Sozialistischen Brüderstaaten" gewesen. Also gab es nicht nur das psychische Tabu wie in Westdeutschland, sondern auch ein politisches. Auch durfte z. B. ein Pastor in der DDR keinen Denkstein für die gefallenen und vermissten Männer und Söhne seiner Gemeinde aufstellen. Oder: Ab den 50er Jahren durfte auf den Grabsteinen der in Freiberg gestorbenen Flüchtlinge aus Schlesien usw. kein Geburtsort mehr stehen … um die Geschichte auszulöschen!

Mit diesem Wissen gründete ich mit dem Dresdner Historiker Prof. Wendelin Szalai, einem Ungarndeutschen, der 1948 „ausgesiedelt" und in der Lausitz zu Kinderzeiten als „Zigeuner" verspottet wurde, eine Erzählwerkstatt. Dort berichteten Menschen aus der Erwachsenengeneration des Krieges sowie Kriegskinder und Kinder der zweiten Generation von ihren Schicksalen. Einige erzählten ihre Geschichten erstmalig, hatten sie noch nicht einmal ihren eigenen Kindern mitgeteilt. Wir fassten diese 17 Beiträge der Oral history in einem Band zusammen: *Heimat verlieren – Heimat finden*, um andere zu ermutigen, ebenfalls Erzählwerkstätten zu gründen und besonders den jetzt alten und dem Tode nahen Menschen noch einmal – vielleicht ein letztes und einziges Mal – die Gelegenheit zu geben, dass ihre entsetzlichen Erlebnisse gewürdigt und von wohlmeinenden Zuhörern bezeugt werden.

In meinem Buch von 2000 greife ich noch andere Themen auf, die in vielerlei Hinsicht symptomatisch für die Kinder der zweiten Generation sind: so etwa die Parentifizierung. Wenn z. B. ein zwölfjähriger Sohn in den Kriegs- oder Nachkriegswirren für seine Mutter und die jüngeren Geschwister sorgt, als sei er der Vater, verantwortungsvoll, unterstützend und helfend, kann er natürlich ein Stück seiner Kindheit nicht leben und übernimmt quasi die Rolle des Ehemannes. Solche und andere Rollenunklarheiten gab es viele in den zerstörten Familien. Es gab sehr instabile Identitäten und viele Variationen von verdrängter Schuld, von Scham und Leid: „bis ins vierte Glied".

So ist dieses Buch als Diskussionsbeitrag für drei Generationen in Ost- und Westdeutschland gedacht, denn hüben wie drüben existieren einerseits abenteuerliche Vorstellungen über dieses Kapitel deutscher Geschichte, andererseits werden die Gefühle von Verlust und Trauer selbst in der zweiten Generation bis heute abgespalten und verdrängt. Abzulesen an unserem Umgang mit heutigen Flüchtlingen. Denn nach dem, was 15 Millionen Deutsche selbst bitter erleiden mussten, müssten wir eigentlich eine Nation sein, die andere – und besonders Flüchtlinge – mit mehr Wärme und Verständnis bei uns aufnehmen!

Literatur

Chamberlain, S. (1997): Adolf Hitler, die deutsche Mutter und ihr erstes Kind. Über zwei NS-Erziehungsbücher. Gießen (Psychosozial-Verlag).

Chu,V., de las Heras, B. (1994): Scham und Leidenschaft. Zürich (Kreuz-Verlag).

Friesen, A. von (2000): Der lange Abschied. Psychische Spätfolgen für die 2. Generation deutscher Vertriebener. 2. Aufl., Gießen (Psychosozial-Verlag).

Friesen, A. von, Szalai, W. (Hrsg.) (2002): Heimat verlieren – Heimat finden. Geschichten von Krieg, Flucht und Vertreibung. Dresden (Goldenbogen-Verlag).

Heinl, P. (1994): „Maikäfer flieg, dein Vater ist im Krieg ...". Seelische Wunden aus der Kriegskindheit. München (Kösel).

Massing, A. et al.(1994): Die Mehrgenerationen-Familientherapie. Göttingen (Vandenhoeck & Ruprecht).

Petri, H. (1999): Das Drama der Vaterentbehrung. Chaos der Gefühle – Kräfte der Heilung. Freiburg (Herder).

Rosenthal, G. (Hg.) (1997): Der Holocaust im Leben von drei Generationen. Familien von Überlebenden der Shoah und von Nazi-Tätern. Gießen (Psychosozial-Veralg).

Schicksalsbuch des Sächsisch-Thüringischen Adels 1945 (1994/ 2005), 2 Bde., (Aus dem Deutschen Adelsarchiv; 11), hg. v. Verband „Der Sächsische Adel e. V." .Limburg (Starke).

Schmidbauer, W. (1998): „Ich wusste nie, was mit Vater ist". Das Trauma des Krieges. Reinbek b. H. (Rowohlt).

Schwan, G. (1998): Der hohe Preis der Schuld-Verdrängung. In: Mut, 2: 68–74.

Timm, U. (2003): Am Beispiel meines Bruders. Frankfurt a. M. (Büchergilde).

Autorinnen und Autoren

Helmuth Bauer, geb. 1943, Dr. phil., ist Literaturwissenschaftler, Filmautor und Maschinenschlosser, von 1981 bis 1985 bei Daimler-Benz im Stammwerk Stuttgart-Untertürkheim tätig; seitdem Recherche und Dokumentation zu Kriegsproduktion und Zwangsarbeit bei Daimler-Benz; er war 1987 Mitautor von *Das Daimler-Benz-Buch – Ein Rüstungskonzern im ‚Tausendjährigen Reich'*, hg. von der Hamburger Stiftung für Sozialgeschichte des 20. Jahrhunderts; 1993 entstand der Film *Der Stern und sein Schatten – Daimler-Benz kehrt zurück in die Genshagener Heide* (16 mm, 90 min., SRW/WDR/Channel 4/arte); 1997 – 1999 folgte die Ausstellung *„Wir waren ja Niemand"* in der Mahn- und Gedenkstätte Ravensbrück; 1999 die Reportage *Für Lohn und Würde* (30 min., SFB/arte); das Buch *Die Frauen von Genshagen* erscheint 2006 im Metropol-Verlag Berlin.

Kontakt: Dr. Helmuth Bauer; E-Mail: helmuth.bauer@web.de

Sabine Bode, geb. 1947, Dr., ist freie Journalistin und Buchautorin. 2004 erschien ihr Buch *Die Vergessene Generation – die Kriegskinder brechen ihr Schweigen*, 2006: *Die deutsche Krankheit – German Angst.*

Kontakt: Dr. Sabine Bode; E-Mail: bode.bode@netcologne.de

Annegret Ehmann, geb. 1944, ist Historikerin und Pädagogin; nach Arbeit im Schuldienst, für Aktion Sühnezeichen/Friedensdienste und als Leiterin der Bildungsabteilung der Gedenkstätte Haus der Wannsee-Konferenz freiberuflich tätig in der politischen Jugend- und Erwachsenenbildung/Lehrerfortbildung; Entwicklung von Projekten und pädagogischen Materialien; Veröffentlichungen zur Zeitgeschichte, Gedenkstättenarbeit und historisch-politischen Bildung; Redaktion der viersprachigen Website: www.lernen-aus-der-geschichte.de

Kontakt: Annegret Ehmann, Süntelsteig 20, 14163 Berlin; E-Mail: annegret.ehmann@web.de

Hans-Heino Ewers, geb. 1949, Dr. phil., ist Professor für Germanistik/Literaturwissenschaft mit dem Schwerpunkt Kinder- und Jugendliteratur an der Johann Wolfgang Goethe-Universität Frankfurt am Main und geschäftsführender Direktor des Instituts für Jugendbuchforschung, außerdem 2004 – 2006 Fellow der Studiengruppe „Kinder des Weltkrieges" des Kulturwissen schaftlichen Instituts Essen, Mitausrichter des Kongresses „Die Generation der Kriegskinder und ihre Botschaft für Europa 60 Jahre nach Kriegsende" im April 2005.

Kontakt: Prof. Dr. Hans-Heino Ewers, Institut für Jugendbuchforschung, Fachbereich 10 – Neuere Philologien, Johann Wolfgang Goethe-Universität, Grüneburgplatz 1, 60323 Frankfurt am Main; E-Mail: ewers@em.uni-frankfurt.de

Insa Fooken, geb. 1947 in Bremen, Prof. Dr. phil., lehrt seit 1992/93 Psychologie, mit dem Schwerpunkt Entwicklungspsychologie der Lebensspanne, an der Universität Siegen.

Kontakt: Prof. Dr. Insa Fooken, Adolf-Reichwein-Straße 2, Fachbereich 2, Universität Siegen, 57068 Siegen; E-Mail: fooken@psychologie.uni-siegen.de

Astrid von Friesen, geb. 1953 in Westdeutschland als Tochter von Flüchtlingen aus zwei über 700 Jahre alten sächsischen Familien; sie studierte in Hamburg, wurde Diplom-Pädagogin, absolvierte das Lehramtsstudium sowie Ausbildungen zur Journalistin und zur Therapeutin; sie arbeitet als Publizistin und ist Autorin zahlreicher Bücher; seit 1997 praktiziert sie als Gestalt- und Traum-Therapeutin in Freiberg und Dresden, unterrichtet an der Technischen Universität Bergakademie Freiberg (welche ihre Vorfahren gründeten) und bietet Fortbildungen für Lehrer an.

Kontakt: Astrid von Friesen, Turnerstraße 6, 09599 Freiberg; E-Mail: AvFriesen@t-online.de

Caroline Gremmel, geb. 1980, M. A., studierte Germanistik, Kunstgeschichte und Kulturanthropologie in Frankfurt am Main; Mitarbeit an dem von Prof. Dr. Hans-Heino Ewers geleiteten Projekt „Kriegs- und Nachkriegskindheit in der (kinder- und jugend-)literarischen Erinnerungskultur" am Institut für Jugendbuchforschung wie am Kongress „Die Generation der Kriegskinder und ihre Botschaft für Europa 60 Jahre nach Kriegsende" im April 2005.

Kontakt: Caroline Gremmel, Schillerstraße 8, 65719 Hofheim; E-Mail: caro.gremmel@web.de

Saskia Handro, geb. 1969, Dr. phil, ist Juniorprofessorin für Geschichtsdidaktik am Historischen Institut der Ruhr-Universität Bochum. Ihre Arbeitsschwerpunkte sind Geschichte des Geschichtsunterrichts, Geschichtskultur und Geschichtsdidaktische Lehr- und Lernforschung.

Kontakt: Prof. Dr. Saskia Handro, Lehrstuhl für Historische Lehr- und Lernforschung, Westfälische Wilhems-Universität Münster, Institut für Didaktik der Geschichte, Domplatz 23, 48143 Münster

Hans-Christian Harten, geb. 1948, Dr. phil., ist apl. Prof. am Fachbereich Erziehungswissenschaften der FU Berlin; seine Arbeitsschwerpunkte sind Bildungssoziologie und Erziehungsgeschichte des Dritten Reichs.

Kontakt: Hans-Christian Harten, Emdener Straße 43, 10551 Berlin; E-Mail: hc.harten@t-online.de.

Sibylle Hübner-Funk, geb. 1943, Dr. phil. habil., ist Soziologin und Erziehungswissenschaftlerin und als wissenschaftliche Mitarbeiterin am Deutschen Jugendinstitut in München zuständig für internationale Beziehungen und Forschungskooperationen; ihre Arbeitsschwerpunkte sind die historisch-politische, die körper-kulturelle und die internationale Jugendforschung.

Kontakt: Dr. Sibylle Hübner-Funk, Deutsches Jugendinstitut e. V., Nockherstraße 2, 81541 München, E-Mail: huebner@dji.de

Mathilde Jamin, geb. 1948, Dr. phil., ist seit 1984 Kuratorin am Ruhrlandmuseum Essen und Leiterin des Bereichs Kultur- und Sozialgeschichte des 19. und 20. Jahrhunderts; Ausstellungen und Publikationen u. a. zum Alltag im Zweiten Weltkrieg, zur Geschichte der Arbeitsmigration aus der Türkei und zur Kindheit in der Kriegs- und Nachkriegszeit.

Kontakt: Ruhrlandmuseum Essen, Dr. Mathilde Jamin, Goethestraße 41, 45128 Essen, E-Mail: mathilde.jamin@ruhrlandmuseum.essen.de

Klaus Latzel, geb. 1955, Dr. phil., ist wissenschaftlicher Mitarbeiter am Historischen Institut der Friedrich-Schiller-Universität Jena; seine Arbeitsschwerpunkte sind die Erfahrungsgeschichte der Weltkriege, die Geschichte des Körpers und des Leidens sowie Sport, Doping und pharmazeutische Industrie in der DDR.

Kontakt: Dr. Klaus Latzel, Friedrich-Schiller-Universität, Historisches Institut, August-Bebel-Straße 4, 07743 Jena; E-Mail: klatzel@web.de

Caroline Michler, geb. 1979, M. A., studierte Germanistik, Geschichte und Amerikanistik an den Universitäten Marburg und Frankfurt am Main; Mitarbeit an dem von Prof. Dr. Hans-Heino Ewers geleiteten Projekt „Kriegs- und Nachkriegskindheit in der (kinder- und jugend-)literarischen Erinnerungskultur“ am Institut für Jugendbuchforschung wie am Kongress „Die Generation der Kriegskinder und ihre Botschaft für Europa 60 Jahre nach Kriegsende“ im April 2005.

Kontakt: Caroline Michler, Hasengarten 1, 61440 Oberursel; E-Mail: cmichler@gmx.de

Jana Mikota, geb. 1973 in Prag, Dr. phil., Studium der Germanistik, Geschichte und Kunstgeschichte an den Universitäten Siegen und Prag; promovierte über Alice Rühle-Gerstel.

Kontakt: Kulturwissenschaftliches Institut NRW, Jana Mikota, Goethestraße 31, 45128 Essen; E-Mail: janamikota@mac.com

Dieter Pfau, geb. 1960, M. A., Tätigkeit: bis Dezember 2005 wissenschaftlicher Mitarbeiter an der Professur Neuere und Neueste Geschichte der Universität Siegen, Arbeitsschwerpunkt: Neuere und Neueste Geschichte der Siegener Region.

Kontakt: Dieter Pfau; E-Mai: dpfau@t-online.de

Jürgen Reulecke, geb. 1940 in Düsseldorf, Prof. Dr. phil., lehrt Neuere und Neueste Geschichte, Zeitgeschichte, Sozial- und Kulturgeschichte an der Universität Gießen.

Kontakt: Prof. Dr. Jürgen Reulecke, Justus-Liebig-Universität Gießen, Otto-Behaghel-Straße 10 G, 35394 Gießen; E-Mail: juergen.reulecke@geschichte.uni-giessen.de

Ulla Roberts, geb. 1939, Dipl.-Päd., Psych. Beraterin (DGIP), University of Cambridge – Proficiency Certificate, ist freie Autorin und Sozialwissenschaftlerin; Lehrtätigkeit an der Fachhochschule Frankfurt am Main, Fb. Wirtschaft, Recht, Gesellschaft sowie Fb. Sozialpädagogik; Arbeitsschwerpunkt: Auswirkungen von NS-Diktatur und Krieg; zahlreiche Publikationen; psychologische Arbeiten zur Frauenforschung; aktuell: Forschung zur Interkulturalität junger Migranten.

Kontakt: Ulla Roberts, Kantstraße 7, 61440 Oberursel; E-Mail: UGRoberts@t-online.de

Rolf Schörken, geb. 1928, Dr., erlebte Kriegsdienst und Kriegsgefangenschaft von 1944 bis 1945; studierte Geschichte, Germanistik und Philosophie in Tübingen, Freiburg und Bonn; war tätig im höheren Schuldienst in Düsseldorf; ab 1970 Vorsitzender der Richtlinienkommission Politische Bildung in Nordrhein-Westfalen; 1974 Berufung zum Professor für Didaktik der Geschichte und politische Bildung an der Universität Duisburg; zahlreiche Bücher und Beiträge zur Didaktik sowie zum Themenfeld ‚Jugend im Nationalsozialismus'; 1992 emeritiert.

Kontakt: Prof. emer. Dr. Rolf Schörken, Aprather Straße 4, 40629 Düsseldorf

Peter Schulz-Hageleit, geb. 1939, Dr., ist Professor für Didaktik der Geschichte an der Technischen Universität Berlin; seine Arbeitsgebiete sind: Psychologie des Geschichtsbewusstseins, Aufarbeitung des Nationalsozialismus, Lernen und Erfahrung.

Kontakt: Prof. Dr. Peter Schulz-Hageleit, TU Berlin, Institut für Gesellschaftswissenschaften und historisch-politische Bildung, Franklinstraße 28/29, 10587 Berlin; Homepage: www.schulz-hageleit.de

Gerhard E. Sollbach, geb. 1942, Dr. phil., ist Professor am Historischen Institut der Universität Dortmund für das Lehrgebiet mittelalterliche und neuere Geschichte; seine Arbeitsschwerpunkte sind: mittelalterliche und neuzeitliche Kulturgeschichte, politische und soziale Geschichte der Schule, westfälische Regionalgeschichte.

Kontakt: Prof. Dr. Gerhard Sollbach, Universität Dortmund, Fakultät Kulturwissenschaften, Historisches Institut, 44221 Dortmund; E-Mail: gerhard-e.sollbach@udo.edu; Homepage: www.geschichte.fb15.uni-dortmund.de/person/sollbach.htm

Barbara Stambolis, geb. 1952, Dr., ist Professorin für Neuere und Neueste Geschichte an der Universität Paderborn; ihre bisherigen Arbeits- und Forschungsschwerpunkte liegen im kultur-, mentalitäten- und sozialgeschichtlichen Forschungsfeld; zahlreiche Veröffentlichungen u. a. zu Kindheits-, Jugend- und Generationengeschichte im 20. Jahrhundert.

Kontakt: Prof. Dr. Barbara Stambolis, Universität Paderborn, Gebäude N, Fakultät für Kulturwissenschaften, Historisches Institut, Pohlweg 55, 33098 Paderborn; E-Mail: barbarastambolis@aol.com; Homepage: www.barbara-stambolis.de; www-fakkw.upb.de/institute/geschichte/Personal/Stambolis/

Jürgen Zinnecker, geb. 1941 in Trautenau/Trudnow (Sudetenland/Tschechoslowakei), Dr. phil., ist Professor für Erziehungswissenschaft an der Universität Siegen für die Studiengänge Lehramt und Sozialpädagogik und ist gegenwärtig als Gastprofessor an das Kulturwissenschaftliche Institut Essen abgeordnet; er lehrt und forscht zur Geschichte des Aufwachsens von Kindern, Jugendlichen und jungen Erwachsenen in Deutschland und Europa im 20. Jahrhundert.

Kontakt: Prof. Dr. Jürgen Zinnecker, Adolf-Reichwein-Straße 2, 57068 Siegen; E-Mail: juergen.zinnecker@kwi-nrw.de